2022年度宁波市社会科学学术著作出版资助项目

走私犯罪

司法认定

陈鹿林 著

JUDICIAL RECOGNITION OF SMUGGLING CRIME

法律出版社
LAW PRESS·CHINA
北京

图书在版编目(CIP)数据

走私犯罪司法认定 / 陈鹿林著. -- 北京 : 法律出版社, 2023(2025.9 重印)
ISBN 978-7-5197-7468-4

Ⅰ. ①走… Ⅱ. ①陈… Ⅲ. ①走私罪-认定-研究-中国 Ⅳ. ①D924.334

中国国家版本馆 CIP 数据核字(2023)第 002927 号

走私犯罪司法认定
ZOUSI FANZUI SIFA RENDING

陈鹿林 著

策划编辑 陈 妮
责任编辑 陈 妮
装帧设计 李 瞻

出版发行 法律出版社
编辑统筹 法治与经济出版分社
责任校对 王晓萍 王语童
责任印制 吕亚莉
经 销 新华书店

开本 710 毫米×1000 毫米 1/16
印张 21.75 字数 347 千
版本 2023 年 5 月第 1 版
印次 2025 年 9 月第 3 次印刷
印刷 固安华明印业有限公司

地址:北京市丰台区莲花池西里 7 号(100073)
网址:www.lawpress.com.cn
投稿邮箱:info@lawpress.com.cn
举报盗版邮箱:jbwq@lawpress.com.cn
销售电话:010-83938349
客服电话:010-83938350
咨询电话:010-63939796

书号:ISBN 978-7-5197-7468-4
定价:110.00 元
凡购买本社图书,如有印装错误,我社负责退换。电话:010-83938349

序

宁波是我国最早对外开放的城市之一。改革开放以来,基于东方大港宁波北仑港的独特优势,宁波市对外贸易取得长足发展。在对外经济合作中,各类走私违法犯罪乘虚而入,严重破坏了海关监管制度,扰乱了对外贸易与对外经济合作秩序,威胁国门安全、航运安全。打击走私犯罪、维护外贸秩序也就成为宁波司法机关的重要职责。我曾在宁波市人民检察院工作时就处理了大量走私案件。这些实证资料也为理论研究提供了丰富素材。宁波市人民检察院陈鹿林检察官撰写的本书,就是实务与理论相结合的成果。

走私犯罪有很强涉外属性,无论是证据审查、事实认定,抑或法律适用,都存在大量疑难复杂问题,而这方面的刑事司法研究相对于其他热门法学领域而言还比较薄弱。2007 年,鹿林从厦门大学法学院硕士研究生毕业后,进入宁波市人民检察院,长期在刑事检察一线工作。他理论功底扎实,而且勤于思考,善于钻研。共事期间,我喜欢与他探讨问题,听取他的意见。在办理大量走私案件的同时,鹿林也围绕走私犯罪司法实务问题撰写了不少文章。本书既是鹿林在前期研究基础上的一次提炼升华,在一定程度上也反映了过去十余年来宁波检察机关反走私工作的一个侧面。谢谢鹿林对我的信任,使我有幸先睹为快。阅读是一种快乐的体验,它不但使我系统学习、思考了走私犯罪最新的理论和实务问题,也使我从书中所列举的部分案例中回忆起了我们曾经办案、研讨等工作场景,因此倍感亲切。本书,有不少亮点,其中有两点使我感受深刻。

一是本书体系完整,结构比较新颖。作者打破以往走私犯罪研究主要按具体罪名确立研究体系的窠臼,综合法律适用、事实认定和证据审查三个维度,从客观方面和主观方面,构建相应研究体系。尤其是全面对比通关走私和绕关走私的异同点,系统分析二者在各个方面的差异和相关问题的认定思路,有利于更深入认识两种走私模式，更好指导司法实践。

二是紧贴司法实务，理论与实践、实体与程序得到较好结合。作者紧扣实际办案中发现的各个问题，对其展开论述，分析论证中既有一定理论深度，又能结合大量实际案例，可读性较强。特别值得一提的是，作者将事实认定与法律适用相结合进行分析，提出了一些比较新颖的观点，有利于解决司法实务具体问题。例如，在阐述涉税走私违法所得问题时，作者主张根据洗钱犯罪和没收追缴的不同功能，区分违法所得范围，这一观点较为新颖，也有一定合理性。

总体而言，本书紧贴司法实务，紧跟理论前沿，以实际问题为导向，将法理阐述与案例分析相结合，将刑事法与海关法相融合，坚持刑事一体化思维论证相关问题，分析深入浅出，语言通俗易懂。我相信，本书对办理走私犯罪司法实务工作有较强指导意义。同时，也期待书中所积累的丰富素材，以及作者提出的一些观点、思路，对走私犯罪学术研究能有所启发。

当然，由于作者秉持了以实际问题为导向的研究思路，因此对一些问题的分析没有充分展开，有些问题只表明观点，没有太深入论证，希望作者未来能够在此基础上展开更深入的研究。

衷心祝贺鹿林在工作和学习中取得的成绩，并希望继续努力，再创佳绩。也期待著作早日面世，以飨读者。

是为序。

*

2023 年 1 月

---

* 张利兆，浙大宁波理工学院教授。

前　言

走私犯罪古已有之。近年来,走私犯罪多发,各种走私手法不断翻新,实践中走私案件数量也大幅增长,各类疑难复杂问题层出不穷。有些问题以往就颇有争议,由于近年来走私案件数量激增,这些问题变得更突出,如走私犯罪主从犯、既未遂的认定标准;而有些问题则是随着各种新型贸易方式、新型走私手法的出现而产生,如边境小额贸易、跨境电商环境下的伪报贸易性质走私。有些问题是基于人们不同的认识、理解而产生分歧,导致各地实际处理结果不同,如概括故意与认识错误问题;而有些问题则是立法方面,给司法适用带来一定困惑,如绕关走私涉案船舶的处置、间接走私的量刑平衡问题、海上走私侦查管辖。

笔者在接触大量案件后,深感走私犯罪领域许多问题有深入分析研究的必要。在日常工作中,经常有意识地搜集问题,喜欢对一些问题进行思考研究,偶尔也发表一些该领域的文章。本书正是在我零星思考的基础上,对这一领域相关问题进行系统梳理而成。

写作过程中,自然需要学习、借鉴前人已有的研究成果。目前,我国法学界专门研究走私犯罪的文章不少,但专著总体不多。已有的专著普遍按照刑法所规定的十几个具体走私罪名,形成相应研究体系。这种研究体例有利于深入把握各个走私罪名,也给我的思考带来莫大帮助和启发,但也存在一些不足:一是体系结构比较单一,有一定同质化,个罪研究多,但对走私罪整体共性研究不足;二是理论与实务各自独立进行,要么为纯理论研究,与司法实务结合度不够,要么为纯案例分析或实务文章汇编,理论性、体系性有所欠缺;三是实体与程序有一定脱节,如在走私犯罪构成要件的研究上,单纯从实体法角度分析,结合事实认定展开较少。

本书一改以往体例,立足于司法实务,综合法律适用、事实认定和证据审查三个维度,分章阐述走私犯罪客观方面和主观方面。首先,第二、第三、第四章对犯罪客观方面进行了研究，分别为“走私犯罪对象及其数额的认定”“通关走私”“绕关走私”。各个具体走私罪名最大区别在于犯罪对象，通过专设“走私犯罪对象及其数额的认定”一章，一方面从整体上论证走私犯罪对象的内涵、类型以及不同对象的竞合关系，另一方面也分析不同走私对象及其数额各自的认定思路。而通关走私和绕关走私是司法实践中两种基本走私方式，二者在走私手法、案件特征、证据结构、事实认定思路、常见疑难问题等方面都有各自特征。区分以上两种走私方式并进行分别研究，更贴近司法实务。在具体分析时，既探讨二者个性问题，如通关走私中常见的单位犯罪、绕关走私中疑难的财物处置；也探讨共性问题，如行为定性、犯罪数额的认定、犯罪既未遂等。但即便是共性问题，两类走私的侧重点、解决思路也各不相同。“走私犯罪对象及其数额的认定”一章探讨犯罪数额一般性认定思路，而第三、第四章则分别结合“通关走私”和“绕关走私”各自特点分析犯罪数额认定的一些特有问题。其次，第五章对犯罪主观方面进行了研究，阐述“走私犯罪主观故意的审查判断”，详细分析走私犯罪主观故意的具体内容、主观明知的推定与综合判断、概括故意与认识错误的处理等问题。

如果说第二章至第五章围绕法律适用和事实认定阐述走私罪的司法认定，那么第六章证据部分，则围绕事实认定与证据审查阐述走私罪的司法认定。第六章结合走私案件特有证据结构，分析走私犯罪各类常见证据（如走私的货物、海关核税证明书、电子数据、境外证据等）的审查应用，探讨如何审查走私案件证据能力和证明力，从而服务于走私犯罪客观方面和主观方面的司法认定。除上述问题外，走私案件自首的认定、间接走私、涉税走私违法所得、涉走私类洗钱犯罪、案件管辖等也是司法实践中常见疑难问题，与走私犯罪司法认定息息相关，这些问题在第七章逐一进行论述，在分析相关问题的基础上提出一些立法完善的建议。

本书始终坚持实体与程序相结合，从综合法律适用、事实认定和证据审查三个维度考量走私犯罪司法认定。这是因为在司法实务工作者眼中，从来没有纯粹的实体问题，也没有纯粹的程序问题，唯有综合考虑才更有利于解决问题。鉴于走私犯罪特殊性，事实、证据以及法律适用方面涉外因素多，“幽灵抗辩”多，许多事实查明困难，更有必要将实体与程序相结合进行通盘考量。例如，概括故意与认识错误问题，货物原产地、索赔、买方佣金问题，绕关走私中实际货主及其主从犯的认定问题等，常常面临着法律适用与事实查明的两难。所谓“走私犯罪司法认定”，既包括法律适用，也包括犯罪事实的认定，在具体问题的分析中，不断往返于规范与事实之间、往返于实体与程序（证据）之间，努力在符合刑事法基本原理与切实解决实务问题间探求最佳平衡点，力求提出的观点、思路既有理论上的合理性，也有实务上的可行性。

法理与案例相结合是本书另一特点。就整体思路而言，对绝大多数问题能坚持基本法理与具体案例相结合进行分析论证;就各个章节而言,在分别论述的基础上,每章(第一章和最后一章除外)专设一节选取一个典型案例进行综合评析。将法理与案例相结合贯穿始终,希望理论阐述更接地气,案例分析更有灵气。

走私犯罪问题庞杂,涉及面广,不仅涉及刑事法领域,也涉及海关法、国际贸易法、国际海洋法等领域,走私案件的办理政策性强,笔者在本书写作过程中也深感许多问题的复杂性。由于学识所限,相关问题阐述中难免顾此失彼、以偏概全,恳请大家批评指正。

本书常用法律规范缩略表

法律规范全称	施行时间（最新修订）	本书简称
最高人民法院、最高人民检察院《关于办理走私刑事案件适用法律若干问题的解释》	2014年	《走私案件解释》
最高人民法院、最高人民检察院、海关总署《关于办理走私刑事案件适用法律若干问题的意见》	2002年	《走私案件意见》
《打击非设关地成品油走私专题研讨会会议纪要》	2019年	《非设关地走私纪要》
最高人民法院、最高人民检察院、海关总署、公安部、中国海警局《关于打击粤港澳海上跨境走私犯罪适用法律若干问题的指导意见》	2021年	《海上走私指导意见》
最高人民法院、最高人民检察院《关于办理破坏野生动物资源刑事案件适用法律若干问题的解释》	2022年	《破坏动物资源解释》
最高人民法院、最高人民检察院《关于办理妨害文物管理等刑事案件适用法律若干问题的解释》	2016年	《妨害文物管理解释》
最高人民法院《关于审理走私刑事案件具体应用法律若干问题的解释》（现已失效）	2000年	2000年走私案件司法解释
最高人民法院《关于审理走私刑事案件具体应用法律若干问题的解释（二）》（现已失效）	2006年	2006年走私案件司法解释

续表

法律规范全称	施行时间（最新修订）	本书简称
《海关计核涉嫌走私的货物、物品偷逃税款暂行办法》	2018年	《计核偷逃税款办法》
《海关审定进出口货物完税价格办法》	2014年	《审定完税价格办法》
《公安部刑事案件管辖分工规定》	2020年	《公安案件管辖规定》
《濒危野生动植物种国际贸易公约》	1975年（中国1981年加入）	CITES公约
《野生动物及其制品价值评估方法》	2017年	《陆生动物评估办法》
《水生野生动物及其制品价值评估办法》	2019年	《水生动物评估办法》
《陆生野生动物基准价值标准目录》《水生野生动物基准价值标准目录》	2017年、2019年	"两个目录"
国家林业局《关于发布破坏野生动物资源刑事案中涉及走私的象牙及其制品价值标准的通知》	2001年	《象牙价值核定通知》
国家林业局《关于发布破坏野生动物资源刑事案件中涉及犀牛角价值标准的通知》	2002年	《犀牛角价值核定通知》
最高人民法院、最高人民检察院、国家林业局、公安部、海关总署《关于破坏野生动物资源刑事案件中涉及的CITES附录Ⅰ和附录Ⅱ所列陆生野生动物制品价值核定问题的通知》	2012年	《五部委动物制品价值核定通知》
最高人民法院《关于适用〈中华人民共和国刑事诉讼法〉的解释》	2021年	《刑诉法解释》

续表

法律规范全称	施行时间（最新修订）	本书简称
最高人民法院《关于审理单位犯罪案件具体应用法律有关问题的解释》	1999 年	《单位犯罪解释》
最高人民法院、最高人民检察院、公安部《关于办理刑事案件收集提取和审查判断电子数据若干问题的规定》	2016 年	《电子数据规定》
最高人民法院《关于审理洗钱等刑事案件具体应用法律若干问题的解释》	2009 年	《洗钱案件解释》

目录

第一章　走私犯罪基础理论

第一节　走私犯罪概述

一、走私罪基本概念

走私行为古已有之,世界各国也普遍将情节严重的走私行为作为刑事犯罪予以打击,但各国法律对于何为走私有不同解释。海关合作理事会(1994 年起,该组织工作名称为世界海关组织)于 1977 年主持通过的《内罗毕公约》在吸收各国规定的基础上,对走私罪进行了定义,该定义具有一定的代表性。[1] 该公约规定,走私是指以秘密的方式将货品运过关境的瞒骗海关的行为,而瞒骗海关是指欺骗海关借以逃避全部或者部分进出口关税和国内税,或逃避履行海关禁止或限制性规定,或违反海关法借以牟利的行为。除《内罗毕公约》外,《布莱克法律大词典》对走私的定义也有一定代表性,即走私是进出口禁止商品而未付税的行为,同时包括以瞒骗的方式将法律禁止的商品带进或带出国家的行为,并进一步解释,走私在普通法上有清楚的含义,指将未付税的商品、货物或禁止进出境的货物带至海岸或带离海岸的行为。[2]

我国《刑法》并没有对走私或走私罪作具体定义,但 1987 年《海关法》第 47 条曾经以列举的方式对走私罪作出具体规定。2000 年修订的《海关法》,在吸收 1987 年《海关法》的基础上,以概括和列举相结合的方式对走私行为作出规定。具体而言,《海关法》第 82 条第 1 款规定,"违反本法及有关法律、行政法规,逃避海关监管,偷逃应纳税款、逃避国家有关进出境的禁止性或者限制性管理,有下列情形之一的,是走

---

〔1〕 1977 年 6 月 9 日,海关合作理事会在肯尼亚首都内罗毕主持制定《关于防止、调查和惩处违犯海关法罪实行行政互助的国际公约》,该文件又简称《内罗毕公约》。1994 年起,海关合作理事会的工作名称为世界海关组织(WCO)。

〔2〕 《内罗毕公约》和《布莱克法律大词典》有关走私的定义,具体内容转引自陈晖:《走私犯罪论》,中国海关出版社 2012 年版,第 42 ~ 43 页。

私行为：(一)运输、携带、邮寄国家禁止或者限制进出境货物、物品或者依法应当缴纳税款的货物、物品进出境的；(二)未经海关许可并且未缴纳应纳税款、交验有关许可证件，擅自将保税货物、特定减免税货物以及其他海关监管货物、物品、进境的境外运输工具，在境内销售的；(三)有逃避海关监管，构成走私的其他行为的”。

结合国际社会有关走私行为的一般认识，以及我国法律相关规定，走私罪是指故意违反海关法规以及其他相关法律、法规，逃避海关监管，非法运输、携带、邮寄国家禁止、限制进出口的货物、物品进出国(边)境，或者偷逃进出口环节应缴税额，破坏国家对外贸易管理制度和海关正常监管活动，情节严重的行为。对此，有学者将我国法律中的“走私罪”概念概括为三个要素，即违反海关法规、逃避海关监管和走私特定对象。[1]

二、走私罪基本类型

根据不同标准，走私罪可以区分为不同类型。从走私方式看，可以分为通关走私与绕关走私；从走私对象看，可以分为涉税走私和非涉税走私；从是否直接侵害海关监管秩序看，可以分为直接走私和间接走私；从进出口的区分看，可以分为进口走私和出口走私。

(一)通关走私与绕关走私

1. 通关走私

通关走私是指通过设立海关的地点，以隐蔽方式逃避海关监管，运输、邮寄、携带国家禁止进出境的物品、国家限制进出口或者依法应当缴纳关税的货物、物品进出境的行为。

实践中，通关走私手法多种多样，通常可以进一步区分为藏匿、伪报、蒙混、闯关等。藏匿常见的有挖空藏匿、夹藏、身体藏匿、特制工具藏匿等。伪报可以进一步区分为伪报品名、伪报价格、伪报数量和规格、伪报原产地、目的国以及伪报贸易性质。蒙混包括变形蒙混和伪装蒙混两种。闯关则是利用海关“红绿通道”制度，直接选走绿色无申报通道违规携带货物、物品进出境。

2. 绕关走私

绕关走私是指未经国务院或国务院授权的机关批准，从未设立海关的地点(如边境、沿岸)运输、携带国家禁止进出境的物品、国家限制进出口或者依法应当缴纳关税的货物、物品进出境的行为。

我国拥有2.2万余公里的陆上边境和1.8万余公里的海岸线，漫长的边境线和海

---

[1] 参见陈晖：《走私犯罪论》，中国海关出版社2012年版，第45页。

岸线上，仅有少数地方设立海关口岸。实践中，利用监管盲区避开设立海关的地点走私入境是常见的走私手法。根据走私路径，绕关走私可以分为陆路走私和海上走私。基于海洋独特的自然属性和多元的法律地位，两类绕关走私有比较明显的区别，从而影响走私罪的认定思路。

陆上边界主要体现为山川、河流、平地等，国与国之间可以在陆地上划出清晰边界，[1]即使部分陆上边界存在争议，通常可以在争议区与非争议区之间划清界限。基于清晰的边界，对于货物是否通过陆上边界非法越境，人们通常可以作出直接判断，走私行为的认定也比较简单明了。

相对于陆上边界泾渭分明的特征，海上边界具有界限模糊性和法律地位多元化特征。以领海基线为准，向外延伸 12 海里、24 海里、200 海里分别为领海、毗连区、专属经济区、公海，这些海域有不同法律地位，对于走私案件管辖权、走私行为的认定都会产生重要影响。

3. 区分通关走私与绕关走私的意义

通关走私与绕关走私是学理上关于走私罪的一种重要分类，这种分类对司法实践有重要意义。

第一，二者社会危害性有所区别。虽然二者都存在逃避海关监管的情形，但逃避监管的方式、程度都有所区别。通关走私模式下，只是部分逃避海关监管，相关商品毕竟仍然通过设立海关的地点进出境，执法机关通过审单、监控、布控、查验、稽查等多样化的日常监管，更容易发现违法犯罪，国家对相关行为、商品的可控性较高。对于同一走私链条中的不同参与者，他们在经营涉外业务的过程中往往是合法行为、违规行为、走私行为等多种行为交织其中，某些行为如何定性、是否属于走私争议较大，不少参与者对走私的违法性认识比较模糊。整体而言，通关走私社会危害性相对较小。相反，绕关走私则避开设立海关的地点进出口商品，完全逃避海关监管，国家对相关行为、商品的可控性较弱，每次走私规模更大，特别是海上绕关走私一次性走私数百吨、上千吨，走私对象更加混杂，作案隐蔽性更强，走私更容易得逞，被查处的概率更低，社会危害性更大。因此，从刑事政策角度讲，对绕关走私应予从严打击。

第二，两类走私案件司法认定的思路有所区别。通关走私往往是部分逃避海关监管，在货物通关环节中通常会形成大量货物单据、相关人员进出境记录、物流单据等客观性证据，便于事后从通关、海运、物流、人员等方面对货物追根溯源，在行为次数、货物数量、来源、去向、关联单位或人员的判断上也比较容易。因此，通关走私案件中通常伴随着大量货物进出境记录、运输记录、资金进出境记录、电子邮件等证据。

---

[1] 基于走私的特性，这里的边界也包括一国内部不同关税区之间的边界。

而绕关走私则完全逃避海关监管，书证少、行为隐蔽，除非现场查获，否则在货物出入境环节很少留下明显痕迹，这对查清货物来龙去脉、关联人员、走私次数、数量、货物属性等都有很大难度。绕关走私的事实认定难度大，也在一定程度上影响案件定性。以实践中常见的走私冻品为例，传统模式下主要依据是否来自疫区分别按走私普通货物罪和走私国家禁止进出口的货物罪定罪处罚，然而无论是认定偷逃应缴税额还是判断是否来自疫区，都面临不同的困难，从而影响两个罪名的适用。[1]

第三，通关走私中单位犯罪非常普遍，而绕关走私单位犯罪较少见；而在案件人员处理范围、既未遂的判断等问题上，通关走私与绕关走私的把握标准也相差较大。

正是由于通关走私和绕关走私存在多方面重要区别，这种区别对于走私犯罪司法认定有重要价值，本书一改前人主要按走私罪名分别论述的做法，专设两章分别论述通关走私与绕关走私司法认定的相关问题。

(二) 涉税走私与非涉税走私

1. 涉税走私

涉税走私是指违反海关法规，逃避海关监管，偷逃进出口环节应缴税额的走私。对应我国刑法规定的走私罪名，涉税走私即走私普通货物、物品罪。走私普通货物、物品罪，是指违反海关法规，逃避海关监管，非法携带、运输、邮寄普通货物、物品进出境，偷逃应缴税额较大，或者一年内曾因走私被给予两次行政处罚后又走私上述货物、物品的行为。进出口环节应缴税额不仅包括进出口关税，还包括进出口环节由海关代征的增值税、消费税等。

根据偷逃应缴税额的程度，涉税走私可以区分为部分逃税型走私和全额逃税型走私。顾名思义，部分逃税型走私是指仅仅逃避缴纳部分应缴税款的走私，而全额逃税型走私则完全逃避缴纳应缴税额。绕关走私属于全额逃税型走私，而通关走私以部分逃税型走私为主，比如低报价格走私，但通关走私也有一部分全额逃税型走私，比如闯关走私、藏匿型走私、伪报贸易性质走私大多属于全额逃税。区分部分逃税型走私和全额逃税型走私的意义主要在于认定偷逃应缴税额时，是否需要额外考量已缴税额。对于不需要考量已缴税额的全额逃税型走私，其犯罪数额的认定思路相对单一，而部分逃税型走私犯罪数额的认定思路则比较复杂。

2. 非涉税走私

非涉税走私是指违反海关法规，逃避海关监管，非法运输、携带、邮寄国家禁止、限制进出口的货物、物品进出国(边)境的行为。目前我国刑法一共规定 13 个走私罪名，除走私普通货物、物品罪以外，其余 12 个走私罪都属于非涉税走私，具体包括：走

---

[1] 详情可参见本书第四章第二节“绕关走私中各类行为定性分析”。

私武器、弹药罪，走私核材料罪，走私假币罪，走私文物罪，走私贵重金属罪，走私珍贵动物、珍贵动物制品罪，走私淫秽物品罪，走私废物罪，走私毒品罪，走私制毒物品罪，走私人类遗传资源材料罪，走私国家禁止进出口的货物、物品罪。

上述12个非涉税走私罪名，主要依据不同走私对象进行区分。从逻辑上讲，武器、弹药、假币、淫秽物品、毒品等都属于国家禁止进出口的货物、物品，因此，走私国家禁止进出口的货物、物品罪与其余11个非涉税走私罪属于普通法与特别法的关系。在法律适用上，优先适用特别法，只有在不符合特别法的情况下才适用普通法。具体而言，需要从客观方面和主观方面两个角度来把握罪名的选择：就客观方面而言，主要判断走私对象是否属于武器、弹药、核材料、假币等11类特定货物、物品。就主观方面而言，主要判断主观认识与客观对象是否一致，据此作出不同定性。如果发生认识错误，需要根据认识错误的类型（具体认识错误还是抽象认识错误）分别作出不同处理。

3. 区分涉税走私和非涉税走私的实践意义

涉税走私与非涉税走私是学理上关于走私罪的又一种重要分类，这种分类对司法实践也有重要意义。

第一，有利于更准确地认识不同走私侵害的法益及其社会危害性。涉税走私主要破坏海关税收征管秩序，打击此类犯罪侧重于维护国家税收安全、保护国内产业。非涉税走私则主要破坏国家对特殊货物、物品禁止或限制进出口的监管秩序，打击此类犯罪侧重于维护国门安全、履行国际公约规定的相关义务（如有关保护濒危野生动物的国际公约）。从社会危害性看，通常情况下非涉税走私尤其是违禁品走私的社会危害性更大，应予从严打击。近年来，随着我国出口管制、生物安全等方面法律法规不断完善，打击非涉税走私、维护国门安全的任务也会更加艰巨。

第二，是否存在后续走私有所不同。后续走私，即未经海关许可并且未补缴应缴税额，擅自将批准进口的来料加工、来件装配、补偿贸易的原材料、零件、制成品、设备等保税货物或特定减税、免税进口的货物、物品，在境内销售牟利的行为。可见，后续走私只存在于涉税走私中，非涉税走私不存在后续走私的情形。

第三，涉税走私和非涉税走私是区分走私案件管辖权的重要标准。根据最高人民法院、最高人民检察院、公安部、司法部、海关总署《关于走私犯罪侦查机关办理走私犯罪案件适用刑事诉讼程序若干问题的通知》、公安部发布的《公安机关办理刑事案件程序规定》、公安部《刑事案件管辖分工规定》等，海关缉私部门对海关关境内发生的涉税走私案件以及发生在海关监管区内发生的非涉税走私案件行使侦查管辖权，而其他公安机关（地方公安机关）对发生在海关监管区外（非设关地）的非涉税走私案件行使侦查管辖权。

（三）直接走私与间接走私

顾名思义，直接走私就是违反海关法规，逃避海关监管，直接参与实施非法运输、携带、邮寄相关货物、物品进出境的走私行为。间接走私则是直接向走私人非法收购走私的货物、物品，或者在内海、领海、界河、界湖运输、收购、贩卖国家禁止、限制进出境的货物、物品的行为。

间接走私没有直接侵害海关监管秩序，并非典型意义上的走私行为，但此类行为与走私密切相关，要么属于在进出关境逃避海关监管的准备行为，要么属于已经逃避海关监管之后、走私入境的商品正在销售处理阶段，都从不同程度对直接走私起到推波助澜的作用。根据我国《刑法》第 155 条规定，对上述行为按走私罪论处。从立法方式看，这种规定属于法律拟制。从立法目的看，将上述行为规定为走私，有助于更好打击走私犯罪，便于从源头及时切断走私违法犯罪。

间接走私并非独立罪名，而应当按照走私货物、物品的种类，分别按照走私普通货物、物品罪，走私武器、弹药罪等具体走私罪名的相关规定定罪处罚。

（四）进口走私与出口走私

顾名思义，进口走私就是非法运输、携带、邮寄相关货物、物品进境的走私行为，而出口走私则是非法运输、携带、邮寄相关货物、物品出境的走私行为。将走私犯罪区分为进口走私和出口走私，对于理解不同走私罪有重要意义。

第一，对涉税走私（走私普通货物、物品罪）而言，司法实践中以进口走私为主，出口走私较少。国家对进口的货物、物品普遍征收一定的关税，同时在进口环节海关还需要代征进口货物的增值税或消费税等。而在跨境电商零售、边民互市贸易等领域，也通常是进口货物可以享受税收优惠，从而容易出现税收洼地，成为违法分子重要的走私通道。正因为货物在进口环节存在一定税收成本，涉税型进口走私也比较普遍。绝大多数出口货物不但没有关税，甚至大量货物出口后还可以享受出口退税，因此偷逃出口环节应缴税额的情况就比较少见。当然，国家也会对出口稀缺类资源等产品征收相应关税，上述领域中有一部分涉税型出口走私案件。

第二，对于非涉税走私而言，有些罪名（或对象）只适用于进口走私，而有些罪名（或对象）只适用于出口走私，需要特别引起关注。从《刑法》规定看，走私文物罪、走私贵重金属罪、走私人类遗传资源材料罪只限于出口走私，而走私废物罪则只限于进口走私。从国家有关禁止进出口的货物、物品的相关规定看，如果针对某一货物、物品只是单纯禁止进口的，则只有进口行为才构成走私国家禁止进出口的货物、物品罪，例如国家禁止进口来自疫区的动植物及其产品，因此只有进口行为才构成本罪。反之，如果针对某一货物、物品只是单纯禁止出口的，则只有出口行为才构成走私国家禁止进出口的货物、物品罪,比如国家禁止出口木炭,只有出口行为才构成本罪。

三、走私罪立法的历史沿革

走私犯罪古已有之,世界各国有关走私罪的立法也历史比较悠久。1979 年《刑法》颁布以来,我国有关走私犯罪立法主要经历了三个发展阶段。

(一)确立发展阶段

从 1979 年《刑法》颁布后至 1997 年《刑法》颁布前是走私罪立法的确立发展阶段。除《刑法》条文外,这期间涉及走私罪的主要规范还有:1982 年全国人大常委会通过的《关于严惩严重破坏经济的罪犯的决定》,1987 年《海关法》,1988 年全国人大常委会通过的《关于惩治走私罪的补充规定》。这一阶段,走私罪立法变化主要体现在四个方面:

一是从单一走私罪名到多个具体走私罪名。1979 年《刑法》只规定一个走私罪名。《关于惩治走私罪的补充规定》,针对走私毒品、武器、弹药、假币、珍贵动物及其制品、贵重金属、淫秽物品、国家禁止出口的文物和其他普通货物、物品分别确定特定走私罪名,并分别规定相应定罪量刑标准。二是走私罪的刑罚出现明显的重刑化趋势。1979 年《刑法》对走私罪规定两个量刑档次,分别为 3 年以下有期徒刑、拘役和 3 年以上 10 年以下有期徒刑。《关于严惩严重破坏经济的罪犯的决定》对走私罪增加一档量刑,即情节特别严重的,处 10 年以上有期徒刑、无期徒刑或死刑,可以并处没收财产。三是从个人犯罪扩展到单位犯罪。1987 年《海关法》第 47 条第 4 款规定,"企业事业单位、国家机关、社会团体犯走私罪的,由司法机关对其主管人员和直接责任人员依法追究刑事责任;对该单位判处罚金,判处没收走私货物、物品、走私运输工具和违法所得"。从而不仅首次规定单位走私犯罪,也在我国首次确立了单位犯罪法律制度。四是从直接走私扩展到间接走私。1987 年《海关法》第 49 条规定,直接向走私人收购走私货物、物品,数额较大的,或者在内海、领海非法运输、收购、贩卖国家禁止或限制进出口的货物、物品,数额较大,无合法证明的,以走私罪论处。

(二)系统完善阶段

从 1997 年《刑法》颁布至 2011 年《刑法修正案(八)》颁布前是走私罪立法的系统完善阶段。除《刑法》条文外,这期间涉及走私罪的主要规范还有:2002 年《刑法修正案(四)》,2009 年《刑法修正案(七)》,2002 年最高人民法院、最高人民检察院、海关总署《关于办理走私刑事案件适用法律若干问题的意见》(以下简称《走私案件意见》),以及最高人民法院分别于 2000 年、2006 年发布《关于审理走私刑事案件具体应用法律若干问题的解释》(以下简称 2000 年《走私案件解释(一)》)、《关于审理走私刑事案件具体应用法律若干问题的解释(二)》(以下简称 2006 年《走私案件解释(二)》)。这一阶段走私罪立法的发展完善主要体现在:

一是确定 12 个走私罪名,奠定了现行走私罪的基本罪名体系。在前一阶段分散式立法的基础上,1997 年《刑法》在第三章“破坏社会主义市场经济秩序罪”专门确立走私罪一节,增加了独立的走私核材料罪、走私珍稀植物、珍稀植物制品罪、走私固体废物罪,在第六章第七节“走私、贩卖、运输、制造毒品罪”中规定了走私毒品罪和走私制毒物品罪,从而形成 12 个走私罪名,此后走私罪名体系没有太大变化。同时,还将走私普通货物、物品罪定罪量刑标准从原来货物、物品价值改为偷逃应缴税额。2000 年、2006 年两部走私案件司法解释则细化了走私罪定罪量刑标准。

二是优化涉及废物走私、水上走私的内容。1997 年《刑法》第 155 条第 3 项确立了走私固体废物罪,即逃避海关监管将境外固体废物运输进境的,以走私罪论处。由于该条前两项都是针对准走私的有关规定,但走私固体废物的行为与前两项的行为方式明显不一。因此,2002 年《刑法修正案(四)》将走私废物的行为调整到《刑法》第 152 条第 2 款,并且将犯罪对象扩大到所有废物,包括固体废物、液态废物和气态废物,自此确立了走私废物罪。《刑法修正案(四)》还将水上走私适用空间范围从内海、领海扩展到界河、界湖。

三是确立了走私国家禁止进出口的货物、物品罪。1997 年《刑法》针对走私武器、弹药、假币、文物、珍贵动物及其制品、珍稀植物及其制品等 11 类特定违禁物品,分别规定 11 个具体的走私罪名。对于走私上述特定货物、物品以外的普通货物、物品,按照偷逃进出口环节应缴税额以走私普通货物、物品罪定罪处罚。然而,除刑法所列举的 11 类特定禁止、限制进出口的货物、物品外,国家还根据维护国家安全和社会公共利益等需要,规定其他一些禁止进出口的货物、物品,比如明令禁止进口的旧汽车、切割车、来自疫区的动植物及其制品、侵犯知识产权的货物等。走私上述货物的社会危害性显而易见,然而如何定罪处罚实践中一直争议较大。对此,2002 年《走私案件意见》第 8 条规定,走私上述货物、物品的,以走私普通货物、物品罪追究刑事责任。这一规定对打击此类走私犯罪发挥一定作用,但是,既然属于国家不允许进出口的货物,却按照允许进出口的货物进行核税定罪处罚,从逻辑上看存在一定矛盾。在海关总署等部门提议下,2009 年出台的《刑法修正案(七)》,将原来第 151 条第 3 款的犯罪对象从单纯的“珍稀植物、珍稀植物制品”扩大到“珍稀植物、珍稀植物制品等国家禁止进出口的货物、物品”,从而确立了走私国家禁止进出口的货物、物品罪。

(三)持续优化阶段

2011 年《刑法修正案(八)》颁布以来,是走私罪立法的持续优化阶段。除《刑法修正案（八）》外，这期间涉及走私罪的主要规范还有：2015 年《刑法修正案（九）》，2020 年《刑法修正案（十一）》，2014 年最高人民法院、最高人民检察院《关于办理走私刑事案件适用法律若干问题的解释》（以下简称《走私案件解释》），[1]2019 年最高人民法院、最高人民检察院、海关总署《打击非设关地成品油走私专题研讨会会议纪要》（以下简称《非设关地走私纪要》），2021 年最高人民法院、最高人民检察院、海关总署、公安部、中国海警局《关于打击粤港澳海上跨境走私犯罪适用法律若干问题的指导意见》（以下简称《海上走私指导意见》）。

上述规范性文件对走私罪定罪量刑标准进行较大幅度的调整，基本取消走私罪死刑的规定，提高部分罪名定罪量刑标准，扩大走私罪的适用范围，体现出走私罪法网更为严密、处罚趋于轻缓的立法动向。主要体现在：一是截至目前仅保留走私毒品罪的死刑规定，取消其他走私罪的死刑规定。二是修改走私文物罪、走私贵重金属罪、走私珍贵动物、珍贵动物制品罪量刑档次，将原来 5 年以下有期徒刑、5 年以上有期徒刑和无期徒刑或死刑三个档次，调整为 5 年以下有期徒刑、5 年以上 10 年以下有期徒刑和 10 年以上有期徒刑、无期徒刑。三是针对走私普通货物、物品罪，增加小额走私入罪标准，取消刑法对本罪犯罪数额的直接规定，转而由司法解释规定；而司法解释则大幅度提高走私普通货物、物品罪，走私珍贵动物制品罪定罪量刑标准，还缩小走私普通货物、物品罪个人犯罪与单位犯罪定罪量刑标准的差距。四是丰富和完善走私国家禁止进出口的货物、物品罪定罪量刑标准。五是明确走私犯罪既未遂的认定标准。六是专门针对绕关走私成品油、冻品的法律适用问题进行比较系统全面的规定，也在一定程度上构建了专门针对绕关走私的刑事规则。

此外，2020 年 12 月通过的《刑法修正案（十一）》，针对无证进口药品、非法出口我国人类遗传资源材料以及非法引进、释放或者丢弃外来入侵物种三类行为，分别规定独立的罪名。这三类行为本质上具有走私性质，但三个罪名并没有规定在《刑法》第三章"走私罪"一节之下，而是分散于不同章节中，这也体现了刑法规制走私行为新的立法动向。[2]

四、近年来走私案件的发案态势

近年来，我国对外开放程度不断扩大，对外交往日趋频繁，国际经贸活动更加活跃，对外贸易途径更为多样化，海关监管方式更加多元化，跨境贸易趋于便利化。与此同时，各类走私违法犯罪活动也乘虚而入，严重扰乱外贸秩序，威胁国家贸易安全、

---

〔1〕 2014 年《走私案件解释》取代了最高人民法院先后于 2000 年和 2006 年发布的两部旧走私案件司法解释。

〔2〕 根据《刑法修正案（十一）》修正后的条文，分别见新《刑法》第 142 条之一、第 334 条之一、第 344 条之一，罪名分别为妨害药品管理罪，走私人类遗传资源材料罪，非法引进、释放、丢弃外来入侵物种罪。

海洋安全、生态安全等。总体而言，近年来走私犯罪呈现出以下一些发展态势：

一是走私案件数量持续上升，走私规模不断扩大，且以走私普通货物、物品案件为主。一方面，国际经贸往来日趋便利化，客观上走私分子也得以利用各种有利条件更加频繁地实施走私活动；另一方面，执法部门加大查处力度，案件数量与走私规模都呈上升趋势。从案件类型看，走私普通货物、物品案件占多数，走私国家禁止进出口的货物、物品案，走私珍贵动物、珍贵动物制品案，走私废物案，走私毒品案也占一定比例，其他类型走私案件相对较少。以宁波地区为例，2015 年至 2019 年间宁波检察机关受理审查起诉走私案件数量增长非常明显：与上一个五年相比，这五年间受案件数、人数分别增长 0.7 倍和 1.7 倍。从五年来变化看，2019 年受案件数、人数分别比 2016 年增长 3.7 倍和 3.75 倍，其中走私普通货物、物品案件数量占比高达 72%；从走私规模看，2019 年度单件走私普通货物、物品案涉税额超过 1000 万元的案件比 2015 年度增长 3.25 倍，2019 年度涉税总额比 2016 年度增长 5.4 倍。[1]

二是行业性、系列性走私现象比较普遍，而且有明显的团伙化、专业化趋势。走私犯罪与进出口货物税率高低和货物国内市场行情等因素息息相关。一般而言，关税税率越高的货物，内外市场形成巨大价格差，越容易让走私分子铤而走险；国内市场越是走俏的货物，也越容易成为犯罪分子走私对象，从而形成特定行业性、系列性走私。比如，近年来海产品、冻品、烟草（包括电子烟弹）、酒、成品油、白糖、婴幼儿用品、化妆品、奢侈品、汽车及其配件、木材等都是常见的走私对象。行业性、系列性走私通常团伙作案，从货源、通关（绕关）、申报到运输、销售、收购等各个环节分工明确，专业性强，跨区域作案。行业内不同团伙长期利用监管漏洞走私，作案手法高度相似，许多不同团伙之间常常有一定交叉性；行业性作案过程又有一定长期性、阶段性，案发时往往案值特别高，走私规模特别大。

三是走私犯罪地域性特征明显，沿海沿边地区走私案件比较高发。走私犯罪与国际贸易、对外交往息息相关。整体而言，我国东部、南部沿海地区、西南边境地区以及设有大型国际机场的部分内陆城市，往往对外交往更加便利，国际经贸往来更为频繁，走私分子也更加容易利用各种便利条件实施走私。而且不同地区有各自的地理特征、区位优势，对外交往方式有各自侧重点，从而也会影响到不同走私方式在不同区域的分布。东部、南部沿海地区有不少国际化大型港口，传统海运渠道通关走私仍然比较常见，但近年来沿海地区海上绕关走私迅速增长，而且参与人员的籍贯多数集中在东南沿海省份，由于各地对海上走私执法力度、执法标准有一定差异，走私团伙

---

〔1〕 参见《宁波检察发布近五年宁波走私犯罪检察工作白皮书》，载微信公众号“宁波检察”2020 年 9 月 28 日，https://mp.weixin.qq.com/s/uC6Daz3O7_rk7PDiCsdPmQ。

也常常在不同地区之间漂移作案。我国西南、西北边境地区则毗邻东南亚、中亚，陆上绕关走私以及利用边境贸易政策实施走私的问题比较突出。而在一些设有大型国际机场和靠近港澳地区的城市，以及在涉外包裹、邮件中转集散地，行邮渠道走私则比较常见。

四是分段式走私、产业化分工、专业化操作的作案模式更加普遍，隐蔽性更强。传统模式下，犯罪分子通常在境外货源地组织货物，通过各种途径直接走私入境，但近年来这种情况发生一定变化。大量走私分子在世界各地组织货源，先行将货物进口到我国的香港特别行政区、澳门特别行政区或者东南亚地区，然后伺机行动，或者通过海路、陆路直接绕关走私入境，或者以边境贸易、个人自用物品等形式将货物化整为零陆陆续续走私入境。而在海上走私中，分段运输接力型走私更为常见。通常表现为大型母船从境外批量装载数千吨甚至上万吨成品油、白糖、冻品等货物，开行至靠近我国的近海后长期漂泊在海上；然后走私团伙自行组织或者联系其他买家组织各种各样的中小型船舶（俗称“中巴”），从境内码头驶往近海靠近大船接驳货物；最后，这些中小型船舶可能直接驶往境内码头卸货，也可能驶往更靠近海岸线的海域，又在海上将货物过驳给其他小船（俗称“小巴”），小船接货后再驶往境内码头。由于分段式走私涉及环节更多，走私团伙分工更细，操作手法更为专业化，作案隐蔽性也更强。

五是利用税收优惠政策伪报贸易性质走私明显增多，案件定性有一定争议。近年来边境贸易、跨境电商贸易、特定区域保税商品销售等新型贸易方式蓬勃发展，相对于传统的一般贸易方式，这些新型贸易方式往往能够享受很大的税收优惠，有很强的市场吸引力，但在人员身份、货物数量、交易方式等方面有各种条件限制。实践中走私分子利用这些税收优惠政策漏洞，以合法形式掩盖走私的情形比较常见。但由于此类作案手法隐蔽性较强，在如何认定实际货主、如何区分普通违规与走私犯罪上往往有较大争议。

六是单位走私犯罪比例较高，中小民营企业低报价格走私案件多发。与其他经济犯罪相比，走私案件中单位犯罪占比一直很高，而单位走私又集中体现在通关走私普通货物。以宁波市为例，2015 年至 2019 年间宁波检察机关受理审查起诉的走私案件中，单位走私案件数量占比三分之一；在单位走私中，涉及走私普通货物的企业占比 77.3%，涉及低报价格的企业占比 63.2%。[1] 比如，最高人民检察院发布的全国检察机关主要办案数据显示，2021 年 1 月至 6 月，全国检察机关一共起诉单位犯罪案

---

〔1〕 参见《宁波检察发布近五年宁波走私犯罪检察工作白皮书》，载微信公众号“宁波检察”2020 年 9 月 28 日，https://mp. weixin. qq. com/s/uC6Daz3O7_rk7PDiCsdPmQ。

件950件涉及1882家单位,其中走私犯罪100件,数量排名第2位,[1]也可见走私案件中单位犯罪频发。

第二节　走私罪法定犯属性及其启示

一、走私罪法定犯属性概述

自然犯与法定犯是学理上对犯罪的两种基本分类,走私罪是典型而古老的法定犯。罪刑法定是现代法治基本原则,走私罪的认定需要以刑法明确规定为前提。然而,作为法定犯的走私罪具有二次违法性特征,与自然犯的认定思路有显著区别。自然犯违反一般伦理道德,其行为违法性以伦理道德为重要坐标。行政犯以法律特别规定为前提,其行为违法性以行政性法律规范为重要坐标,即某一行为首先违反行政性法律规范,而刑事规范则是将情节较为严重的上述违法行为纳入刑法评价的范围。相比于自然犯,法定犯具有更加突出的时代性、地域性,不同时代、不同地域关于自然犯基本规范的差异相对较小,但关于法定犯的规范却各有千秋。

对法定犯的评判通常涉及双重规范:一是行政规范;二是刑事规范。走私犯罪涉及货物、物品的进出口,涉及国家贸易管制、国家税收征管制度等,与其相关的行政规范更加庞杂多样。从法定犯视角来理解走私罪,关键就是要合理把握刑事规范与行政规范的关系,这对准确认定走私罪有基础性作用。

首先,走私行为性质的判断与走私对象的认定依附于行政规范。例如,对于何为走私行为,需要结合《海关法》《海关行政处罚实施条例》以及国家对进出境货物、物品的相关监管规定来判断;对于刑法上规定特定减免税进口的货物、物品,禁止进出口物品,限制进出口货物、物品,海关监管现场,珍贵动植物等概念,需要结合行政规范来理解;走私货物、物品的数量、价值、税额等情节,也需要结合行政规范进行认定,尤其是货物、物品价值的认定、完税价格的确定以及税则号归类、税率的适用等,都直接依赖于行政规范。

其次,走私犯罪主观故意的判断与行政规范息息相关。一方面,行为人对行政规范的了解程度及其相应的违法性认识构成行政犯主观故意的重要内容;另一方面,行为人是否刻意违反国家对进出境货物、人员、资金以及交通工具等方面的行政监管规范要求,可以作为判断犯罪主观故意的重要依据。

最后,与单纯刑事规范相比,行政规范承担着更加突出的社会治理功能,国家往往出于治理某一领域、某一行业社会问题的需要,先从行政规范角度作出一定调整。

---

[1] 参见《2021年1至6月全国检察机关主要办案数据》,载微信公众号"最高人民检察院"2021年7月25日,https://mp.weixin.qq.com/s/-zZXtIGJ7z7p3IJ2CmSH8w。

由于行政规范政策性强、变动性大,因此会对走私罪的认定产生重要影响。

二、从客观层面看走私罪的法定犯属性

(一)行政规范是判定走私行为的基本依据

一般认为,走私是指违反海关法律法规,逃避海关监管,非法运输、携带、邮寄国家禁止或者限制进出口(境)的货物、物品,或者偷逃进出口环节应缴税款,破坏国家对外贸易管理制度和海关正常监管秩序的行为。[1] 从客观行为层面来讲,走私行为的认定包括两方面内容:第一,根据行为方式判断是否为走私行为;第二,根据行为对象判断属于何种走私行为及其严重程度。因此,行为方式与行为对象是认定走私行为的两个基本要素,这两个要素的分析、判定都与行政规范息息相关。

1. 走私行为方式与行政规范

《海关法》和《海关行政处罚实施条例》这两部行政规范都将进出口货物、物品中的违法违规行为分为走私行为和违反海关监管规定的行为。走私罪是违反海关法规、逃避海关监管的行为,违反海关法规是形式要件,逃避海关监管是本质属性。在认定走私犯罪时,首先需要结合上述规范判断某一行为是否为走私行为,避免将一般性违反海关监管规定的行为认定为走私行为,不当扩大走私罪的外延。

具体而言,走私行为和违反海关监管规定的行为的共同特征是违反海关法规,而是否逃避海关监管则是区分二者的根本标准。逃避海关监管体现为以绕关、藏匿、伪装、瞒报、伪报或者其他方式逃避海关监管,造成偷逃应缴税款或者禁限类货物、物品的违法进出境。如果某一行为虽然违反海关法规,但没有逃避海关监管,则不应认定为走私行为,更不属于走私犯罪。例如,在唐某涉嫌走私案中,唐某非法收购《濒危野生动植物种国际贸易公约》(以下简称 CITES 公约)附录Ⅱ所列举动物金带喙凤蝶(标本)后,将其中 5 只标本向海关履行报关手续后,得到海关查验放行,寄往国外。二审法院认为,虽然唐某没有出口上述标本的许可证,但其向海关履行符合海关要求的报关手续,并未逃避海关监管,其行为不构成走私。[2]

2. 走私对象与行政规范

刑法依照不同走私对象规定十多个具体走私罪名,总体上可以区分为涉税走私和非涉税走私。前者即走私普通货物、物品罪,以国家允许进出口且需要缴纳税款的货物、物品为犯罪对象;其他 11 个罪名属于非涉税走私,以国家禁止或限制进出口的

---

〔1〕 当然,走私行为还包括间接走私,但对这间接走私的判断仍然是以直接走私为前提。因此,这里主要从一般意义上认定走私的概念。

〔2〕 参见陈晖:《走私犯罪论》,中国海关出版社 2012 年版,第 45 页。

货物、物品为犯罪对象。不同走私对象的确定、不同货物或物品在进出口环节的监管属性等,都需要按照各种行政规范标准来判定。这些规范中,既有专门针对进出口环节管制的行政规范,例如关于是否属于禁止或限制类进出口货物、物品;但更多的是国家基于一般性行政管理需要所确定的规范,例如关于毒品、枪支、文物、珍贵动植物、废物、烟草等方面的行政规范,这些规范不仅针对进口环节,还针对国内流通、交易环节。在具体运用中,往往需要结合进出口规范与一般性规范进行综合分析判断,方能准确认定物品属性、行为性质。

与走私犯罪对象相伴随的是犯罪情节的认定,同样离不开行政规范。走私罪中通常涉及走私对象具体数额(包括数量、价值、金额、税额等)的认定,大量情况下需要根据行政规范来判定,尤其是特殊物品的价值(如珍贵动物、植物制品)和应缴税款的认定更是如此。

(二)行政规范的变动与走私罪认定的关系

与刑事规范相比,行政规范政策性强,变动程度较大,涉及货物、物品进出口的行政规范更是如此。那么行政规范变动后是否适用刑法"从旧兼从轻原则"? 对此,应区分行政规范的性质作具体分析。

首先,如果某一行政规范涉及行为性质的判断,涉及是否属于走私行为的认定,那么这些行政规范本身是走私犯罪构成要素的重要组成部分,按照"从旧兼从轻原则"进行评判更为合理。比如,当某一货物在走私行为实施当时尚属于禁止或限制类货物,已构成走私国家禁止进出口的货物罪,但案发时国家已经取消限制,属于普通货物,显然这种情况下不宜再按照走私罪处理,应当适用"从旧兼从轻原则"。实践中最为典型的是珍贵动物、珍贵动物制品的判定。认定珍贵动物、珍贵动物制品所依据的《国家重点保护野生动物名录》、CITES 公约就时常处于变动之中,行为当时属于珍贵动物,但案发后或审判时已经不属于珍贵动物之列的,应当适用"从旧兼从轻原则",不按犯罪处理。例如,在海南某工艺厂涉嫌走私珍贵动物制品案中,行为当时涉案唐冠螺需要办理濒危野生动植物种许可证才能进口,案发后海关总署等部门发布新公告,从 2005 年 1 月 1 日起,上述唐冠螺不在禁止或限制进出境动物之列。据此,二审法院认为应当按从旧兼从轻原则处理,本案不构成走私珍贵动物制品罪。[1]

其次,如果某一行政规范单纯只涉及案件事实的认定,则应按案件发生当时的行政规范来认定。例如,偷逃应缴税额就是一个典型的事实认定问题,如果对事实的判定也可以适用"从旧兼从轻原则",那么完全同样的行为却只是因为案发时间的区别

---

〔1〕 参见海南省高级人民法院刑事判决书,(2006)琼刑终字第 25 号。转引自晏山嵘:《走私犯罪案例精解》,中国法制出版社 2014 年版,第 330 页。

或者诉讼阶段的区别而出现不同的"案件事实",这显然是不合理的。对此,《走私案件解释》第 18 条第 1 款规定,应缴税额以走私行为实施时的税则、税率、汇率和完税价格计算。换言之,税率变动不适用"从旧兼从轻原则"。

最后,将相关行政规范区分为单纯涉及案件事实的规范和行为性质的规范,对于理解行政规范的变动与如何影响走私罪的认定有重要意义。多数情况下,二者可以合理区分,但在某些情况下二者如何区分有一定模糊性。例如,有关疫区的行政规范。根据《走私案件解释》第 11 条规定,进口来自境外疫区的动植物产品超过 5 吨的,构成走私国家禁止进出口的货物罪。如果行为当时涉案货物来源地属于疫区,但案发后或审判时国家已经认定来源地不属于疫区,那么是否适用"从旧兼从轻原则"?笔者认为,国家宣布某个国家或地区是否属于疫区,主要是以某个国家或地区现实存在的疫情及其风险为基础,从维护本国公共卫生安全的角度作出决定,这种疫情及其风险是一种客观存在的事实,这种事实可能随着某个国家或地区对疫情的治理而得到改变,其他国家也会根据疫情及其风险是否得到改变而作出相应调整。然而,即便是政策调整,但并不能因此否定先前曾经存在过的疫情及其风险。可见,有关疫区的行政规范属于涉及案件事实的规范。因此,只要是在国家认定属于境外疫区期间进口的冻品,其社会危害性并不因为后来国家政策调整而改变,应当适用行为当时的行政规范来认定。

(三)行政规范正面监管与刑事规范反面评价

尽管行政规范是解释刑事层面走私行为性质、情节的基本依据,对刑事规范的理解、适用离不开行政规范,然而行政规范与刑事规范又有不同功能:前者侧重于从正面监管角度对某一行为提出具体规范要求,后者侧重于从反面对某一行为作出最严厉的否定性评价。这种区别决定了在具体解释、适用上二者并不必然完全等同,刑事规范仍然有其自身的独立属性,在许多场合不应完全照搬行政规范的标准来解释刑事规范。

以货物数额(包括数量、价值、金额、税额等)的认定为例。行政管理旨在从正面统计、认定进出口货物的数量、应缴税款等,因此对货物的归类、数量、价值、进出口时间等要素都有高度精确的要求,行政机关要严格确定实际进出境或者申报进出境的货物、物品情况,并根据相应的行政规范准确判定行为人应缴税款、准确统计进出口数据。而刑事规范则有所不同,其旨在从反面评价某一行为的刑事违法性,并通过类似于一般情节、严重情节、特别严重情节等多层次、递进式的评价体系来认定违法行为的严重程度。在这一评价体系中,货物、物品的数量、金额固然是重要考量因素,但确定数量、金额的目的是要将相应的情节合理地归入对应的量刑幅度中,从而对行为的危害程度作恰当的评价。因而,对各项数额所要求的精确度相对较低,可以按照排除合理怀疑和有利于被告人的刑事证据规则，在最低限度范围内对涉案货物进行合理归类，认定涉案货物基本数额，足以确定是否达到立案标准、是否符合相应量刑幅度即可。这也是为何在大量走私案件中（包括其他一些经济案件），尽管缺少实际货物，仍然可以按照能够尽量查清的货物属性、数量、价格等进行判定，合理认定走私数额，这也符合司法活动旨在从事后查明案件真相、确定责任范围的法律特征。

行政规范侧重于从正面监管角度对某一行为提出具体的规范要求，这种要求既包括实质条件，也包括形式条件，在具体操作适用时，行政机关更多是以有形的、可视的形式条件直接来评判实质条件，从而作出相应的监管决定。刑事规范侧重于从反面对某一行为作出最严厉的否定性评价，更强调的是行为实质的危害性及其严重程度。然而，实践中刑事规范所要求的实质条件与行政规范所要求的形式条件相冲突的现象比较常见，走私案件中这种情况也屡见不鲜，此时如何更加合理地把握二者的关系，值得进一步探讨。

三、从主观层面看走私罪的法定犯属性

主客观相一致是刑法理论界与实务界的共识。无论是传统四要件犯罪构成理论，还是晚近犯罪阶层论（二阶层或三阶层），都围绕主客观要件展开。只是前者对各个要件分得更细，不刻意强调各个要件之间的层次性、递进性；后者更追求体系性、逻辑性，更强调从不法到有责、从客观到主观的层层递进关系。从司法实务角度来讲，后者正显现出它强大的生命力。就自然犯与法定犯的分野而言，不仅体现在客观行为（刑事违法性）层面的分析判断有其独特之处，而且在主观故意（刑事有责性）层面的具体把握上也有其独特之处。

（一）主观故意内容方面：违法性认识的复杂性

主观故意包括认识因素和意志因素两方面，认识因素可以进一步区分对具体事实方面的认识和对行为违法性方面的认识。自然犯与法定犯在认识因素方面，特别是行为违法性认识方面有较大区别。自然犯违反的是一般伦理道德，其违法性容易被人们所认识，也是任何一个有正常判断思维的人（所谓理性人）所应当知晓、了解的。法定犯以法律特别规定为前提，具有二次违法性特征，人们对法定犯的违法性认识就不像对自然犯的违法性那样清晰明了，对于走私罪而言更是如此：

第一，行政规范的复杂多样，容易影响人们对某一行为违法性的判断。法定犯以违反行政规范为前提，而相比于其他法定犯，走私犯罪涉及货物、物品的进出口，涉及国家贸易管制、国家税收制度，与其相关的行政规范不仅更加庞杂多样，而且政策性强、变动性大，更容易影响人们对行为违法性的认识。

第二，行政规范的合理性程度，也会影响人们对某一行为违法性的判断。刑事违法性的判断依赖于行政规范，但行政规范首先是服务于行政管理。行政管理更强调执法效率、更突出立竿见影的效果，某些规范标准制定时难免论证不够充分，或者基于某些特殊因素考量，相关规范的合理性与民众的认识也会有一定差距。对于普通民众而言，主要是根据一般认识水平来判断某一行为的合法性、合理性，当这种差距过大，会对违法性认识的判断带来一定影响。最为典型的就是对枪支的认识。2010年之前，枪口动能比大约在16焦耳/平方厘米以上的被认定为枪支；2010年之后，枪口动能比超过1.8焦耳/平方厘米即被认定为枪支。[1] 同样的物品，认定标准变化如此之大当属罕见。按照后者标准，大量情况下其实际威力很小，远远超出人们对枪支的一般认识程度，当涉案的走私"枪支"刚刚达到该标准或者超过不多时，人们是否认识到枪支容易成为争议焦点。

第三，违法行为的普遍程度、实际执法的统一程度，也会影响人们对某一行为违法性的认识判断。对法律政策规定本身的学习了解，是人们认识行为违法性及其严重程度的根本依据。然而，对于普通民众而言，由于行政规定的复杂多样，真正通过学习文件来了解行为性质的情况毕竟属少数。人们更多是结合自己所处的社会环境、自己所能接触的具体案例进行判断，比如同样的行为在社会生活中的普遍程度，同样的行为被公权力机关的容忍程度、查处情况等，都会直接或间接影响人们对该行为违法性及其严重程度的判断。一般而言，某种行为在社会中越普遍，被容忍度越高，日常行政监管越少，人们对其违法性认识越低；反之亦然。例如，2016年前后，全国处理一批借用他人许可证进口废塑料或废布案件，办案机关发现几乎整个行业都以相似的方式操作，而在此之前行政处理、刑事处理的很少，这自然会影响到人们对该行为违法性，特别是是否构成走私犯罪的认识。

违法性认识一般属于法律认识因素，但一定条件下也可能包含事实认识因素，例如是否认识到属于刑法意义上的枪支。行为人能否以不知法为由作为免责理由，理论上有一定争议，也要具体分析。然而，作为以走私罪为代表的法定犯，违法性认识之有无、大小，司法活动中确实值得关注：一方面，司法活动往往需要专门搜集涉及犯罪主观故意特别是行为违法性认识方面的证据（如是否明知属于走私行为），需要证

---

〔1〕 公安部于2001年发布的《公安机关涉案枪支弹药性能鉴定工作规定》第3条规定："对于不能发射制式（含军用、民用）枪支子弹的非制式枪支，按下列标准鉴定：将枪口置于距厚度为25.4mm的干燥松木板1米处射击，当弹头穿透该松木板时，即可认为足以致人死亡；弹头或弹片卡在松木板上的，即可认为足以致人伤害。具有以上两种情形之一的，即可认定为枪支。"据研究，其中第一种情形所对应的枪口动能比大致为16焦耳/平方厘米。而根据2010年《公安机关涉案枪支弹药性能鉴定工作规定》，非制式枪支枪口动能比超过1.8焦耳/平方厘米的一律属于枪支。

明主观方面的内容也更加丰富多样，治理法定犯的司法成本往往大于自然犯；另一方面，走私犯罪的违法性认识之有无，在某些情况下也会影响到是否构成犯罪的判断，即便构成犯罪，在实际量刑中也通常会根据不同人员对行为违法性认识程度的不同作出区别对待，体现主客观相一致原则。

（二）主观故意判断方面：是否违背行政监管要求

主观故意的判断是司法实务的哥德巴赫猜想，以走私罪为代表的法定犯更是如此。犯罪主观故意属于行为人心理活动范畴，但这种心理活动由犯罪行为前、犯罪行为时以及犯罪行为实施后的一系列外在的客观活动表现出来。因此，实践中往往就会结合行为人的客观行为、外在表现等客观情形来判断其主观故意。但走私罪的法定犯属性，又有助于从客观行为、外在表现来判断其主观故意。

从中性角度来看，走私行为其实就是国际贸易（只是非法国际贸易），涉及货物进出口（境）。国家对于货物进出口（境）有各种各样的监管，包括货物、资金、人员、交通工具等各方面监管，这些监管是国家从正面行政管理的角度提出各种要求。由于走私是一种违法或犯罪行为，当行为人意识到自己的行为可能涉及违法或犯罪时，往往会采取各种方式躲避相关部门的正常监管，规避行政规范对合法行为的一般要求，以便尽量降低被发现、被查处的可能性。而在案发之后，如果能够查实行为人故意违反相关监管要求，可以推定其具有走私犯罪的主观故意。

（三）法定犯主观故意判断难易之辨

走私罪的法定犯属性，不仅决定了其主观故意层面的具体内容有别于自然犯，而且在主观故意的判断方法上也有其独特之处。

自然犯违反一般伦理道德，行为的违法性以伦理道德为坐标，其违法性认识一般不需要特别强调分析，即使实践中需要判断自然犯的主观故意，也更多是单纯地从刑法适用的角度来分析。法定犯以法律特别规定为前提，行为违法性以法律规定为坐标，因而违法性认识与人们对法律的了解程度、法律规范的合理程度以及法律在实际生活中的实施情况密切相关。案发后，行为人也往往以此作为抗辩理由。因此，主观故意的判断在以走私罪为代表的法定犯中有其特定内涵，认定起来也更加棘手。

为克服主观故意认定难问题，各类司法解释、意见、会议纪要等规范性文件常常通过列举的方式为法定犯主观故意的判断提供具体依据，比如走私犯罪、诈骗类犯罪、毒品犯罪、侵犯知识产权犯罪以及掩饰、隐瞒犯罪所得犯罪等，而这种情况在涉及自然犯的规范性文件中就很少见。这也体现出法定犯的独特之处。

然而，也正是由于走私罪的法定犯属性，由于同时涉及大量行政监管方面的规范要求,而行为人是否明显违反行政监管要求就可以成为认定主观故意的重要依据,这又为法定犯主观故意的判断打开另一扇天窗。对于侦查机关而言,其重要启示在于,调查行为人的主观故意时,不能把主观故意之有无单纯地建立在行为人飘忽不定的自我陈述中,而要更多地立足于从行为人是否存在明显违背正常监管要求等客观现象中寻找依据。对于其他办案机关而言,在审查判断时同样需要了解某一行为所可能涉及的行政监管规范,结合证据审查是否有明显违背这些监管要求的情形,根据经验法则进行合理而充分的解读分析,进而对主观故意作出更加扎实、可靠的判断。

行政性监督管理反映的是国家为保障社会秩序、经济秩序正常运转而作出的制度安排。当然,并不是所有违反这种监管要求的情形,都可以直接推定其主观故意,仍然需要结合具体案情、具体事项,结合某些监管条件的重要程度、所违反监管要求的严重程度等各方面因素进行综合考量。在林林总总的各种监管规范中,从重要性来看,有些监管规范反映国家对这一领域最基本的制度安排,有些只是一般性配套措施;从功能来看,有些监管规范兼有维护正常秩序和预防违法犯罪的功能,有些只是单纯维护正常秩序。当行为人违反最基本的监管制度,或者违反那些兼具预防违法犯罪功能的规范要求时,显然属于严重违反监管要求的情形。例如,走私分子将出口过程中海关已经铅封过的集装箱货物调包、海上走私中使用“三无”船舶、关闭 AIS 系统等行为,都是严重违反基本监管要求的情形,查清此类事实,对于分析走私罪的主观故意有重要价值。

四、从政策层面看走私罪的法定犯属性

(一)法律规范层面的政策性

刑事政策对刑事立法、司法活动有很强的指引作用。与自然犯相比,法定犯的政策性更强,也更有其自身特色。

首先,法定犯所对应的刑事规范有较强政策性、时代性。现行 1997 年《刑法》是从 1979《刑法》演变而来,后者条文不到 200 条,前者 400 多条,新增的分则条文以法定犯为主。即使自 1997 年《刑法》实施以来,十一余次刑法修正案条文以分则内容为主,而且大部分涉及法定犯,其中修正案(四)(七)(八)(十一)四次对走私罪进行一定调整。法定犯相关内容相对频繁的变动,通常是对社会生活中出现新问题、新现象的一种及时回应。这种立法上多变的特征,本身就反映出法定犯比自然犯有更鲜明的政策属性。

其次,法定犯所对应的行政规范政策性更强,变动性更为明显。法定犯具有二次违法性特征,对相关行为是否违法、违法程度、具体法律概念的解释、具体犯罪对象的

范围等都有赖于行政规范,而行政规范调整变动更为常见。以走私罪为例,税率调整最为普遍,税则号、货物进出口(境)禁止或限制条件的变动也时有发生,这些行政规范的变化都会对走私罪的认定产生重要影响。

(二)执行层面的行政政策与刑事政策

法定犯的政策性不仅体现在规范层面,还体现在具体执行层面。法定犯所针对的行为常常与行政管理息息相关,而行政管理本身也有很强的政策性。因此,从执行层面理解法定犯的政策性,可以从分析行政政策与刑事政策的关系入手。

站在国家治理的角度来看,行政管理与刑事司法对人们的行为都具有规制、指引、惩治、预防的功能,二者共同作为社会治理的手段,分别由不同国家机关实施,互相补充、互相促进,在不同方面发挥各自作用。因而,两种手段所分别对应的行政政策与刑事政策,其终极目的都是维护社会秩序、促进国家进步,这是二者共同之处。

政策通常体现为一种价值导向,由于行政管理与刑事司法分别以不同方式进行社会治理,行政政策和刑事政策价值取向上常常不一样,甚至在一定时间内会相互冲突。具体而言,行政管理活动更强调事前、事中从正面引导、规范人们的行为,立足于通过公权力的正面引导尽快实现某一具体目标。因此,其所对应的行政政策更突出效率的价值导向,在社会治理上更倾向于通过放松管制促进发展。刑事司法活动则更强调从反面引导、规范人们的行为,立足于事后通过打击违法犯罪直接解决严重的社会问题,其所对应的刑事政策更强调采用惩治的方式取得立竿见影的效果,在社会治理上更倾向于通过强化管制以达到惩治违法犯罪的目的。

以货物进出口为例,站在行政管理角度来看,政策层面更多体现为鼓励进出口、提高贸易额度的价值导向。在具体管理中就需要为货物通关、进出口提供各种便利,倡导减少通关环节、通关流程,提高通关效率,相关管制措施容易放松,货物查验率随之降低。而在实际执行中,具体执法者很容易忽视应有的、必要的管制,出现各种监管漏洞。走私分子容易利用这些漏洞大肆走私,各种风险随之增加。当这种风险聚集到一定程度时,容易发展为新的社会问题。当社会问题严重到一定程度时,人们的习惯思维往往是通过刑事手段进行打击治理,因此在政策层面就体现为从严惩治的价值导向,司法实践中各种各样的专项执法活动就是这种价值导向的具体表现。

(三)整体性刑事政策与阶段性刑事政策

对于社会治理而言,在从严惩治政策导向下针对某一领域开展专项执法活动,通过刑事手段惩处相关违法行为,有利于解决一些普遍性的社会问题,也容易取得立竿见影的效果。当然,刑事打击更多是一种治标不治本的手段,具体执行中还需要准确把握政策的执行方式:一方面,立足于长远治理,往往需要结合刑事打击中发现的问题、原因,反过来对一些行政管理方式、管理制度进行一定调整,必要时相应的政策导向也应适当修正。另一方面,还要将针对某一具体问题从严惩治的阶段性政策与宽严相济的整体性刑事政策结合起来,在具体案件,尤其是系列案件处理中,探究是否为普遍性的违法犯罪及其形成的具体原因,结合行为人违法手段、走私对象、主观认知程度、社会危害性等因素,综合运用各项具体法律制度、法律方法,合理把握宽严尺度。

1. 探究具体犯罪原因,合理把握宽严尺度

适当了解某一社会问题所形成的多种原因,具体分析犯罪社会危害性,有利于合理把握宽严尺度。如果违法行为主要是行为人自身恶意利用行政监管漏洞,或者刻意以合法形式掩盖非法目的,蓄意地、长期地进行走私等违法活动,应当予以严惩。例如,在进出口货物转关过程中,行为人利用转关时空差形成的监管盲区,通过破坏集装箱铅封置换货物等方式大肆走私,手段恶劣、主观故意明显,应当予以严惩。

如果违法行为与行政机关日常疏于监管甚至怠于监管有较大关系,在一定期限或一定地域范围内有一定普遍性,在具体处理中可以从宽,这是因为:从客观层面来讲,由于日常监管明显不足,相关违法行为在本来可以及时避免时没有得到应有提示、制止,导致违法后果不断扩大化;从主观层面来讲,怠于监管也导致行为人对自己的行为是否违法或者是一般性违法还是构成犯罪无法区分或者认识比较模糊,违法性认识不足或者程度较低。

2. 运用各项法律制度,合理把握宽严尺度

在了解具体犯罪形成原因的基础上,综合运用各种具体法律制度、法律方法,合理把握宽严尺度。政策主要体现为一种价值导向,法律则是司法人员落实政策的具体方式。因此,刑事政策需要最终转化为如何采信证据、如何认定事实、如何适用法律以及最终的处理情况。

(1)证据与事实层面

刑事诉讼中,证据能力与证明力是审查证据的两个维度,排除合理怀疑等是认定事实的基本原则,在具体办案中,需要坚持这些基本原则、基本要求。然而,基于这些基本原则派生出来的具体法律制度、法律方法,可以作为体现刑事政策价值导向的具体工具。以证据采信和事实认定为例,推定是司法实践中重要的方法。随着以海上走私为代表的绕关走私越来越严重,作案手法不断翻新,犯罪隐蔽性不断增加,在案件事实认定上可以加大推定方法的运用,体现出从严惩治的导向。

再以实践中普遍存在的按照所谓"海关指导价"申报时如何认定偷逃应缴税额为例。货物进出口中,海关常常将其在某一段时期、对某类货物所掌握的通常价格区间,作为快速判断进出口货物成交价格的重要依据。当事人选择接近这种价格区间

申报时,被认定为低风险的概率相对较高,可以减少海关在审核环节提出价格质疑,从而获得加快通关速度、减少查验率等便捷。与之相反,如果当事人的申报价格与这种通常价格区间相差较大(明显偏高或偏低),哪怕确实如实申报,仍然可能面临价格质疑等监管措施,在一定程度上会影响进出口货物的通关速度。久而久之,这种通常价格区间就以所谓"海关限价"或"海关指导价"的名义在进出口行业中普遍存在,甚至在诸如平行车进口等行业中,监管部门曾经以内部文件形式明确"车窗纸价 +1000 美元左右"这种审价模式。在上述监管方式和申报模式下,其社会危害性相对较小,从政策角度看,在认定偷逃应缴税额时,将同一操作模式下因高报价格而多缴的税款计入已缴税款更为合理。[1]

(2)实体层面

在实体法适用中,更能够从多方面体现政策的价值导向:第一,具体法律适用上,通过扩大解释或限缩解释等方法合理解释法律。例如,走私普通货物罪的定罪量刑标准为"数额 + 情节",以往司法实践主要限于"数额"的运用,面对新的走私犯罪形势,针对海上走私犯罪可以不唯数额论,适度扩大"情节"标准的适用空间。

第二,通过合理认定主从犯以及是否适用缓刑等,有效调节实际量刑。法律对主从犯的认定以及缓刑适用作一些规定,但这些规定仍然比较原则,而实践中具体情况各不相同,可以基于平衡量刑和社会治理的考量,结合案件起因、走私目的、获利情况等事实,将其作为酌定情节,合理认定主从犯及其相应刑罚,从严或从宽把握缓刑适用条件。例如,对于走私行为的发生或者后果的扩大化与行政机关疏于监管有较大关系的案件,依照法定刑直接量刑导致罪责刑不相适应的,可以放宽从犯、缓刑适用标准,体现从宽精神;对于行为人蓄意反复参与走私、在走私中积极参与多个环节或者获益较大,或者绕关走私冻品、食物等直接危及公众健康安全的货物,则应当严格把握从犯认定标准和缓刑适用条件,体现从严导向。

第三,合理把握打击面,从源头体现宽严相济刑事政策。对于自然犯而言,只要行为符合犯罪构成要件的,原则上应当追究其刑事责任。对于以走私罪为代表的法定犯而言,除考察行为是否符合犯罪构成要件外,还应当结合行为人参与违法行为的主动性、反复性、获利情况、主观认知程度以及合法行为与违法性的比例等因素,合理确定追究刑事责任的范围,综合运用刑事手段、行政手段惩处违法行为人。

---

〔1〕 关于上述情形中因高报价格而多缴的税款,应当作为已缴税款从偷逃应缴税款中予以扣除的更多理由,可以详见本书第三章第三节"通关走私犯罪数额的认定"。

第三节　走私罪跨境性特征及其启示

一、走私罪跨境性特征概述

走私意味着货物、物品的非法跨境转移,刑法规定走私罪,旨在货物、物品进出境环节规制人们的行为,这体现了走私罪的跨境性特征。根据不同对象(不同货物、物品),我国刑法规定了十几个具体走私罪名。同样是这十几类具体对象,在纯粹的国内生产、流通、运输等环节,刑法也设置相应罪名规制人们的行为。以毒品、制毒物品为例,在进出境环节体现为走私毒品罪、走私制毒物品罪,而在国内普通环节则体现为制造、贩卖、运输毒品罪和非法生产、买卖、运输制毒物品罪,二者有很强的对应性。基于同样逻辑,走私假币罪对应伪造货币罪,走私武器、弹药罪对应非法制造、买卖、运输枪支弹药罪,走私普通货物、物品罪对应骗取出口退税罪、虚开增值税专用发票罪,等等。而间接走私(一手购私)则与洗钱罪,掩饰、隐瞒犯罪所得、犯罪所得收益罪相对应,因为三者本质上都属于掩饰、隐瞒犯罪所得的行为(见表1-1)。

表1-1　同一类对象中走私罪名与对应的关联犯罪罪名

走私罪名	关联犯罪罪名
走私武器、弹药罪	非法制造、买卖、运输、存储枪支、弹药罪
走私假币罪	伪造货币罪,出售、购买、运输假币罪
走私文物罪	妨害文物管理罪(刑法第6章第4节)
走私珍贵动物、珍贵动物制品罪	危害珍贵、濒危野生动物罪
走私国家禁止进出口的货物罪	非法经营罪等
走私淫秽物品罪	制作、复制、出版、贩卖、传播淫秽物品牟利罪
走私毒品罪	制造、贩卖、运输毒品罪
走私制毒品物品罪	非法生产、买卖、运输制毒品物品罪
走私普通货物、物品罪	骗取出口退税罪、虚开增值税专用发票罪
走私人类遗传资源材料罪	非法采集人类遗传资源罪
间接走私(一手购私)	洗钱罪,掩饰、隐瞒犯罪所得、犯罪所得收益罪

可见,走私罪与其他关联罪名的重要区别在于行为手段,走私罪规制的是涉及货物、物品进出境环节,而其他关联罪名则规制同样货物、物品在国内环节一般性的生产、流通、运输环节。虽然在行为手段上不同,但在行为对象上相同或相似,这也说明走私罪通常保护双重法益:一方面保护国家对外贸易与海关监管秩序,这是走私罪所独有的;另一方面则根据不同对象,保护国家对特定货物、物品的一般性管理秩序,这

是走私罪与其他关联犯罪所共有的。例如,走私毒品罪与制造、贩卖、运输毒品罪都保护国家毒品管理制度,走私武器、弹药罪与非法制造、买卖、运输枪支弹药罪都保护国家武器或枪支、弹药管理制度,走私普通货物罪和虚开增值税专用发票罪、骗取出口退税罪都保护国家税收管理制度。

理解走私罪的跨境性特征,对我们办理走私案件以及法律适用有重要启示:一是要以体系性思维来理解走私罪的相关概念;二是罪刑均衡原则下把握走私罪的社会危害性;三是合理界定走私行为与关联行为的关系。

二、走私罪跨境性特征与体系解释思维

走私罪的跨境性特征,第一个启示是体系解释思维。具体来说,就是同样的犯罪对象,发生在边境属于走私罪,而发生在国内环节则属于其他罪名。虽然是不同罪名,但二者在相关概念尤其是犯罪对象的解释上应当是相通的,同样的对象在国内普通犯罪如何解释,在走私犯罪中也基本如何解释,反之亦然。

以武器、弹药为例,根据目前司法解释,无论是走私武器、弹药罪还是非法制造、买卖、运输枪支、弹药罪,主要是按照以火药为动力和以气体为动力来区分武器(枪支)、弹药,并确定相应的定罪量刑标准。但是,在2014年以前就不是这样。非法制造、买卖枪支、弹药罪是按照以火药为动力和以气体为动力来区分枪支、弹药,而走私武器、弹药罪却是按军用和非军用来区分枪支、弹药。这两种不同标准,也就反映出当时没有考虑到刑法的整体平衡,违背体系性原则,后来意识到这一问题,在走私罪新的司法解释中予以完善。不过,关于火药、炸药、雷管、导火索等爆炸物品是否属于走私武器、弹药罪的犯罪对象,目前实践中仍然存在一定争议。持否定观点的理由在于,根据《走私案件解释》规定,"武器、弹药"的种类参照《进出口税则》及《禁止进出境物品表》有关规定确定,而爆炸物品不在《进出口税则》之列。但是,如果从体系解释的角度看,有必要将爆炸物纳入走私弹药罪的犯罪对象,这是因为"走私弹药罪在行为方式上与非法制造、买卖、运输、邮寄、储存枪支、弹药、爆炸物罪相似,两罪的危害性也相当,如将爆炸物排除在走私弹药罪的犯罪对象之外,将会造成同样数量的爆炸物,国内非法买卖、运输、邮寄、储存行为的量刑大于走私行为的尴尬局面,不符合罪刑相适应原则"。[1]

对于其他走私犯罪对象的概念,例如文物、假币、珍贵动植物及其制品、淫秽物品等,也同样应当遵循体系解释的原理,在理解走私罪时应当跟相对应的国内环节罪名

---

〔1〕 南英主编:《〈最高人民法院、最高人民检察院关于办理走私刑事案件适用法律若干问题的解释〉理解与适用》,中国法制出版社2015年版,第23页。

衔接起来理解,这对于我们准确理解走私罪所规制的犯罪对象、所保护的法益有重要意义。例如,《刑法》第 152 条规定走私淫秽物品罪,但在该条以及走私罪一节都没有规定何为淫秽物品。《刑法》第六章在“制作、贩卖、传播淫秽物品罪”一节中,专门规定淫秽物品的范围,这同样适用于走私淫秽物品罪。[1]

体系解释思维还可以进一步启发我们,针对同一对象的违法行为,如果发生在国内一般环节有相应罪名予以规制,那么发生在边境环节也理应有相应罪名予以规制,才能比较完整地实现刑法的法益保护机能。否则,就可能形成比较明显的法律漏洞,同样性质的违法行为在一般国内环节属于犯罪,而发生在边境的进出口环节却不构成犯罪。以进出口侵犯知识产权货物的行为为例,针对该行为是否构成走私国家禁止进出口的货物罪,理论上存在较大分歧,目前实务上也没有处理的先例。但笔者认为,如果该行为不能按走私罪处理,那么在国内生产流通环节,严重侵犯知识产权的行为构成犯罪;而在进出口环节,同样严重侵犯知识产权的行为却不构成犯罪,显然不利于治理知识产权违法犯罪行为,不利于从整体上构建保护知识产权的刑事法律网。[2]

体系解释思维的另一启示在于走私罪与关联犯罪的罪名表述上最好保持连贯性、一致性。具体而言,涉及边境环节的罪名(走私罪)与涉及普通环节的罪名,如果犯罪对象完全一致,在罪名表述上也应当保持前后衔接,这样既有利于人们理解不同罪名真正的异同点,也有利于更合理地引导人们的行为。例如,毒品犯罪分别对应走私毒品罪和制造、贩卖、运输毒品罪,淫秽物品犯罪分别涉及走私淫秽物品罪和制作、复制出版、贩卖、传播淫秽物品罪,假币犯罪分别涉及走私假币罪和出售、购买、运输假币罪。然而,在部分罪名中这种一致性并没有贯彻到底。以破坏野生动物资源刑事案件为例,边境环节涉及的罪名是走私珍贵动物、珍贵动物制品罪,国内普通环节涉及的是危害珍贵、濒危野生动物罪。[3] 这两类罪名所保护的珍贵或濒危野生动物完全一致。[4] 然而,在法条或者罪名有关犯罪对象的表述上却有一定差异,走私罪表

---

[1] 参见《刑法》第 367 条。

[2] 当然,除上述理由外,进出口侵权货物可以作为走私国家禁止进出口的货物、物品罪犯罪对象,还有两个重要理由:其一,从货物属性看,《知识产权海关保护条例》第 3 条规定,国家禁止侵犯知识产权的货物进出口。可见,侵权货物明确属于国家禁止进出口的货物。其二,从规制主体看,《刑法》“侵犯知识产权犯罪”一节所针对的主要是侵权产品的生产方、销售方,但进出口环节还包括大量代理方,显然无法为上述罪名所囊括。

[3] 此前,罪名分别为非法猎捕、杀害珍贵、濒危野生动物罪和非法收购、运输、出售珍贵、濒危野生动物、珍贵、濒危野生动物制品罪。2021 年 3 月起,司法解释将这两个罪名合并为“危害珍贵、濒危野生动物罪”。

[4] 参见《走私案件解释》第 10 条和最高人民法院《关于审理破坏野生动物资源刑事案件具体应用法律若干问题的解释》第 1 条规定,刑法第 151 条第 2 款规定的“珍贵动物”和刑法第 341 条第 1 款规定的“珍贵、濒危野生动物”,都包括列入《国家重点保护野生动物名录》中的国家一、二级保护野生动物,CITES 附录Ⅰ、附录Ⅱ中的野生动物,以及驯养繁殖的上述动物。

述为“珍贵动物”和“珍贵动物制品”，而破坏环境资源保护罪则表述为“珍贵、濒危野生动物”，这种差异不利于人们准确把握两类罪名的关系，建议未来法律予以统一。

三、走私罪跨境性特征与罪刑均衡原则

走私罪的跨境性特征，第二个启示是罪刑均衡原则。具体地说，就是同样的犯罪对象，在国内普通犯罪大概怎么样一个量刑标准，在走私罪中也大致是什么样的量刑标准，因为二者在大致相当的情形下，其社会危害性总体相当，相对应的量刑标准一般应保持一致。例如，走私毒品罪与制造、贩卖、运输毒品罪定罪量刑标准就完全一致，走私制毒物品罪与非法生产、买卖、运输制毒物品罪也同样如此。上述两组罪名分别设置在《刑法》同一条文中(分别为第 347 条和第 350 条)，可以保持相一致的定罪量刑标准，但其他罪名分别位于不同刑法条文中，在设定量刑标准以及法律适用时，我们就需要考虑罪刑均衡原则。

当然，基于走私罪毕竟涉及货物、物品进出境，有特殊保护的意义，刑罚设置上与国内普通犯罪会有一定的区别，然而这种区别至少不宜过于悬殊。以同样是偷逃国家税款犯罪的走私普通货物罪、骗取出口退税罪、虚开增值税专用发票罪为例。走私普通货物罪三个量刑档次分别为有期徒刑 3 年以下，有期徒刑 3 年至 10 年，有期徒刑 10 年以上或无期徒刑，相对应的量刑标准分别是偷逃应缴税款 10 万元以上、50 万元以上和 250 万元以上(个人犯罪)。相反，骗取出口退税罪三个量刑档次分别为有期徒刑 5 年以下，有期徒刑 5 年以上，有期徒刑 10 年以上或无期徒刑，相对应的标准分别是骗取税款 5 万元、50 万元和 250 万元。应当说两个罪名的量刑标准基本相当。然而，在 2014 年最新走私罪司法解释出台前，走私普通货物罪的量刑标准就很低，三个量刑档次相对应的标准分别是偷逃税款 5 万元以上、15 万元以上和 50 万元以上，二者量刑标准差异非常大，容易导致量刑严重不平衡。2014 年《走私案件解释》规定的标准就将两罪基本平衡起来。基于同样道理，最高人民法院于 2018 年也将虚开增值税专用发票罪的量刑标准与上述两个罪名基本统一起来。[1] 当然，目前单位走私普通货物罪定罪量刑标准是个人走私普通货物罪的 2 倍，而虚开增值税专用发票罪却没有这种区分，实践中容易出现处理不平衡问题。正因为此，2020 年以来的司法实践中，浙江等少数省份按照个人虚开增值税专用发票罪定罪量刑标准的 2 倍来把握单位犯罪的标准，就较好体现了罪刑均衡的基本原则。

---

〔1〕 参见最高人民法院《关于虚开增值税专用发票定罪量刑标准有关问题的通知》规定：即虚开的税款数额在 5 万元以上的，以虚开增值税专用发票罪处 3 年以下有期徒刑或者拘役，并处 2 万元以上 20 万元以下罚金；虚开的税款数额在 50 万元以上的，认定为刑法第 205 条规定的“数额较大”；虚开的税款数额在 250 元以上的，认定为刑法第 205 条规定的“数额巨大”。

事实上,目前多数罪名的量刑标准已经统一起来,能够保持基本平衡。但仍然有一些走私罪名与其他关联罪名的量刑标准严重失衡,最典型的就是涉及珍贵动物制品类犯罪。根据目前司法解释,走私珍贵动物制品价值 20 万元以上的,法定刑为有期徒刑 5 年以上;价值 100 万元以上的,法定刑为有期徒刑 10 年以上、无期徒刑。非法运输、收购、销售珍贵、濒危野生动物制品价值 10 万元以上,法定刑为有期徒刑 5 年以上;价值 20 万元以上,法定刑为有期徒刑 10 年以上。对于珍贵动物制品价值处于 10 万元与 100 万元之间的案件,走私犯罪与纯境内犯罪的量刑标准差异巨大,司法实践中量刑不平衡问题突出。例如,某甲走私象牙一根(价值 25 万元)销售给乙,乙又销售给丙。甲、乙构成走私珍贵动物制品罪,法定刑有期徒刑 5 年以上 10 年以下;丙的收购行为构成危害珍贵、濒危野生动物罪,法定刑为有期徒刑 10 年以上。

四、走私罪跨境性特征与罪数问题

走私罪与其他关联罪名的重要区别在于行为手段,走私罪规制的是涉及货物、物品进出境(边境)环节,相反,其他关联罪名则规制同样货物、物品在国内环节一般性的生产、流通、运输环节。相反,在具体案件中,同样的货物、物品,同一行为人可能既在进出境环节实施走私行为,从而触犯走私罪;又在之前(走私出口前)或之后(走私进口后)的国内环节以同一货物、物品为对象实施一般性的非法生产、流通、运输、销售、存储等行为(关联行为),从而在形式上也触犯其他罪名(法条)。

在此情形下,就涉及走私行为与其他行为的关系,涉及走私罪与其他罪名之间如何选择、确定。例如,走私前后必然伴随着对货物、物品的持有、运输、存储等行为,这涉及走私武器、弹药罪与非法持有枪支、弹药罪,非法运输、邮寄、存储枪支、弹药罪,走私毒品罪与非法持有毒品罪,运输毒品罪,走私假币罪与运输假币罪等。多数走私入境的货物需要进一步贩卖或销售,因此在触犯走私罪的同时,可能还会触犯非法经营罪,非法买卖枪支、弹药罪,危害珍贵、濒危野生动物罪,出售假币罪或者传播淫秽物品牟利罪等。对于出口走私的,常常需要通过生产、制造或收购大量货物、物品用于出口,这就涉及走私武器、弹药罪与非法制造、买卖枪支、弹药罪,走私假币罪与伪造货币罪,购买假币罪,走私珍贵动物、珍贵动物制品罪与非法收购珍贵、濒危野生动物、珍贵、濒危野生动物制品罪等。此外,行为人走私货物入境后,在销售过程中为掩盖走私货物来源,常常伴随着虚开发票或虚开增值税专用发票等行为,同时触犯走私普通货物罪和虚开发票类犯罪。

针对上述存在一定牵连关系的行为,在具体处理时会出现三种情况:一是数罪并罚;二是择一重罪处罚;三是根据选择性罪名,按一罪处理,突出表现在毒品犯罪中,即行为人走私毒品又制造、贩卖或运输的,按走私、制造、运输、贩卖毒品罪处理。第三种情形中，由于走私、制造、运输、贩卖毒品罪规定在同一个罪名下，比较容易理解。而前二者的区分标准比较模糊，即针对同一对象既触犯走私罪又触犯其他罪名时，如何把握数罪并罚还是择一重罪处罚。对此，可以分两个步骤进行区分：

（一）判断是一个行为还是数个行为

针对走私行为与关联行为，首先要判断是一个行为还是数个行为，如果是一个行为则按想象竞合犯处理。想象竞合犯是指一个行为触犯数个罪名的情况。这里的一个行为不是从犯罪构成的评价上看是一个行为，而是基于自然的观察，在社会一般观念上被认为是一个行为。[1] 以走私行为与持有、运输、存储行为为例，行为人实施走私过程为了获得货物、物品，必然伴随着相应持有、运输行为，比如为出口准备货物时离不开对货物的持有、运输甚至存储，或者进口后运输货物，然后存储或继续持有，这是走私行为的自然延伸。“走私行为的完成是一个非常复杂的过程，走私这些物品的实行行为往往都包含持有、藏匿、运输等犯罪行为，这些行为是走私犯罪行为不可或缺的一个环节或组成部分。”[2]因此，从人们的一般社会观念上看，在走私犯罪过程中，走私行为与持有、运输、存储属于一个行为，不可能也没必要区分，在此情况下应当择一重罪处罚。因为走私罪的跨境性特征，其同时侵犯两个法益（国家对外贸易秩序和对特定货物、物品的管理秩序），与单纯侵犯一个法益（对特定货物、物品的管理秩序）的犯罪相比，通常情况下走私罪更为严重。因此，在此情形下，实践中通常按照走私罪处理。

实践中，还存在走私行为与逃避商检行为、偷渡行为之间的竞合问题。例如，在伪报品名走私、绕关走私中，伴随着逃避商检；在绕关走私中，伴随着偷渡行为等。对于上述情况，按走私罪处罚即可。这是因为当行为人采用伪报品名走私时，则意味着无法按照原有商品的要求接受正常监管，也必然要逃避商检，没必要对逃避商检行为单独评价；当行为人绕关走私时，意味着人员和商品绕开设立海关口岸的地方进出境，逃避商检和人员偷渡是该类走私行为应有之义，没必要对这两类行为单独评价。

（二）针对数个行为，是否按照牵连犯处理

如果是数个行为，则进一步分析是否按照牵连犯处理。牵连犯是指犯罪的手段行为或结果行为，与目的行为或原因行为分别触犯不同罪名的情况，只有当某种手段通常用于实施某种犯罪，或者某种原因行为通常会导致某种结果时，才宜认定牵连犯。[3]

---

〔1〕 参见张明楷：《刑法学》，法律出版社 2016 年版，第 482 ~ 483 页。

〔2〕 张大春：《走私罪研究》，中国海关出版社 2013 年版，第 202 页。

〔3〕 参见张明楷：《刑法学》，法律出版社 2016 年版，第 490 页。

1.走私行为与非法生产、制造、收购行为

行为人在出口走私中,首先需要寻找货源,一般有两个途径:一是自我生产、制造;二是大量收购。因此,从通常意义来讲,行为人明确为了走私出口而自我生产、制造或者大量收购货物时,二者是典型的手段与目的的关系,例如行为人通过收购假币或者珍贵、濒危野生动物及其制品用于出口时,或者非法生产、制造枪支散件、伪造货币用于出口,针对同一对象的走私行为与其他行为成立牵连犯,应当择一重罪处罚。

【案情简介】2011年年底,被告人代某龙等注册成立大英汇飞公司,代某龙指使乔某林先后在阿里巴巴、环球资源网站发布了加工枪支零配件的广告内容,以招揽国外客户进行枪支零配件的销售。由乔某林与客户商谈枪支配件型号、价格、支付方式,在境外客户付款后,再由代某龙安排在大英汇飞公司的加工厂内加工生产枪支配件,交由物流公司走私出境,徐某负责收取货款。截至2013年12月,代某龙等以上述方式走私出境枪支散件1609件,在深圳皇岗海关通关时被查获枪支散件65件,在代某龙加工厂内查获311件枪支散件。法院认定,被告人代某龙犯走私武器罪,判处无期徒刑,剥夺政治权利终身,并处没收个人全部财产。[1]

本案中,行为人为走私枪支出境而大量非法制造枪支散件,其非法制造是手段行为,走私牟利是目的行为,最终只认定走私武器罪。当然,如果非法制造、收购行为与走私行为是明显独立的两个犯意,即行为人在制造、收购时没有走私犯意,而是之后另起走私犯意的,二者是两个各自独立的行为,分别符合不同犯罪构成要件,应当数罪并罚。

2.走私行为与非法销售、传播行为

从一般意义上讲,行为人走私进口货物、物品会有多种目的或用途,可能自用、可能用于销售、可能赠送他人或者其他目的。二者之间按牵连犯处理还是数罪并罚,不宜一概而论。就走私普通货物而言,人们进口货物的目的本来就是用于销售获取利益,而且从海关法的角度看,是否营利也是区分"货物"与"物品"的标准,既然认定为货物,那么销售或经营行为是走私的应有之义,二者是通常意义上的目的和手段之间的关系,应当按牵连犯处理,在走私普通货物罪与非法经营罪之间择一重罪处罚。由于两罪定罪量刑标准不一样,有些情况下走私普通货物罪更重,有些情况下非法经营罪更重。以金某非法经营电子烟弹案为例。该案中,金某在没有烟草专卖资质的情况下,从境外走私电子烟弹入境用于销售,偷逃进口环节应缴税额70余万元,境内销

---

〔1〕 参见四川省高级人民法院刑事裁定书,(2015)川刑终字第224号。

售数额50余万元,同时触犯走私普通货物罪与非法经营罪。由于非法经营罪更重,最后以非法经营罪定罪处罚。

基于同样道理,走私淫秽物品后用于销售牟利或者单纯用于传播的,从形式上看行为人实施了走私和销售或传播两个行为,分别构成走私淫秽物品罪和传播淫秽物品牟利罪或传播淫秽物品罪,但由于法律规定走私淫秽物品罪具有牟利或传播的主观目的,所以走私淫秽物品既遂后的出版、贩卖、传播行为可以被看作走私淫秽物品罪完成后的应有之义。[1] 在此情形下,也不宜数罪并罚。

除上述两类情形外,走私其他特定违禁品,如果走私入境后再用于销售的,虽然在形式上也是手段与目的的关系,但二者之间的关联性很弱,销售行为并不是走私行为的自然延伸,也不符合人们观念上理解的牵连关系,一般不应当按牵连犯处理,应当数罪并罚。比如,走私武器、弹药后再销售的,应当按照走私武器、弹药罪和非法买卖枪支、弹药罪数罪并罚;走私假币后再出售的,应当按照走私假币罪和出售假币罪数罪并罚。当然,对于行为人走私当时目的非常明确,就是为了走私进口后销售牟利,通过走私获得货物来源进而销售的,二者存在较强的牵连关系,按照牵连犯择一重罪处理更为合理。

走私入境后销售的过程中,时常还伴随着虚开发票的行为,通过虚开发票掩盖走私货物的来源。此时该如何处理?以戴某忠虚开发票案为例。

> 【案情简介】2013年下半年,在被告人戴某忠的实际经营管理下,弘太公司大量接收"中达油178"轮、"皖海运油18"轮从境外直接走私入境且没有正规发票的燃料油,在境内销售。涉案走私燃料油1万余吨,偷逃应缴税款2000余万元。为牟取非法利益,戴某忠又指使弘太公司员工从山东天宏新能源化工有限公司等单位处开具虚假采购燃料油的增值税专用发票,以便在销售上述走私的燃料油中使用。经统计,虚开增值税专用发票价税合计5504万余元,税款合计799万余元,均已向税务部门抵扣。一审法院认定,戴某忠构成走私普通货物罪、虚开增值税专用发票罪,应予数罪并罚。戴某忠上诉后,二审法院驳回上诉,维持原判。[2]

有观点认为,本案走私的货物肯定是用来销售,虚开行为只是服务于走私后的销售以获取经济利润,二者是存在牵连关系,应当择一重罪处罚。由于本案走私行为更为严重,对虚开行为无须单独定罪,只需认定走私普通货物罪即可。笔者认为,虽然

---

[1] 参见张大春:《走私罪研究》,中国海关出版社2013年版,第223页。

[2] 参见浙江省宁波市中级人民法院刑事判决书,(2015)浙甬刑一初字第55号。

弘太公司的虚开行为是为了完成走私货物的销售,最终实现走私目的。但是,虚开发票并非销售走私油必不可少的行为。在销售走私油的过程中,可以不开发票直接销售,也可以通过虚开发票的方式掩盖走私油的实际来源,更便于销售走私货物。可见,走私油入境(或者收购直接走私的油)与销售走私油时虚开增值税专用发票是两个独立行为,二者并不存在必然关系,应当对虚开行为进行单独评价,法院的判决是合理的。

第二章　走私犯罪对象及其数额的认定

第一节　走私犯罪对象概述

一、犯罪对象与走私罪的认定

(一)准确认定走私犯罪对象的意义

我国刑事立法经历一个从粗到细的过程,这在走私罪立法中就体现得特别明显。1979年《刑法》仅仅两条涉及走私罪,不区分犯罪对象,而只是笼统地规定走私罪一个罪名,并区分有期徒刑3年以下、拘役和有期徒刑3年以上10年以下两个量刑档次。[1] 1988年1月21日起施行的全国人民代表大会常务委员会《关于惩治走私罪的补充规定》,首次根据不同走私对象设立不同走私罪名及其相应刑事责任。1997年《刑法》在吸收前述补充规定的基础上进一步完善,根据不同走私对象设立12个具体的走私罪名,2009年《刑法修正案(七)》则将原来的走私珍稀植物、珍稀植物制品罪修改为走私国家禁止进出口的货物、物品罪。2020年《刑法修正案(十一)》确立了走私人类遗传资源材料罪。至此,根据不同对象供13个不同走私罪名。

第一,准确认定不同走私对象对区分不同走私罪名进而准确追究行为人刑事责任有重要意义。走私罪立法模式的变化主要围绕着走私对象不断细化、完善,从原先的单一走私罪到依据不同对象区分13个具体的走私罪名,体现了刑罚个别化的思想,也有利于更好地贯彻罪刑法定和罪责刑相适应的刑法基本原则。

第二,在区分货物进口与出口时,准确认定不同对象,对于判断是否构成走私以

[1] 参见1979年《刑法》第116条规定,违反海关法规,进行走私,情节严重的,除按照海关法规没收走私物品并且可以罚款外,处3年以下有期徒刑或者拘役,可以并处没收财产。第118条规定,以走私、投机倒把为常业的,走私、投机倒把数额巨大的或者走私、投机倒把集团的首要分子,处3年以上10年以下有期徒刑,可以并处没收财产。

及构成何种走私有重要意义。以走私普通货物、物品罪为例,其所针对的是应税货物、物品。国家对于多数出口货物不征收关税,同样的货物、物品,如果是出口行为通常不涉及走私普通货物、物品罪,如果是进口行为就比较容易触犯走私普通货物、物品罪。因此,司法实践中走私普通货物、物品罪多数是进口走私案件,只有少量出口走私案件。比如,走私文物罪和走私贵重金属罪所针对的是出口走私,即行为人将文物、贵重金属非法出口时才分别构成上述两个罪名。如果行为人将文物、贵重金属非法进口,则不构成上述两个罪名,而是根据走私普通货物、物品罪来认定是否构成犯罪。

第三,区分不同走私对象对于准确量刑有重要意义。即使是同一个罪名项下的走私对象,还需要根据不同等级区分不同社会危害性,以及不同的定罪量刑标准。比如,同样是废物,司法解释区分为国家禁止进口的危险性废物、非危险性废物,二者定罪量刑标准各不相同;同样是文物,司法解释区分一级、二级、三级文物,三者定罪量刑标准也各不相同;同样是枪支或弹药,司法解释区分为以火药为动力的枪弹、以气体为动力的枪弹,二者定罪量刑标准同样也各不相同。

第四,区分不同走私对象,还有利于更好把握走私罪及其关联行为之间的关系。如前所述,跨境性是走私罪的重要特征,针对同一对象的某种行为既可能发生在进出口的边境环节,也可能发生在国内的一般生产、流通、销售环节,对于前者刑法以走私罪予以规制,对于后者刑法则以其他相应的普通罪名予以规制。然而,在林林总总的货物、物品中,有些货物、物品不论是跨境贸易还是一般性国内交易,都会被限制或禁止,因此在同一案件中就可能同时涉及走私犯罪和国内一般贸易的犯罪,比如武器、弹药、文物、珍贵动物及其制品等。但是,有些货物、物品只是被禁止或限制跨境交易(进出口),而一般性的国内交易则不在禁止或限制之列,这些货物、物品只涉及走私罪,不涉及国内贸易的相关犯罪。比如木炭被国家禁止出口,只有出口贸易才构成走私罪,如果只是国内贸易不但不构成犯罪,甚至也不涉及一般性违法。因此,上述区分在走私罪的认定中有两重意义:其一,有利于区分行为人是否构成犯罪。如果单纯被禁止或限制跨境交易的货物、物品,案件办理中就需要特别注意涉案货物、物品是否涉及进出境,相关行为人是否参与进出境或者是否明知进出境,如果行为人只参与单纯国内贸易或者对进出境并不知情,那么行为人不构成犯罪。其二,如果是同时被禁止、限制的国内贸易和跨境贸易的货物、物品,那么参与的行为人至少首先是构成犯罪,在此基础上才进一步探讨在走私罪与其他关联犯罪之间如何选择。

(二)走私犯罪对象的认定思路

走私罪是典型的法定犯,走私对象的认定对行政规范有高度依赖性。不同走私对象的确定、不同货物或物品在进出口环节的监管属性等,都需要按照各种行政规范标准来判定。这些规范中,既有专门针对进出口环节管制的行政规范,如禁止或限制类进出口货物、物品目录表;但更多的是国家基于一般性行政管理需要所确定的规范,又如关于毒品、枪支、文物、珍贵动植物、废物、烟草等方面的行政规范,这些规范不仅针对进口环节,还针对国内流通、交易环节。在具体运用中,往往需要结合进出口规范与一般性规范进行综合分析判断,方能准确认定物品属性。

行政规范是认定各个具体走私对象及其属性的法律依据。根据这些行政规范,在判断某一具体走私对象时可以分为三个步骤:

首先,直接判断。根据普通人的经验、常识、逻辑等,借助视觉、触觉、嗅觉等感官直接判断货物的自然属性。例如,白糖、木炭、冻品、砂石等货物,通常情况下可以根据查扣在案的实物或者记录的账册等信息直接判断。

其次,专业判断。走私罪中所规定的大量货物、物品有很强专业性,单纯依靠经验常识无法直接判断,通常需要借助专业性检验、检测、鉴定,才能得出可靠结论。比如有关武器、弹药、假币、珍贵文物、珍贵动物、珍稀植物、淫秽物品、废物、烟草制品等,都需要有专业机构及其专业人员进行判断,认定货物的法律属性。再如成品油,虽然通过直接判断可以认定货物的基本属性,但为了进行更合理的货物归类,适用正确的税率,仍然需要通过专业检验、检测,借以判断具体是何种成品油(如柴油、燃料油还是石脑油等)。

最后,规范解释。在直接判断或专业判断的基础上,结合法律法规具体规定,进一步判断货物、物品的法律属性,进而确定刑法意义上走私犯罪对象。例如,根据直接判断属于原木烧制的木炭,再结合禁止进出口货物目录表认定是否属于国家禁止出口的货物;根据专业人员鉴定出属于珍贵动物,然后需要结合相关法律法规判断属于何种等级的保护动物;根据对烟草制品的鉴别情况,结合烟草法律法规判断是否属于卷烟等。相比于刑事规范,行政规范对货物属性的规定自然更加具体明确。然而,即使再具体的行政规范,其总是基于已有情况进行一定的抽象作出规定,生活总是丰富多彩、实践中的新情况也是层出不穷,相关概念的模糊性也是不可避免的,主管部门或者具体执法者在适用规范过程中,仍然需要对行政规范所认定的货物、物品的概念等作必要解释,尤其当某一新事物出现后,仍然可以运用合理的解释方法探究其是否符合已有规范的调整范围。

在认定走私犯罪对象时,以上三种思路层层递进。直接判断是基础,直接判断能确定的,一般无须专业判断;直接判断难以确定的,需要作专业判断。在直接判断、专业判断的基础上,结合相关规范进一步认定相关对象的法律属性,从而逐步纳入刑法意义上的走私犯罪对象。

二、货物与物品

(一)区分货物与物品的意义及其标准

根据《海关行政处罚实施条例》第64条规定,“物品”是指个人以运输、携带等方式进出境的行李物品、邮寄进出境的物品,包括货币、金银等。超出自用、合理数量的,视为货物。货物与物品的区分在进出口贸易中有重要意义。

其一,二者的管制方式不同。货物由国家对外贸易主管部门和海关等部门,依据《对外贸易法》《货物进出口条例》等法律法规共同确定禁止或限制进出口条件,所涉及的法律体系比较复杂。但是物品则主要由海关自行确定物品的进出境条件。其二,进出境方式不同。货物除特殊情况外,通常情况下需要以一般贸易的方式进出口(或者保税进出口),不得通过随身携带的方式进出境。但是物品则主要通过随身(包括行李)携带、邮寄的方式进出境。其三,二者适用税率不同。货物涉及的税款构成比较复杂,税率比较高,税种较多,包括关税以及进出口环节由海关代征的增值税、消费税,关税本身涉及不同税率。相反,物品则主要是单一的行邮税,整体而言税率也比较低,而且一定税额以下可以免征。

在认定走私犯罪时,合理区分货物、物品,对于认定行为人是否构成走私,如何确定走私犯罪数额有重要意义。对于货物和物品的区分,主要有以下两个标准:首先,依据目的区分。物品是指个人以运输、携带等方式进出境的行李物品、邮寄进出境的自用物品。“自用”是指旅客或者收件人本人自用、馈赠亲友而非为出售或者出租。简言之,物品不以营利为目的。相反,货物则是以出售、出租等营利为目的。其次,依据数量区分。物品限于合理数量范围内。这里的“合理数量”,指海关根据旅客或者收件人的情况、旅行目的和居留时间所确定的正常数量。从通常意义来理解,作为自用的“物品”在数量上肯定是比较少的。如果行为人大规模、大批量地进口同一种东西,就不宜认定为物品,而应认定为货物。例如,实践中,行为人常常利用海关对“物品”监管上的漏洞,通过“水客”、邮寄等方式,将本应以一般贸易进口的货物,化整为零分散进口,再进一步销售牟利。这种进口方式,就单次而言,形式上符合“物品”进境的特征,但立足于整体来分析,本质上是货物,应当按货物来确定监管条件。[1]

(二)如何合理看待货物和物品的区分

货物与物品是国家基于进出口(境)监管的需要而作出的区分,二者的监管条件有很大区别。走私罪是典型的法定犯,走私性质的判定、走私对象的认定都依赖于相关行政规范。在认定行为人是否构成走私及其严重程度,也需要合理区分货物和物

---

〔1〕 涉及物品“自用”“合理数量”等概念,可以参见《海关行政处罚实施条例》第64条。

品进而作相应的认定。在认定事实的基础上，针对货物走私，认定为走私普通货物罪、走私国家禁止进出口的货物罪；针对物品走私，则认定为走私普通物品罪、走私国家禁止进出口的物品罪。

然而，在认定走私罪时，又要合理看待行政规范对货物、物品的区分。如前所述，对行政规范而言，在涉税监管与非涉税监管中，二者的区分都有很大意义。在涉税监管中，根据货物、物品的区分，涉及进出境的渠道、税率等区别；在非涉税监管中，涉及贸易渠道禁限类货物的范围和非贸易渠道禁限类物品的范围。对于刑事规范而言，货物、物品的区分主要在涉税走私中有其价值，在非涉税走私中二者的区分对行为的评价没有实质性价值，不应完全套用行政规范来解释刑事规范。因为行政规范与刑事规范在功能上有一定区别：前者侧重于从正面监管对某一行为提出具体规范要求，后者侧重于从反面对某一行为作最严厉的否定性评价。这种区别决定了在具体解释、适用上二者并不必然完全等同，刑事规范仍然有其自身的独立属性，在许多场合不应完全照搬行政规范的标准来解释刑事规范。

以仿真枪为例，根据《禁止进出境物品表》，仿真枪属于禁止进出境物品，但在与贸易性质相关的行政规范中没有明确列明予以禁止出口。于是有观点就认为，当行为人大批量出口仿真枪时，由于仿真枪不属于法律明确禁止进出口的"货物"，因此不能以走私国家禁止进出境的货物罪定罪处罚。[1] 其实，这是机械套用行政规范来解释刑事规范，也是对法律规定的误解。从日常语义上讲，货物当然属于物品，物品的概念大于货物，只是国家基于税收监管等需要对二者作区分，将物品概念限定于个人合理自用范围，将货物排除在行邮渠道进出境之外。如果不是从税收管理角度，而是从是否被允许或禁止进出境角度来理解，既然某一"物品"被禁止进出境，当这种"物品"以"货物"贸易的形式进出境时，该"货物"理应同样被禁止或限制进出境。否则，当行为人携带少量"物品"进出境时被禁止或限制，而当同样的东西在同样的条件下被大批量进出口时不在禁止或限制之列，显然违背举轻以明重的法律逻辑。因此，《走私案件解释》规定，走私仿真枪的（包括出口），以走私国家禁止进出口的货物、物品罪定罪处罚。

三、禁限类货物、物品与普通货物、物品

（一）区分禁限类货物、物品与普通货物、物品的意义

根据我国《对外贸易法》《货物进出口管理条例》等法律制度的规定，国家对进出口货物、物品分为三大类：一是禁止进出口货物、物品，二是限制进出口货物、物品，三

---

〔1〕 参见晏山嵘：《走私犯罪判例释解与辩点分析》，中国法制出版社 2018 年版，第 335～336 页。

是自由进出口货物、物品。从走私罪的角度来讲,则主要区分为禁止或限制进出口的货物、物品和普通应税货物、物品,前者主要涉及进出口许可管理制度,后者主要涉及进出口货物税收征管制度。当然,二者许多情况下会有一定的交叉,但这种区分仍然有重要意义。

首先,区分普通货物、物品与禁限类货物、物品,有利于把握两类走私社会危害性的不同评价依据及其发展趋势。《刑法》根据不同对象区分13个具体走私罪名,总体而言可以区分为涉税走私与非涉税走私,分别对应普通货物、物品与禁限类货物、物品。涉税走私主要侵犯进出口环节的税收管理制度,根据偷逃应缴税额评价犯罪行为的社会危害性;非涉税走私主要侵犯国家对进出口(境)货物、物品的贸易管制制度,通常涉及国家贸易安全、公共安全等因素,主要依据货物、物品的价值或者数量(重量)来评价犯罪行为的社会危害性。从国家发展和治理走私犯罪的角度讲,非涉税走私正逐步成为走私犯罪的打击重点。正如有观点指出,就国家对进出口的监管而言,关税税率呈总体下降趋势,监管重点正处于从"税款征收"为中心向"国家贸易安全"为中心的转变过程之中,相应地,国家缉私的任务也从以打击贸易渠道的涉税走私为重点,转变为打击非涉税走私、绕越设关地走私为重点,这个重点的转变是大势所趋、不可逆转。[1]

其次,区分普通货物、物品与禁限类货物、物品,对于准确认定间接走私、后续走私有重要价值。第一,针对水上走私,《刑法》和《海关法》分别规定了"以走私罪论处"或"按走私行为论处"的情形。[2] 二者所规定的行为模式完全一致,在内海、领海、界河、界湖运输、收购、贩卖相关货物、物品且无合法证明。然而,在具体适用对象上却存在很大差别。其中,《刑法》所规定以走私罪论处的货物仅限于国家禁止进出口物品和国家限制进出口货物、物品,而《海关法》所规定按走私行为论处的货物既有国家禁止或者限制进出境的货物、物品,还包括依法应当缴纳税款的货物。第二,《刑法》第154条规定关于保税货物、特定减免税的货物、物品走私,也只是专门针对涉税的普通货物、物品。

(二)禁限类货物、物品的范围

《刑法》所针对的禁止或限制进出口货物、物品包括12类,分别是:武器、弹药,核材料,假币,文物,贵重金属,珍贵动物、珍贵动物制品,淫秽物品,废物,毒品,制毒物品,人类遗传资源材料,以及珍稀植物及其制品等国家禁止进出口的其他货

---

〔1〕 参见林倩:《一切都是最好的安排》,载微信公众号"老林说法"2019年1月1日,https://mp.weixin.qq.com/s/7K2RAYBPnVJsjOH-Zsu-Lw。

〔2〕 分别见《刑法》第155条和《海关法》第83条。

物、物品。

上述禁限类货物、物品通常可以分为两大类:一是绝对禁止进出口的货物、物品,二是相对禁止进出口的货物、物品。《走私案件解释》21 条第 1 款规定,未经许可进出口国家限制进出口的货物、物品,构成犯罪的,应当依照刑法第 151 条、第 152 条的规定,以走私国家禁止进出口的货物、物品罪等罪名定罪处罚;偷逃应缴税额,同时又构成走私普通货物、物品罪的,依照处罚较重的规定定罪处罚。这里所规定的国家限制进出口的货物、物品就属于相对禁止进出口的货物、物品。当然,对于这一解释是否合理,理论上存在一定争议。[1]

将限制类货物、物品理解为走私罪意义上的国家禁止进出口货物、物品,笔者认为该解释有其合理之处。首先,从体系解释角度看,《刑法》第 151 条所规定的"国家禁止进出口的"货物、物品,实际上并不等于绝对的、完全意义上的不允许进出口。比如对武器、弹药和军用物资等物品,我国长期以来都与国外存在贸易往来,只是由于该类物品涉及国家安全,国家对该类物品实施的是特许经营的制度,只有国家指定的企业才能代理军用物品的进出口,一般进出口企业不能经营此类项目。其次,从立法原意看,《刑法》第 151 条所规定的"国家禁止进出口的"货物、物品,包括未经许可进出口的货物、物品。2004 年,全国人大常委会法工委刑法室曾在答复海关总署的文件中指出,"刑法第一百五十一条规定的走私国家禁止进出口的珍贵动物、珍稀植物及其制品的行为,是指走私未经国家有关部门批准,并取得相应进出口证明的珍贵动物、珍稀植物及其制品的行为"。[2] 最后,从走私罪历史变迁及其所保护的法益看,走私国家禁止进出口的货物、物品罪是禁限类货物、物品走私的兜底性条款。1979 年《刑法》只规定单一走私罪名。1988 年《关于惩治走私罪的补充规定》在规定若干具体走私罪名的基础上,规定走私其他货物、物品。上述规定没有对禁止类和限制类货物、物品作区分,刑法上都予以相应保护。尽管 1997 年《刑法》没有禁限类货物、物品走私的兜底性罪名,但 2009 年《刑法修正案(七)》予以完善,确定走私国家禁止进出口的货物、物品罪。从历史演变来看,该罪名也是在应税货物、物品之外,在保护禁限类货物、物品上具有补充性质、兜底性质的条款。

我国《对外贸易法》《货物进出口管理条例》原则上规定限制或者禁止有关货物,同时授权国务院对外贸易主管部门会同国务院其他有关部门依法制定、调整并公布限制或者禁止进出口的货物。实践中,国务院相关行政主管部门在此基础上陆续公

---

〔1〕 例如,张明楷老师就指出,"将限制进出口的货物、物品等同于禁止进出口的货物、物品,究竟是扩大解释还是类推解释,值得进一步研究"。参见张明楷:《刑法学》,法律出版社 2016 年版,第 750 页。

〔2〕 参见《全国人民代表大会常务委员会法制工作委员会关于如何理解刑法第一百五十一条有关内容的答复》,法工委刑发〔2004〕20 号。

布各批次禁止进出口货物表、禁止进出境物品表和限制进出境物品表等清单，就成为认定禁止或限制进出口货物、物品的最重要依据。那么，在这些禁止或限制进出口（境）目录之外，走私罪意义上的禁止或限制进出口货物、物品还包括两大类：一是我国所缔结或参加的国际条约、协定中关于禁止进出口的货物、物品的规定。二是其他特别法律、行政法规规定禁止或限制进出口的货物、物品。

一个比较值得探讨的话题就是侵犯知识产权货物、仿真枪等是否属于走私国家禁止进出口的货物、物品罪犯罪对象。对此，笔者对于禁止或限制进出口的货物、物品提出一种新的分类思路，可以作为一种思考路径。一是普遍禁止（当然禁止）类。普遍禁止类是指法律对该物品予以完全否定性评价，包括生产、制造、流通、持有都被禁止，比如毒品、假币、淫秽物品、不符合卫生安全标准的动植物及其制品等，这是绝对的、彻底的违禁品，其社会危害性最大，进出口也自然在禁止之列。二是特别禁止类。特别禁止类是指该货物、物品允许合法存在，甚至一定情况下允许流通，但在进出口环节被特别禁止，比如木炭，或者一些绝对禁止出境的文物，特定时期国家根据联合国相关制裁决议就部分商品禁止向特定国家出口等。三是严格限制类。严格限制类指的是在进出口环节予以普遍性限制，一般情况下是禁止进出口，只有在特定或少数情况获得许可，才允许进出口，允许进出口的条件也非常严苛，比如武器、弹药、文物、驯养的珍贵动物等。四是一般限制类。一般限制类指的是通过设定一定条件，一般性地限制货物、物品的进出口，允许符合条件的主体依法申请进出口，主要有国务院有关部门依法公布的限制进出口货物。

上述四类禁限类货物、物品中，一般限制的范围最广、涉及的内容最多，具体哪些可以成为走私国家禁止进出口的货物、物品罪对象，需要进一步研究。但是，对于前三类，当然可以成为走私罪意义上禁限类货物、物品。回到我们前面提到的仿真枪、侵犯知识产权货物。《枪支管理法》第 22 条规定，“禁止制造、销售仿真枪”。《知识产权海关保护条例》第 3 条第 1 款规定，“国家禁止侵犯知识产权的货物进出口。”可见，仿真枪属于普遍禁止的货物、物品，侵犯知识产权货物至少属于特别禁止的货物，甚至也可以是普遍禁止的对象，这两类货物可以作为走私国家禁止进出口的货物、物品罪的犯罪对象。[1]

（三）国际公约的调整对禁限类货物、物品认定的影响

如前所述，我国所参加或缔结的国际条约是认定禁限类货物、物品的重要依据。然而，从国际条约的确定生效到国内法明确为禁限类货物、物品的，或者将国际条约

---

〔1〕 例如，陈晖教授在其《走私犯罪论》一书中就指出，走私侵犯知识产权的货物、物品的，可以按走私国家禁止进出口的货物、物品罪定罪处罚。参见陈晖：《走私犯罪论》，中国海关出版社 2012 年版，第 243、245 页。

明确的内容翻译为中文版本,通常有一个时间差。那么,该以哪个时间节点作为认定禁止、限制类货物、物品的依据?以邱某兴走私案为例。

【案情简介】2013年4月,被告人邱某兴前往浙江省温州市购买"浙苍机888"货船。同年7月,被告人邱某兴雇佣同案人邱某仔(另案处理)担任该船船长。同月20日,被告人邱某兴指使邱某仔带领其他8名船员,驾驶该船从福建福安出海驶往马达加斯加海域,在东经50°5′南纬15°45′海域陆续接驳由同案人许某策(另案处理)组织小船运送至该海域的木材。同年10月7日,邱某仔等驾驶载有木材的货船返航。同年11月上旬某日晚,该船行至东经119°18′北纬25°21′莆田市兴化湾海域时,邱某兴指使该船在向其他多艘小船过驳船上所载木材时,该船连同相关木材被武警福建省边防总队海警一支队当场查获。经鉴定,上述木材共计3394根,其中225根为卢氏黑黄檀木材(列入CITES公约附录Ⅱ商品),重量计20.8吨,价值人民币517.1万元;3169根为马达加斯加紫檀木材,重量计334.1吨,价值人民币5780.8万元。经计核,上述马达加斯加紫檀木材完税价格为人民币4346万元,核定偷逃税款计人民币565万元。[1]

本案中,被告人邱某兴提出辩解,认为卢氏黑黄檀木材不属于国家禁止进出口的货物,经批准是可以进出口的,并非禁止性物种。这是因为中国于2013年9月才对外发布CITES公约附录Ⅱ商品名录中文版,而本案实施运输涉案CITES公约附录Ⅱ商品是在2013年7、8月,所以其行为不构成走私国家禁止进出口的货物罪。法院认为,虽然CITES公约附录Ⅱ(公约中文版)是中国濒危物种科学委员会在2013年9月对外公布,但卢氏黑黄檀列入CITES公约附录Ⅱ商品名录于2013年6月12日起生效的,且被告人邱某兴是否知道该物种属于国家禁止进出口的货物,并不影响其走私犯罪的主观故意的认定,据此认定其构成走私国家禁止进出口的货物罪。我们认为,判决书的结论是正确的,但论证的过程还是值得商榷。本案中,将2013年9月CITES公约附录Ⅱ中文版正式公布作为认定涉案货物属于禁止、限制类货物更为合适,主要理由是:[2]

首先,CITES公约并非生效即自动产生约束力公约。根据该公约官网介绍,CITES公约并非自执行公约,国内法在执行CITES公约以保证关于濒危物种的合法、可持续、可追溯的交易方面起到重要作用。这意味着在各成员国还未具备相关法规或措施时,公约将无法直接适用。

---

〔1〕 参见福建省莆田市中级人民法院刑事判决书,(2016)闽03刑初26号。

〔2〕 参考王永亮、胡岚岚:《木材走私评析系列之二:木材禁入的时间究竟以何时为准?》,载微信公众号"永亮说税"2020年2月27日,https://mp.weixin.qq.com/s/CtS4sc-zoUaL3Hri4NbpzQ。

其次,中国国内法要求履行转换手续。我国《野生植物保护条例》第 31 条规定,中华人民共和国缔结或者参加的与保护野生植物有关的国际条约与本条例有不同规定的,适用国际条约的规定;但是,中华人民共和国声明保留的条款除外。由此可见,CITES 公约并非自动转换为中国法律,中国相关机构需要首先确定是否存在声明保留的公约条款,然后才能在国内执行。

最后,公约文件只有以国内普通民众能够理解的方式进行公示,让大众知晓国家法律(包括基于国际公约而对国家法律产生的影响),民众才有守法的依据,这也是法治社会的基本要求。CITES 公约使用的是外文,界定相关物种所使用的是拉丁文,普通民众无从了解,而且拉丁文许多情况下与国内一般贸易中通行的叫法并不一致,这样也容易让民众产生误解,也无从得知某一物种是否列入国家贸易禁止或限制类行列中。

因此,由于初次将卢氏黑黄檀列入 CITES 公约附录Ⅱ的中文版文件直至 2013 年 9 月才正式对外公布,本案应当以 2013 年 9 月作为认定卢氏黑黄檀列商品属性的时间节点。当然,即便如此,由于行为人在 2013 年 7、8 月只是在非洲准备接货,还没有走私入境,直到同年 11 月涉案船舶才到达中国海域后走私入境。因此,在走私入境时 CITES 公约附录Ⅱ中文版已经公布,显然涉案货物已经属于国家禁止进出口的珍稀植物,判决书的最终结论是正确的。

四、走私犯罪对象的竞合问题

《刑法》根据不同走私对象确定 13 个具体走私罪名,前文也将走私对象区分为普通货物、物品和禁限类货物、物品。然而,这种分类并不是绝对的非此即彼关系,许多情况下有一定交叉或包容关系,这就涉及走私对象的竞合问题。

首先,不同禁限类货物、物品之间的竞合关系。《刑法》区分 12 类禁限类货物、物品并设立 12 个具体罪名。其中,武器、弹药、核材料、假币、贵重金属、珍贵动物及其制品、淫秽物品、废物、毒品、制毒物质等特定禁限类货物、物品,本身属于国家禁止进出口的货物、物品。因此,“走私国家禁止进出口的货物、物品罪”犯罪对象与其他特定禁限类货物、物品之间是一种包容关系,而其他特定禁限类货物、物品之间在“国家禁止进出口的货物、物品”这层意义上又是互相交叉的。

其次,普通货物、物品与禁限类货物、物品的竞合关系。《刑法》第 153 条关于走私普通货物、物品罪对象的表述为第 151 条、第 152 条、第 347 条规定以外的货物、物品。而第 151 条、第 152 条、第 347 条所规制的对象正是 11 种禁限类货物、物品。从该条字面上理解,普通货物、物品与其他 11 种禁限类货物、物品是互相排斥的。于是有观点认为刑法意义上的普通货物、物品与禁限类货物、物品不存在交叉关系,走私普通货物、物品罪与其他走私罪是完全并列关系,不存在竞合的情形。[1] 然而,无论是走私罪司法解释的规定还是理论通说,普遍认为走私普通货物罪与其他走私罪之间存在竞合关系。[2] 笔者认为,立足于走私罪的整体以及该条立法目的、保护法益来理解,理论通说更为合理。《刑法》第 153 条保护的是国家对货物、物品进出口环节的税收征管制度,而其他几类罪名保护的则是国家对货物、物品禁止或限制进出口管理制度,这两种制度本身就存在一定交叉关系,实践中完全存在既被限制进出口又需要依法缴纳相关税款的货物、物品,从而可以成为走私普通货物、物品罪的对象。至于该条的修饰语"本法第 151 条、第 152 条、第 347 条规定以外的",更多是一种强调(指示)作用而不是限制作用,强调本罪不单独评价有关逃避禁止或限制进出口管制的情况,而只针对逃避进出口环节应缴税款的情况。[3]

合理把握走私对象的竞合问题,对于法律适用有重要意义,尤其当行为人发生走私对象认识错误时如何处理,就需要仔细分析竞合情况。根据刑法理论通说,如果属于具体对象认识错误,即同一犯罪构成要件下的认识错误,不影响罪名的认定;如果属于抽象的对象认识错误,即主观故意的内容与客观行为的内容属于不同犯罪构成要件,则需要在主客观相一致的范围内来处理。如何合理把握主观认识与客观认识相重合的部分,就涉及走私犯罪对象竞合问题。[4] 例如,当行为人客观上走私武器、弹药,但主观上只是为了走私贵重金属,那么武器、弹药与贵重金属都属于国家禁止进出口的货物、物品,二者在该层面发生交叉,应当认定为走私国家禁止进出口的货物、物品罪。[5]

第二节　走私犯罪数额认定的基本思路

每一起案件证据情况各不相同,不同走私模式中数额认定的重点、难点也有所区别。整体而言,低报价格类走私犯罪数额认定的难点在于真实价格的确定、税率的适用;绕关类走私的难点主要是货物品名、数量的确定;禁限类货物、物品走私的常见难点则在于实际货物的判断,因为不同货物(包括同一罪名下的不同货物)往往有不同

---

〔1〕 参见晏山嵘:《走私犯罪判例释解与辩点分析》,中国法制出版社 2018 年版,第 269 ~ 270 页。

〔2〕 例如,张明楷老师认为走私国家禁止进出口的货物、物品罪与走私普通货物、物品罪是想象竞合犯。参见张明楷:《刑法学》,法律出版社 2016 年版,第 469 页。另外,《走私案件解释》第 21 条规定,未经许可进出口国家限制进出口的货物、物品,构成犯罪的,应当依照刑法第 151 条、第 152 条的规定,以走私国家禁止进出口的货物、物品罪等罪名定罪处罚;偷逃应缴税额,同时又构成走私普通货物、物品罪的,依照处罚较重的规定定罪处罚。

〔3〕 事实上,该修饰语也没有列举完整,因为《刑法》第 350 条还规定了走私制毒物品罪,制毒物品显然也不属于走私普通货物、物品罪的对象,但从条文表述上看,第 350 条也没有被排除在外。可见,《刑法》第 153 条在立法技术上确实存在不足之处,从字面看也容易引起误解,建议未来予以修正,避免引发歧义。

〔4〕 详情可以参见本书第三章第二节"概括故意与认识错误"。

〔5〕 参见张明楷:《刑法学》,法律出版社 2016 年版,第 748 页。

的量刑标准、不同数额计算方法。当然,无论是哪种类型走私案件,认定犯罪数额仍然有许多共性的方法、原则,本节主要讨论这些共性的方法、原则。

一、走私犯罪数额认定的基本方法

(一)要素认定法

无论是哪一类走私犯罪,货物(包括物品)种属、时间、关联人员、是否走私、数量、价格这六个要素是认定走私犯罪数额所共有的。所谓要素认定法,就是按照这六个要素逐一对照每一次(批)可能涉嫌走私的货物,如果六个要素都能够在最低证据要求的限度下查证属实,则可以将相应批次认定为走私货物,进而确定相应犯罪数额。

1. 货物种属

认定走私数额,首先需要确定走私什么货物、物品,相关证据所证明涉案货物的种类能够具体到什么程度。准确认定货物种属,有两方面价值:第一,有助于认定走私类型,适用合适罪名,是涉税走私还是非涉税走私,涉税走私中如何准确适用税则号;第二,对于货物价值不清晰的案件,通过认定货物种属,有助于进行价格鉴定,合理认定货物价值。

货物种属可以分为自然属性与法律属性,前者是一种直接经验判断,后者需要结合相关规范来确定。根据经验常识,从自然属性能够直接推导出相应法律属性的,货物种属的认定比较简单,比如白糖、木炭。否则,往往还需要根据检验报告、鉴定意见等证据,结合相关规范来判断其法律属性,比如疑难物品税则归类或者枪弹、珍贵动物及其制品等禁止、限制类物品的判定。当然,对于非现场查获的货物,认定实际货物时需要更加审慎地判断。例如,在路某走私木炭案中,路某代理金某走私出口木炭,最后一票货物被查获,此后金某提供三票走私木炭的单据,尽管相关单证号也能在路某的账册中找到相应记录,但仅有金某一人指认三票都是木炭,缺少其他证据佐证,最终只能认定一票货物为木炭。

2. 什么时间

时间是认定案件事实的基本要素。当然,与自然犯对时间通常有高度精确的要求不同,法定犯对时间的精确度要求相对较低,但确定基本的时间段仍然必不可少的。大量走私案件中,行为人作案有一定的长期性、反复性,合理认定相关货物的走私时间,对于准确认定税则号、税率有重要影响。通关走私的,可以结合报关、运输单证、快递单证以及付汇记录、进出境记录等证据认定,而且多数情况下可以确定到比较精确的时间。绕关走私的,则可以结合通讯记录、付款记录等证据综合认定,相对而言,所能够确定的时间比较模糊,但至少应当能够确定大致时间。

3. 与行为人的关联性

任何特定走私案件的货物、物品,只有将其与涉案犯罪嫌疑人、被告人关联起来,才能作为犯罪数额予以认定。实践中不少走私案件常常能够查处到实际货物,或者可以通过账册、通讯记录、资金记录等证据认定一定数量的走私货物,但前提是这些证据与特定行为人存在关联性。比如相关账册确实是涉案行为人所记载,通讯、资金等账户确实是行为人所实际控制使用,否则,数量的认定就成为无源之水。货物、物品与行为人的关联性包括两方面内容:首先,与整个案件或主犯的关联性,即全案走私货物的认定。其次,与各个嫌疑人的关联性,尤其是共同犯罪中,通常部分行为人只参与其中一部分走私,需要特别注意将与其没有关联的货物、物品从其犯罪数额中予以剔除。

4. 是否为走私货物

走私案件中,侦查机关常常能够通过各种形式查实与行为人有关联的货物。对于行为人而言,其可能会将不同来源的货物混杂在一起,有些可能是从境外走私来的,有些是其他途径来的,或者说至少没有证据证明是行为人从境外走私进来的。因此,在审查犯罪数额时,还需要进一步分析是否为走私货物。例如,在李某走私电子烟弹案件中,其经营现场被查到大量各种品牌的电子烟弹,然而现有证据只能证明"万宝路"牌电子烟弹是其直接从日本走私而来,其他品牌电子烟弹来源不清。因此,前者可以计入走私数额,后者只能计入非法经营数额。

5. 货物数量、价格

在前面几个要素能够查实的基础上,进一步审查走私货物的数量、价格。数量与价格是认定犯罪数额最核心的两个要素。走私罪是典型的数额犯,这里的数额包括三大类型,即数量、价值(价格)、税款。影响税款的因素除税率外,主要就是数量和价格。因此,不论是涉税走私还是非涉税走私,数量、价格都直接影响犯罪数额的认定。当然,基于实际案件证据情况的多样性,不同案件中数量、价格确定性、清晰度各不相同。

综上,要素认定法就是要把以上几个要素逐一排查分析,把那些各个要素能够查实的货物、物品认定为相应的犯罪数额,对于部分要素缺失的,一般不能认定为相应的犯罪数额。在这个过程中,最关键的是要找到某一核心证据,然后根据这些核心证据逐步展开,从货物、时间、人员、行为、数量、价格等各个方面与其他相关证据建立一定的关联性,构建认定犯罪数额的证据体系。

(二)环节认定法

所谓环节认定法,就是按照国际贸易基本流程,将货物进口分为购销、收发货、出入境、运输、销售、收付款等环节,运用相应证据将这些基本环节连接起来,逐步构建起认定走私数额的证据体系。当然,出口贸易流程相对简单,没有走私后的销售环节。

1. 购销环节

走私活动通常涉及多方经济主体、多重经济关系,但最基本的经济主体是国际贸易中货物采购方和销售方,最基本的经济关系是境内外进出口商之间形成的购销关系。就进口走私而言,体现为境内采购方与境外销售方;就出口走私而言,体现为境内销售方和境外采购方。买卖双方直接或通过各自代理人就国际贸易货物品种、规格、数量、价格等实质性贸易条件展开协商,形成合同、发票、账单等各种材料,从源头反映货物实际情况。

2. 出入境环节

走私意味着货物、物品非法跨境转移,出入境是走私中最核心的一环。在通关走私中,出入境主要体现为各种申报手续以及监管部门受理、查扣或放行等程序,形成各类申报单证、申报记录。对于未经申报直接闯关以及绕关走私的,伴随着人员、交通工具等进出境,常常有相应人员的进出境记录。无直接进出境记录的,需要能证实同一批货物分别在境内外出现过,也可以结合其他证据综合判断相关货物完成了跨境转移。

3. 收发货环节

在货物非法跨境转移过程中,常常伴随不同主体货物的发送或接收,这就是收发货环节。从源头上讲,收发货体现为国际贸易中销售方的初始发货与购买方的终端收货;从过程上讲,收发货体现为走私过程中各类受托方、代理方、承运方等中间环节的收货与发货。对于走私过程不是很清晰,通过终端收货环节有利于更好查实实际货物数量、价格等核心因素。

4. 运输环节

走私以货物、物品为犯罪对象,必然离不开运输环节,包括境外运输和境内运输。对于大宗货物而言,主要体现为海路、陆路运输;对于小型货物而言,还可以通过空运、邮寄甚至直接携带的方式来运输。运输环节往往体现为货物提单、舱单、快递单等证据。如果说购销环节、出入境环节、收发货环节是跨境贸易中的三个基本点,那么运输环节则是将三个基本点串起来的一条线,通过运输环节的证据可以更完整还原货物来龙去脉、更好查清涉案货物数额。

5. 销售环节

对进口走私而言,多数人走私货物是为进一步销售。通过销售环节,有助于进一步查实走私货物的去向,印证走私货物的具体情况。对于明知是走私货物而向走私人直接收购的,还需要进一步追究其间接走私的责任。

6. 收付款环节

资金收付总是与国际贸易相伴相随。首先是货款的收付，既有正常途径的收付汇，也有通过各种“地下钱庄”“离岸公司”等收付款。其次是各类中间环节代理费用的收付，对于查清货物数量也有间接作用。

上述六个环节比较完整地串起走私的基本过程，通过六个环节认定走私货物数额是最理想的状态。然而，实践中往往只有一部分环节能够查实，更多的只是借助其中某些环节还原相应的走私数额。

（三）环节认定法与要素认定法的关系

1. 环节认定法与要素认定法交替运用

前面从货物属性、时间、人员、数量、价格、来源（是否为走私货物）六方面分析要素认定法的基本思路。如果说要素认定法主要立足于走私货物，从横向对照六个要素逐一排查；那么环节认定法则主要立足于走私过程，从纵向对六个环节逐一排查。走私货物的认定中，六个要素通常缺一不可，六个环节则可以视具体情况有所取舍。而六个要素也往往需要在具体环节中进行分析判断，这就需要将环节认定法与要素认定法交替运用，而不同环节对于认定不同要素的侧重点也各不相同。其中，购销环节、收发货环节对于认定实际货物、人员、数量、价格有实质性作用，比如真实贸易合同、终端收货情况就是认定实际货物最有效的证据；运输环节、出入境环节则主要有利于认定走私时间、数量、来源，以及哪些人员与走私货物有关联；收付款环节对于货物价格的认定有决定性作用，而境内销售环节则更多起到佐证的作用。

正因不同环节对于认定不同要素的侧重点各不相同，通过不同环节认定各个要素就会出现两种典型的情况：第一，通过不同环节分别认定不同要素，各个环节起到互相补充的作用。例如，通过进出境申报环节认定走私时间、货物数量，通过收付款环节认定实际价格，通过终端收货环节认定实际货物品名，这样走私货物的品名、时间、数量、价格等要素就串起来。第二，通过不同环节认定同一要素，各个环节起到互相印证的作用。例如，通过购销环节买卖合同认定采购价格、数量，通过收付款环节认定实际支付货款，通过终端收货环节认定实际货物数量，因此，实际价格就有购销环节与收付款环节互相印证，实际数量则有购销环节与收货环节相互印证。

2. 立足于一两个核心环节构建相应证据体系

以上六个环节在数额认定中的作用有所区别：一方面，如前所述不同环节对于认定不同要素的侧重点各不相同。另一方面，不同案件中各个环节所能查实的清晰度本身也不一样，比如有些案件可以很清晰地还原出入境环节、收发货环节，但购销环节不太清楚；而有些案件则是购销环节、收付款环节比较清晰，但运输环节、出入境环节比较模糊。对此，一个比较有益的思路就是立足于一两个核心环节，再通过不同连结点(如时间、单号)从不同角度与其他环节关联起来,构建认定走私数额的证据体系。

而要作为走私数额证据体系的核心环节,至少有两个基本要求:第一,该环节是整个案件中查得最为清晰的一环,因为某一环节清晰度越高,用于认定数额的价值越大。第二,该环节与走私货物的数量或价格密切相关,尽管要素认定法中分析了认定走私数额的六大要素,但最关键的仍然是数量和价格(价值)这两个要素,作为核心证据也应当与之相关。

二、走私犯罪数额认定的两个基本原则

前面分别从要素法和环节法两个角度探讨数额认定的基本思路。然而,实际认定中,常常还会碰到两个具体问题:一是某个或某些要素或环节相对模糊时,该如何处理。比如要素认定法中,价格和数量通常是必不可少的,但是根据实际证据情况,如果只有价格清楚而数量模糊,或者情况相反时,该如何处理?二是当认定货物数量的不同证据相互矛盾时,该如何处理。比如当事人账单记录一个价格,而实际付款又是另一种金额;或者购货记录显示是一个数量,实际查获的货物又是另一个数量,该如何合理认定走私数额?对此,需要把握犯罪数额认定中的两个基本原则:一是客观性强的证据优先原则,二是就低认定原则。

(一)客观性强的证据优先原则

无论是要素认定法还是环节认定法,每一个要素、每一个环节,都需要结合不同证据进行综合认定。但受各种因素影响,不同证据以及同一证据中的不同信息,其客观性之强弱、真实性之大小(证据的可信度)往往各不相同。当不同证据指向的同一证明对象相互冲突时,首先应当着眼于分析哪个证据或者证据中哪些信息客观性更强、可信度更高,在无其他相反证据或者合理解释的情况下,一般应当根据这些证据认定相应的数额。因此,问题的核心就转变成走私案件中该如何审查证据的客观性、可靠性。

与客观性相对应的是主观性。证据在生成、收集、固定过程中离不开人的参与,而参与者的主观因素会影响到证据信息的真实性,包括证据的生成方式、取证方式、取证时间、取证主体、使用方式等各个环节都或多或少掺杂着主观因素。一般而言,主观因素对证据的介入程度越小,证据的可信度越高,客观性越强;反之亦然。在数额认定中,可以从以下两个角度分析证据的客观性:

1. 根据不同证据种类的性质分析证据客观性

我国《刑事诉讼法》规定八大类证据,根据受主观因素影响的不同程度,大体上可

以分为三大类：一是实物证据，包括物证、书证、视听资料、电子数据，其客观性最强；二是言词证据，包括证人证言、被害人陈述以及犯罪嫌疑人、被告人供述和辩解，其主观性最强；三是中间证据，包括现场勘查等各种笔录和鉴定意见，其客观性体现在证据形成过程所依赖的技能、规范、标准高度客观，其主观性体现在专业人员对技能、规范、标准的运用夹杂着各自的主观因素。[1] 因此，总体而言，在走私数额认定中，优先采信实物证据。以曾某、熊某等走私电子烟弹为例，言词证据显示，双方合作时间为2017年4月至9月，然而从双方收付代理费的实际时间看，双方从当年6月至9月才有资金往来，结合资金往来时间、总额与同期走私数量相比较，对6月之前的数额不予认定。

此外，当不同实物证据矛盾时，一般物证的客观性更高。以翁某勤走私成品油案为例，相关微信记录、付款记录显示最后一次购买走私油130吨，然而最后侦查机关实际查扣的成品油仅为98吨，理当以实际查扣数量为准。

2. 同一种类证据中，根据不同类型信息的特性分析其客观性

证据客观性之强弱，既体现于不同证据种类之间（如物证与书证之间），也体现于同种证据内部（如书证A与书证B之间）。随着现代科技的高速发展，刑事诉讼证据体系中电子数据所占比例越来越高，电子数据类型也越来越多，而不同电子数据之间反映的数量、金额等信息相矛盾的情况最为常见，因此我们重点分析如何判断不同电子数据客观性的强弱。总体而言，需要结合不同电子数据的生成机制、固定方式、提取时间、经验法则等因素进行分析对比，判断哪一类信息更加合理可信，从而采信相应的数据。具体而言，可以从以下两方面进行把握：

（1）生成类电子数据客观性高于存储类电子数据。前者是指电子系统根据相关程序自动生成的数据，如出入境记录、银行转账记录等，这些证据是基于人们出入境使用护照证件的行为、资金转账行为，从而在相关电子系统上形成的数据，并非人为输入；后者是指通过人工录入、手动操作后形成的电子信息，如手工填写的电子账册、电子邮件的主文等。后者受人为因素影响较大，客观性较弱；而前者不会或者很少受到人为因素干扰，客观性更强。当二者指向的数额相矛盾时，一般应当采信生成类电子数据。例如，在徐某文等走私相机案中，其电脑内账册记载"水客"之一李某走私的记录共20条，然而李某的出入境记录只有18条。前者系存储类信息，后者系生成类信息，显然应当采信客观性更强的出入境记录，认定李某走私18次。

（2）电子数据中附属信息客观性高于主体信息。主体信息和附属信息是电子数据的另一重要分类。前者又称内容信息，是指直接记载一定社会内容、可以被直接感

---

〔1〕 参见潘申明等：《电子数据审查判断与司法应用》，中国检察出版社2017年版，第294～295页。

知和理解的信息，如网络聊天记录中的语言文字、图片等聊天内容。后者又称辅助信息，反映主体信息生成、存储、变更、传输、接收、消失等一系列过程中的环境信息、网络信息，比如某文档被创建、删除、修改时间等。前者受人为因素影响大，对其更改、变动不易被人察觉；后者受人为因素影响很小，具有高度隐蔽性，其客观性、可靠性远远高于主体信息。当主体信息和附属信息指向的走私数额相矛盾时，一般应当优先采信附属信息。

（二）就低认定原则

适用客观性强的证据优先原则，其前提是能够对不同证据的客观性强弱进行明确区分。然而，司法实践证据种类繁多，证据信息类型五花八门，大量情况下不同证据（信息）的客观性只能作大致判断，甚至经常无法分辨出到底哪些信息更加真实可靠。在此情况下，应当遵循刑事诉讼中存疑有利于被告的基本原则，就低认定相应的犯罪数额。

1. 就低认定原则的基本含义

就低认定原则是存疑有利于被告人原则在犯罪数额认定中的具体体现，其包括两方面含义：第一，当认定犯罪数额的某些证据存疑，或者不同证据指向的数额相冲突又真伪难辨，或者一段时间内走私货物的数量、价格等有一定幅度但又无法完全对应时，按照较低的数量、价格等因素从低认定犯罪数额。第二，根据已有证据能够合理确定最低数额时，应当在所能确定的范围内从低认定，而不能简单地因为所谓“存疑”就全部不予认定或者过低认定。以夏某刚等走私成品油案为例。[1] 该案中，夏某刚等最后一次被现场查获走私的成品油 670 余吨，经调查此前半个月，其伙同其他船员以同样方式还走私成品油 4 次。夏某刚对前 4 次否认，实际购油款也不清楚，然而根据多名船员基本一致的供述以及部分付款记录，此前 4 次成品油走私已经客观发生过，而且货物数量也与最后一次基本相当，每次不低于 600 吨。根据就低认定原则，按照每次 600 吨数量认定前 4 次的走私数量，再参照最后一次货物情况认定实际犯罪数额，而不是因为缺少实物或者成交价格不清楚对前 4 次走私就一概不予认定。

就低认定原则的上述两方面内容，犹如一枚硬币的两面，缺一不可：如果说前者体现的是就低认定的基本方向，证据存疑时从低认定容易被大家所理解，那么，后者则体现的是就低认定的基本底线，就低认定不等于一味从低，比较容易被忽略。证据存疑时不从低认定，违背刑事诉讼基本原理；但如果仅仅缺少一部分证据，不根据已有证据作具体分析判断，一味从低，显然是对证据规则的简单放弃，也是对犯罪行为的放纵。

---

〔1〕 参见浙江省宁波市中级人民法院刑事判决书，(2018)浙 02 刑初 121 号。

2. 适用就低认定原则的具体类型

结合走私犯罪构成要件，直接影响走私数额的因素主要有三个，即数量（重量）、价值（价格）和税率。相应地，走私数额认定中的就低认定原则也可以进一步分为三种基本类型：数量就低、价值就低、税率就低。

（1）数量就低认定

货物、物品的数量（包括次数、个数、重量等）对走私犯罪数额的认定有基础性作用。所谓数量就低认定，包括两层基本含义：第一，当最低货物数量能确定时，按照最低数量进行认定；第二，当最低货物数量无法确定时，不予认定。

具体而言，可以从以下几方面把握数量就低认定：①对于某次具体的走私行为是否发生过这一基本事实存疑时，对该次走私不予认定。②当某次走私行为虽然能够查实，但最低货物数量无法确定的，除走私毒品（毒品走私中次数也是量刑情节之一）外，对该次走私不予认定。当然，相应的走私行为可以作为量刑情节等予以考虑。③对于某次具体走私的货物数量，客观上存在需要扣减因素的，对于这些客观因素能够确定合理数量的（如木炭走私中的包装重量、短少部分等），应当将其从总量中予以扣减。④当全案走私行为发生的起止时间模糊时，按照所能查明的最少时间进行认定。⑤对于现场查扣或者其他已经查实的货物、物品，当是否属于走私货物存疑时，对于存疑的部分不予认定。⑥对于某一具体犯罪嫌疑人、被告人而言，在客观上，当其参与走私的时间、次数存疑时，对于存疑的部分不予认定；在主观上，当其主观明知的开始时间存疑时，从所能查实最晚的主观明知起算认定相应犯罪数量。⑦对于需要根据其他次数、重量等因素（与犯罪数额的认定没有直接关联）推导出与认定犯罪数额直接关联的数量时，可以在合理确定单位数量的基础上计算实际数量。例如，在以邮寄的方式走私电子烟弹中，如果查实单件包裹 12 千克，可以通过侦查实验查实电子烟弹 230 克/条，进而认定该件包裹实际电子烟弹约 50 条。

（2）价值就低认定

货物、物品的价值是影响走私数额的另一个关键因素。价值包括单价和总价，总价直接影响数额的认定，单价是连接总价与数量的桥梁（数量 × 单价 = 总价）。在数量确定的情况下，总价与单价成正比，因此价值就低一般体现为单价就低认定。把握价值就低认定应注意以下几点：①对于实际成交价格不清楚的，通过估价或者直接参考市场价格确定货物单价，这本身也是价格就低认定的具体体现。②对于一段时间内能够确定单价幅度的，根据最低单价从低认定总价。③对于根据实际收付资金金额确定成交价格的，如果实际收付的资金是否全部为走私货物货款或者是否全部与涉案人员有关联存疑的，存疑部分的金额不应计入实际价格中。

(3)税率就低认定

涉税走私中,税率是影响犯罪数额的另一个重要因素。税率首先取决于货物种类,换言之走私普通货物、物品案件需要对走私货物进行适当归类。货物归类最理想的状态是准确选择适当的税则号。在有现货的情况下,要准确归类一般难度不大。在缺少现货的情况下,如何准确归类、如何适用正确的税率,比较容易成为争议焦点。对此,应当结合已有证据,尽可能缩小货物种属的范围,根据就低认定原则,归入该范围内税率最低的一档货物认定应缴税额。

此外,关税还可以进一步分为普通税率、协定税率、最惠国税率、暂定税率、特别税率等,不同税率的选择也会对应缴税额的认定产生重要影响,这些税率的选择应当按照法律所规定的具体适用条件来确定,而不是简单地根据就低认定原则适用最低税率。

3. 特殊情形下偷逃应缴税额的就低认定

海关核定涉嫌走私货物偷逃应缴税额时,需要以查明货物的品名、牌号、规格、型号、原产地、数量、价格等要素为前提。然而,司法实践中,大量案件能够查清行为人曾经大规模走私的基本事实,但在穷尽各种侦查手段后,即便根据就低认定原则,仍然无法查清各类货物具体品名、规格、型号或者各自的数量等,从而难以按照常规思路核定偷逃应缴税额。这种情况在“水客”走私、“包通关”走私中更为常见。例如,行为人长期以“特报”的方式代理不同货主走私进口化妆品、红酒、电子产品等各类杂货,每次走私时不同货物混杂于同一集装箱内。除非货物被现场查扣,否则案发后多数情况下难以认定各类货物的数量、价格,从而无法正常核税。但是,如果能够查明“对保金”“带工费”“包通关费”等金额的,就低认定原则仍然有适用空间。

所谓“对保金”,是指职业“水客”、专业通关团伙承诺保证货物顺利走私进境,同时为避免货物在走私过程中丢失或被查扣等风险,与实际货主(或委托方)约定一定赔偿金额,以保证货物丢失或被查扣后用“对保金”弥补实际货主的损失。“带工费”“包通关费”是走私团伙承诺保证货物走私入境,并运输到指定地点而向实际货主(或委托方)收取的一次性费用。如果能够查清“对保金”的,一般可以将其作为完税价格的基础核定应缴税额。如果能够查清“带工费”“包通关费”,一般可以将其作为基础认定最低应缴税额、扣除已缴税额、正常手续费等必要费用后计算偷逃应缴税额。

从司法实践看,“对保金”一般低于或者等于走私货物实际价值。站在包通关走私团伙的角度看,其长期从事包通关违法犯罪,对货物价值、走私业内行情比较熟悉,其所承诺的“对保金”通常不会高于走私货物实际价值,按就低认定原则将其作为完税价格的基础有一定合理性。站在实际货主或委托方的角度看,其所支付的“带工费”“包通关费”通常要低于走私货物应缴税额,否则货主完全可以通过正常途径报关进口,而没必要冒着走私过程中货物被执法部门查扣的风险,实施走私行为。[1] 可见,上述认定思路符合就低认定原则的基本法理。[2]

当然,依上述思路认定偷逃应缴税额有几个前提条件:首先,办案部门应尽可能查清涉案货物具体品名、规格、型号或者各自数量等要素,只有在穷尽各种手段确实无法查实的情况下,才考虑以"对保金""包通关费"等来认定税款,否则有怠于侦查之嫌。其次,"对保金""包通关费"的具体金额应查证属实,例如结合当事人记账本、资金往来记录或者相互印证的言辞证据等综合认定。最后,有合理的证据或理由认定"对保金"不高于货物实际价格,或者"带工费""包通关费"低于应缴税额。例如,可以结合部分查扣在案的货物,将该部分货物价值、应缴税款与"对保金""带工费""包通关费"作综合比较,或者结合涉案货物大致品种、市场行情作出综合评估。

三、走私犯罪部分既遂部分未遂时犯罪数额的认定

走私案件中,经常存在部分走私货物被查处时系犯罪未遂,同时行为人又有走私既遂的货物的情形。在此情况下,是直接按照走私货物总额计算犯罪数额,还是要区分不同情况处理,目前有关走私犯罪相关规定尚未明确。这种情况不但在走私案件中存在,在其他数额犯中也普遍存在。参考其他数额犯的相关规定和处理原则,我们认为应当择一重认定犯罪数额:同一走私犯罪既有既遂又有未遂,分别达到不同量刑幅度的,依照处罚较重的规定处罚;分别达到同一量刑幅度的,以既遂数额计算确定量刑档次,并参考未遂部分从重量刑。主要理由如下:

首先,如果将既遂部分数额与未遂部分数额累加后认定犯罪数额,违背刑法既遂与未遂的基本理论。根据犯罪形态一般理论,犯罪未遂与犯罪既遂是一种递进关系,只要部分行为已经既遂且构成犯罪,整个犯罪就已经既遂,不存在未遂的问题。如果

---

〔1〕 参见刘刚:《由"带工费""偷运费""对保金"等走私名词引发的法律思考——兼论走私普通货物、物品罪应缴税额的计算问题》,载《上海法学研究》2020年第6卷。

〔2〕 实践中已有部分地方办案部门结合走私犯罪特性,按照上述思路认定税额。例如,深圳市人民检察院、深圳市中级人民法院、惠州市人民检察院、惠州市中级人民法院、深圳海关缉私局等单位于2017年3月6日联合发布的《2016年度缉检法打击走私犯罪联席会议纪要》(深检纪〔2017〕1号)第3条规定:"司法实践中,对于未查获现货,所调取的记账本等书证记录要素不全的涉税走私案件,可以通过以下方式计税:如果货主和通关团伙在走私犯罪中约定了对保金的金额,且有证据证明对保金的金额等于或低于走私货物价值的,可以以对保金的金额作为走私货物的价格计核应缴税额。如果走私团伙没有约定对保金,通过查获的记账本可以获取走私货物的数量,但货物品牌、规格不明的,按照'有利于当事人'的原则,按海关所掌握同一时期的相同或者类似进口货物的最低成交价计核偷逃税款,对原产地不明的货物可按最惠国税率计核偷逃税款。如果通过上述两种方式仍无法计核偷逃税款,可以调取反映'带工费''带货费'的证据,将'带工费''带货费'直接作为应缴税额予以认定。但有证据证明'带工费''带货费'高于应缴税额的除外。"

将既遂部分数额与未遂部分数额累计计算，那么同一个行为人在同一个罪名、同一个犯罪情节之下，同时存在既遂与未遂，就难以自圆其说。

其次，从司法解释对其他典型数额犯的规定看，同一犯罪同时存在既遂部分数额与未遂部分数额时，都是按照择一重处罚原则来确定。例如，最高人民法院、最高人民检察院《关于办理诈骗刑事案件具体应用法律若干问题的解释》第6条规定，诈骗既有既遂，又有未遂，分别达到不同量刑幅度的，依照处罚较重的规定处罚；达到同一量刑幅度的，以诈骗罪既遂处罚。最高人民法院、最高人民检察院、公安部《关于办理电信网络诈骗等刑事案件适用法律若干问题的意见》第2条第5款规定，电信网络诈骗既有既遂，又有未遂，分别达到不同量刑幅度的，依照处罚较重的规定处罚；达到同一量刑幅度的，以诈骗罪既遂处罚。此外，有关知识产权以及非法生产、销售烟草专卖品的法律法规同样规定，同时存在已经销售的货物和未销售的货物，销售金额（既遂）和未销售货值金额（未遂）分别达到不同的法定刑幅度或者均达到同一法定刑幅度的，在处罚较重的法定刑或者同一法定刑幅度内酌情从重处罚。[1] 基于同样情形同样处理的基本法理，走私犯罪作为典型的数额犯，理应参考上述方法来处理。

按照择一重原则处理时，如果未遂数额高于既遂数额，且二者处于不同量刑幅度，该如何确定犯罪数额？一种观点认为，直接依照数额较高的未遂数额来认定，再根据犯罪未遂进行实际量刑；另一种则观点则认为，对于未遂部分，先按照犯罪未遂确定相应量刑档次，再与既遂数额所对应的量刑档次互相比较，最终选择合适的犯罪数额。我们认为，按照第二种思路来认定犯罪数额更为合理。

第三节 走私普通货物、物品罪量刑标准与犯罪数额的认定

一、走私普通货物、物品罪量刑标准的发展变化

以1988年1月21日起施行的全国人民代表大会常务委员会《关于惩治走私罪的补充规定》（已失效）为分水岭，我国开启了依据不同对象分别规定不同走私罪名的立法模式，其基本思路是针对特定对象确定特定走私罪名（如走私毒品罪，走私武器、弹药罪等），而在特定罪名之外，对其他对象规定一个具有兜底性质的走私罪名。这也是走私普通货物、物品罪的来源。[2] 其间，又经过1997年《刑法》和2011年《刑法修正案（八）》两次重大调整，以及相对应的司法解释的出台，走私普通货物、物品罪的定

---

〔1〕 参见最高人民法院、最高人民检察院、公安部《关于办理侵犯知识产权刑事案件适用法律若干问题的意见》第8条和最高人民法院、最高人民检察院《关于办理非法生产、销售烟草专卖品等刑事案件具体应用法律若干问题的解释》第2条。

〔2〕 参见1988年《关于惩治走私罪的补充规定》第4条、1997年《刑法》第153条。

罪量刑标准也相应发生较大变化。总体而言,该罪名的量刑标准经历了三个阶段的变化过程:

(一)第一阶段:以"货值"为主的量刑模式

1988 年《关于惩治走私罪的补充规定》主要按照商品价额评判走私普通货物、物品的罪行轻重,确立了以"货值"为主的量刑模式。具体体现在《关于惩治走私罪的补充规定》第4 条、第5 条。第4 条第1 款是关于个人走私的定罪量刑标准,走私该规定第1 条至第3 条规定以外的货物、物品的,根据情节轻重,分别依照下列规定处罚:(1)走私货物、物品价额在50 万元以上的,处10 年以上有期徒刑或者无期徒刑,并处罚金或者没收财产;情节特别严重的,处死刑,并处没收财产。(2)走私货物、物品价额在15 万元以上不满50 万元的,处7 年以上有期徒刑,并处罚金或者没收财产;情节特别严重的,处无期徒刑,并处没收财产。(3)走私货物、物品价额在5 万元以上不满15 万元的,处3 年以上10 年以下有期徒刑,并处罚金。(4)走私货物、物品价额在2 万元以上不满5 万元的,处3 年以下有期徒刑或者拘役,并处罚金;情节较轻的,或者价额不满2 万元的,由海关没收走私货物、物品和违法所得,可以并处罚款。

除个人走私外,《关于惩治走私罪的补充规定》第5 条第2 款针对单位走私普通货物、物品罪确定有别于个人走私的定罪量刑标准:企事业单位、机关、团体走私该规定第1 条至第3 条规定以外的货物、物品,价额在30 万元以上的,判处罚金,并对其直接负责的主管人员和其他直接责任人员,处5 年以下有期徒刑或者拘役;情节特别严重,使国家利益遭受重大损失的,处5 年以上10 年以下有期徒刑;价额不满30 万元的,由海关没收走私货物、物品和违法所得,可以并处罚款,对其直接负责的主管人员和其他直接责任人员,由其所在单位或者上级主管机关酌情给予行政处分。

(二)第二阶段:以"税额"为主的量刑模式

1997 年《刑法》第153 条在吸收《关于惩治走私罪的补充规定》基本立法体例的基础上,主要按照偷逃应缴税额评判走私普通货物、物品的罪行轻重,确立了以"税额"为主的量刑模式。刑法明确规定偷逃应缴税额5 万元以上、15 万元以上、50 万元以上,分别对应三个量刑档次:3 年以下有期徒刑或者拘役,3 年以上10 年以下有期徒刑,10 年以上有期徒刑或者无期徒刑;另外,偷逃应缴税额50 万元以上,且情节特别严重的,处无期徒刑或者死刑;附加刑方面,规定并处偷逃应缴税额1 倍以上5 倍以下罚金(见表2-1)。

表 2-1 1997 年《刑法》走私普通货物、物品罪基本量刑标准

类型	法定刑			
	3 年以下	3 年以上 10 年以下	10 年以上或无期徒刑	无期徒刑或死刑
个人偷逃税额	5 万元以上不满 15 万元	15 万元以上不满 50 万元	50 万元以上	
	/	/	15 万元以上不满 50 万元,且情节特别严重	50 万以上,情节特别严重
单位偷逃税额	25 万元以上不满 75 万元	75 万元以上不满 250 万元	250 万元以上	

在规定个人走私普通货物、物品罪量刑标准的基础上,1997 年《刑法》第 153 条第 2 款根据一般情节、情节严重、情节特别严重,规定单位走私普通货物、物品罪的三个量刑档次,基本与个人走私普通货物、物品罪量刑档次一致(单位犯罪最高刑为有期徒刑 15 年)。同时,根据《2000 年走私案件司法解释》,按照个人走私偷逃应缴税额 5 倍的标准确定单位走私普通货物、物品罪的标准,即单位走私普通货物、物品一般情节、情节严重、情节特别严重的起点分别对应偷逃应缴税额 25 万元、75 万元、250 万元。

(三)第三阶段:"税额 + 情节"量刑模式

2011 年 5 月起施行的《刑法修正案(八)》,对《刑法》第 153 条走私普通货物、物品罪定罪量刑标准进行大幅度修改,确立了"税额 + 情节"量刑模式。

结合《走私案件解释》第 16 条所规定的定罪量刑标准,这种变化体现在以下几方面:第一,本罪量刑标准由原来以"税额"为主的模式,变成"税额 + 情节"模式,一方面在刑法条文中不再直接规定具体税额,而是由司法解释结合社会发展情况来确定,另一方面条文规定"其他严重情节"和"其他特别严重情节"两种升档处罚的情形,[1]而且在不同量刑档次的表述顺序上,原条文是从重到轻依次规定,而现行条文则是由轻到重依次规定,从而与其他走私罪的立法模式保持基本一致。第二,入罪方面,增加一个入罪标准,即"一年内曾因走私被给予二次行政处罚后又走私的",构成走私普通货物罪。第三,大幅提升定罪量刑的税额标准,尤其个人走私最高一档(10 年以上有期徒刑或者无期徒刑)对应的偷逃应缴税额起点由原来 50 万元提升至 250 万元;此外,还进一步拉大不同档次之间的税额差距,由原来 3 倍左右扩大至 5 倍。第四,同一量刑档次中,单位犯罪与个人犯罪之间量刑标准的差距,由原来 5 倍缩小至 2 倍,

〔1〕 关于"其他严重情节"和"其他特别严重情节"的标准,参见《走私案件解释》第 16 条第 2 款。

即单位走私普通货物、物品的一般情节、情节严重和情节特别严重三个档次的起点分别为偷逃应缴税额 20 万元、100 万元、500 万元(见表 2-2)。

表 2-2　现行走私普通货物、物品罪基本量刑标准

类型	法定刑		
	3 年以下 (偷逃税额较大/ 一般情节)	3 年以上 10 年以下 (偷逃税额巨大/ 情节严重)	10 年以上 (偷逃税额特别巨大/ 情节特别严重)
个人偷逃税额	10 万元以上 不满 50 万元	50 万元以上 不满 250 万元	250 万元以上
单位偷逃税额	20 万元以上 不满 100 万元	100 万元以上 不满 500 万元	500 万元以上

可见,《刑法修正案(八)》及其后续相关的司法解释对走私普通货物、物品罪的量刑标准作出重大调整,这种调整既是社会经济发展变化的必然要求,也有利于更好体现罪责刑相适应的基本原则。当然,《刑法修正案(八)》在许多方面还是沿袭原来的思路:第一,基本量刑档次、幅度没有变化,仍然以有期徒刑 3 年、10 年作为分水岭,依次分为三个量刑档次。第二,量刑最主要的依据没有变化,尽管确定了"税额 + 情节"模式,但无论是从司法解释还是司法实践,偷逃应缴税额仍然是评价本罪罪行轻重最主要、最不可或缺的依据。第三,单位犯罪与个人犯罪仍然实行二元化的数额标准,而且单位犯罪最高刑低于个人犯罪的模式也没有变化。

二、偷逃应缴税额认定的一般思路

走私罪意义上的偷逃应缴税额取决于进出口环节应缴税额和已缴税额。对于闯关、绕关走私而言,由于不存在已缴税额,应缴税额就是犯罪数额。已缴税额通常容易认定,所以偷逃应缴税额认定的关键在于应缴税额的认定。《走私案件解释》第 18 条规定,应缴税额包括进出口货物、物品应当缴纳的进出口关税和进口环节海关代征税的税额。应缴税额以走私行为实施时的税则、税率、汇率和完税价格计算;多次走私的,以每次走私行为实施时的税则、税率、汇率和完税价格逐票计算;走私行为实施时间不能确定的,以案发时的税则、税率、汇率和完税价格计算。根据《海关法》《增值税暂行条例》《消费税暂行条例》的规定,进出口环节应缴税额包括关税、增值税、消费税三种。[1]

〔1〕 参见《海关法》第 53 条,《增值税暂行条例》第 2 条、第 20 条以及《消费税暂行条例》第 11 条、第 12 条。

（一）应缴关税的认定

《海关法》第53条规定，准许进出口的货物、进出境物品，由海关依法征收关税。根据《进出口关税条例》第36条，进出口货物关税，以从价计征、从量计征或者国家规定的其他方式征收，其计算公式为：

从价计征关税的应纳税额＝完税价格×关税税率

从量计征关税的应纳税额＝货物数量×单位税额

从司法实践看，走私案件中从价计征的案件占大多数。可见进出口货物、物品应缴关税税额主要取决于货物、物品的完税价格及其适用的税率。根据《进出口关税条例》第3条规定，国务院制定《进出口税则》《进境物品进口税税率表》，规定关税的税目、税则号列和税率。

综合上述规定，认定进出口货物、物品应缴关税，可以分为三个步骤：第一，确定货物、物品的数量和完税价格。能够确定成交价格的，其计税价格应当以该货物的成交价格为基础审核确定；成交价格经审核不能确定的，由海关按照一定办法估定货物完税价格。第二，对货物进行合理归类，选择合理的税则号。货物、物品的归类，是确定税率的基础。当然，在正常通关环节一般可以对货物进行确定性归类，但在走私案件办理中，基于事后还原案件事实的司法规律，大量情况下，尤其是绕关走私中货物品名不够具体明确又缺少实物，这会在一定程度上影响货物归类的确定性，或者只能归入某一大类，再按照有利于被告人原则，就低确定相应税率，从而对货物、物品进行归类。第三，准确选择适用的税率。根据《进出口关税条例》等法规规定，进出口货物关税税率包括最惠国税率、协定税率、特惠税率、普通税率、暂定税率、关税配额税率、报复性关税税率以及反倾销、反补贴税和保障措施关税税率等。根据涉案货物的具体情况，选择合适的税率计算应缴关税税额。

（二）进出口环节应缴消费税的认定

《消费税暂行条例》第12条规定，“消费税由税务机关征收，进口的应税消费品的消费税由海关代征。个人携带或者邮寄进境的应税消费品的消费税，连同关税一并计征”。第11条规定，“对纳税人出口应税消费品，免征消费税；国务院另有规定的除外”。可见，消费税主要适用于进口货物。

根据《消费税暂行条例》第5条、第9条的规定，消费税实行从价定率计税、从量定额计税，或者从价定率和从量定额复合计税（以下简称复合计税）的办法计算应纳税额。消费税应纳税额计算公式分别为：

从价计征消费税的应纳税额＝销售额×比例税率

从量计征消费税的应纳税额＝销售数量×定额税率

$$复合计征消费税的应纳税额 = 销售额 \times 比例税率 + 数量 \times 定额税率$$

进口的应税消费品，属于从量定额计税的，直接按照进口货物数量与相应的定额税率计算；属于从价定率计税或复合计税的，需要先确定组成计税价格，再计算进口货物应缴消费税，其计算公式如下：

$$从价计征的组成计税价格 = \frac{完税价格 + 关税}{1 - 比例税率}$$

$$复合计征的组成计税价格 = \frac{完税价格 + 关税 + 数量 \times 定额税率}{1 - 比例税率}$$

消费税的税目、税率，依照《消费税暂行条例》所附的《消费税税目税率表》执行。根据该税率表，进口环节应税消费品主要有 14 类，分别为：烟、酒及酒精、化妆品、贵重首饰及珠宝玉石、成品油、鞭炮及焰火、汽车轮胎、摩托车、小汽车、高尔夫球及球具、高档手表、游艇、木制一次性筷子、实木地板。[1]

（三）进出口环节应缴增值税的认定

《增值税暂行条例》第 20 条规定，“增值税由税务机关征收，进口货物的增值税由海关代征。个人携带或者邮寄进境自用物品的增值税，连同关税一并计征”。第 2 条还规定，纳税人出口货物，增值税税率为零，但国务院另有规定的除外。根据《增值税暂行条例》第 14 条，进口货物应纳增值税税额，按照组成计税价格和货物对应的税率计算应纳税额。计算公式如下：

$$组成计税价格 = 关税完税价格 + 关税 + 消费税$$

$$进口货物应纳增值税税额 = 组成计税价格 \times 税率$$

可见，增值税主要适用于进口货物，而且是在认定关税和消费税的基础上进行计算。2019 年 4 月 1 日起，以 13% 为原则，以 9% 为例外。[2]

（四）个人自用物品进口税的认定

根据《消费税暂行条例》第 12 条、《增值税暂行条例》第 20 条规定，个人携带或者邮寄进境自用物品的消费税、增值税，由海关连同关税一并计征。《进出口关税条例》第 56 条则进一步规定，进境物品的关税以及进口环节海关代征税合并为进口税，由海关依法征收。可见，进境物品不区分关税、消费税、增值税，而是三者合并为进口税，俗称“行邮税”，其税率按照《进境物品进口税税率表》执行。进口税从价计征，其计算公式为：

$$进口税税额 = 完税价格 \times 进口税税率$$

---

〔1〕 参见《消费税暂行条例》所附《消费税税目税率表》。

〔2〕 参见 2019 年 4 月 1 日起施行的财政部、税务总局、海关总署《关于深化增值税改革有关政策的公告》。

《进出口关税条例》第57条规定,海关总署规定数额以内的个人自用进境物品,免征进口税。超过海关总署规定数额但仍在合理数量以内的个人自用进境物品,由进境物品的纳税义务人在进境物品放行前按照规定缴纳进口税。超过合理、自用数量的进境物品应当按照进口货物依法办理相关手续。

三、走私货物、物品完税价格的认定问题

走私货物、物品的完税价格不仅影响关税税额,同时也直接影响进口环节应缴消费税、增值税税额。因此,完税价格的认定,在计算进出口环节应缴税额中有基础性作用。根据《海关计核涉嫌走私的货物、物品偷逃税款暂行办法》(以下简称《计核偷逃税款办法》)第16条、第17条规定,涉嫌走私的货物能够确定成交价格的,其计税价格应当以该货物的成交价格为基础审核确定;成交价格经审核不能确定的,以海关所掌握的其他合理价格为基础确定。可见,走私货物、物品完税价格的认定有两种基本模式。

(一)基于成交价格确定完税价格

完税价格是指海关规定的对进出口货物计征关税时使用的价格。[1] 基于进口货物与出口货物的不同,其完税价格的认定有所区别。根据《海关审定进出口货物完税价格办法》(以下简称《审定完税价格办法》)第5条、第38条,进口货物完税价格,由海关以该货物的成交价格为基础审查确定,并且应当包括货物运抵中华人民共和国境内输入地点起卸前的运输及其相关费用、保险费;出口货物的完税价格由海关以该货物的成交价格为基础审查确定,并且应当包括货物运至中华人民共和国境内输出地点装载前的运输及其相关费用、保险费。简言之,进口货物完税价格按照货物到岸价格来确定(国际贸易术语CIF价),出口货物完税价格按照货物离岸价格来确定(国际贸易术语FOB价)。

进口货物的成交价格,是指卖方向中华人民共和国境内销售该货物时买方为进口该货物向卖方实付、应付的,包括直接支付的价款和间接支付的价款。[2] 出口货物的成交价格,是指该货物出口销售时,卖方为出口该货物应当向买方直接收取和间接收取的价款总额。[3] 当然,不同贸易内容或不同贸易主体之间,对于实付、应付价款的约定方式、明确程度会有所区别,因此《审定完税价格办法》同时规定了认定成交价

---

〔1〕 根据《进出口关税条例》和《审定完税价格办法》,正常进出口商品计税所依据的价格称为"完税价格";根据《计核偷逃税款办法》,走私应税商品计税所依据的价格称为"计税价格"。尽管二者称谓上有所区别,但两者本质是相通的,只是前者强调正面监管,后者专门针对走私违法犯罪行为。本书主要使用"完税价格"一词。

〔2〕 参见《审定完税价格办法》第7条。

〔3〕 参见《审定完税价格办法》第39条。

格调整项目。总体而言,成交价格的调整项目包括两大类:一是应当计入完税价格的项目,例如进口货物中由买方支付的佣金和经纪费(购货佣金除外)、包装的材料费和劳务费、符合一定条件的特许权使用费等;二是不应当计入完税价格的项目,例如进口货物中的购货佣金,进口环节税款以及成交价格中单独列明发生在境内的安装、维修、运输、保险等费用。[1]

进口货物的运输及其相关费用,应当按照由买方实际支付或者应当支付的费用计算。如果进口货物的运输及其相关费用无法确定的,海关应当按该货物进口同期的正常运输成本审查确定。进口货物的保险费,应当按实际支付的费用计算。如果进口货物的保险费无法确定或者未实际发生,按照"货价加运费"两者总额的3‰计算保险费计算,其计算公式如下:[2]

保险费=(货价+运费)×3‰

邮运进口的货物,应当以邮费作为运输及其相关费用、保险费。出口货物完税价格按照货物离岸价格确定。因此,对于出口关税以及我国境内输出地点装载后产生的运输及其相关费用、保险费不计入出口货物完税价格。

根据《计核偷逃税款办法》第16条的规定,进口货物有实际成交价格的,优先适用实际成交价格认定完税价格。然而,《计核偷逃税款办法》第19条规定,涉嫌走私进口的黄金、白银和其他贵重金属及其制品、珠宝制品以及其他有价值的收藏品,应当按国家定价或者国家有关鉴定部门确定的价值核定其计税价格。那么,对于走私的黄金、白银等贵重金属及其制品、珠宝制品、收藏品能够确定实际成交价格的,该如何认定计税价格?以某投资公司走私普通货物案为例。

【案情简介】被告单位某投资公司从境外购买贵金属纪念币及其吊坠,由公司员工携带入境,未向海关申报任何货物、物品,共计偷逃税款70余万元。审理期间,辩方认为,有证据证明涉案贵金属制品的境外购买价为港币370余万元,而鉴定机构鉴定上述纪念币价格为人民币430余万元,吊坠价格为9万余元,应当以实际成交价为基础核定应缴税额。法院认为,应当按国家定价或者国家有关鉴定部门确定的价值计算应缴税额。[3]

上述《计核偷逃税款办法》中,第16条为确定涉案货物计税价格的一般性规定,

---

[1] 对于走私案件中的佣金、境内安装、维修费用的认定与扣除问题,详见本书第三章第三节"通关走私犯罪数额的认定"。

[2] 参见《审定完税价格办法》第35条、第36条、第37条。

[3] 参见《北京四中院走私刑事案件审判白皮书》,载微信公众号"北京四中院"2017年12月21日,https://mp.weixin.qq.com/s/oImN1oYrlYV_yS2PB6ASYg。

而第19条为确定涉案特殊货物计税价格的特殊性规定。从适用顺序上讲，应当优先审查涉案货物是否符合第19条之规定，只有当不符合该条规定时，再适用第16条，即特殊条款优于一般条款的适用。本案中，涉案贵金属纪念币明显符合第19条之规定，应以国家有关鉴定部门确定的价格核定其应缴税额。

(二)基于海关所掌握的其他合理价格

涉嫌走私的货物成交价格经审核不能确定的，其计税价格应当依次以下列价格为基础确定：(1)海关所掌握的相同进口货物的正常成交价格；(2)海关所掌握的类似进口货物的正常成交价格；(3)海关所掌握的相同或者类似进口货物在国际市场的正常成交价格；(4)国内有资质的价格鉴证机构评估的涉嫌走私货物的国内市场批发价格减去进口关税和其他进口环节税以及进口后的利润和费用后的价格，其中进口后的各项费用和利润综合计算为计税价格的20%；(5)涉嫌走私的货物或者相同、类似货物在国内依法拍卖的价格减去拍卖费用后的价格；(6)按其他合理方法确定的价格。[1] 其中，按照上述第四种方式确定成交价格时，其计算公式为：

$$\text{计税价格}=\frac{\text{国内市场批发价格}}{1+\dfrac{\text{关税税率}+\text{消费税率}+\text{增值税率}+\text{关税税率}\times\text{增值税率}}{1-\text{消费税率}}+20\%}$$

对于出口货物，在其成交价格不能确定时如何确定完税价格，《计核偷逃税款办法》没有规定，但《审定完税价格办法》有详细规定，即“出口货物的成交价格不能确定的，海关经了解有关情况，并且与纳税义务人进行价格磋商后，依次以下列价格审查确定该货物的完税价格：(1)同时或者大约同时向同一国家或者地区出口的相同货物的成交价格；(2)同时或者大约同时向同一国家或者地区出口的类似货物的成交价格；(3)根据境内生产相同或者类似货物的成本、利润和一般费用(包括直接费用和间接费用)、境内发生的运输及其相关费用、保险费计算所得的价格；(4)按照合理方法估定的价格”。[2] 上述办法虽然是针对正常的出口货物，但对于出口走私案件也有一定参照意义。

在确定走私货物完税价格时，需要特别注意的是，前述几种方法有比较严格的先后顺序。首先，如果能够确定货物成交价格的，要优先以成交价格为基础确定完税价格。其次，成交价格不能确定的，再适用其他估价方法。区分上述两大方法的适用条件的关键在于成交价格能否确定。一般情况下，交易双方存在实际买卖价格的，基本可以直接确定成交价格。然而，基于走私本身具有违法性的特征，走私过程中通常可

---

〔1〕 参见《计核偷逃税款办法》第17条。

〔2〕 参见《审定完税价格办法》第41条。

以节省大量成本，许多情况下双方的实际买卖价格会大大偏离正常货物市场价格，如果有充分证据证明存在这种情况的，在确定完税价格需要更加慎重。以王某彪等走私普通货物案为例。

【案情简介】2007年9月至2015年4月间，宁波某船务公司在被告人王某彪和朱某尉、王某江（另案处理）实际控制、指挥或经营管理下，为牟取非法利益，利用从国际航行船舶接收油污水的便利，直接购买国际船舶自用的保税燃料油，未依法缴纳进口环节应缴税款，走私入境后在境内销售。作案过程中，某船务公司工作人员当场向卖方支付购油款，后又根据买油情况制作相应的内部统计表。其中，被告人王某彪参与走私进口燃料油1.6万余立方米，偷逃进口环节应缴税款2600万余元；朱某磊参与走私进口燃料油1.2万余立方米，偷逃进口环节应缴税款2100余万元。[1]

本案中，宁波某船务公司在购买国际航行船舶自用保税燃料油时，向船上轮机长等人当场支付购油款，且有记录在案的账目佐证。同时，侦查机关也从国内专门销售该类国际航行船舶自用保税燃料油的油品经营公司调取同期最低销售价（国际价格）。经过对比发现，某船务公司实际采购价远远低于正常船用保税燃料油市场价，依据该实际采购价格，有违海关“客观、公平、统一”的基本估价原则，因此该采购价格不能作为确定实际成交价格的依据。上述同类公司船用保税燃料油的最低价属于“海关所掌握的相同或类似进口货物在国际市场的正常成交价格”，可以作为认定完税价格的依据，本案最终也是依据该价格核定偷逃应缴税款金额。

在实际成交价格不能确定的情况下，进口货物价格有前述六种不同估价方法。即使是这六种不同估价方法，具体适用时仍然有一定前后顺序，只有在先的估价方法无法适用时，才启动在后的估价方法。以被告人张某拧走私普通货物案为例。

【案情简介】2017年6月，香港瑞某工程公司（另案处理）委托被告人张某拧等，以深圳蛇口星某港航运输工程有限公司的名义与台山昌某船厂签订“长盛308”船的维修合同，船舶从我国香港特别行政区到船厂的报关手续由被告人张某拧负责。同年7月10日16时许，香港瑞某工程公司指派被告人蔡某财、冼某有分别担任“长盛812”“长盛308”船船长。在未向海关、海事部门申报的情况下，被告人蔡某财驾驶“长盛812”船，拖带被告人冼某有驾驶的“长盛308”船，由我国香港特别行政区出发走私进境。次日12时许，两船行驶至广东省台山市下川岛海域，被告人张某拧指派船舶前往接驳拖运至昌某船厂。三船汇合后当场

[1] 参见浙江省宁波市中级人民法院刑事判决书，(2016)浙02刑初33号。

被海事部门查获,缴获钢材1810.88吨。经江门海关核定,走私钢材偷逃应缴税款人民币236万余元。[1]

本案存在三种有关涉案货物价格的证据:一是辩护人提交的购货发票,二是委托鉴定机构鉴定价格约548万元,三是海关所掌握的相同货物进口成交价格1220万元。海关核税部门依第三种价格核税,但辩方认为应当按照其所提交购货发票价格或鉴定机构价格核税。根据《计核偷逃税款办法》,海关核税依据是合理的。理由如下:第一,涉嫌走私货物计税价格,首先应当考虑以该货物的成交价格为基础审核确定。然而,本案涉案单位通过律师提交的购货发票反映货物名称是工字钢、板桩钢,而鉴定结论证明本案涉及货物名称是工字钢、槽钢,其中货值最大的是槽钢,且板桩钢与槽钢价值相差巨大,存在购货发票反映的货物名称与实际货物不符的情况,故不能以该发票反映的成交价格为基础确定完税价格。第二,在真实成交价格不能确定的情况下,则应当考虑其他方法确定完税价格。而根据《计核偷逃税款办法》规定,在确定完税价格时,海关掌握的相同进口货物的正常成交价格优先于国内有资质的价格鉴定机构的评估价格,只有在前者无法确定的情况下,才考虑适用后者,否则后者就没有适用的空间。本案中,海关所掌握的相同进口货物的正常成交价格能够确定,最终也是以该价格为基础认定完税价格。

(三)进境物品的完税价格

海关总署依法公布的《进境物品归类表》和《进境物品完税价格表》,作为认定进境物品完税价格的依据。具体分为两个步骤。首先,依次遵循以下原则对进境物品进行归类:(1)《进境物品归类表》已列名的物品,归入其列名类别;(2)《进境物品归类表》未列名的物品,按其主要功能(或用途)归入相应类列;(3)不能按上述原则归入相应类别的物品,归入"其他物品"类别。[2]

其次,依次遵循以下原则确定进境物品完税价格:(1)《完税价格表》已列明完税价格的物品,按照《完税价格表》确定;(2)《完税价格表》未列明完税价格的物品,按照相同物品相同来源地最近时间的主要市场零售价格确定其完税价格;(3)实际购买价格是《完税价格表》列明完税价格的2倍及以上,或是《完税价格表》列明完税价格的1/2及以下的物品,进境物品所有人应向海关提供销售方依法开具的真实交易的购物发票或收据,并承担相关责任。[3]

---

[1] 参见广东省江门市中级人民法院刑事判决书,(2018)粤07刑初24号。

[2] 参见海关总署2012年第15号公告第1条。

[3] 参见海关总署2012年第15号公告第2条第1项。

四、走私货物、物品税率的适用问题

根据《进出口关税条例》规定,我国对进口货物关税设置最惠国税率、协定税率、特惠税率、普通税率、关税配额税率等税率,在一定期限内可以实行暂定税率。出口关税设置出口税率,在一定期限内可以实行暂定税率。[1] 由于进口货物税率比较多样,本节主要分析进口货物各类税率及其适用条件。

(一)常见税率及其适用条件

1. 最惠国税率

原产于共同适用最惠国待遇条款的世界贸易组织成员的进口货物,原产于与我国签订含有互相给予最惠国待遇条款的双边贸易协定的国家或者地区的进口货物,以及原产于中华人民共和国境内的进口货物,适用最惠国税率。由于我国已加入WTO,故从所有WTO成员进口的货物都适用最惠国税率,即使少数与我国有贸易往来的国家未加入WTO,如俄罗斯等国,由于这些国家都与我国签订了互惠协议,互相承认并给予对方最惠国待遇。因此,可以说与我国建交国家进口货物的关税基本上都适用最惠国税率。

2. 协定税率

原产于与我国签订含有关税优惠条款的区域性贸易协定的国家或者地区的进口货物,适用协定税率。我国与马尔代夫、格鲁吉亚、澳大利亚、秘鲁、新加坡、新西兰、智利、巴基斯坦、东盟等多个国家和地区组织签订了双边或多边自贸区协定,与印度、韩国、孟加拉国、斯里兰卡、老挝签订优惠贸易的亚太贸易协定,从前述国家进口货物关税适用协定税率。

3. 特惠税率

原产于与我国签订含有特殊关税优惠条款的贸易协定的国家或者地区的进口货物,适用特惠税率。特惠税率主要目的是鼓励不发达国家,如最不发达37国(埃塞俄比亚、刚果、卢旺达等国)。

4. 普通税率

原产于上述情形以外国家或者地区的进口货物,以及原产地不明的进口货物,适用普通税率。普通税率高于最惠国税率、暂定税率、协定税率、特惠税率。

5. 暂定税率

暂定税率是在海关进出口税则规定的进口优惠税率和出口税率的基础上,对进口的某些重要工农业生产原料和机电产品关键部件以及出口的部分资源型产品实施更为优惠的关税税率。暂定税率一般按照年度制定实施,并且可以根据需要随时中

---

[1] 参见《进出口关税条例》第9条。

止。适用最惠国税率的进口货物有暂定税率的,应当适用暂定税率;适用协定税率、特惠税率的进口货物有暂定税率的,应当从低适用税率;适用普通税率的进口货物,不适用暂定税率。适用出口税率的出口货物有暂定税率的,应当适用暂定税率。

6. 关税配额税率

按照国家规定实行关税配额管理的进口货物,关税配额内的,适用关税配额税率;关税配额外的,根据具体情况选择前面五种税率种的其中一种。

7. 其他税率

按照有关法律、行政法规的规定对进口货物采取反倾销、反补贴、保障措施的,其税率的适用按照《反倾销条例》《反补贴条例》《保障措施条例》的有关规定执行。任何国家或者地区违反与中华人民共和国签订或者共同参加的贸易协定及相关协定,对中华人民共和国在贸易方面采取禁止、限制、加征关税或者其他影响正常贸易的措施的,对原产于该国家或者地区的进口货物可以征收报复性关税,适用报复性关税税率。对于这几类税率,通常是在计算基本应缴关税的基础上,再计算反倾销、反补贴、保障措施关税、报复性关税。

(二)原产地不明货物的税率适用问题

针对原产地不明的货物,海关总署关税司于2006年和2007年分别作出的两个批复。2006年,海关总署关税司在回复拱北海关的批复中指出:"根据关税条例第10条规定,原产地不明的进口货物,适用普通税率。因此,无论是否涉及违规,只要进口货物原产地不明,海关都应按普通税率计核税款。但实践中,在判断货物原产地时,海关和当事人的举证责任视情况有所不同。在正常进口过程中,纳税义务人申报纳税时应首先向海关举证(如提交合同、发票、原产地证明等)所进口货物适用何种税率,如其不同意举证货物原产地,海关即应按普通税率计核税款。但在办理走私违规案件的处理过程中,海关应首先负责举证货物的原产地,如查案部门不能举证涉嫌走私违规货物原产地时,按照最惠国税率等计核税款。"〔1〕

之后,海关总署关税司于2007年给杭州海关的批复内容是:"在办理走私案件时,海关对证明案件事实负有举证责任,如原产地不明且办案部门举证不能,则应适用优惠税率计核偷逃税款。因此,对于走私违规货物,如原产地不明且办案部门举证不能,海关应适用最惠国税率计核税款;如果同时存在最惠国税率和暂定税率的,应优先适用暂定税率计核税款。"〔2〕

---

〔1〕 参见《关税征管司关于原产地不明涉税违规货物核定漏缴税款适用税率问题的批复》,税管函〔2006〕140号文件。

〔2〕 参见《关税征管司关于对原产地不明的涉嫌走私违规货物计核偷逃税款问题的复函》,税管函〔2007〕119号文件。

结合上述两个规定可以看出,海关总署关税司区分正常通关进口货物和走私违规案件,依据不同举证责任做不同处理。对于走私违规案件,举证责任在办案部门,在办案部门举证不能的情况下适用优惠税率,优先适用最惠国税率,同时存在最惠国税率和暂定税率的,应优先适用暂定税率。然而,进口货物优惠税率除最惠国税率和暂定税率外,还有协定税率、特惠税率,走私案件是否适用协定税率以及如何适用,上述文件没有明确,尤其是实践中协定税率能否适用的问题,通常有一定争议。[1]

第四节　走私罪视野下珍贵动物及其制品的范围

一、走私罪视野下珍贵动物及其制品的范围

《刑法》第 151 条第 2 款规定,走私国家禁止进出口的珍贵动物及其制品的,处 5 年以上 10 年以下有期徒刑,并处罚金;情节特别严重的,处 10 年以上有期徒刑或者无期徒刑,并处没收财产;情节较轻的,处 5 年以下有期徒刑,并处罚金。

本罪犯罪对象经历了一个变化过程。根据《走私案件解释》规定,《刑法》第 151 条第 2 款规定的"珍贵动物",包括列入《国家重点保护野生动物名录》中的国家一、二级保护野生动物,CITES 附录Ⅰ、附录Ⅱ中的野生动物,以及驯养繁殖的上述动物。而国家重点保护野生动物名录,由国务院野生动物保护主管部门组织科学评估后制定,并每五年根据评估情况对名录进行调整,报国务院批准公布。[2]

2022 年 4 月起施行的最高人民法院、最高人民检察院《关于办理破坏野生动物资源刑事案件适用法律若干问题的解释》(以下简称《破坏动物资源解释》)则从正反两方面对本罪犯罪对象作较大调整。从正面看,具有下列情形之一的,属于本罪的珍贵动物及其制品:(1)未经批准擅自进出口列入经国家濒危物种进出口管理机构公布的 CITES 附录Ⅰ、附录Ⅱ的野生动物及其制品;(2)未经批准擅自出口列入《国家重点保护野生动物名录》的野生动物及其制品。[3] 从反面看,对于列入人工繁育国家重点保护野生动物名录的,或者人工繁育技术成熟、已成规模,作为宠物买卖、运输的,一般不作为犯罪处理,即使需要追究刑事责任的,应当依法从宽处理。[4]

走私罪是典型的法定犯,在认定非涉税走私犯罪对象时,首先应根据其他法律确定某一对象是否被禁止或限制进出口。具体到珍贵动物及其制品,则应结合《野生动物保护法》来认定。《野生动物保护法》第 35 条规定,"中华人民共和国缔结或者参加的国际公约禁止或者限制贸易的野生动物或者其制品名录,由国家濒危物种进出口

---

〔1〕 对于走私案件协定税率的适用问题,详见本书第三章第三节"通关走私犯罪数额的认定"。

〔2〕 参见《野生动物保护法》第 10 条。

〔3〕 参见《破坏动物资源解释》第 1 条。

〔4〕 参见《破坏动物资源解释》第 13 条。

管理机构制定、调整并公布。进出口列入前款名录的野生动物或者其制品的,出口国家重点保护野生动物或者其制品的,应当经国务院野生动物保护主管部门或者国务院批准,并取得国家濒危物种进出口管理机构核发的允许进出口证明书”。[1] 从上述规定可以看出,对于单纯的国家重点保护野生动物或者其制品,法律只明确禁止或限制其出口。因此,对于只列入《国家重点保护野生动物名录》但没有列入 CITES 附录Ⅰ、附录Ⅱ的野生动物,只有出口行为才构成本罪,进口行为不构成本罪。可见,《破坏动物资源解释》对本罪犯罪对象的调整,更好体现了走私罪的法定犯属性。

二、走私珍贵动物、珍贵动物制品罪的定罪量刑标准

与 2014 年《走私案件解释》相比,2022 年《破坏动物资源解释》对走私珍贵动物、珍贵动物制品罪的定罪量刑标准进行较大调整,且明显呈现出轻缓化的趋势(见表 2-3)。具体体现在以下几方面:

首先,统一走私珍贵动物罪和走私珍贵动物制品罪定罪量刑标准。《走私案件解释》将动物数量、动物制品价值分别作为私珍贵动物罪、走私珍贵动物制品罪定罪量刑的依据。《破坏动物资源解释》则统一将价值作为两罪定罪量刑的依据,且三个量刑档次的标准一致。

其次,明确了入罪的起刑点,提高了升档处罚的标准。按照《走私案件解释》,走私珍贵动物罪没有数量限制,即只要走私法律所规定的珍贵动物 1 只以上,都构成犯罪。《破坏动物资源解释》则明确走私珍贵动物及其制品价值 2 万元以上的,才构成本罪,法定刑为有期徒刑 5 年以下;同时,价值达到 200 万元以上的,才属于“情节特别严重”,大大提高了升档处罚的标准。

再次,进一步丰富了从重处罚情节和从宽处罚情节。具有以下情形之一的,予以从重处罚:(1)属于犯罪集团的首要分子的,(2)为逃避监管,使用特种交通工具实施的,(3)二年内曾因破坏野生动物资源受过行政处罚的。对于不具有上述从重处罚情节,且未造成动物死亡或者动物、动物制品无法追回,行为人全部退赃退赔,确有悔罪表现的,可以降一档处罚;对于价值 20 万元以下,情节显著轻微危害不大的,不作为犯罪处理。[2]

---

[1] 根据 2022 年 12 月 30 日新修订并于 2023 年 5 月 1 日起实施的《野生动物保护法》,该条内容调整至第 37 条。

[2] 根据《破坏动物资源解释》第 2 条第 3 款规定,符合条件的,按照下列规定处理:(一)珍贵动物及其制品价值二百万元以上的,可以处五年以上十年以下有期徒刑,并处罚金;(二)珍贵动物及其制品价值二十万元以上不满二百万元的,可以认定为“情节较轻”,处五年以下有期徒刑,并处罚金;(三)珍贵动物及其制品价值二万元以上不满二十万元的,可以认定为犯罪情节轻微,不起诉或者免予刑事处罚;情节显著轻微危害不大的,不作为犯罪处理。

表 2－3　走私珍贵动物、珍贵动物制品罪基本量刑标准

类型	法定刑		
	5 年以下 （情节较轻）	5 年以上 10 年以下 （一般情节）	10 年以上、无期徒刑 （情节特别严重）
物品价值	2 万元以上不满 20 万元	20 万元以上不满 200 万元	200 万元以上

最后，《破坏动物资源解释》第 13 条第 1 款还规定了妥当处理走私珍贵动物及其制品违法犯罪案件，确保罪责刑相适应的基本原则。实施相关走私行为，“在认定是否构成犯罪以及裁量刑罚时，应当考虑涉案动物是否系人工繁育、物种的濒危程度、野外存活状况、人工繁育情况、是否列入人工繁育国家重点保护野生动物名录，行为手段、对野生动物资源的损害程度，以及对野生动物及其制品的认知程度等情节，综合评估社会危害性，准确认定是否构成犯罪，妥当裁量刑罚，确保罪责刑相适应；根据本解释的规定定罪量刑明显过重的，可以根据案件的事实、情节和社会危害程度，依法作出妥当处理”。

三、珍贵动物及其制品价值的认定

（一）珍贵动物及其制品价值的基本认定思路

《野生动物保护法》第 57 条规定，“本法规定的猎获物价值、野生动物及其制品价值的评估标准和方法，由国务院野生动物保护主管部门制定”。[1] 我国现行珍贵动物（野生动物）管理体制实行双轨制，即国家林业草原主管部门负责陆生野生动物的保护、管理，国家农业农村主管部门负责水生野生动物的保护、管理。相应地，就有两套野生动物及其制品价值认定规范，前者以《野生动物及其制品价值评估方法》（以下简称《陆生动物评估办法》）为基础，后者以《水生野生动物及其制品价值评估办法》（以下简称《水生动物评估办法》）为基础。[2]

虽然上述两个评估办法对陆生和水生动物及其制品价值认定的具体规定有一定

---

〔1〕 根据 2022 年 12 月 30 日新修订并于 2023 年 5 月 1 日起实施的《野生动物保护法》，该条内容调整至第 62 条。

〔2〕 涉及陆生野生动物价值认定的基本规范有：2017 年《野生动物及其制品价值评估方法》及其附录《陆生野生动物基准价值标准目录》、2001 年《国家林业局关于发布破坏野生动物资源刑事案中涉及走私的象牙及其制品价值标准的通知》（以下简称《象牙价值核定通知》）、2002 年《国家林业局关于发布破坏野生动物资源刑事案件中涉及犀牛角价值标准的通知》（以下简称《犀牛角价值核定通知》）、2012 年《最高人民法院、最高人民检察院、国家林业局、公安部、海关总署关于破坏野生动物资源刑事案件中涉及的 CITES 附录Ⅰ和附录Ⅱ所列陆生野生动物制品价值核定问题的通知》（以下简称《五部委动物制品价值核定通知》）等。涉及水生野生动物价值认定的基本规范有：2019 年《水生野生动物及其制品价值评估办法》及其《水生野生动物基准价值标准目录》。综合性规定还有 2020 年最高人民法院、最高人民检察院、公安部、司法部《关于依法惩治非法野生动物交易犯罪的指导意见》。

区别，表述上也有所不同，但总体思路基本一致，即先核定动物整体价值，再核定动物制品价值。具体方法如下：首先，以该物种基准价值标准为基础，结合动物保护级别系数等核定该野生动物整体价值（物种基准价值标准 × 保护级别系数）。对于动物幼体、人工繁殖动物，分别结合发育阶段系数和物种来源系数确定动物的整体价值。其次，以该物种整体价值为基础，由相关执法机关或者评估机构根据实际情况核算野生动物制品的价值（野生动物整体价值 × 涉案部分系数），但不能超过该种野生动物的整体价值（涉案部分系数不超过 1）。

简言之，单份动物制品价值 = 物种基准价值标准 × 保护级别系数 × 物种来源系数 × 发育阶段系数（或繁殖力系数）× 涉案部分系数。当然，野生动物制品有实际交易价格，且实际交易价格高于按照上述方法评估的价值的，按照实际交易价格执行。

当然，珍贵动物及其制品价值的认定，还涉及认定程序的问题。《破坏动物资源解释》第 15 条明确，"国家禁止进出口的珍贵动物及其制品、国家重点保护的珍贵、濒危野生动物及其制品的价值，根据国务院野生动物保护主管部门制定的评估标准和方法核算"。《破坏动物资源解释》第 16 条进一步规定，"根据本解释第十五条规定难以确定涉案动物及其制品价值的，依据司法鉴定机构出具的鉴定意见，或者下列机构出具的报告，结合其他证据作出认定：（一）价格认证机构出具的报告；（二）国务院野生动物保护主管部门、国家濒危物种进出口管理机构或者海关总署等指定的机构出具的报告；（三）地、市级以上人民政府野生动物保护主管部门、国家濒危物种进出口管理机构的派出机构或者直属海关等出具的报告"。根据上述规定可以看出，关于珍贵动物及其制品价值的认定，并非必然以司法鉴定或者专门机构的认定为必要条件，当执法部门按照法定评估标准能够直接核算时，可以直接进行核定；如果执法部门难以直接核定的，则进一步考虑由司法鉴定机构或者其他有权部门进行认定。

（二）珍贵动物整体价值的核定

1. 核定珍贵动物整体价值的一般思路

按照上述两个评估办法，野生动物整体价值 = 物种基准价值标准 × 保护级别系数。其中，基准价值标准分别按照《陆生野生动物基准价值标准目录》和《水生野生动物基准价值标准目录》（以下简称两个目录）确定。作为走私珍贵动物制品罪犯罪对象的国家一级、二级重点保护野生动物（包括 CITES 附录中已被我国列为国家一级、二级重点保护动物），其保护级别系数为分别为 10 和 5。[1] 对于已列入 CITES 附录

---

〔1〕《水生动物评估办法》明确规定国家一、二级水生野生动物保护级别系数分别为 10 和 5。而《陆生动物评估办法》则规定，"国家一级保护野生动物，按照所列野生动物基准价值的十倍核算；国家二级保护野生动物，按照所列野生动物基准价值的五倍核算。"该方法本质上也是认定国家一、二级陆生野生动物保护级别系数分别对应 10 和 5。

但尚未核准为国家重点保护动物的,其保护级别系数为1。如果属于野生动物幼体、人工繁殖珍贵动物,则分别再乘以发育阶段系数、物种来源系数。

对于人工繁育的野生动物,其整体价值为:同种珍贵动物整体价值×物种来源系数。其中,列入"人工繁育国家重点保护野生动物名录"(包括水生动物和陆生动物)的物种,其物种来源系数为0.25,其他动物的物种来源系数为0.5。水生野生动物幼年整体的价值=野生动物整体价值×发育阶段系数。发育阶段系数不应超过1,由核算其价值的执法机关或者评估机构综合考虑该物种繁殖力、成活率、发育阶段等实际情况确定。针对陆生野生动物幼年整体的价值,评估办法没有明确规定。考虑到陆生野生动物的幼体与成年整体客观上确实有一定区别,一般可以参考水生野生动物幼体的价值认定思路来认定。

2."两个目录"之外的珍贵动物整体价值的核定

根据上述两个评估办法规定,除列入上述两个目录的野生动物外,其他属于CITES附录Ⅰ、附录Ⅱ但尚未列入这"两个目录"的野生动物(主要是非原产于我国的野生动物),以及未来可能新列入《国家重点保护野生动物名录》的野生动物,参照与其同属、同科或同目的野生动物来核算相应动物制品的价值。〔1〕

在参照适用时,如果存在多种同属、同科或同目的野生动物,则根据生物的亲缘性、物种的珍贵程度和有利于被告人原则来确定参照对象。具体而言:有同属的优先参照同属物种,没有同属的则参照同科物种,没有同科的则参照同目物种,没有同目的再参照同纲或者同门物种。对于同属、同科、同目中,如果存在多种不同保护级别的物种,应当参照相同保护级别的物种。如果同一级别中仍然有多种物种的,参照价值标准最低的物种认定。〔2〕

如前所述,珍贵动物整体价值取决于基准价值和保护级别系数两个因素(二者相乘)。那么,依据上述方法参照与其同属、同科或同目的野生动物核算时,是只参照该动物的基准价值,还是同时也参照该动物保护级别系数,上述两个评估办法的规定略有区别。其中,《水生动物评估办法》第10条明确规定,只是基准价值参照与其同属、同科或同目的最近似水生野生动物的基准价值核算;而《陆生动物评估办法》第8条则规定,按照与其同属、同科或者同目的国家重点保护野生动物的价值核算。可见,后者规定比较模糊。

对此,我们认为,对于"两个目录"以外的野生动物,只需要基准价值参照与其同

---

〔1〕 参见《陆生动物评估办法》第8条和《水生动物评估办法》第10条。

〔2〕《走私案件解释》第10条亦规定,走私本解释附表中未规定珍贵动物的制品的价值,按照《五部委动物制品价值核定通知》的有关规定核定价值。

属、同科或者同目的野生动物价值核算即可,保护级别系数则按照该动物的实际保护级别确定,这也体现对野生动物分级保护的价值所在。[1]

(三)珍贵动物制品价值的核定

涉案部分的野生动物制品价值 = 野生动物整体价值 × 涉案部分系数。《陆生动物评估办法》规定,由核算其价值的执法机关或者评估机构根据实际情况核算野生动物制品的价值,但不能超过该种野生动物的整体价值。《水生动物评估办法》则规定,涉案部分系数不应超过1;系该物种主要利用部分的,涉案部分系数不应低于0.7;具体由核算其价值的执法机关或者评估机构综合考虑该制品利用部分、对动物伤害程度等因素确定。此外,结合《关于依法惩治非法野生动物交易犯罪的指导意见》第6条第1款规定,具有特殊利用价值或者导致动物死亡的主要部分,涉案部分系数最高为0.8(最高可以按照该种动物整体价值标准的80%予以折算);对于动物的其他部分,涉案部分系数最高为0.2。

可见,上述三个规定除明确涉案部分系数都不能超过1之外,关于具体系数如何确定,主要规定一个区间或上限,相对比较模糊,需要由专业机构进行确定,主观因素比较大。以上述三个规定为基础,再参考之前的《林业部关于在野生动物案件中如何确定国家重点保护野生动物及其产品价值标准的通知》(1996年)、《农业部关于确定野生动物案件中水生野生动物及其产品价值有关问题的通知》(2002年)相关认定思路,[2]总体上可以从以下几个原则来把握部分野生动物制品的价值:第一,对于野生动物标本,或一只完整的野生动物的制品,涉案部分系数为1,其他的涉案部分系数不能超过1。第二,对于有特殊利用价值或者导致野生动物死亡的主要部分,涉案部分系数可以在0.8左右把握,但原则上不能低于0.7。第三,对于其他部分,结合所利用的部分、对动物的伤害程度、所能查清的实际成交价格、实际重量及其在对应成年动物一般体重中所占比例等因素综合确定,比较难以确定的,可以在0.05~0.2把握。

---

[1] 况且,《水生动物评估办法》第4条规定,CITES附录所列水生物种,已被农业农村部核准为国家重点保护野生动物的,按照对应保护级别系数核算价值;未被农业农村部核准为国家重点保护野生动物的,保护级别系数为1。既然对于此类"两个目录"以外的野生动物需要单独强调其保护级别系数,也体现了在参照适用时只限于参照基准价值,而保护级别系数仍然自成体系。

[2] 原林业部的通知规定:具有特殊利用价值或者导致野生动物死亡的主要部分,其价值标准按照该种动物价值标准的80%予以折算;其他部分,其价值标准按照该种动物价值标准的20%予以折算。动物标本的价值标准,按照该种动物价值标准适当予以增减,但最大增减幅度不应超过50%。原农业部的通知规定:水生野生动物标本的价值标准按照该种动物价值标准的100%执行;特殊利用部分和主要部分,其价值标准按照该种动物价值标准的80%执行,其他水生野生动物产品的价值标准,有交易价格的,按照该产品的交易价格执行;没有交易价格的,按照该种动物价值标准的5—20%核定执行。尽管这两个通知均已经失效,但其中关于部分动物制品价值认定所体现的思路仍然可以作为重要参考。

在这三个原则中,既有比较客观的因素,比如涉案部分系数的最高限制、所能查清的实际成交价格、实际重量及其所占比重等;也有主观性比较强、需要专业判断的因素,比如有特殊利用价值、导致野生动物死亡的主要部分、伤害程度等。主客观因素相结合综合考虑,有利于尽可能客观评估动物制品价值。以韩某忠等走私穿山甲鳞片为例。

【案情简介】2018 年 12 月 17 日,被告人韩某忠从尼日利亚乘坐航班至卡塔尔国转机,从广州白云机场一号航站楼入境,过海关时走无申报通道,未向海关申报任何物品。经海关工作人员查验,在被告人韩某忠携带的行李箱内查获疑似穿山甲鳞片两袋。经华南野生动物物种鉴定中心鉴定,上述物品均为哺乳纲、鳞甲目、穿山甲科、树穿山甲的鳞片[(CITES)附录Ⅰ中的动物],重量共计 29.60 千克,总值人民币 315743.20 元。一审法院认定被告人韩某忠犯走私珍贵动物制品罪,判处有期徒刑 5 年,并处罚金人民币 5000 元。韩某忠上诉辩称,穿山甲鳞片并非穿山甲的主要部分,其价值标准应按照穿山甲价值标准的 20% 予以折算,鉴定机构以穿山甲价值标准的 80% 进行折算有误。二审法院维持原判。[1]

该案中,法院认为穿山甲鳞片在我国经各级林业主管部门依法依规审核、审批后,被作为原材料生产加工中成药、中药饮片或由定点医院调制医院制剂,因此,应认定穿山甲鳞片是穿山甲具有特殊利用价值的主要部分。本案结合我国实际情况,上述判断有一定社会生活经验基础。而根据前述《陆生动物评估办法》的相关规定,穿山甲的基准价值为 8000 元,穿山甲在我国属于二级保护动物,其保护级别系数为 5,因此整体价值为 4 万元;而穿山甲鳞片作为穿山甲具有特殊利用价值的主要部分,涉案部分系数为 0.8,因此一只穿山甲上的鳞片价值为 3.2 万元。[2] 结合穿山甲通常重量,并考虑到树穿山甲个体较大,按照 3 千克鳞片对应一只穿山甲个体进行核算,每千克涉案穿山甲鳞片的价值为 10667 元。由于本案共计 29.60 千克,因此总价值人民币 315743.20 元。

(四)两类特殊珍贵动物制品价值的认定:象牙与犀牛角

《陆生动物评估办法》第 5 条规定,“省级以上人民政府林业主管部门对野生动物标本和其他特殊野生动物制品的价值核算另有规定的除外”。国家林业局分别于 2001 年和 2002 年发布过《象牙价值核定通知》和《犀牛角价值核定通知》,规定有关

---

〔1〕 参见广东省高级人民法院刑事裁定书,(2019)粤刑终 1156 号。

〔2〕 根据案发时的法律规定,穿山甲属于国家二级保护动物,其保护级别系数为 5。但 2020 年穿山甲被列入国家一级保护动物。因此,目前穿山甲的保护级别系数应当为 10。

象牙制品、犀牛角价值认定的方法。因此,象牙制品与犀牛角的价值就是需要依据特别规定核算。

根据《象牙价值核定通知》规定,一根未加工象牙的价值为 25 万元;由整根象牙雕刻而成的一件象牙制品,应视为一根象牙,其价值为 25 万元;由一根象牙切割成数段象牙块或者雕刻成数件象牙制品的,这些象牙块或者象牙制品总合,也应视为一根象牙,其价值为 25 万元;对于无法确定是否属一根象牙切割或者雕刻成的象牙块或象牙制品,应根据其重量来核定,单价为 41667 元/千克。可见,一根象牙与象牙块或象牙制品的价值认定标准差别较大。实践中,对于是否属于一根象牙,应当结合是否存在切实的加工痕迹进行整体判断。以黄某传走私珍贵动物制品案为例,尽管所查获的一根象牙其末端有切割痕迹,但法院认为,确系一根完整未加工的象牙,应当按照 25 万元/根来认定其价值。[1]

根据《犀牛角价值核定通知》规定,每千克犀牛角的价值为 25 万元。实际交易价高于上述价值的,按实际交易价执行。

第五节　走私武器、弹药罪犯罪对象与量刑标准

一、走私武器、弹药罪的量刑标准

根据《刑法》规定,走私武器、弹药的,处 7 年以上有期徒刑,并处罚金或者没收财产;情节特别严重的,处无期徒刑,并处没收财产;情节较轻的,处 3 年以上 7 年以下有期徒刑,并处罚金。《走私案件解释》依据不同类型的枪支、弹药数量规定基本定罪量刑标准(见表 2 -4)。[2]

表 2 -4　走私武器、弹药罪基本量刑标准

<table>
<tr><th colspan="2" rowspan="2">类型</th><th colspan="3">法定刑</th></tr>
<tr><th>3 年以上 7 年以下
(情节较轻)</th><th>7 年以上有期徒刑
(一般情节)</th><th>无期徒刑
(情节特别严重)</th></tr>
<tr><td rowspan="2">枪支</td><td>以压缩气体等
非火药为动力</td><td>2 支以上
不满 5 支</td><td>5 支以上
不满 10 支</td><td>10 支以上</td></tr>
<tr><td>以火药为动力</td><td>/</td><td>1 支</td><td>2 支以上</td></tr>
</table>

〔1〕 参见广西壮族自治区百色市中级人民法院刑事判决书,(2016)桂 10 刑终 186 号。

〔2〕 除基本量刑标准外,如果属于犯罪集团的首要分子,使用特种车辆从事走私活动,或者走私的武器、弹药被用于实施犯罪等情形的,相关标准更低。详见《走私案件解释》第 1 条。

续表

类型		法定刑		
		3 年以上 7 年以下 (情节较轻)	7 年以上有期徒刑 (一般情节)	无期徒刑 (情节特别严重)
弹药	气枪铅弹	500 发以上 不满 2500 发	2500 发以上 不满 12500 发	12500 发以上
	其他子弹	10 发以上 不满 50 发	50 发以上 不满 250 发	250 发以上
	炮弹、手榴弹、枪榴弹(口径<60 毫米)	5 枚以下	5 枚以上 不满 10 枚	10 枚以上
	常规炮弹(口径>60 毫米)	/	不满 5 枚	5 枚以上
	巨大杀伤力的非常规炮弹	/	/	1 枚以上

二、走私武器、弹药罪的犯罪对象

(一)武器、弹药的基本范围

本罪的犯罪对象是武器和弹药。结合我国有关法律、行政法规以及参加的国际条约,本罪的“武器”是指能够以火药或压缩气体等为动力发射物质或者释放能量,足以致人死亡或丧失知觉的各类枪支、火炮及其他发射装置;本罪的“弹药”是指与武器相配套的子弹、炮弹、火药、炸药、雷管等爆炸物,以及装填火药、炸药或其他能够致人死亡或丧失知觉的装填物的各类爆炸装置。[1]

根据《走私案件解释》第 2 条规定,“武器、弹药”的种类,参照《进出口税则》及《禁止进出境物品表》有关规定确定。在适用该条规定时,需要特别注意是“参照”而非“按照”。因为《进出口税则》与《禁止进出境物品表》主要是从外贸管理措施和物品进出境管理方式的角度来界定武器、弹药的范围,而在判断走私武器、弹药罪犯罪对象时,应当立足于本罪侵犯国家有关武器、弹药进出境管理制度这一犯罪客体,紧紧围绕足以致人死亡或丧失知觉这一本质特征。具体而言,在参照适用上述两类规范时,有两方面值得注意:第一,《进出口税则》将剑、长矛等属于管制刀具的物品也列

〔1〕 参见南英主编:《〈最高人民法院、最高人民检察院关于办理走私刑事案件适用法律若干问题的解释〉理解与适用》,中国法制出版社 2015 年版,第 22 页。

入武器、弹药中，但这类物品显然不属于走私武器、弹药罪的犯罪对象。第二，各类火药、炸药、雷管、导火索等爆炸物品不在《进出口税则》之列，但无论从这类物品的用途、实际危害看，还是从走私武器、弹药罪所侵犯的客体，以及非法制造、买卖、运输、邮寄、储存枪支、弹药、爆炸物罪等同类罪名所规制的对象看，爆炸物品属于走私武器、弹药的犯罪对象。爆炸物品的范围按照《军品出口管理条例》《军品出口管理清单》《民用爆炸物品安全管理条例》等规定认定，烟花爆竹等危害性较小的爆炸物品不包括在内。[1]

（二）枪支与枪支散件的认定问题

2014 年《走私案件解释》主要立足于枪支动力，区分为以火药为动力发射枪弹的枪支和以压缩气体等非火药为动力发射枪弹的枪支。

走私武器罪中枪支范围，应当以《枪支管理法》为核心，结合公安机关有关枪支、弹药、仿真枪的相关规定进行判断。《枪支管理法》第 46 条规定，本法所称枪支，是指以火药或者压缩气体等为动力，利用管状器具发射金属弹丸或者其他物质，足以致人伤亡或者丧失知觉的各种枪支。结合《公安机关涉案枪支弹药性能鉴定工作规定》《公安部关于对以气体等为动力发射金属弹丸或者其他物质的仿真枪认定问题的批复》《枪支致伤力的法庭科学鉴定判据》等具体规定，可以三个步骤进行判断是否为枪支：

第一步，区分制式枪支与非制式枪支。制式枪支是指按照国家标准或公安部、军队下达的战术技术指标要求，经国家有关部门或军队批准定型，由合法企业生产的各类枪支，包括国外制造和历史遗留的各类旧杂式枪支。非制式枪支，是指未经有关部门批准定型或不符合国家标准的各类枪支，包括自制、改制的枪支和枪支弹药生产企业研制工作中的中间产品。凡是制式枪支，无论是否能够完成击发动作，一律认定为枪支。

第二步，对于非制式枪支，进一步判断能否发射制式弹药。能否发射制式弹药的判断标准与制式枪支的判断标准一致。凡是能发射制式弹药的非制式枪支（包括自制、改制枪支），一律认定为枪支。对能够装填制式弹药，但因缺少个别零件或锈蚀不能完成击发，经加装相关零件或除锈后能够发射制式弹药的非制式枪支，一律认定为枪支。

第三步，对于不能发射制式弹药的非制式枪支，判断其枪口比动能。当所发射弹丸的枪口比动能大于或等于 1.8 焦耳/平方厘米时，一律认定为枪支。

---

〔1〕 参见南英主编：《〈最高人民法院、最高人民检察院关于办理走私刑事案件适用法律若干问题的解释〉理解与适用》，中国法制出版社 2015 年版，第 23 页。

走私枪支散件,构成犯罪的,以走私武器罪定罪处罚。成套枪支散件以相应数量的枪支计,非成套枪支散件以每三十件为一套枪支散件计。对制式枪支专用散件,能够由制造厂家提供相关零部件图样(复印件)和件号的,一律认定为枪支散件。对非制式枪支散件,如具备与制式枪支专用散件相同功能的,一律认定为枪支散件。

三、走私仿真枪的定罪量刑问题

司法实践中,走私仿真枪案件比较常见。根据《走私案件解释》第 5 条规定,走私国家禁止进出口的仿真枪,构成犯罪的,以走私国家禁止进出口的货物、物品罪定罪处罚。走私的仿真枪经鉴定为枪支,构成犯罪的,以走私武器罪定罪处罚。不以牟利或者从事违法犯罪活动为目的,且无其他严重情节的,可以依法从轻处罚;情节轻微不需要判处刑罚的,可以免予刑事处罚。

所谓仿真枪,顾名思义就是指外形、颜色与枪支相同或近似,但在具体大小、性能上有一定区别的枪形物。根据公安部发布的《仿真枪认定标准》第 1 条的规定,凡符合以下条件之一的,可以认定为仿真枪:(1)符合《枪支管理法》规定的枪支构成要件,所发射金属弹丸或其他物质的枪口比动能小于 1.8 焦耳/平方厘米(不含本数)、大于 0.16 焦耳/平方厘米(不含本数)的;(2)具备枪支外形特征,并且具有与制式枪支材质和功能相似的枪管、枪机、机匣或者击发等机构之一的;(3)外形、颜色与制式枪支相同或者近似,并且外形长度尺寸介于相应制式枪支全枪长度尺寸的二分之一与一倍之间的。《公安部关于仿真枪认定标准有关问题的批复》针对上述第 3 项条件作进一步解释,其中的"一倍"是指比相应制式枪支全枪长度尺寸长出一倍;其中的二分之一与一倍均不包含本数。

综合以上规定,实践中所谓仿真枪有狭义与广义之分。狭义仿真枪是指枪口比动能介于 1.8 焦耳/平方厘米和 0.16 焦耳/平方厘米之间的枪形物,即符合上述第 1 项标准的仿真枪。广义仿真枪是指外形、材质、功能等与制式枪支相同或近似的非制式枪形物,即符合上述第 2 项、第 3 项标准仿真枪。广义的仿真枪不考量其枪口比动能,可能高于或低于 1.8 焦耳/平方厘米,而此类仿真枪如果经鉴定枪口比动能大于或等于 1.8 焦耳/平方厘米,则属于枪支,从而成为走私武器罪的犯罪对象。从这个意义上讲,根据《走私案件解释》第 5 条所规定的内容,主要是依据仿真枪的枪口比动能区分行为性质。

当然,对于枪口比动能大于等于 1.8 焦耳/平方厘米的仿真枪,其杀伤力也有很大区别,尤其对于枪口比动能超过上述标准不多、只是以压缩气体为动力的仿真枪,其危害性相对较小。司法实践中,涉及仿真枪走私的案件,通常是各类仿真枪(包括狭义仿真枪和广义仿真枪)混杂其中,往往数量较多。鉴于上述有关枪支的认定标准较低，行为人通过外观识别很难了解，也不太可能通过实际鉴定枪口比动能来辨别是否属于枪支。总体而言，行为人对于是否属于枪支的认识通常比较模糊，或者持一定放任态度，比之于那些走私以火药为动力或者其他杀伤力确实很高的枪支，或者对枪支的性能有明确认识的走私行为，走私此类仿真枪的行为社会危害性明显较低。然而，根据《走私案件解释》规定，走私以压缩气体为动力的枪支10支以上就属于情节特别严重，法定刑为无期徒刑，显然容易导致量刑失衡。因此，司法实践中涉及仿真枪走私的案件，主观故意的认定以及如何实现量刑均衡就成为常见争议焦点，大量因走私仿真枪而被鉴定为枪支的案件，往往通过特殊减刑核准程序实现罪刑均衡。以何某斌等走私仿真枪案为例。

【案情简介】2011年6月至2013年1月，被告人何某斌以博强工具有限公司名义先后采购仿真枪16批，再以塑料玩具等品名和包柜方式委托被告人赵某旭报关出口。赵某旭明知何某斌出口涉枪类敏感货物，仍接受委托将货物装运到黄埔乌冲码头，同样以塑料玩具等品名和包柜方式委托广州朝海报关行报关出口，广州朝海报关行将上述货物伪报成体育用品等品名报关出口，其中14柜从黄埔老港口岸报关出口，1柜转至深圳盐田口岸报关出口，1柜于2012年11月被黄埔老港海关现场查获，缴获枪形物品共计12691支。另外，在已走私出口的货柜中有1支仿真枪被仓储人员截留，后被侦查人员查获。经鉴定，上述12692支枪形物中有388支枪口比动能大于1.8焦耳/平方厘米，为自制气步枪，具备枪支性能，其余12304支为仿真枪。上述仿真枪重7000多公斤，价值20多万元。一审法院认定其二人构成走私国家禁止进出口的货物罪，分别判处其有期徒刑3年、2年，但不构成走私武器罪。公诉机关抗诉认为，其二人走私国家禁止进出口的货物罪属于情节严重，法定刑为有期徒刑5年以上，同时还构成走私武器罪。二审法院认定，何某斌犯走私武器罪，判处有期徒刑8年，并处罚金人民币10万元；犯走私国家禁止进出口的货物罪，判处有期徒刑4年，并处罚金人民币30万元，决定执行有期徒刑10年，并处罚金人民币40万元。赵某旭犯走私武器罪，判处有期徒刑4年，并处罚金人民币5万元；犯走私国家禁止进出口的货物罪，判处有期徒刑2年，并处罚金人民币5万元，决定执行有期徒刑5年，并处罚金人民币10万元。经依法报请，最高人民法院予以核准。[1]

本案查扣在案的枪形物经依法鉴定，其中388支枪口比动能大于1.8焦耳/平方厘米，属于枪支，其余12304支属于仿真枪。两名被告人均辩解，本意是要出口玩具

〔1〕 参见广东省高级人民法院刑事判决书，(2014)粤高法刑二终字第223号。

枪,并不知道内有仿真枪甚至枪支,不清楚三者具体区分标准。然而,纵观本案查清的事实,何某斌、赵某旭二人在长达一年半时间内先后合作出口仿真枪多达 16 柜,对出口涉枪类敏感货物都有比较深入的了解。其二人在合作出口过程中,为逃避海关监管,以虚假品名委托订舱、报关,且赵某旭向何某斌收取的包通关费用远高于正常货物,何某斌在船离港后,又通过订舱公司将提单品名由塑料玩具改为运动气枪。可见,其二人有走私的概括故意,而且对于何种类型枪支持一定放任态度,实际上包含枪支并未超出其二人的故意范畴。根据《走私案件解释》第 5 条规定,走私的仿真枪经鉴定为枪支,构成犯罪的,以走私武器罪定罪处罚。可见,何某斌、赵某旭二人的行为构成走私武器罪,且系情节特别严重,法定刑为无期徒刑。然而,鉴于本案枪支是塑料材质的非制式枪支,社会危害性相对较小,二审法院在综合考量基础上,对何、赵二人犯走私武器罪均在法定刑以下判处刑罚,经报请最高人民法院后获得核准。

此外,本案仿真枪多达 1.2 万余支,从数量上看确实特别多,抗诉机关认为据此,属于情节严重。然而,《走私案件解释》第 11 条没有单独对走私仿真枪确定独立的量刑标准,因此只能根据本条兜底性条款定罪量刑,即走私货物价值 20 万元以上或数额 20 吨以上,构成走私国家禁止进出口的货物、物品罪,走私货物价值 100 吨以上或者数额在 100 万元以上,属于情节严重。而本案涉案仿真枪 7000 多公斤,价值 20 多万元,不属于情节严重。因此,一、二审法院均认定何某斌、赵某旭二人犯走私国家禁止进出口的货物、物品罪,且在有期徒刑 5 年以下判处相应刑罚。

为解决与仿真枪有关联的枪支违法犯罪案件定罪尤其是量刑不平衡问题,2018 年 3 月 8 日,最高人民法院、最高人民检察院联合发布《关于涉以压缩气体为动力的枪支、气枪铅弹刑事案件定罪量刑问题的批复》。该批复强调,对于非法制造、买卖、走私以压缩气体为动力且枪口比动能较低的枪支的行为,在决定是否追究刑事责任以及如何裁量刑罚时,不仅应当考虑涉案枪支的数量,而且应当充分考虑涉案枪支的外观、材质、发射物、购买场所和渠道、价格、用途、致伤力大小、是否易于通过改制提升致伤力,以及行为人的主观认知、动机目的、一贯表现、违法所得、是否规避调查等情节,综合评估社会危害性,坚持主客观相统一,确保罪责刑相适应;涉及气枪铅弹的,应当综合考虑气枪铅弹的数量、用途以及行为人的动机目的、一贯表现、违法所得、是否规避调查等情节,综合评估社会危害性,确保罪责刑相适应。

第六节 其他走私罪犯罪对象与量刑标准

一、概述

前文详细分析了走私普通货物、物品罪,走私珍贵动物、珍贵动物制品罪和走私武器、弹药罪这三类走私犯罪定罪量刑标准及其犯罪数额的认定问题。此外,我国

《刑法》还规定了另外10个走私犯罪。其中,走私国家禁止进出口的货物、物品罪,走私废物罪,走私假币罪,走私文物罪和走私淫秽物品罪,《走私案件解释》等文件规定了具体的定罪量刑标准,下文将逐一展开论述。[1]

而走私核材料罪、走私贵重金属罪、走私人类遗传资源材料罪,目前只有《刑法》规定了情节较轻、情节严重、情节特别严重如何处罚的基本定罪量刑标准,但这些情节的具体标准,目前尚无司法解释等规范性文件予以明确。这三个走私罪基本法定刑如下:(1)走私核材料的,处7年以上有期徒刑,并处罚金或者没收财产;情节特别严重的,处无期徒刑,并处没收财产;情节较轻的,处3年以上7年以下有期徒刑,并处罚金。(2)走私国家禁止出口的黄金、白银和其他贵重金属的,处5年以上10年以下有期徒刑,并处罚金;情节特别严重的,处10年以上有期徒刑或者无期徒刑,并处没收财产;情节较轻的,处5年以下有期徒刑,并处罚金。这是走私贵重金属罪的基本定罪量刑标准。(3)违反国家有关规定,非法运送、邮寄、携带我国人类遗传资源材料出境,危害公众健康或者社会公共利益,情节严重的,处3年以下有期徒刑、拘役或者管制,并处或者单处罚金;情节特别严重的,处3年以上7年以下有期徒刑,并处罚金。这是人类遗传资源材料罪的基本定罪量刑标准。

对于上述三个走私罪,具体司法实践中,可以结合走私对象的数量、价值、次数、造成的危害后果等情形综合把握犯罪情节。此外,还可以参照走私国家禁止进出口的货物罪量刑标准来把握。因为核材料、贵重金属和人类遗传资源材料本质上都属于国家禁止进出口的货物、物品。这三个罪名与走私国家禁止进出口的货物、物品罪是特殊法与一般法之间的关系。根据法条竞合的适用原则,优先适用特殊法,但这仅仅是从罪名适用的角度来理解。如果从社会危害性角度来理解,在特殊法对危害程度没有专门规定的情况下,可以参照一般法的标准来评判其社会危害性,这符合罪责刑相适应的基本逻辑。况且从一般社会观念来讲,走私特定禁止进出口的物品(如武器、弹药、核材料、珍贵动物等),其社会危害性一般比走私普通禁止进出口的货物、物品更大,刑法所规定的处罚力度也通常更大。换言之,在走私同样数量或数额的情况下,前者的社会危害性至少不低于后者。

因此,在相关司法解释出台具体标准之前,可以参照走私国家禁止进出口的货物、物品罪定罪量刑标准的兜底性条款来把握上述三个走私罪的入罪标准和升档处罚标准,[2]即走私核材料、贵重金属或者人类遗传资源材料价值20万元以上的,作为

---

〔1〕 另外,而走私毒品罪、走私制毒物品罪与其他相对应的毒品犯罪(如贩卖毒品罪、非法生产制毒物品罪)定罪量刑标准完全一致,内容过于复杂,走私罪中没有特殊情形,本书不予展开。

〔2〕 参见《走私案件解释》第11条第1款第7项和第2款第2项。

入罪标准来把握；价值100万元以上的，作为升档处罚标准（第二个量刑档次）来把握。另外，走私核材料罪、走私贵重金属罪存在三个量刑档次，参照经济犯罪特别是走私犯罪的一般立法逻辑，通常按5倍标准来区分不同量刑档次。因此，可以考虑将走私核材料、贵重金属数额500万元以上的，作为第三档量刑标准的依据。

二、走私国家禁止进出口的货物、物品罪

我国《刑法》规定，走私国家禁止进出口的货物、物品，处5年以下有期徒刑或者拘役，并处或者单处罚金；情节严重的，处5年以上有期徒刑，并处罚金。《走私案件解释》根据不同类型国家禁止进出口的货物、物品，规定本罪基本量刑标准（见表2－5）。[1]

表2－5 走私国家禁止进出口的货物、物品罪基本量刑标准

类型		法定刑	
		5年以下（一般情节）	5年以上（情节严重）
珍稀植物	国家一级保护野生植物	5株以上不满25株	25株以上
	国家二级保护野生植物	10株以上不满50株	50株以上
古生物化石	重点保护古生物化石	10件以下	10件以上
	一般保护古生物化石	10件以上不满50件	50件以上
有毒物质		1吨以上不满5吨，或者数额2万元以上不满10万元	5吨以上，或者数额10万元以上
境外疫区动植物产品		5吨以上不满25吨，或者数额5万元以上不满25万元	25吨以上，或者数额25万元以上
木炭、硅砂等妨害环境、资源保护的货物、物品		10吨以上不满50吨，或者数额10万元以上不满50万元	50吨以上，或者数额50万元以上
其他国家禁止进出口的货物、物品		20吨以上不满100吨，或者数额20万元以上不满100万元	100吨以上，或者数额100万元以上

对于犯罪集团首要分子，使用特种车辆从事走私活动，造成环境严重污染，或者引起甲类传染病传播、重大动植物疫情等情形，可以从宽把握货物、物品的数量或价值。

---

〔1〕除基本量刑标准外，如果属于对于犯罪集团首要分子，使用特种车辆从事走私活动，造成环境严重污染，或者引起甲类传染病传播、重大动植物疫情等情形的，相关标准更低。参见《走私案件解释》第11条第2款。

（一）认定本罪犯罪对象的基本依据

结合《走私案件解释》规定，本罪犯罪对象大体上可以分为两类：一是国家绝对禁止进出口的货物、物品，二是国家相对禁止（限制）进出口的货物、物品。根据《对外贸易法》《货物进出口管理条例》等法律、行政法规规定，国家禁止或限制进出口的货物、物品主要包括 11 大类。[1]

针对上述有关国家禁止或限制进出口的货物、物品的规定，判断本罪犯罪对象主要有以下几类具体依据：第一，国家相关部门所发布的禁止或限制进出口（境）货物、物品目录，包括两类：一是海关总署发布的禁止进出境物品表、限制进出境物品表等；二是商务部、海关总署等部门联合发布的多批次禁止进口货物目录，禁止出口货物目录，限制进口货物目录，限制出口货物目录、公告等。第二，法律、行政法规特别规定，其他需要限制或者禁止进口或者出口的货物、物品，包括两类：一是法律、行政法规明确规定具体对象，如《进出境动植物检疫法》第 5 条明确规定，国家禁止土壤、动物尸体进境；《古生物化石保护条例》第 26 条规定，未命名的古生物化石不得出境，重点保护古生物化石经国务院自然资源主管部门批准，方可出境。二是法律、行政法规只作出原则性规定，并由相应的国务院行政主管部门公布并不定期更新相关目录，例如国务院林业、农业行政主管部门公布的《国家重点保护野生植物名录》。第三，我国缔结或者参加的国际条约、协定特别规定，如 CITES 附录Ⅰ、附录Ⅱ所确定的野生植物。

2020 年 10 月，国家出台《出口管制法》，实行统一的出口管制制度，通过制定管制清单、名录或者目录，实施出口许可等方式进行管理，这为进一步规范、明确禁止或限制出口货物提供依据。根据《出口管制法》规定，国家对两用物项、军品、核以及其他与维护国家安全和利益、履行防扩散等国际义务相关的货物、技术、服务等物项实施出口管制，出口管制包括采取禁止性或者限制性措施。具体对象为：（1）两用物项。两用物项是指既有民事用途，又有军事用途或者有助于提升军事潜力，特别是可以用于设计、开发、生产或者使用大规模杀伤性武器及其运载工具的货物、技术和服务。（2）军品。军品是指用于军事目的的装备、专用生产设备以及其他相关货物、技术和服务。（3）核。核是指核材料、核设备、反应堆用非核材料以及相关技术和服务。

（二）珍稀植物、古生物化石的范围

结合《走私案件解释》第 12 条等规定，珍稀植物的范围包括：第一，《国家重点保

---

〔1〕 参见《对外贸易法》第 16 条所规定的 11 种情形。

护野生植物名录》中的国家一、二级保护野生植物。根据《野生植物保护条例》第10条规定,野生植物分为国家重点保护野生植物和地方重点保护野生植物。国家重点保护野生植物分为国家一级保护野生植物和国家二级保护野生植物,具体名录由国务院林业、农业行政主管部门、商国务院环境保护、建设等有关部门制定,报国务院批准公布。第二,《国家重点保护野生药材物种名录》中国家重点保护的野生药材。根据《野生药材资源保护管理条例》第4条规定,国家重点保护的野生药材物种分为三级:一级是濒临灭绝状态的稀有珍贵野生药材物种,二级是分布区域缩小、资源处于衰竭状态的重要野生药材物种,三级是资源严重减少的主要常用野生药材物种。需要注意的是,野生药材物种既有动物物种,也有植物物种,而本罪犯罪对象只包括植物物种,不包括动物物种,比如同样是二级野生药材,人参、杜仲、黄檗等属于植物物种,马鹿鹿茸、熊胆属于动物物种,后者适用走私珍贵动物制品罪予以保护。第三,《国家珍贵树种名录》中国家重点保护珍贵树木。第四,CITES附录Ⅰ、附录Ⅱ中的野生植物。第五,人工培育的上述植物。[1]

古生物化石按照《古生物化石保护条例》的规定认定。根据《古生物化石保护条例》第2条、第7条、第26条规定,古生物化石是指地质历史时期形成并赋存于地层中的动物和植物的实体化石及其遗迹化石。根据生物进化以及生物分类上的重要程度,可以区分为重点保护古生物化石和一般保护古生物化石,另外还有未命名的古生物化石。未命名的古生物化石禁止出境,重点保护古生物化石和一般保护古生物化石需经许可才能出境。当然,古猿化石、古人类化石及其与人类活动有关的第四纪古脊椎动物化石同文物一样受国家保护,[2]属于走私文物罪犯罪对象。

(三)木炭、硅砂以及仿真枪、管制刀具

我国出于保护国内资源和自然环境的需要,将木炭、硅砂等货物列入《禁止出口货物目录》中。处理此类案件,需要特别注意两点:一是只有出口木炭、硅砂的行为才按照走私国家禁止进出口的货物、物品罪定罪处罚,进口上述货物的行为不构成本罪;二是禁止出口的木炭仅限于原木烧制的木炭,不包括机制炭。

根据《禁止进出境物品表》《限制进出境物品表》等,各种仿真枪属于禁止进出境的货物、物品,管制刀具属于限制进出境的物品。走私仿真枪、管制刀具的,按照走私国家禁止进出口的货物、物品罪定罪处罚。仿真枪经鉴定为枪支,构成犯罪的,以走私武器罪定罪处罚。

---

〔1〕 参见南英主编:《〈最高人民法院、最高人民检察院关于办理走私刑事案件适用法律若干问题的解释〉理解与适用》,中国法制出版社2015年版,第155~159页。

〔2〕 参见《文物保护法》第2条第3款和《古人类化石和古脊椎动物化石保护管理办法》第2条。

三、走私废物罪

我国《刑法》规定,走私废物,情节严重的,处5年以下有期徒刑,并处或者单处罚金;情节特别严重的,处5年以上有期徒刑,并处罚金。《走私案件解释》第14条规定了走私废物罪"情节严重"和"情节特别严重"的具体标准(见表2-6)。

表2-6 走私废物罪基本量刑标准

类型	法定刑	
	5年以下 (情节严重)	5年以上 (情节特别严重)
禁止进口的危险废物	1吨以上不满5吨	5吨以上
禁止进口的非危险废物	5吨以上不满25吨	25吨以上
可作原料的限制进口废物	20吨以上不满100吨	100吨以上

走私废物罪的对象包括固体废物、液态废物和气态废物,但司法实践集中体现为走私固体废物。国家对固体废物实行分类管理。从形态上看,固体废物可以分为工业固体废物、生活垃圾、建筑垃圾、农业固体废物等。

从进口管制程度上看,废物可以区分为国家限制进口类可用作原料的固体废物和国家禁止进口的废物。前者范围按照《限制进口类可用作原料的固体废物目录》来认定,但自2021年1月1日起,国家全面禁止固体废物的进口,此类不复存在,但仍然可能会有遗留的案件有待处理。国家禁止进口的废物又可以进一步区分为非危险废物和危险废物。危险废物,是指列入国家危险废物名录或者根据国家规定的危险废物鉴别标准和鉴别方法认定的具有危险特性的固体废物。[1] 不同类型的固体废物,其危害性不同,定罪量刑标准差距较大,准确认定废物的类型,对于正确适用法律意义重大。

废物的判断专业性强,通常情况下需要结合专业部门鉴定来判断。但对于某些常见的、明显无利用价值的废物,根据社会上一般人判断认为是废物的,可以直接将其认定为废物。例如常见废旧衣服、废旧纸张、电子废弃物、医疗垃圾等。[2] 当然,如果对废物属性存在争议,难以直接准确认定其性质的,需要由专业鉴定机构鉴定。

对于通过鉴定认定废物属性的,鉴定部门通常只能就其中一部分样品进行鉴定。在认定货物整体是否属于废物时,除考量鉴定意见外,还可以结合废物防治立法目

---

〔1〕 参见《固体废物污染环境防治法》第124条。

〔2〕 参见南英主编:《〈最高人民法院、最高人民检察院关于办理走私刑事案件适用法律若干问题的解释〉理解与适用》,中国法制出版社2015年版,第221页。

的、废物后续使用产生的危害等因素综合判断是否属于废物。

【案情简介】2012 年 2 月，被告人张某与境外供货商陆某红联系货源，以 7500 元/吨的价格向陆某红采购 100 多吨含有电子元器件、线路板的电源盒。后张某通过朋友马某找到有出口固体废物资质的国外供货商，并办理一张西班牙巴塞罗那的 CICC 证，以便将上述固体废物通过合法形式报检、报关。2012 年 4 月 11 日，该批 106.81 吨货物以华星公司进口限制类固体废物的名义通过商检，4 月 16 日在向海关报关时被当场查获。经中国环境科学研究院固体废物污染控制技术研究所鉴定，属于我国禁止进口的固体废物。法院认定张某构成走私废物罪，判处有期徒刑 3 年，缓刑 5 年，并处罚金人民币 60 万元。[1]

本案中，辩方认为，因涉案货物种类繁多、成分复杂，其中部分应该属于限制进口的废旧物品，而鉴定意见仅笼统地认定全部货物为禁止进口的固体废物。但判决书认为，涉案货物经鉴定，其为回收的电子产品混合物，明显没有清除电子元器件、线路板、有害物质等，未经分拣处理，属于我国禁止进口的固体废物。国家立法禁止固体废物的进口，正是考虑到固体废物在国内分拣、提炼铜等物质时会造成大气、土壤、水环境的严重污染，危害公众健康。故对涉案废物数量认定时，并非只认定其中明显没有清除的电子元器件、线路板、有害物质，而是应将未作分拣的涉案货物视作整体，方才符合我国《固体废物污染环境防治法》的立法精神。

四、走私假币罪

我国《刑法》规定，走私伪造的货币的，处 7 年以上有期徒刑，并处罚金或者没收财产；情节特别严重的，处无期徒刑，并处没收财产；情节较轻的，处 3 年以上 7 年以下有期徒刑，并处罚金。本罪的“货币”，包括正在流通的人民币和境外货币，伪造的境外货币数额，折合成人民币计算。《走私案件解释》依据假币的数额或数量规定相应的定罪量刑标准（见表 2－7）。

表 2－7　走私假币罪基本量刑标准

类型	法定刑		
	3 年以上 7 年以下（情节较轻）	7 年以上（一般情节）	无期徒刑（情节特别严重）
数额	2000 元以上不满 2 万元	2 万元以上不满 20 万元	20 万元以上

〔1〕参见江苏省南京市中级人民法院刑事判决书，（2014）宁环刑初字第 1 号。

续表

类型	法定刑		
	3年以上7年以下 （情节较轻）	7年以上 （一般情节）	无期徒刑 （情节特别严重）
数量	200张（枚）以上 不满2000张（枚）	2000张（枚）以上 不满2万张（枚）	2万张（枚）以上

五、走私文物罪

我国《刑法》规定，走私国家禁止出口的文物的，处5年以上10年以下有期徒刑，并处罚金；情节特别严重的，处10年以上有期徒刑或者无期徒刑，并处没收财产；情节较轻的，处5年以下有期徒刑，并处罚金。文物，是指人类历史上遗留下来的，在社会上或埋藏在地下的一切有价值的遗物、遗迹。本罪犯罪对象依照《文物保护法》规定的“国家禁止出境的文物”的范围认定，具体包括国有文物、非国有文物中的珍贵文物和国家规定禁止出境的其他文物。[1] 走私具有科学价值的古脊椎动物化石、古人类化石，构成犯罪的，以走私文物罪定罪处罚。《走私案件解释》依据不同等级文物的不同数量，确定本罪定罪量刑标准。2016年1月1日起实施的最高人民法院、最高人民检察院《关于办理妨害文物管理等刑事案件适用法律若干问题的解释》第1条第3款还规定，走私国家禁止出口的文物，无法确定文物等级，或者按照文物等级定罪量刑明显过轻或者过重的，可以按照走私的文物价值定罪量刑（见表2－8）。

表2－8　走私文物罪基本量刑标准

<table>
<tr><th rowspan="2">类型</th><th colspan="3">法定刑</th></tr>
<tr><th>5年以下
（情节较轻）</th><th>5年以上10年以下
（一般情节）</th><th>10年以上或无期徒刑
（情节特别严重）</th></tr>
<tr><td>一级文物</td><td>/</td><td>/</td><td>1件以上</td></tr>
<tr><td rowspan="2">二级文物</td><td rowspan="2">/</td><td rowspan="2">不满3件</td><td>3件以上</td></tr>
<tr><td>不满3件，且严重毁损或无法追回</td></tr>
</table>

〔1〕 参见《文物保护法》第60条。

续表

类型	法定刑		
	5 年以下（情节较轻）	5 年以上 10 年以下（一般情节）	10 年以上或无期徒刑（情节特别严重）
三级文物	2 件以下	3 件以上不满 9 件	9 件以上
		不满 3 件，且严重毁损或无法追回	3 件以上不满 9 件，且严重毁损或无法追回
文物价值	5 万元以上不满 20 万元	20 万元以上不满 100 万元	100 万元以上

六、走私淫秽物品罪

我国《刑法》规定，以牟利或者传播为目的，走私淫秽的影片、录像带、录音带、图片、书刊或者其他淫秽物品的，处 3 年以上 10 年以下有期徒刑，并处罚金；情节严重的，处 10 年以上有期徒刑或者无期徒刑，并处罚金或者没收财产；情节较轻的，处 3 年以下有期徒刑、拘役或者管制，并处罚金。根据《刑法》第 367 条规定，“淫秽物品，是指具体描绘性行为或者露骨宣扬色情的诲淫性的书刊、影片、录像带、录音带、图片及其他淫秽物品。有关人体生理、医学知识的科学著作不是淫秽物品。包含有色情内容的有艺术价值的文学、艺术作品不视为淫秽物品”。《走私案件解释》根据不同类型淫秽物品的不同数量，确定本罪定罪量刑标准（见表 2 - 9）。

表 2 - 9　走私淫秽物品罪基本量刑标准

类型	法定刑		
	3 年以下（情节较轻）	3 年以上 10 年以下（一般情节）	10 年以上或无期徒刑（情节特别严重）
淫秽录像带、影碟	50 盘（张）以上不满 100 盘（张）	100 盘（张）以上不满 500 盘（张）	500 盘（张）以上
淫秽录音带、音碟	100 盘（张）以上不满 200 盘（张）	200 盘（张）以上不满 1000 盘（张）	1000 盘（张）以上
淫秽扑克、书刊、画册	100 副（册）以上不满 200 副（册）	200 副（册）以上不满 1000 副（册）	1000 副（册）以上
淫秽照片、画片	500 张以上不满 1000 张	1000 张以上不满 5000 张	5000 张以上

七、走私犯罪几类特殊量刑情节的理解

《走私案件解释》对各个走私罪基本采取“数额 + 情节”相结合的量刑标准，将犯罪集团的首要分子，使用特种车辆从事走私活动，造成环境严重污染，或者引起甲类传染病传播、重大动植物疫情等情形作为加重处罚情节。此外，《刑法》第 157 条规定，武装掩护走私的，依照本法第 151 条第 1 款的规定从重处罚。

（一）犯罪集团的首要分子

根据《刑法》第 26 条、第 97 条规定，三人以上为实施犯罪而组成的较为固定的犯罪组织，是犯罪集团，对组织、领导犯罪集团的首要分子，按照集团所犯的全部罪行处罚。首要分子，是指在犯罪集团或者聚众犯罪中起组织、策划、指挥作用的犯罪分子。近年来，走私犯罪专业化、集团化特征越来越明显，不同环节彼此联系、互相配合，共同完成走私，走私犯罪集团在走私犯罪中比较常见，社会危害性更大，是打击走私犯罪的重点。

（二）使用特种车辆从事走私活动

结合《道路交通安全法》及其实施条例等相关规定，特种车辆主要包括军车、警车、消防车、救护车、工程抢险车、公路监督检查专用车等执行特殊或专门任务的车辆。上述车辆在通行规则上享有其他车辆所不具有的特权，尤其在执行紧急任务上通常有优先通行权；在外形特征上，具有不同于一般社会机动车辆的标志、涂装等，便于公众识别，对于保障优先通行权等有直接的作用。走私分子如果使用上述车辆从事走私犯罪活动，相比于使用普通运输工具而言，其隐蔽性更强，查处的难度更大，走私得逞的概率更高，社会危害性也更大。因此，刑法将其作为加重处罚情节。

（三）造成环境严重污染

有关走私案件的司法解释并没有直接规定如何认定造成环境严重污染。对此，可以参照最高人民法院、最高人民检察院《关于办理环境污染刑事案件适用法律若干问题的解释》第 1 条的规定，认定造成环境严重污染的标准。

（四）引起甲类传染病传播、重大动植物疫情

根据《传染病防治法》第 3 条规定，该法规定管理的传染病分为甲类、乙类、丙类三种，甲类传染病包括鼠疫、霍乱，乙类传染病包括传染性非典型肺炎、艾滋病、病毒性肝炎等 20 余种。国务院卫生行政部门根据传染病暴发、流行情况和危害程度，可以决定增加、减少或者调整乙类、丙类传染病病种并予以公布。《传染病防治法》第 4 条规定，对乙类传染病中传染性非典型肺炎、炭疽中的肺炭疽和人感染高致病性禽流感，采取甲类传染病的预防、控制措施。其他乙类传染病和突发原因不明的传染病需要采取甲类传染病的预防、控制措施的，由国务院卫生行政部门及时报经国务院批准

后予以公布、实施。

（五）武装掩护走私的认定与处理

《刑法》第157条规定，武装掩护走私的，依照本法第151条第1款的规定从重处罚。根据该规定，“武装掩护走私”并非独立罪名，仍然需要结合具体对象确定走私罪名，再按照刑法第151条第1款的规定从重处罚。“武装掩护走私”，主要是指走私行为人自行或雇用其他人员装备武器，采取牵制、阻击、压制等手段，以保障其走私活动安全进行、顺利实施的行为。“武装”主要是指走私过程中携带武器、弹药等具有较大杀伤力的热兵器（包括爆炸装置）。如果是刀、弓、剑等冷兵器的，不属于武装掩护走私的范畴。如果是借助合法的武装力量如军人、武警，此时不强调其是否携带武器，因为掩护人员身份本身就代表一种武装的含义。[1] “掩护”包括掩饰和保护两种行为方式，只要体现出通过武装力量为走私活动保驾护航，就属于掩护，但不限于实际使用武器装备或者实际对抗。“走私”需要以走私不同对象本身构成走私犯罪为前提，如果走私行为本身不构成走私罪，不属于本条规定的武装掩护走私。

对于“武装掩护走私”的行为，实行量刑与定罪相分离的模式。在定罪方面，根据武装掩护走私的不同对象，结合具体条文选择相应走私罪名；在量刑方面，则适用《刑法》第151条第1款的刑罚，并且还需在此基础上从重处罚。在刑罚的具体适用上，“应根据走私行为人走私对象所确定的罪（本罪）的情节轻重（或数额大小），以本罪安排的量刑档次分别对应《刑法》第151条第1款规定的量刑档次，在第151条第1款规定的所对应的量刑档次内选择较重刑种或者较长刑期进行处罚”[2]。例如，走私普通货物、物品罪根据其情节，分为数额较大、数额巨大和数额特别巨大三个量刑档次，其对应的自由刑分别为3年以下、3年以上10年以下以及10年以上有期徒刑或无期徒刑。《刑法》第151条第1款分别规定情节较轻（法定刑3年以上7年以下有期徒刑，并处罚金）、一般情节（法定刑7年以上有期徒刑，并处罚金）和情节特别严重（法定刑无期徒刑，并处没收财产）三个量刑档次。如果行为人武装掩护走私普通货物，偷逃应缴税额巨大，属于第二个量刑档次，应当适用《刑法》第151条第1款第二个量刑档次（一般情节）进行处罚，判处7年以上有期徒刑，并处罚金。其他罪名以此类推。

当然，对于武装掩护走私其他货物、物品时，夹带武器、弹药，符合走私武器、弹药

---

〔1〕 参见南英主编：《〈最高人民法院、最高人民检察院关于办理走私刑事案件适用法律若干问题的解释〉理解与适用》，中国法制出版社2015年版，第52～53页。

〔2〕 邓崇专、黎仲诚：《走私罪司法认定与执法完善问题研究》，中国法制出版社2019年版，第222～223页。

罪定罪量刑标准的,以走私武器、弹药罪与所构成的其他走私犯罪数罪并罚。[1] 对于武装掩护走私过程中使用掩护走私的武装抗拒缉私的,按照“武装掩护走私”有关规定进行处罚,再与妨害公务罪进行数罪并罚;如果使用武装抗拒缉私造成人员伤亡的,则与故意杀人罪或故意伤害罪等进行数罪并罚。[2]

第七节 典型案例综合分析:林某开等走私成品油案

一、案情简介

被告人林某开召集被告人吴某楷等驾驶一艘“三无”油船前往境外过驳柴油走私入境。第一次走私柴油 260 吨,于 2018 年 7 月 29 日晚上在温州卸油,经海关关税部门计核,该批走私柴油偷逃应缴税额人民币 54 万余元。林某开等于同年 7 月 30 日上午,第二次走私柴油时,从境外油船上过驳柴油完成后,准备返航时,在领海外的毗连区被温州市海洋与渔业执法支队查获。该次走私柴油 274.941 吨,经海关关税部门计核,偷逃应缴税额人民币 57.7 万余元。[3]

二、焦点问题

本案焦点问题在于犯罪数额与犯罪情节认定,具体体现在以下几方面:一是走私中既有查扣现货,也有未查扣现货的,如何认定货物数量(重量);二是查扣的成品油,如何合理确定货物属性、准确适用税率;三是涉案货物既有变卖价格,又有评估价格时,如何确定完税价格;四是同时存在走私既遂和走私未遂的,如何认定犯罪数额及其情节?

三、综合评析

(一)货物数量(重量)的认定

准确认定走私次数和货物数量(重量)是认定走私犯罪数额最基础的一环。大量走私案件中,一般只有最后一次走私可能被查到实物,而之前已经完成走私的货物数量如何判断,比较容易成为案件焦点。本案中,根据查明的基本事实,林某开等绕关走私两航次,其中第二次走私时被查扣成品油约 274 吨,而第一次走私货物已经流入社会。

---

〔1〕 参见南英主编:《〈最高人民法院、最高人民检察院关于办理走私刑事案件适用法律若干问题的解释〉理解与适用》,中国法制出版社 2015 年版,第 55 页。

〔2〕 参见邓崇专、黎仲诚:《走私罪司法认定与执法完善问题研究》,中国法制出版社 2019 年版,第 224 页。

〔3〕 参见浙江省温州市中级人民法院刑事判决书,(2018)浙 03 刑初 219 号。

对此,可以综合以下两个因素综合认定第一次走私成品油的数量:首先,各被告人供述前后两次走私成品油的数量基本相当,因此可以参考第二次被实际查扣的数量来认定;其次,从一般人的角度来看,被告人通过船舶走私基本会满载而归,以实现其"犯罪效益最大化",而本案涉案船舶载重量为260吨。因此,结合第二次走私被查扣实际货物274吨,判决书认定第一次走私成品油约260吨,也体现了就低认定原则。

对于实际货物已经无法追回的案件,要精准确定货物数量从客观上来说已经不可能。但是,在能够查实相关走私航次确实客观存在的前提下,仍然可以结合在案证据合理认定货物数量,作为评判犯罪情节的依据。

(二)货物属性的认定与税率的适用

本案走私的货物为成品油,但成品油仍然有汽油、柴油、燃料油等不同类型,不同货物适用的税率各不相同。因此,准确认定货物种属,对犯罪数额的认定有重要影响。在成品油走私案件中,有查扣实物的,通常需要进行检验检测。本案查扣的成品油经检测,除"硫含量"和"馏程"两个指标外,其余指标实测结果均符合0号柴油的标准要求。

本案这一检测结论,在其他海上走私成品油案件中也普遍存在。对此,有些案件将该类成品油归入燃料油,而有些案件则将其归入柴油。我们认为,归入柴油更为合理。根据国家相关部门所发布的关于普通柴油的国家标准,普通柴油按凝点分为10号、5号、0号、-10号、-20号、-35号、-50号等7个牌号。可见,凝点是认定是否为柴油的核心标准,硫含量多少更多体现的是柴油质量,并非判定否属于0号柴油的必备指标。本案涉案成品油,包括凝点在内的绝大多数指标符合0号柴油标准,应当归入0号柴油,判决书认定的事实也是适用柴油税率计核偷逃应缴税额。

(三)完税价格的认定

如上文所分析,进口走私的货物以实际成交价格为基础认定完税价格。实际成交价格经审核不能确定的,由海关进行估价,估价时可以依次按照海关所掌握的相同或类似进口货物的正常成交价格、海关所掌握的相同或者类似进口货物在国际市场的正常成交价格、依法评估鉴定的价格、涉案货物国内拍卖价等来确定。当然,上述各种估价方法在具体适用时有先后顺序,只有在先的估价方法无法适用时,才适用在后的估价方法。例如,只有在无法确定海关所掌握的相同或类似进口货物的正常成交价格时,才可以适用海关所掌握的相同或者类似进口货物在国际市场的正常成交价格。

具体到本案,存在两个价格:一个是评估机构的评估价;另一个是案发后涉案货物的变卖价,且后者价格较低。对此,辩方认为,应当按照有利于被告人原则,适用涉案成品油在国内的拍卖价就低认定完税价格。我们认为,根据上述估价规则,评估机构的评估价优先于货物在国内的拍卖价。本案中,由于评估机构的评估价能够确定,应当优先适用该价格计核偷逃应缴税额。至于变卖价低于评估价,这是因为从货物查扣到实际变卖存在时间差,而成品油市场价格又是不断变动之中,变卖价以变卖当时市场价为基准,而评估价以走私当时市场价为基准,二者参照标准不一致,因此价格存在差异也属正常。况且从司法实务看,无论是刑事程序、民事程序还是其他法定程序,对赃款赃物的处置,客观上也有别于合法合规货物的正常销售,多数情况下赃物的处置价格也会在一定程度上低于市场价。

(四)犯罪数额与犯罪情节的综合认定

本案中,林某开等两次走私,第一次走私已经完成,且属于犯罪既遂;第二次走私时,尚未进入领海,在毗连区被执法部门查获,属于犯罪未遂。两次走私成品油偷逃应缴税额分别为人民币 54 万余元和 57.7 万余元。换言之,本案走私犯罪既有既遂部分也有未遂部分。对此,应当按照择一重处罚原则认定犯罪数额:同一犯罪既有既遂又有未遂,分别达到不同量刑幅度的,依照处罚较重的规定处罚;达到同一量刑幅度的,以既遂数额计算确定量刑档次,并参考未遂部分从重量刑。具体而言,由于本案既遂数额与未遂数额都属于偷逃应缴税额巨大,二者法定量刑档次一致,故应当按照犯罪既遂予以评价,同时在量刑时将未遂部分作为从重情节。对此,判决书以走私普通货物罪判处被告人林某开有期徒刑 3 年,并处罚金人民币 60 万元;判处其余人员有期徒刑 10 个月至 1 年 6 个月不等,并处罚金。

第三章　通关走私

第一节　通关走私概述

一、通关走私概念与特征

通关走私是指经过设立海关的地点，以藏匿、伪装、瞒报、伪报或者其他手法逃避海关监管，运输、携带、邮寄国家禁止进出境的物品、国家限制进出口或者依法应当缴纳关税的货物、物品进出境的行为。[1] 通关走私与绕关走私（又称非设关地走私）是走私犯罪的两种基本类型。与绕关走私相比，通关走私有以下几个典型特征：

一是通关走私通常客观性证据较多，单位犯罪高发。通关走私往往是部分逃避海关监管，在货物通关环节通常会形成大量货物单据、相关人员进出境记录、物流单据、资金进出境记录、电子邮件等客观性证据，便于事后从通关、海运、物流、人员等方面对货物追根溯源，相对于绕关走私而言，通关走私案件中认定行为次数、货物数量、来源、去向、关联单位或人员等比较容易。通关走私中大量企业直接参与，包括货主、货代公司、报关公司、物流公司等，这些企业常常是走私行为与合法经营交织，因此通关走私案件单位犯罪非常普遍；而绕关走私中多数是走私分子集团化操作，要么没有明显的公司，要么公司以走私为主要经营活动，因此绕关走私案件中绝大多数是个人犯罪，单位犯罪很少见。

二是通关走私方式花样百出，各类伪报型走私层出不穷。相对而言，绕关走私通过直接运输的方式将货物、物品偷运进出境，作案方式比较单一。而通关走私则不同，通关走私具体方式与正规的贸易方式以及货物、物品进出境方式息息相关。近年来，我国对外交往日趋频繁，对外交流方式、贸易方式也日渐丰富，而每一种新型贸易

---

〔1〕 参见张大春：《走私罪研究》，中国海关出版社2013年版，第72页。

方式的出现,往往会伴随着新型通关走私方式的出现,尤其是随着跨境电商贸易、边境小额贸易规模扩大,各国人员流动频繁,各类新型伪报贸易性质走私也层出不穷。

三是通关走私受政策性影响更强,迷惑性更大。与绕关走私完全逃避海关监管不同,通关走私毕竟经过设立海关的口岸,行为人主要采取伪报、瞒报方式逃避海关监管。从理论上讲,行为人在接受海关监管中走私被查处的概率更高,更不容易走私得逞。然而,由于进出口货物吞吐量、进出境人员数量大幅增长,各个口岸部门监管力量、监管方式有限,行为人与监管部门之间天然存在信息不对称的情形,再加上人们对通关效率的要求与日俱增,甚至不同主管部门基于不同政策考量,对同一类行为违法与否认识不一、执法尺度不一,都使通关走私欺骗性、迷惑性更大。反映到实践当中,往往就是某一类违法行为要么长期存在得不到合理纠正,要么一旦查处都已经形成特别严重的后果。

二、通关走私常见类型

根据不同作案手法,通关走私通常可以区分为藏匿、伪报、蒙混、闯关等几种情形。

1. 藏匿。藏匿是指在经过设立海关的地点时,利用人体、人身或者运输工具的自然形态,通过夹藏、改制结构等方法偷运货物、物品实施。常见有挖空藏匿、夹藏、身体藏匿、特制工具藏匿等。

2. 伪报。伪报是指行为人隐瞒商品真实情况,向海关申报进出口与商品实际情况不相符的虚假信息。从司法实践看,伪报是最常见的通关走私手法,具体又可以分为四种:第一,低报价格走私。低报价格走私是指行为人通过低报价格偷逃进出口环节应缴税款。当然还有低报货物数量的走私,但低报数量的根本目的也是为了通过低报数量降低货物整体价格,以实现偷逃税款的目的,因此它本质上属于低报价格走私。低报价格走私中,要认定行为人走私的主观故意,关键在于判断行为人是否明知进出口货物的申报价格低于实际成交价格,或者明知二者不一致,没有如实申报货物价格。第二,伪报品名走私。伪报品名走私又可以分为两种情况:一是在涉税走私案件中,行为人将应税货物申报成税率为0的货物,或者将高税率货物申报成低税率货物,以全部或部分偷逃进口环节应缴税款;二是非涉税案件中,行为人将限制或者禁止进出口的货物伪报成可以进出口的普通货物。伪报品名走私中,要认定行为人具有走私的主观故意,关键在于判断行为人是否明知货物的申报品名与实际品名不一致。第三,伪报原产地、目的地走私。伪报原产地、目的地走私是指虚假申报进口货物的原产地或出口货物的目的地,从而逃避国家有关禁止或限制进出口货物的管制,或者逃避国家有关税收方面的管制。第四,伪报贸易性质走私。伪报贸易性质走私是指将本应以某种贸易性质报关进出口的货物，利用国家税收等优惠制度，虚假地报为其他种贸易性质进出口，以偷逃进出口环节应缴税额的行为。[1]

3. 蒙混。蒙混是指将走私商品改制变形或者掩护包装，以伪装后的物品外观形态向海关申报，企图蒙骗海关进出关境。蒙混可以区分为变形蒙混和伪装蒙混两种。变形蒙混是指利用走私物品天然的可塑性和延展性，改变物品原有形象，如将黄金加工成日用器皿等。伪装蒙混是指利用与走私物品外观、体型、色泽相似的物品包装、形状、颜色等掩护走私物品进行蒙混，例如将文物与普通工艺品混装在一起。

4. 闯关。闯关是指行为人在通过设立海关的地点时不向海关申报，利用海关监管漏洞或空隙，乘机携带物品进出境。闯关走私主要发生在旅客进出境过程中，走私者利用海关"红绿通道"制度，直接选走绿色无申报通道违规携带物品进出境。

三、通关走私案件常见疑难问题

从司法实践角度看，近年来通关走私案件主要存在以下几个常见疑难问题：

第一，伪报贸易性质走私定性争议大。近年来，我国陆续推出各类新型贸易方式，特别是边境贸易、跨境电商贸易、特定区域保税商品销售等蓬勃发展。与传统的一般贸易方式相比，这些新型贸易方式税收优惠力度大，政策性强，但也有各种条件限制。实践中走私分子利用这些税收优惠政策漏洞，以合法形式掩盖走私的情形比较常见。比如，本应以一般贸易方式进口的货物，通过化整为零的方式，雇佣特定边民采取多人次、多批次，以边民自用物品的形式携带入境；或者盗用、冒用普通消费者个人信息，以个人自用物品的名义邮寄入境，入境后再由实际货主组织销售。该类行为如果单次、单票评判，在通关环节形式上往往符合税收优惠条件，但整体看属于伪报贸易性质，通过不正当手段获得税收优惠，扰乱同类货物国内正常竞争秩序。由于此类作案手法隐蔽性较强，在如何认定实际货主、如何区分普通违规与走私犯罪上往往有较大争议。

第二，偷逃应缴税额认定争议问题较多。一是货物实际成交价格认定争议较多。在低报价格类走私案件中，真实成交价格的认定是必不可少的一环，查不清真实成交价格，就无从谈起是否存在"低报价格"。在认定货物实际数量、品名时，多数情况下可以根据报关单证、实际查扣的货物等客观性证据进行判断，而真实价格则存在于进出口双方之间的约定，这种约定隐蔽性强，除约定双方外，其他人一般无从知晓，因此实践中除非能查到实际价格账单、真实成交合同等，否则很难确定真实成交价格，而且即便查到上述书证，是否为真实成交价格仍然需要依赖于当事人陈述、证人证言。

---

〔1〕 参见王显荣：《伪报贸易性质走私犯罪研究》，载《政治与法律》2008年第7期。

实践中,真实成交价格的认定争议较大。二是认定偷逃应缴税额时,常常涉及优惠税率的适用、因货物索赔和退运而产生的退税、买方佣金的扣减等因素,这些因素的判断与境外证据息息相关,而境外证据通常取证难度大,当事人提供的境外证据,真假难辨,给偷逃应缴税额的认定带来较大不确定性。

第三,犯罪主观故意认定难度大。一是通关走私中涉及走私行为与一般违反海关监管规定行为的区分,二者的重要区别在于行为人是否故意逃避海关监管,但在实际判断中容易产生分歧。比如,在货物归类上,如何区分当事人因认识分歧而无意间导致错误归类,还是故意隐瞒真实情况伪报品名等。二是违法性认识问题比较突出。通关走私与海关监管方式密切相关,实际监管中,不同行业、不同地区、不同时间段,监管部门往往执法尺度不一,监管方式单一,许多客观上违法行为长期得不到妥善的纠正,容易让进出口货物当事人产生误判,从而影响违法性认识。例如,实践中不同人、不同时期进口同样货物的真实成交价格千差万别,但实践中客观上存在按照所谓某一相对固定的内部指导价报关更有利于顺利通关的情形,甚至部分行业中监管部门以书面形式明确"内部指导价",对于按照此类价格申报是否违法、是否有走私的故意,就比较容易产生分歧。

第四,单位通关走私争议问题多。绕关走私主要表现为不同个体之间组成的走私团伙,单位行为比较少见。与之不同,通关走私中,不同企业参与进出口货物的采购、运输、代理、报关等各个环节,这些企业在经营过程中往往也是合法正规业务与违法犯罪业务互相掺杂,与之相对应的则是单位犯罪的情况比较普遍,涉及单位犯罪的问题也比较多。实体上主要是单位走私犯罪的认定问题及其责任承担问题,比如如何判定单位是否以走私为主要业务,境外单位及其在境内的分支机构、注册成立中的企业、企业分支机构能否作为单位走私犯罪主体,同一自然人同时参与不同单位走私或者既参与单位走私又参与个人走私时,如何定罪量刑。程序上,走私案件中多数单位为普通中小微企业,企业对个人的人身依附性强,一旦案发,企业基本处于停滞、半停滞状态,甚至案发后被注销,如何确定诉讼代表人,程序上如何推进等,都存在许多问题。

第二节　通关走私中各类行为定性分析

一、认定通关走私的基本思路

走私行为客观上表现为违反《海关法》及其他有关法律、行政法规,逃避海关监管,非法携带、运输、邮寄国家禁止或者限制进出境的货物、物品或者依法应当缴纳税款的货物、物品进出境。可见,认定走私犯罪有三个基本条件:一是违反海关法规,二是逃避海关监管,三是偷逃进出口环节税款或涉及国家禁止、限制进出口的货物、物品。

违反海关法规,是指违反海关对进出口(境)货物、物品实施监管、征税的法律、行政法规、行政措施、决定。其中,《海关法》《海关行政处罚实施条例》以及国家对进出境货物、物品的相关监管规定等是判断行为人是否违反海关法规的基本依据。当然,随着海关监管方式的多样化,许多行为从表面上或者单纯进出口环节孤立看符合海关相关规定,但如果从整体上进行评价,可能会违反海关法规,这种情形在伪报贸易性质、低报价格走私中比较常见,需要仔细甄别是否确实违反海关法规,是合法行为还是违法行为。

《海关法》和《海关行政处罚实施条例》等法律规范都将进出口货物、物品中的违法违规行为区分为走私行为和违反海关监管规定的行为。违反海关法规是二者的共同特征,是否逃避海关监管则是区分走私行为与违反海关监管规定的行为的根本标准。逃避海关监管,是指采用隐瞒、隐藏、伪报、蒙混、绕关等方式、方法,躲避海关监督、管理和检查。如果只是违反海关法规,携带、运输、邮寄不符合规定的货物、物品,但没有逃避海关监管,不能以走私论处,更不属于走私犯罪。

在绕关走私中,逃避海关监管一般比较容易判断,但在通关走私中,是否逃避海关监管常常是司法实务的争议焦点。逃避海关监管表现为客观上实施了逃避监管的行为,主观上有逃避监管的故意。例如,行为人在货物归类出现错误、申报时少报一部分价格,显然违反海关法规,但如果行为人确实对归类发生认识分歧,或者对某一费用是否需要申报产生重大误解而出现错误的,没有故意逃避监管的,则不属于走私行为,由海关依据相关规定予以行政处罚。

在判断行为人只是一般性违反海关法规还是积极地逃避海关监管时,可以结合不同行为人各自职责、法律规定的申报义务人等要素进行综合判断。以罗某之等涉嫌走私珍贵动物制品案为例。

【案情简介】2014年2月28日,罗某之(船长)、李某龙(大副)驾驶"嘉智号"货船在泰国清盛码头装货后开往中国关累港,期间帮他人携带的9箱货物没有运单。2014年3月7日,"嘉智号"货船入境至中国关累港,并向西双版纳海关进行入境申报(未申报携带的9箱货物)。3月12日,西双版纳海关监管关员对入境的"嘉智号"货船所载运货物进行查验时,当场从未向海关申报的9箱货物中查获象牙制品2根,净重5181克,价值50万元;海马制品净重40500克,共11936只;燕窝净重16847克。一审法院认为,被告人罗某之、李某龙构成走私珍贵动物制品罪。上诉后,二审法院认为,作为船长罗某之、大副李某龙只是违反海关规定,但没有藏匿、伪装等逃避海关监管的行为,不排除被蒙骗的可能,没有走私的犯罪故意，从而认定二人无罪。[1]

根据《海关法》第 14 条规定，船长在船舶进港前，要向海关申报入境(港)监管记录单，如实记载船舶所运货物的总体情况及船舶运行资料，进港后大副要向海关上报船舶舱单，如实记载货物情况(要求与监管记录单记载的内容一致)。在本案中，受人之托带货入境的船长、大副，向海关上报两份单据均未记载被查获的 9 箱货物，二上诉人辩称只是帮熟人带货、未收运费，所以没有记录在单据上。然而，根据《海关法》《进出口关税条例》相关规定，进出口货物的收、发货人是货物出入境申报的义务人，报关企业或报关员必须有相应的资质。[2] 所以本案涉案货物的报关义务人、责任人是收、发货人，并由有资质的报关企业或是报关员报关，而不是船长、大副。涉案 9 箱货物包装严密，船长、大副均未开拆，不知实际货物；在其他货物已经报关下船装车时，船长、大副未将这 9 箱货物夹带在其他货物中上岸，没有夹带入境的行为；这 9 箱货物放在船上明显位置，无藏匿、伪装等逃避海关监管的行为；根据《海关法》第 24 条规定，进口货物的收货人应当自运输工具申报进境之日起 14 日内，向海关申报，本案“嘉智号”船于 2014 年 3 月 7 日到关累港，货物被查获为 3 月 12 日，尚在申报期内，故不能直接认定不准备向海关申报。综合以上事实与法律规定，船长罗某之、大副李某龙只是违反海关规定，没有实施藏匿、伪装等逃避海关监管的行为，不属于走私行为，不构成走私犯罪。

二、特定减免税货物进出口中走私罪的认定

根据《海关法》《进出口关税条例》等规定，在一些特定贸易模式下，本来需要缴税的货物进出口时可以减免税收或者暂缓缴税。例如，通过加工贸易项下进口来料加工、来件装配、补偿贸易的原材料、零件、制成品、设备等保税货物，符合国家规定的特定减税、免税进口的货物、物品，或者以转口贸易的形式暂时进口后拟复运出境的货物等。针对上述减免税进口货物，根据《刑法》第 154 条规定，符合下列情形之一的，以走私普通货物、物品罪定罪处罚：(1)未经海关许可并且未补缴应缴税额，擅自将批准进口的来料加工、来件装配、补偿贸易的原材料、零件、制成品、设备等保税货物，在境内销售牟利的；(2)未经海关许可并且未补缴应缴税额，擅自将特定减税、免税进口的货物、物品，在境内销售牟利的。

司法实践中，存在一些本来符合减免税进出口条件的货物、物品，由于种种原因

---

〔1〕 参见云南省高级人民法院刑事判决书，(2016)云刑终 1539 号。

〔2〕 参见《海关法》第 1 条、第 11 条、第 24 条、第 28 条、第 35 条、第 54 条，《进出口关税条例》第 5 条、第 29 条、第 30 条。

行为人没有按照减免税进口程序进出口货物,在进出口过程中实施低报价格、伪报品名等违规方式进出口。在此情形下,应当结合具体的行为模式,客观分析本质上是否符合减免税条件、是否产生实质性税赋、是否造成国家税款流失。以宋某璋涉嫌走私普通货物案为例。

【案情简介】公诉机关以被告单位某某经济贸易开发公司(以下简称某某贸易公司)、被告人宋某璋(某某贸易公司进出口部经理)犯走私普通货物罪提起公诉。一审法院查明:某某管道物资装备总公司(以下称某某管道公司)向美国某某工业公司(以下称某某工业公司)订购8套气动管线夹,货物价值为42.7万美元,用于该公司在苏丹援建石油管道工程建设项目,在1998年5月10日前运抵苏丹。后某某管道公司委托某某贸易公司办理该批货物由美国经中国再运至苏丹的转口手续,并于1998年2月6日与该公司第九经营部经理宋某璋签订了委托代理合同。当日,宋某璋又代表某某贸易公司与某某工业公司签订了购货合同。合同约定:某某工业公司货运时间为1998年3月23日前,某某贸易公司在交付日30日前开具信用证。某某贸易公司因经济纠纷致账户被查封冻结,某某管道公司即于同年2月23日将货款人民币355万元(折合42.7万美元)汇入由宋某璋任法定代表人的北京海明洋科贸中心(以下简称海明洋公司)账内。3天后,该款转至中国农业银行北京分行国际结算部,用于开具信用证。后某某工业公司因故推迟至4月上旬交货,宋某璋遂于同年3月19日向中国农业银行申请将信用证交货时间由3月23日变更为4月5日。其间,宋某璋在某某贸易公司低报货物价值,办理了价值6.4万美元的机电产品进口审批手续,后又模仿某某工业公司经理签字,伪造了货物价值为6.4万美元的供货合同及发票,并委托代理公司办理报关手续,由该公司负责在北京提货并运至天津新港后再转口到苏丹。在办理报关过程中,宋某璋使用海明洋公司的资金,按6.4万美元的货物价值缴纳了进口关税、代扣增值税共计人民币24万余元。同年4月3日,北京海关查验货物发现货值不符,即将货物扣留。北京海关对此批货物已于同年6月8日放行,运至苏丹。一审法院认为,本案是转口贸易,货物转口中并不产生税赋,不构成走私普通货物罪。公诉机关提请抗诉,二审法院维持原判。[1]

本案中,行为人在货物进口过程中实施了低报价格的行为,但法院没有单纯就进口这一环节进行评价,而是立足于整个案件来龙去脉,从转口贸易的角度进行整体评

---

〔1〕 参见朱平:《宋某璋被控走私普通货物案——在代理转口贸易中未如实报关的行为不构成走私罪》,载《刑事审判参考》· 总第35集(第267号),法律出版社2003年版,第1~4页。

价。本案案发于 1998 年，法院结合 1987 年《海关法》第 59 条规定、1992 年 3 月 18 日国务院发布的《进出口关税条例》第 30 条等规定、1993 年 4 月 1 日海关总署发布的《海关法行政处罚实施细则》第 9 条、第 11 条等规定，认为被告人宋某璋在为他人代理转口业务过程中，低报货物价值，不如实报关的行为属违法行为，依海关有关规定，货物转口对国家不产生税赋，宋某璋缴纳的税款按有关规定不产生退税，不构成走私普通货物罪。

因此，在涉及减免税进出口货物等特定贸易模式中，如果本质上不产生税赋，行为人虽然实施了相关违规行为，但不会对国家税收造成实质性流失后果的，不应以走私普通货物、物品罪定罪处罚。

再以某企业加工贸易案为例。某加工贸易企业长期从事家具加工贸易业务。在某一段时期，出于缩短业务流程时间、避免加工贸易备案核查环节、节省业务成本等考虑，公司决策层决定对一批实际为加工贸易性质的家具用高级布料采取一般贸易低报价格申报进出口的方式处理。具体操作中，布料通过大幅度低报价格方式进口加工后又低报价格全部复出口。本案中，涉案企业出于缩短业务流程时间、节省业务成本等目的，将本来就是加工贸易性质的布料，以一般贸易方式大幅度低报价格申报进口，加工后复运出口。从单独进出口环节看，进出口过程中实施了低报价格的行为，但涉案企业长期从事家具加工贸易业务，涉案行为只是其长期经营中的一段时间，而且这期间进口的货物也是加工后复出口；从整体看本质上属于加工贸易，不产生税赋，不构成走私普通货物、物品罪，对其进出口中的违规行为可以予以行政处罚。

对于实质上不产生税赋的违规低报价格行为，不构成走私普通货物、物品罪。然而，虽然可能在税收减免政策范围内，但具体贸易方式达不到税收减免优惠条件的，根据相关规定税赋仍然客观存在，如果采取低报价格、伪报品名等方式进出口，且造成国家税收流失后果的，达到入罪标准的，应当以走私普通货物、物品罪定罪处罚。以某进出口代理公司走私普通货物案为例。

【案情简介】某进出口代理公司，以能够帮助进口企业向海关申请减免税为诱饵，先后代理数家企业进口燃气轮机发电机组。代理进口过程中，该代理公司通过伪造合同、提单、箱单和伪报行业协会文件等，将货物名称由“燃气轮机发电机组”修改为“燃气轮机”，由此进口税率由原本的 10% 降低为 3%，进口的六台设备经海关计核共偷逃税款 2000 余万元。辩方认为，涉案的进口设备全部符合国家鼓励进口投资项目且不在《国内投资项目不予免税的进口商品目录》(以下简称《不予免税目录》)中，符合免税的实质条件，不应缴纳关税，国家没有税款损失，因而不构成走私普通货物罪，并提出了与涉案设备同类的设备在其他关区报关享受了免税的有关材料。一审法院认定，上述行为构成走私普通货物罪，对被告单位判处罚金，对被告人判处有期徒刑。后被告单位、被告人均提起上诉，二审法院驳回上诉，维持原判。[1]

根据国家规定，进口涉案设备享受减免税政策需要符合两个条件：一是实质上符合国家鼓励进口投资项目且不在《不予免税目录》中，二是程序上应当向海关申请办理减免税备案及审批手续，两个条件缺一不可。如果只是符合国家免税政策，但没有向海关申请办理减免税备案及审批手续并经海关审批同意，表明行为人放弃税收减免的优惠条件，仍然需要按照一般贸易方式承担相应税赋。本案中，涉案6台设备只有一台办理免税备案但未显示办理申请免税审批手续，其余5台则均未申请办理减免税备案及审批手续，因而6台设备都不符合享受免税的条件，行为人通过伪报税号的手段进口涉案货物，实质上偷逃了国家税款，构成走私普通货物罪。

三、边民互市贸易模式下走私罪的认定

（一）边民互市贸易概述

20世纪80年代以来，为鼓励我国边境地区积极发展与我国毗邻国家间的边境贸易与经济合作，国家先后制定一系列有关扶持、鼓励边境贸易和边境地区发展对外经济合作的政策措施。1984年，原对外经济贸易部出台《边境小额贸易暂行管理办法》，提出边民互市贸易应当在一定限额范围内进行，限额以内的免征关税、产品税或增值税。1991年，国务院办公厅下发《关于积极发展边境贸易和经济合作促进边疆繁荣稳定意见的通知》，明确边民互市贸易范围，置于边境贸易项下管理，免税限额为不超过人民币300元。1994年出台的《对外贸易法》，明确提出国家对边境城镇与接壤国家边境城镇之间的贸易以及边民互市贸易，采取灵活措施，给予优惠和便利。

在上述法律、法规的基础上，国务院于1996年下发《关于边境贸易有关问题的通知》，将边境贸易区分为边民互市贸易和边境小额贸易，并对二者进行概念定义，其中边民互市贸易免税额为每人每日不超过人民币1000元。1996年，海关总署根据上述通知出台的《边民互市贸易管理办法》予以进一步细化。此后，原对外贸易经济合作部、海关总署于1998年联合下发《关于进一步发展边境贸易补充规定的通知》（已失效）；财政部、海关总署、国家税务总局于2008年联合下发《关于促进边境贸易发展有关财税政策的通知》，在边民互市贸易方面主要提高每人每日免税额度，之后上述三部门又于2010年出台《边民互市进口商品不予免税清单》，进一步规范边民互市贸易

[1] 参见河南省郑州市中级人民法院刑事判决书，（2014）郑刑一初字第40号；河南省高级人民法院刑事裁定书，（2017）豫刑终24号。

适用对象。此外,各个边境地区地方主管部门也先后出台有关边民互市贸易的实施细则。[1]

根据上述规定,目前我国边境贸易由边民互市贸易和边境小额贸易两种形式组成。边民互市贸易,是指边境地区边民在边境线20公里以内、经政府批准的开放点或指定的集市上,在不超过规定的金额或数量范围内进行的商品交换活动。边境小额贸易,是指沿陆地边境线经国家批准对外开放的边境县(旗)、边境城市辖区内经批准的有边境小额贸易经营权的企业,通过国家指定的陆地边境口岸,与毗邻国家边境地区的企业或其他贸易机构之间进行的贸易活动。边民互市贸易的主体是边民,而边境小额贸易的主体是有边境小额贸易经营权的企业。实践中,利用边境贸易伪报贸易性质走私,主要是利用边民互市贸易进行走私。

根据《边民互市贸易管理办法》规定,边境地区居民通过边民互市贸易进口的生活用品(不包括天然橡胶、木材、农药、化肥、农作物种子等),每人每日在价值人民币8000元以下的,免征进口关税和进口环节税;超过人民币8000元的,对超出部分按照有关规定征收进口关税和进口环节税。可见,边民互市贸易应当符合以下几个条件:一是特定贸易主体,即仅限于持有可证明边民身份有效证件的我国公民和对方国家公民。二是特定商品范围,仅限于生活用品(不包括天然橡胶、木材、农药、化肥、农作物种子等),且还应当严格按照《边民互市进口商品不予免税清单》执行。[2] 三是限定商品数额,即每人每日仅限于8000元以下或特定商品一定数量以下的,免征进口关税和进口环节税,[3]超出部分按照有关规定征收进口关税和进口环节税。

(二)边民互市贸易中的走私行为

1. 边民互市贸易模式下伪报贸易性质行为的定性分析

与一般贸易方式相比,边民互市贸易有很大税收优惠空间,每人每日8000元以下的商品可以免税。近年来,不少国内进口商就利用这一税收优惠政策,将本应按一般贸易方式进口的商品,通过边民互市贸易的形式进口。具体表现为:进口商在世界各地大批量采购商品先行转运至毗邻我国的越南、缅甸等地,或者直接在上述国家采购商品,通过中间人介绍组织符合条件的边民前往越南、缅甸,将大宗货物拆分成单件8000元以下的零散订单交由边民,以边民互市贸易的形式从相关口岸运输入境,商品入境后再归集成大宗货物,按进口商要求发往全国各地。其间,由进口商按一定

---

[1] 例如,广西壮族自治区人民政府于1999年颁布《边民互市进口商品管理暂行规定》,2016年修订后重新出台《广西边民互市贸易进出口商品管理规定》。再如,南宁海关2014年发布《边民互市贸易管理操作规程》。

[2] 该清单商品主要包括烟、酒、化妆品、粮食、机电产品等。

[3] 特定商品免税数量按《边民互市进口商品不予免税清单》确定。例如,小麦每人每日50公斤以内免税,糖每人每日1公斤以内免税。

标准向边民支付特定雇佣费。

在这一操作模式下，上述商品入境时，由符合条件的边民运输，且单人单日限额在8000元以下，涉案商品种类也在相关规定范围之内，边民运输商品入境时接受海关、边检等各口岸部门监管，监管部门依法予以放行，从形式上看符合边民互市贸易基本条件。对于此类行为是否合法合规，是否属于走私行为，实践中有一定争议。

我们认为，立足于此类贸易模式整体来看，上述贸易本质上不符合边民互市贸易条件，属于伪报贸易性质走私。具体理由如下：

(1)上述贸易模式不符合边民互市贸易免税的实质条件，属于伪报贸易性质行为

如前所述，边民互市贸易需要符合特定主体、特定商品、特定数额三个条件。从主体上看，应当是边民个人，边民不得持他人证件从事边民互市贸易，不得向他人转让、出租及出借证件，任何法人或其他组织不得参与或变相参与边民互市贸易。[1] 从商品属性看，仅限于边民日常生活用品。在上述贸易模式下，涉案商品属于境内进口商(企业)所有，由进口商境外采购后拟进口销售，既非边民通过互市贸易所购买，也非边民日常生活用品。相反，边民只是利用其个人特殊身份，受雇佣将他人的货物按个人生活用品申报运输入境，不符合边民互市贸易免税的实质条件。对于进口商而言，此类行为本质上属于法人或其他组织变相参与边民互市贸易。

国家对进出口商品不同的贸易做法，规定不同贸易方式，如一般贸易、加工贸易、边境贸易、跨境电商贸易以及其他特定减免税进口贸易等，不同贸易方式(或称贸易性质)会适用不同税收政策和规定。上述贸易模式是将本应以一般贸易方式进口的商品，伪报成边民互市贸易免税商品进口，本质上属于伪报贸易性质的行为。

(2)上述贸易模式不仅违反海关法规，而且逃避海关监管

是否逃避海关监管是区分一般违规行为和走私行为的关键。有一种观点认为，上述模式只是违反海关法规，并没有逃避海关监管，伪报贸易性质也不是法律所规定的走私行为模式之一，不应当定性为走私行为。[2] 我们认为，这一观点值得商榷，伪报贸易性质行为属于走私行为。

逃避海关监管是指通过藏匿、伪装等手段蒙蔽海关，以实现海关监管对象脱离海关监管目的，在实践中通常体现为绕关、藏匿、伪装、瞒报、伪报以及其他足以达到蒙骗海关的方式，其本质在于对海关实施欺骗。[3] 通说观点认为，伪报是指行为人向海

---

〔1〕 参见《海关总署解读边境贸易政策》，载海关总署官网 http://fangtan. customs. gov. cn/tabid/301/Default. aspx，2021年1月29日访问。

〔2〕 参见虞伟华：《边民互市贸易"走私"问题研究》，载微信公众号"裁判如何形成"2019年10月26日，https://mp. weixin. qq. com/s/MjnfB74OV4PLBsxQakM6BQ。

〔3〕 参见姜康康：《走私犯罪中"逃避海关监管"之考量》，载《海关与经贸研究》2018年第4期。

关申报进出口货物、物品时,对货物、物品的品名、价格、数量、原产地国别、贸易性质等做虚假申报,企图偷逃税款、逃避国家进出口监管的行为。[1] 可见,伪报贸易性质也属于逃避海关监管中的伪报行为。有观点之所以认为伪报贸易性质行为不属于逃避海关监管中的伪报行为,主要把伪报局限于对海关的直接性欺骗。但是,"伪报的'报',并不必然被解释为仅仅通过申报单的虚假填写直接欺骗海关。正如日常生活中的通报,也有直接与间接两类,直接通报指通报人与被通报人的直接对话,间接通报指通报人与被通报人间通过第三方转达、传送进行沟通"。[2] 在上述交易模式中,向海关申报前的"化整为零"行为,实际发挥媒介作用,将应税的普通大宗商品伪装成免税的边民互市贸易商品,事前伪装行为直接改变贸易性质,从而在通关环节间接欺骗海关,属于逃避海关监管。

当然,逃避海关监管还涉及伪报与申报不实行为的区分问题。二者区别在于,"伪报、瞒报是主观故意为之,客观行为上表现为主动、积极地追求之;而申报不实,则主要是基于客观原因,或缺乏商品知识,或疏于通关流程了解,导致申报和实际情况有差距"[3]。在上述"化整为零"式伪报贸易性质案件中,显然进口商有意将应税的普通大宗商品"化整为零",伪装成边民互市贸易商品运输入境,并非单纯的申报不实,而是主动实施的伪报行为。

(3)上述贸易模式不符合边民互市贸易政策目的,具有较大社会危害性和刑事处罚必要性

从国家政策初衷看,边民通过互市贸易进口的商品是以满足边民日常生活需要为目的,国家的边民互市贸易优惠政策是为了切实将红利留在边疆,留给边民,因此边民互市贸易进口税收优惠政策的适用范围仅限生活用品。[4] 然而,在上述贸易模式下,相关商品是国内企业以营利为目的进口后正常销售,与通过一般贸易方式进口后正常销售的商品没有本质区别,不符合边民互市贸易的政策初衷。如果普遍性地肯定或认可以边民互市贸易的方式进口上述商品,那么这一价值导向必然导致全部或绝大部分同类商品都转而通过上述方式进口,势必更加背离边民互市贸易主要服务边民日常生活的初衷,也背离国家通过一般贸易方式对普通商品进行监管的初衷,不仅造成国家税收的流失,而且导致同样的进口商品不同税收负担,势必造成不公平

---

〔1〕 参见张大春:《走私罪研究》,中国海关出版社 2013 年版,第 74 页。

〔2〕 唐静:《海外代购中"化整为零"式走私犯罪的认定》,载中国法院网 2015 年 1 月 13 日,https://www.chinacourt.org/article/detail/2015/01/id/1533279.shtml。

〔3〕 陈晖:《走私犯罪论》,中国海关出版社 2012 年版,第 66 页。

〔4〕 参见 2010 年《关于边民互市进出口商品不予免税清单的通知》第 1 条规定,"边民通过互市贸易进口的商品应以满足边民日常生活需要为目的,边民互市贸易进口税收优惠政策的适用范围仅限生活用品(不包括天然橡胶、木材、农药、化肥、农作物种子等)"。

的市场竞争。

这种贸易模式冲击正常进出口秩序，其社会危害性与伪报品名、低报价格走私普通货物的社会危害性没有本质区别。相反，在伪报品名、低报价格进口普通货物中，通常只是偷逃部分应缴税额；而在“化整为零”式进口的贸易模式中，基本以免税方式进口，全额偷逃进口环节应缴税额，后果更为严重。显然，对于达到入罪数额，对此类行为有刑事惩罚的必要性。

2. 利用边民互市贸易伪报贸易性质走私的具体认定

那么，对于边民互市贸易中的违法违规行为，该如何判断是否属于伪报贸易性质走私？对此应当结合货物实际归属、边民参与角色等因素综合判断。边民互市贸易紧紧依附于边民个人，这种互市资格不得转让、借用，互市意味着边民个人实质性地直接参与到商品交易中，通常是为边民个人或亲友日常生活所需而采购。因此，从货物归属看，边民互市贸易货物直接归属于边民个人或其亲友；从参与角色看，边民为自己或亲友实质性地参与到互市交易中。如果假借边民互市贸易活动，对于货物不属于边民所有，边民自身没有实质性参与到商品交易中，仅仅受实际进口商雇佣为商品入境提供运输便利，并且通过自身特定身份以免税形式进口商品，边民系进口商的走私工具，可以认定为走私行为。以福建安某公司等走私普通货物案为例。

【案情简介】2014 年 3 月至 2017 年 3 月，经福建安某公司董事长兼总经理陆某机决定，并与陆某泰等商议后，安某公司将本应以一般贸易方式进口的 3.4 万余吨巴沙鱼等冷冻水产品，通过越南万达公司向越南雄王公司、越南 IDI 公司采购后发往中越边境，由被告人蒙某艺、张某龙、某俊瑞分别在广西爱店、水口、里火等边民互市口岸，组织边民将冷冻水产品以化整为零方式，采用边民互市贸易方式走私入境，分别销往北京、上海、福州等地。经宁德海关计核，安某公司偷逃应缴税款计 1.05 亿元。其间，安某公司还以低报价格的方式走私进口 2846 吨巴沙鱼等冷冻水产品，偷逃应缴税款 133 万余元。法院认定被告单位安某公司、被告人陆某机等犯走私普通货物罪，判处安某公司罚金 1.1 亿元，判处陆某机有期徒刑 13 年 6 个月。[1]

诉讼中，辩方认为根据边贸交易操作流程，本案货物系边贸管理规定的商品，可以委托边贸交易主体通过边贸方式进口，安某公司委托蒙艺等边贸主体进口巴沙鱼等冷冻水产品的行为没有违反边贸规定，不应将这种委托进口行为认定为走私行为。但法院认为，根据《国务院关于边境贸易有关问题的通知》《国务院关于促进边境地区

---

〔1〕 参见福建省宁德市中级人民法院刑事判决书，(2018)闽 09 刑初 18 号。

经济贸易发展问题的批复》《广西壮族自治区边民互市进口商品管理暂行规定》等规定，我国边境贸易分为边民互市贸易和边境小额贸易两种形式。边民互市政策对贸易主体、地点、商品等均有严格规定，边民互市的商品必须是原产于越南的商品，且只允许边民带进生活自用物品；以边境小额贸易方式进口的商品，进口关税和进口环节税照章征收。本案安某公司既不属于边民，也不属于经批准有边境小额贸易经营权的企业，不属于适用边境贸易政策享受主体。在案证据显示，边民及清关人员蒙某艺等与安某公司没有进行真实的货物交易，运至广西边境的涉案巴沙鱼等冷冻水产品的真实货主系安某公司并非边民。安某公司所购的整柜货物并非边民自用物品，不能从边民互市贸易渠道免税通关入境。安某公司通过越南万达公司在越南采购巴沙鱼等冷冻水产品，本应按一般贸易方式进口入境，却采取将货物化整为零等形式，通过清关人员将货物伪报成边民互市交换来的生活用品通关入境，从而偷逃应缴税款，属伪报贸易性质走私犯罪。

本案中，法院主要立足涉案货物实际归属、实际货主与边民之间的关系、实际货主是否符合边民互市贸易规定等方面，综合认定本案属于伪报贸易性质走私犯罪。需要注意的是，对于边民个人利用税收优惠政策将合法交易的生活用品从境外带入境后销售牟利的，如果没有其他逃避海关监管的情形，只是违反海关规定的行为，不宜按走私罪处理。因此，在具体案件处理时，需要特别查清边民是为自己从事贸易活动，还是假借边民互市为他人从事贸易活动。

（三）边民互市贸易模式下伪报贸易性质行为的妥善处理

近年来，边民互市贸易在我国边境地区得到长足发展，与此同时，大量不法分子瞄准边民互市贸易政策漏洞，以合法形式掩盖非法目的，利用边民互市贸易伪报贸易性质进口商品的行为也比较普遍，尤其在国内水产品、干果等行业中有相当普遍性。

上述情形的出现固然有比较复杂的原因，但与边境贸易政策贯彻落实中出现偏差所形成的“政策陷阱”不无关系。[1] 截至目前，国家层面有关边民互市贸易比较系统的规定，主要体现在海关总署与前对外经济贸易合作部 1996 年出台的《边民互市贸易管理办法》，但该文件属部门规章，效力层级较低，只有 11 条原则性规定。后来虽然有一些政策文件，但主要是关于边民互市贸易免税额度和商品范围的调整，仍然比较简短。而随着社会经济发展，地方政府将边民互市贸易作为“兴边富民”政策的重要内容并大力宣传，积极鼓励通过边民互市发展对外贸易和物流业，促进就业和地方经济发展，应该说这一初衷有其合理性。然而，由于边贸政策确实存在一定模糊

---

〔1〕 参见虞伟华：《边民互市贸易“走私”问题研究》，载微信公众号“裁判如何形成”2019 年 10 月 26 日，https://mp.weixin.qq.com/s/MjnfB74OV4PLBsxQakM6BQ。

性，上述思路的具体落实过程中就出现许多偏差。实践中，不少边境地区执法部门对边民互市贸易疏于日常监管，忽视应有的法律风险，甚至对边境贸易政策产生误读，逐渐形成大量边民以通过边贸市场替他人（企业）拉货为业，不少公职人员、边民甚至一些企业对此类行为的违法性认识出现一定偏差。[1]

在此背景下，如何准确定性，如何妥善处理边民互市贸易模式下伪报贸易性质行为，对有序推进国家"兴边富民"战略、发展完善边境贸易政策、规范对外贸易秩序等至关重要。以黄某先等走私普通货物案为例。

【案情简介】2017 年 3 月初至 2018 年 11 月，黄某先组织以家庭成员为主的各被告人以化整为零、采用边民互市贸易的方式，将国内货主从国外购买运至越南货场的紫苏籽、冻海产假借边民互市名义从广西龙州县布局互市走私入境。在此过程中，被告人黄某先与各家庭成员分工负责，有人负责与走私老板代理人联系，有人负责引导三轮车到越南货场拉货、取样品交中方检验检疫局检验，有人负责在互市点帮助边民以边民的名义向海关申报进口货物、协助三轮车司机、边民接受海关查验，有人负责货物进口后的清点、收货等，有人负责办理检疫手续、交纳税费及办理放行手续。经查实，黄某先参与走私紫苏籽、冻海产品等各类货物 39486 吨，偷逃税款 1.6 亿余元；黄某亮、黄蒙伟参与走私紫苏籽、冻海产品等各类货物 28696 吨，偷逃税款 1.2 亿余元。法院以走私普通货物罪分别判处被告人黄某先等 8 人有期徒刑 14 年至 3 年不等。[2]

本案诉讼过程中，黄某先等边民对案件事实没有异议，但提出是因为家里土地被征收后为谋生计而去成立公司做边贸的，成立公司是检验检疫局要求成立的，也是在海关监管和政府的引导下成立互助组，这些边民是基于信赖政府才去做的互市。在互市口岸工作的水口海关、检验检疫局等工作人员证言等证据显示，他们知道从边贸口岸进口的紫苏籽系黄某先组织边民代理其他人进口，还有专门人员负责报关、报检，大家都心照不宣，申报单上显示货物运往崇左和南宁。此案就显示出边民互市贸易监管中的认识偏差。法院认为，虽然黄某先等均为边民，有从事边境贸易的资格，但他们从事的却不是他们自己的贸易活动，而是走私老板假借他们边民的名义，钻海关管理的空子，他们为老板逃避海关监管、偷逃本应缴纳的进口关税和进口环节税提

---

〔1〕 根据《南方周末》报道，一些边境地区政府工作人员认为，"县里通过组织边民互助组将边民组织起来，再去边贸市场替当地企业拉货，这在当地是合法合规的。货当然是企业买进来的，如果企业不买，边民拉什么呢？"此外，一些地方政府也鼓励贫困边民利用扶贫小额贷购置车辆（小三轮车）参与边民互市商品运输。参见刘诗洋：《边贸，还是走私？缉私与扶贫撕扯广西小城》，载微信公众号"南方周末"2019 年 11 月 9 日，https://mp.weixin.qq.com/s/h_G7105AkyDkSkcj2gLPNQ。

〔2〕 参见广西壮族自治区崇左市中级人民法院刑事判决书，(2019)桂 14 刑初 96 号。

供了帮助,这不符合海关总署和广西壮族自治区人民政府的相关规定,属于走私行为,已构成走私普通货物罪。但同时,法院也认为实践中相关部门管理不规范问题,可以作为量刑的考量因素。

本案是一起典型的利用边民互市贸易伪报贸易性质走私案件,结合本案证据、事实和最终处理情况,至少反映出司法实践中几个动向,对于妥善处理此类案件有重要启示:第一,案件证据明确显示边民互市贸易管理不规范的情形客观存在,而且持续时间较长,例如本案显示至少一年半以上,对当事人违法性认识判断确实产生一定影响。第二,行为人对边民互市贸易政策的误读等情况,不影响对被告人行为性质的认定。[1] 相关部门管理不规范的问题虽然不影响定性,但作为量刑情节予以考量。第三,在刑事打击范围上,通常只处理进口货物的实际货主,以及在通关环节假借边民互市贸易进口货物的组织者、重要参与者,而对于受雇佣直接参与通关的具体边民,以教育为主,一般不予刑事处理。

四、跨境电商零售进口中走私罪的认定

(一)跨境电商零售进口概述

近年来,伴随着我国对外贸易发展和居民消费水平不断提高,跨境电子商务行业(以下简称"跨境电商")蓬勃发展。跨境电商是指分属于不同关境的交易主体,以电子商务平台为依托进行商贸交易、开展支付结算,并通过跨境物流通道实现商品流通的国际商业模式。[2] 根据不同贸易方向,跨境电商可以划分为跨境电商出口和跨境电商进口。本小节主要探讨跨境电商零售进口模式下走私罪的认定问题。

1. 跨境电商零售进口政策沿革

随着跨境电商的发展,国家层面也陆续出台各项政策,不断完善监管方式。自2012年以来,我国跨境电商零售进口政策从萌芽探索步入成熟实践,大致可分为如下三个阶段:(1)试点探索阶段(2012.12~2016.4);(2)"四八"新政及其过渡期阶段(2016.4~2018.12);(3)现行政策阶段(2019.01至今)。[3]

第一,试点探索阶段(2012.12~2016.4)。2012年12月海关总署和国家发改委

---

〔1〕 根据笔者搜集的公开裁判文书,同样发生在广西崇左的邓某忠等人走私普通货物案,崇左市中级人民法院在一审判决书中就明确认为,行为人对边民互市贸易政策的误读等情况,不影响对被告人行为性质的认定[参见广西壮族自治区崇左市中级人民法院刑事判决书,(2019)桂14刑初19号]。

〔2〕 参见马方、王玉龙:《跨境电商领域走私犯罪风险及其防治对策》,载《中国刑警学院学报》2020年第1期。

〔3〕 关于跨境电商零售进口四个发展阶段的划分及其主要内容,可参见岑兆琦、张玥、黄锦翔:《跨境电子商务零售进口之海关监管及企业合规探讨》,载微信公众号"中伦视界"2020年11月11日,https://mp.weixin.qq.com/s/8FWY7fMqfEaTzVatfamLCA。本书在借鉴上述四阶段分析的基础上,主张分为三阶段。

批准首批五个跨境电商零售进口试点城市(郑州、上海、重庆、杭州、宁波),2015 年 3 月,杭州设立首个跨境电子商务综合试验区。其间,海关总署于 2014 年推出了"直购进口"和"网购保税进口"两大海关监管模式,这一基本分类一直延续至今。[1] 这期间,跨境电商零售进口商品均按个人物品征收行邮税。

第二,"四八"新政及其过渡阶段(2016.4 ~2018.12)。所谓"四八"新政,即 2016 年 4 月 8 日生效实施的《关于跨境电子商务零售进口税收政策的通知》,对跨境电商零售进口按货物模式监管,要求能够实现交易、支付、物流电子信息"三单"比对,对符合条件的进口商品征收综合税(包括关税、增值税、消费税)。设定最高单次 2000 元、年度 20000 元人民币的交易限额,限额内商品的关税暂设为 0,增值税和消费税则按法定应纳税额的 70% 征收。与此同时,国家层面还发布《跨境电子商务零售进口商品清单》,实行特殊商品的进口许可证件管理。2016 年 5 月,监管层面则又暂按"个人物品监管",即暂不执行部分特殊商品的进口许可证件等手续;但税收层面仍按照"四八"新政要求执行。过渡期持续至 2018 年年底。

第三,现行政策阶段(2019.01 至今)。2018 年 11 月至 12 月,中央层面在延续"四八"新政主体内容的基础上,陆续出台多项规定,进一步调整、规范跨境电商零售进口。具体措施主要包括:一是进一步扩大允许进口的商品范围,累计达到 1400 余项税目商品;二是明确按"个人自用进境用品"监管的原则,不执行有关商品首次进口许可批件、注册或备案要求;[2] 三是加大税收优惠力度,将个人单次交易限额提高至 5000 元,年度交易限额提高至 26000 元;[3] 四是进一步明确海关监管权责,及其跨境电商参与主体相关职责。[4]

2. 跨境电商零售进口的监管要求

结合目前监管政策,跨境电商零售进口是指中国境内消费者通过跨境电商第三方平台经营者自境外购买商品,并通过"网购保税进口"(海关监管方式代码 1210)或"直购进口"(海关监管方式代码 9610)运递进境的消费行为。[5] 可见,目前跨境电商零售进口包括两种模式:

一是"网购保税进口"模式。该模式是指符合条件的电子商务企业或平台与海关联网,电子商务企业将整批商品运入海关特殊监管区域或保税物流中心(B 型)内并

---

[1] 两大监管模式,分别见海关总署 2014 年第 12 号公告和第 57 号公告。

[2] 参见 2018 年商务部、国家发展改革委、财政部、海关总署、国家税务总局、国家市场监管总局《关于完善跨境电子商务零售进口监管有关工作的通知》。

[3] 参见 2018 年财政部、海关总署、国家税务总局《关于完善跨境电子商务零售进口税收政策的通知》。

[4] 参见 2018 年海关总署《关于跨境电子商务零售进出口商品有关监管事宜的公告》。

[5] 参见 2018 年商务部、国家发展改革委、财政部、海关总署、国家税务总局、国家市场监管总局《关于完善跨境电子商务零售进口监管有关工作的通知》第 1 条。

向海关报关,海关实施账册管理;境内个人网购区内商品后,电子商务企业或平台将电子订单、支付凭证、电子运单等传输给海关,电子商务企业或其代理人向海关提交清单,海关按照跨境电子商务零售进口商品征收税款,验放后账册自动核销。

二是"直购进口"模式。该模式指的是符合条件的电子商务企业或平台与海关联网,境内个人跨境网购后,电子商务企业或平台将电子订单、支付凭证、电子运单等传输给海关,电子商务企业或其代理人向海关提交清单,商品以邮件、快件方式运送,通过海关邮件、快件监管场所入境,按照跨境电子商务零售进口商品征收税款。

目前,海关正是按上述两种模式对跨境电商进行监管,虽然监管方式上有一定区别,但主要监管要求大同小异。与一般贸易等其他进口方式相比,跨境电商零售进口的优势主要体现在两方面:第一,通关便利。对跨境电商零售进口商品按个人自用进境物品监管,不执行有关商品首次进口许可批件、注册或备案要求,但对相关部门明令暂停进口的疫区商品和对出现重大质量安全风险的商品启动风险应急处置时除外。第二,税收优惠。海关对跨境电商零售商品实行综合税,其中限额内商品的关税暂设为0,增值税和消费税则按法定应纳税额的70%征收。购买跨境电子商务零售进口商品的个人(消费者)作为纳税义务人,实际交易价格(包括货物零售价格、运费和保险费)作为完税价格,电子商务企业、电子商务交易平台企业或物流企业可作为代收代缴义务人。当然,在享受优惠便利的同时,根据目前政策规定,跨境电商零售进口必须满足以下条件:

一是商品范围的限制。海关对跨境电商零售进口实行证明清单管理,必须在《跨境电子商务零售进口商品清单》之内,目前共计1400余项商品,基本能够满足消费者日常生活所需。

二是商品数额的限制。跨境电子商务零售进口商品每人的单次交易限值5000元,年度交易限值26000元。

三是交易主体的限制。卖家(跨境电商企业)应当是境外注册的企业,为商品货权所有人;买家应当是为个人自用而购买商品的境内消费者,商品不得进入国内市场再次销售。

四是进口方式的限制。必须通过与海关联网的电子商务交易平台交易,能够实现交易、支付、物流电子信息"三单"比对。未通过与海关联网的电子商务交易平台交易,但进出境快件运营人、邮政企业能够接受相关电商企业、支付企业的委托,承诺承担相应法律责任,向海关传输交易、支付等电子信息。

对于完税价格超过5000元单次交易限值但低于26000元年度交易限值,且订单下仅一件商品时,可以自跨境电商零售渠道进口,按照货物税率全额征收关税和进口环节增值税、消费税,交易额计入年度交易总额,但年度交易总额超过年度交易限值的，应按一般贸易管理。

(二)跨境电商零售进口违规行为与走私罪的认定

1. 跨境电商零售进口违规行为的主要类型

跨境电商零售进口以满足消费者自用的生活用品为目的，且有一定额度限制，与一般贸易方式相比，其在通关便利、税收优惠等方面具有很大优势。正因为这些优势，近年来我国跨境电商零售进口业务发展迅猛。与此同时，跨境电商零售进口中的各类违法违规行为也层出不穷，特别是监管政策要求能够实现“三单”(订单、支付单、物流单)比对，大量不符合要求的商品交易，通过各种违法违规方式制造与“三单”相符的假象申报进口，但违规的具体表现形式又各不相同。总体而言，目前跨境电商零售进口违规行为主要有以下几类：〔1〕

第一种方式为境内公司同跨境电商平台共谋，通过伪造消费者主体信息的方式大量进口涉案货物。通过上述方式将一般贸易性质的货物，采用伪报品名等方式将货物进口，并在境内销售牟利的行为，即俗称的“刷单”走私。

第二种方式为境内公司与跨境电商平台共谋，采用雇请他人的方式假借消费者的名义向电商公司下单并完成支付流程。跨境电商平台则依据被雇佣人完成的订单向海关申报进口，在涉案货物入境后，涉案公司通过采用向被雇请者回购的方式，完成货物的进口流程。

第三种方式为跨境电商平台在收到境内消费者通过平台完成的订单后，因各方面原因未将消费者的主体信息提交至境外电商企业。相关电商企业为满足海关申报条件，通过采用向海关提交不实身份信息的方式，逃避海关监管，完成跨境电商货物的申报和进口。

第四种方式为消费者在与海关没有联网的跨境电商经营主体下单后，由后者将订单推送给与海关联网的跨境电商平台，跨境电商平台则根据订单匹配相应支付单、物流单，再将“三单”信息推送给海关，最终以跨境电商零售进口模式将商品申报入境并直接寄送至下单消费者，行业内俗称“推单”。此种模式大体上可以进一步区分为两类：一类是消费者直接在境内网店或其他未与海关联网的电商平台下单，跨境电商平台接受委托将订单转移至其平台内向海关推送；另一类是境内消费者直接向境外商家(境外电商网站或职业代购)下单，跨境电商经营者与境外商家合作将订单“转

〔1〕 前三种类型的区分，主要参见刘晓光、王祉浩、金华捷：《涉跨境电商零售进口犯罪行为的犯罪现状与罪刑分析》，载微信公众号“关院海关法论坛”2021 年 1 月 27 日，https://mp.weixin.qq.com/s/-y0iIWTRgM5hDWe_Ee96Iw。

移”至平台内向海关推送。[1]

第五种方式是在“网购保税进口”模式下，消费者通过跨境电商平台下单后，平台将订单推送给海关审核期间，消费者因各种原因退货，电商企业予以退款但没有依法将商品退回特殊监管区域并办理退税手续，而是将货物截留在境内进行销售，行业内俗称“截单”。[2]

第六种方式为其他传统方式，主要表现为通过低报价格、伪报数量甚至未经申报就将进口货物偷运出保税区等违法违规情形。

以上是目前跨境电商零售进口中比较常见的六类违法违规行为，但在具体实践，通常是不同违规行为交织其中。

2. 跨境电商零售进口模式下走私犯罪的具体认定

跨境电商零售进口中的违规行为，形式上主要表现为制造与“三单”相符的假象申报进口，实质上则是利用跨境电商零售进口中的通关便利和税收优惠取得商业优势。针对这些违规行为，如何认定是否构成走私罪主要有两种不同观点：一种观点认为，应当以“三单”是否一致作为区分罪与非罪的标准，即只要不符合跨境电商零售进口所要求的订单、支付单、物流单（三单）一致要求的，也就不符合跨境电商零售进口税收优惠条件，必然会造成税款损失，达到一定税额的，构成走私犯罪。另一种观点则认为，应当以是否造成税款损失作为区分罪与非罪的标准，税款损失虽然会表现为“三单”不一致，但“三单”不一致并不必然导致税款损失，还需要具体分析。笔者赞同上述第二种观点。偷逃应缴税额是认定走私普通货物、物品罪必不可少的条件，在判定跨境电商零售进口违规行为是否构成走私犯罪，应当紧紧围绕行为人是否造成税款损失来判断。

如前所述，国家对跨境电商零售进口有多方面监管要求，包括商品范围、数额、交易主体、进口方式等方面限制，而“三单”是否一致只是监管条件之一，并不能直接根据“三单”不一致就简单地认为会造成税款损失。对于上述几个监管条件需要从实质方面和形式方面来理解。实质方面，就是紧紧围绕跨境电商零售进口是境内消费者通过电商平台直接向境外商家购买个人自用物品这一本质特征，这种贸易方式既有别于传统上企业与企业之间的跨境贸易（B2B），也有别于消费者与企业之间直接在境内实施的商品交易活动。围绕这一本质属性，在具体监管上主要体现为特定商品范围、交易限额、交易主体等条件。其中，一定的商品范围和交易限额是相关商品符

---

〔1〕 参见冯晓鹏、刘艺涵：《初刻拍案：跨境电商走私？代购转型中的“推单”之痛》，载微信公众号“金杜研究院”2020年6月18日，https://mp.weixin.qq.com/s/SOhgTRue-B1NP60olrnPfQ。

〔2〕 参见吕友臣：《跨境电商领域六种常见的走私犯罪情形》，载微信公众号“观沧海”2020年6月3日，https://mp.weixin.qq.com/s/W0NHBeRPg_4XBFmGBRfILQ。

合个人自用目的的基础条件,而交易主体条件特别是购买者系真实消费者这一身份限制则是跨境电商零售进口的终极要求,也是跨境电商零售进口税收优惠最终落脚点。形式方面,海关基于监管便利,为最大限度降低、减少违规行为目的,从形式上、程序上对跨境电商零售进口的具体交易方式、商品入境方式等所设定的监管条件。这主要体现为要求向海关传输订单、支付单、物流单电子信息,确保海关可以通过"三单"比对,判断交易真实性,判断是否符合跨境电商零售进口税收优惠的实质条件,同时也便于海关对进出境商品依法进行监管统计等。

在区分实质要件与形式要件的基础上,针对跨境电商零售进口中的违规行为,如果违反实质要件,表明不符合税收优惠条件,故意实施上述行为造成税款损失的,应当认定为走私行为;如果不符合"三单"相一致要求的,还需要进一步结合实质要件判断相关交易是否符合税收优惠条件,是否实质性地造成税款损失。对于不会造成税款损失的,只是普通违规行为,不应当定性为走私行为。

如上所述,跨境电商零售进口的实质要件主要包括商品范围、交易限额、交易主体。对于突破商品交易范围、交易限额的,一般表现为伪报品名、伪报价格等,此类典型走私行为,造成税款损失的情况比较容易判断,而难点在于如何结合交易主体判定税款损失。从交易主体看,跨境电商零售进口要求卖方和买方应当分别是境外注册的企业和境内的消费者。由于消费者是跨境电商零售进口的纳税义务人,[1] 也是税收优惠的直接受益人,因此,判断税款损失的依据就是通关环节直接纳税义务人是否享有税收优惠资格,即是否为境内符合监管条件的消费者。[2] 依据这一标准,前述跨境电商零售进口中的六类违规行为是否构成走私应区别对待。

第一种模式下,进口方盗用他人个人身份信息,虚构消费者身份,属于典型的"刷单"行为,购买方(纳税人)显然不属于符合监管条件的消费者,不享有跨境电商零售进口税收优惠资格。

第二种模式下,虽然形式上由真实的个人购买涉案商品,但由于是雇佣者(通常是企业)与被雇佣者预谋达成合意而实施的进口行为,被雇佣者的一系列行为均在雇佣者操控之下,本质上是雇佣者进口涉案商品,被雇佣者则扮演提供采购服务而非真实消费的角色,直接纳税义务人系雇佣者而非被雇佣者,这是一种变相"刷单",也不属于符合监管条件的消费者。事实上,这一进口模式与边民互市贸易模式(货主雇佣边民利用其边民身份采用"化整为零"的方式进口货物)如出一辙。

---

〔1〕 参见2016年4月8日生效实施的《关于跨境电子商务零售进口税收政策的通知》第1条规定,购买跨境电子商务零售进口商品的个人作为纳税义务人,电子商务企业、电子商务交易平台企业或物流企业可作为代收代缴义务人。

〔2〕 参见刘晓光、金华捷:《如何界分跨境电商零售进口走私行为》,载《检察日报》2020年8月7日。

第三种模式下，由于境内消费者本来就是通过平台下单的直接纳税人，如果经审核这些境内消费者的消费金额符合海关监管的规定，则即使其在申报进口环节提供了虚假信息，也难以导致应缴税额的减少，不宜认定为走私。[1]

第四种模式下，消费者在没有同海关联网的跨境电商经营者下单，电商经营者再与同海关联网的跨境电商平台合作，形成符合海关监管要求的订单、支付单、物流单。这种"推单"模式如何定性，是否与"刷单"一样简单地认定为伪报贸易性质走私，目前理论界和实务界都存在较大争议。我们认为，"推单"与"刷单"虽然都存在违规情形，但二者有明显区别：首先，违规程度不同。"推单"模式下，消费者直接购买跨境商品的订单真实存在，其不规范主要体现在支付信息上，因为消费者并非直接在符合政策要求的跨境电商平台上完成支付，无法向海关推送原始支付单；而"刷单"则是伪造消费者身份下单，订单本身是完全虚假的。其次，是否存在再次销售不同。"推单"模式下，基于真实的消费者身份下单，进口商品不存在二次销售的情形；而"刷单"的目的本身就是货主将货物化整为零进口，以便进一步销售。可见，推单模式下消费者订单真实存在，商品也不存在二次销售的情形，真实的消费者是进口商品的直接纳税义务人，符合跨境电商零售进口实质条件，如果不存在伪报价格、品名等情形的，不宜认定为走私行为，最多只是违规行为。况且根据《关于完善跨境电子商务零售进口监管有关工作的通知》第1条规定，"未通过与海关联网的电子商务交易平台交易，但进出境快件运营人、邮政企业能够接受相关电商企业、支付企业的委托，承诺承担相应法律责任，向海关传输交易、支付等电子信息"。这一规定在某种程度上也是属于"推单"，只是目前实践中的"推单"模式与政策所规定的"推单"模式有一定差距。但跨境电商作为一种新型贸易业态，许多监管规定仍然比较模糊，需要不断完善，而国家总体上鼓励跨境电商零售进口持续发展。而目前"推单"模式在实践中具有相当普遍性，其产生也有比较复杂的原因，如果一律以走私罪予以打击显然不利于跨境电商行业的健康发展。

第三节　通关走私犯罪数额的认定

一、应缴税额认定中的税率优惠与货物索赔问题

进出口货物的应缴税款主要取决于完税价格和税率，《进出口关税条例》《海关进出口货物征税管理办法》《审定完税价格办法》等行政性法律规范作了详细规定，其中有几项涉及应缴税款优惠（或扣减）的因素，在走私案件中这些优惠（或扣减）因素如

---

〔1〕 参见刘晓光、王祉浩、金华捷：《涉跨境电商零售进口犯罪行为的犯罪现状与罪刑分析》，载微信公众号"关院海关法论坛"2021年1月27日，https://mp.weixin.qq.com/s/-y0iIWTRgM5hDWe_Ee96Iw。

何适用,司法实践中争议较大。主要有两大类:一是通关环节涉及税款减免的因素,主要有协定税率的适用,买方佣金、进口货物入境后发生的各项税费从成交价格中扣减;二是通关后涉及退税的因素,包括问题货物的退运、退款或赔偿,可以在一定期限内申请税款减免。其中,协定税率主要影响税率的选择适用,货物索赔、买方佣金主要影响完税价格的认定。

根据相关规定,原产于与我国签订含有关税优惠条款的区域性贸易协定的国家或者地区的进口货物,在进口申报时提交或者及时补充符合要求的原产地证书、原产地声明等材料的,可以适用协定税率。[1] 进出口货物因货物短少、残损、品质不良、规格不符等原因发生短装部分退还或者赔偿相应货款的,纳税义务人自缴纳税款之日起1年内,可以根据已经退款或者赔款的证明文件等材料以书面形式向海关申请退还进口或者出口短装部分的相应税款。[2]

在正常通关环节,进出口货物收货人或代理人按照法律规定提出上述申请,符合条件的可以得到相应的税收优惠。那么,在刑事案件中,上述几项能否从中予以扣减,对此有两种不同观点:

一种观点认为对相应税款不予扣减或优惠。通关环节应当严格按照上述行政规范中关于税收优惠的条件(包括实质条件和形式条件)执行,在进出口当时符合税收优惠条件的予以扣减,案发后系已经走私既遂,不予扣减。主要理由为:一方面,《走私案件解释》第18条规定,应缴税额以走私行为实施时的税则、税率、汇率和完税价格计算,即不用考虑走私行为完成后的其他因素;另一方面,案发后当事人就原产地、索赔、佣金等提出的证据难以查证属实,而且可能会导致扣减情形不断扩大,容易使司法陷入不确定性。

另一种观点认为只要上述优惠情形能够查证属实,应当对相应税款予以扣减。行政管理侧重于形式要求,申请税收优惠的举证责任在于当事人;刑法则应当坚持实质合理的原则,查明事实、追诉犯罪的举证责任主体在公权力机关,即使形式上不符合行政规范中具体操作要求,但只要有其他证据证明上述可以扣减的情形确实存在的,应当从应缴税款中予以扣减。

在考虑对上述几项情形是否对相应税款予以扣减或优惠时,笔者认为应当结合两个因素来综合考察:第一,合理考虑刑事规范与行政规范的关系。一方面,走私罪是典型的行政犯,对行政规范具有高度的依赖性,对走私案件事实的认定不能脱离行政规范,要依据行政规范的标准和要求来判定,至少需要符合行政规范的基本要求。

---

〔1〕 参见《进出口关税条例》第10条第2款、《海关进出口货物优惠原产地管理规定》第21条。

〔2〕 参见《进出口关税条例》第50条、《进出口货物征税管理办法》第62条、第63条。

例如,对于通关走私的,可以结合具体情形分析是否应予扣减;对于绕关走私这一严重逃避海关监管的行为,则不应扣减。另一方面,行政规范更加侧重于从正面监管提出要求,因此往往会设定许多形式要件,而刑事规范更加强调从案件的实质情况来评判行为的社会危害性。当形式要件与实质要件产生较大冲突时,按照实际查明的事实来评判行为性质及其严重程度,更加符合实质合理性原则,也能体现罪责刑相适应原则。

第二,合理考虑走私案件自身的司法规律。走私案件具有很强的涉外性,涉及许多境外证据的采信、域外事实的查明,比如与境外贸易主体之间的真实价格、货物原产地、境外发生的费用。而由于境外的特殊性,许多证据查证的难度属实非常大。在正常通关申报时,海关对于原产地、真实成交价格等相关事实的查证尚且经常存在诸多困难,而在进入司法环节,基于事后还原案件事实的司法特征,如果仍然普遍允许将上述项目予以扣减,当事人所提交的证据真实性更加难以判断,可以轻易利用这种情形不当减轻相应的罪责,司法活动就会陷入更大的不确定性。司法实践中,不少案件中行为人在取保候审期间提交原产地证明和索赔材料,相关证据不但存在一定矛盾,而且也有较大造假嫌疑。不少案件的判决书也往往以行为人提供的证据无法查实为由予以驳回,这也反映出司法上要查实上述扣减条件难度非常大,司法成本非常高。甚至在有些案件中,案发后办案机关尚未对涉案货物核实的情况下,当事人故意将已经进口的涉案货物退出境外,以退货为由减少偷逃税款的认定。正如有观点指出,如果允许在走私既遂后产生的退款、退货从相应的完税价格中予以扣减,那么在极端情况下当事人就有可能通过反复或多次索赔、退货,将应缴税款降到已缴税款之下,完全逃避法律责任。

综合刑法实质合理性和司法活动确定性两项原则,对于通关走私涉及原产地以及退货或索赔的问题,可以以案发时间为节点来判断是否予以扣减,即对于案发前已经取得形式合法、有效的原产地证书,该原产地证可以作为计税依据予以优惠,案发之后的则不予采信;对于案发前已经实际完成索赔、退货的予以扣减,案发后的则不予扣减。这样既能一定程度上体现刑法实质合理性,也能强化司法活动的确定性,同时也符合经济犯罪案件涉案数额的认定思路。例如,在诈骗类犯罪中,对于案发前已经实际归还被害人的数额予以扣减,案发后归还的则不从诈骗数额中扣减。走私普通货物犯罪与诈骗类犯罪不仅都属于经济犯罪,而且在行为性质上也有相通之处:诈骗是行为人通过欺诈的手段非法获取他人财产,取得积极的财产;走私普通货物则是行为人通过欺诈的手段非法获取国家财产(税款),取得消极的财产(减免相关义务)。在刑事追责时,以案发时间为标准评判行为的危害程度,也比较符合经济犯罪案件的司法特征。以海某公司走私普通货物案为例。

【案情简介】2010年12月至2012年8月，被告单位海某公司在从新西兰、美国等地进口冻鱿鱼等货物的过程中，为牟取非法利益，由被告人缪某决定，以低报价格的方式走私进口冻鱿鱼等货物25票，完税价格共计1579万余元，偷逃应缴税款121万余元。在诉讼过程中，缪某向办案机关提供16份索赔材料和5份原产地证，缪某及其辩护人提出：应当对涉案其中5票货物适用协定税率，对涉及索赔的金额应从完税价格中予以扣除。根据上述材料重新核税后偷逃税款为70余万元。公诉机关经审查认为，本案不应适用协定税率也不应将所谓“索赔”金额从完税价格中予以扣除。判决书认定本案偷逃税款121万余元。[1]

本案中，本案当事人在通关申报环节要么未按时提交原产地证书，要么在提交原产地材料不符合规定的情况下并未补充申报，在当时就不符合协定税率适用条件，通关环节海关也不是按协定税率对涉案公司征收税款。案发后，当事人所提交的5份原产地证上落款日期为2012年12月，而相关货物进口时间为2012年4月至7月，原产地证的时间远远晚于货物进口时间，二者是否相对应无法查实，原产地证的真实性、关联性不明，不符合协定税率的适用条件。行为人在案发后提交16份索赔材料，但涉案材料存在重大证据问题：其中2票索赔材料虽然包括索赔协议和汇款记录，但索赔协议的签订时间远远晚于实际“退款”时间，换言之，退款在前而索赔协议签订在后，显然不符合交易惯例；另外14票只有索赔协议而无实际赔偿的证据，况且索赔协议上外商的签章与交易合同上外商的签章不一致，有造假嫌疑。可见，本案索赔的事实无法查证属实。因此，本案不应适用协定税率，而所谓“索赔”也不应从完税价格中予以扣除。

与原产地证明相关联的协定税率、基于货物索赔而申请退税以及进口货物中单列的国内税费可以扣除等行政规定，是国家对正常国际贸易以通关的方式接受海关监管的行为予以优惠减免的措施。相反，那些通过绕关走私入境的情形，由于严重逃避海关监管，不符合行政规范中关于税收优惠减免的最基本规范要求，在认定偷逃应缴税额时不应予以优惠或扣减。

二、进口货物的买方佣金问题

根据相关规定，进口货物中由买方负担的购货佣金以外的佣金和经纪费，应当计入完税价格。[2] 根据反面解释原则，购货佣金（又称“买方佣金”）不需要计入进口货物完税价格。而如何认定购货佣金是实践中比较有争议的问题。

---

〔1〕 参见浙江省宁波市中级人民法院刑事判决书，（2014）浙甬刑一初字第129号。

〔2〕 参见《进出口关税条例》第19条、《审定完税价格办法》第11条。

《海关审定价格办法》第51条规定,“购货佣金”是指买方为购买进口货物向自己的采购代理人支付的劳务费用。结合法律对购货佣金的定性以及买方与所谓“代理人”(以下称中间人)之间的关系,以下几点可以作为把握双方是否属于代理关系、买方所支付的费用是否属于“购货佣金”的重要参照因素。

第一,从行为人在贸易关系中的主动权来分析。在典型代理关系场合,中间人根据买家(委托人)的指示和要求开展具体商业活动,主要是从事事务性而非决策性的行为。在整个贸易关系中,委托人处于主动地位,对于实际卖家的选择、交易价格、规格和数量的确定等与交易有实质性关系的因素,委托人都具有决定权;从反面来讲,中间人不能有太大自主权,而委托人对于中间人本身有一定的自主选择权,必要时委托人可以绕开中间人直接向卖方购买相关产品。

第二,从贸易过程中中间人对货物拥有的相关权利、风险承担范围来判断。在贸易过程中,如果中间人仅仅是代为委托人寻找买方,为买卖双方最终达成交易提供具体劳务活动,那么在买卖双方的货物转移过程中,中间人对货物不享有独立所有权,也不承担相应的货物风险。换言之,中间人不扮演货物“卖家”的角色,不享有货主的权利也不承担货主的义务。

第三,从中间人所获得收益的方式、组成结构来分析。“购货佣金”是买方向采购代理人所支付的劳务费用,是进口商对中间人的劳务付出所支付的对价。对于中间人所取得的收益或对价,可以从以下三方面判断是否为劳务费用:一是相关费用的约定方式,即双方是否明确约定,以及是否以相对固定的标准确定具体的金额。同一性质的劳务费用,在一定期限内一般是相对固定的。虽然这种佣金不等于员工工资或奖金,但从某种程度上说,其与日常工资或奖金有较大相似性,在一段时间内佣金的确定有相对明确的标准。二是相关费用实际金额是否在合理幅度内。站在进口商的整个贸易环节来看,委托采购只是其进口过程中一个小小环节而已,相关费用在整个贸易支出中所占比例不会太大,可以结合中间人付出的劳务程度、买方支付的其他货物价款规模以及进口后实际产生或可能产生的利润等因素进行对比、判断。三是相关费用的构成方式。相关费用是否仅限于劳务支付,是否还包括货物从供货商处购买后、实际到岸之前所产生的其他费用(如在出口国的仓储、运输、海上运输等其他费用。)

此外,认定为购货佣金还需要符合一定的形式要件。由于佣金涉及境外情况,应当严格按照行政规范的要求,未单独列明的在认定完税价格时不予扣减。

近年来,我国平行车进口贸易逐年扩大,此类案件中购货佣金的认定问题尤其突出,这与平行车进口操作模式的特殊性有很大关系。平行车进口中,进口商一般不是从国外汽车销售商(经销商)处直接购买车辆进口,通常是第三方(中间商)应进口商要求,从汽车销售商处购买车辆后再给进口商,从表面上看有一定的“代理”性质,相应的费用在一定程度上也有“佣金”的形式。以大连宏某公司走私普通货物案为例。

【案情简介】2012 年 6 月至 2014 年 5 月,被告单位大连宏某公司、风某公司在被告人程某的实际经营管理下,从事平行车进口业务。程某寻找境外货源(“美规车”),与国外供货商取得联系。对方定期通过电子邮件向程某发送包含车型、车辆价格等内容的汽车信息,其中车辆价格包含“车窗纸”价格(该车在北美地区的零售价)和该供货商的“加价款”(包括车辆在北美地区当地落牌照的费用、运费、保险费以及国外供货商的利润等),双方就车型价格达成一致后,确定订车。之后,宏某公司、风某公司隐瞒车辆实际成交价格,委托报关公司仅按照进口车的“车窗纸”价格或加价 1000 ~ 1500 美元不等向海关申报进口,骗取海关通关。上述两公司采用低报价格的方式实际走私进口汽车共计 112 台,偷逃进口环节应缴税款 1069 万余元。[1]

针对本案“加价款”是否属于买方佣金,该部分价格是否应计入完税价格中,存在两种不同观点:一种观点认为,本案“加价款”系买方佣金,不计入完税价格。本案经营模式为“平行车进口汽车”模式,海外公司购车的性质属于代购,对方收取的报酬属于购货佣金,被告人程某从到案之初也始终供述买车成本分为“车窗纸”价和佣金两部分,其也是按“佣金”的观念来确定“加价款”的性质。另一种观点认为,本案“加价款”不属于买方佣金,应当计入完税价格。从本案交易过程看,程某两家公司与境外购车人之间是贸易关系,不是雇佣关系,“加价款”实际上是境外购车人购车时所支付的仓储、运输、上牌及垫付货款的利息和利润等各项费用总和,是独立的贸易利润,不属于购货佣金,不应从实际成交价格中予以扣除。

笔者认为,本案程某所经营的大连宏某公司、风某公司两家公司在从事平行车进口过程中,无论从交易模式还是从“加价款”本身看,都不属于“购货佣金”。首先,从交易模式看双方不符合雇佣关系。本案中尽管境外“中间人”从其他汽车零售商处找到货源后,再将汽车提供给两家境内公司,但境内两家公司对境外“中间人”不具有主导作用,境外“中间人”对货物在境外的采购、存储、运输以及向中国的出口行为都有独立自主性,对货物也享有独立的所有权、承担独立风险,双方之间是平等的贸易主体关系,不是委托代理关系。其次,从“加价款”组成结构看,在案证据显示该“加价款”是在货物进口过程中,在境外所产生的仓储、运输、上牌以及垫付货款的利息和利

---

〔1〕 参见辽宁省大连市中级人民法院刑事判决书,(2015)大刑二初字第 19 号;辽宁省高级人民法院刑事裁定书,(2017)辽刑终 113 号。

润等各项费用的总和,明显已经不属于"采购代理人所支付的劳务费用"。根据《进出口关税条例》第 18 条规定,进口货物完税价格按照 CIF 价格确定,包括货物运抵我国境内输入地点起卸前的运输及其相关费用。从上述"加价款"结构组成来看,这部分费用应当计入货物完税价格。本案一、二审判决均认定,"加价款"不属于购货佣金,应当计入货物完税价格。

三、通关走私中已缴税额的认定

走私普通货物、物品罪中的偷逃应缴税额取决于应缴税额和已缴税额。已缴税额比应缴税额容易认定得多,一般情况下,直接按照海关实际征收的税额认定已缴税额即可。而在通关走私普通货物案件中,经常出现这么一种情形:行为人不考虑实际成交价格,而是在某一相对固定价格区间内确定申报价格。在此情形下,与实际成交价格相比,往往申报价格既有高报情形,又有低报情形,在认定应缴税额时对于因高报而多缴的税额能否计入已缴税额予以扣减,实践中存在较大分歧。

根据海关法律规定,进出口货物的行为人有如实申报的义务,包括货物品名、归类、价格、数量等都应当如实申报。从理论上讲,海关作为进出口(境)货物税收征管部门,首先应当以实际成交价格为基础认定完税价格。然而,实际成交价格是由当事人达成的,具有高度的私密性,监管部门与当事人之间存在天然的信息不对称。如果说在国内贸易中,主管部门对于贸易双方都有不同程度的监管便利,这种信息不对称的程度尚且较低,那么,进出口货物涉及的贸易双方通常跨越国(边)境,这种信息不对称的程度更加明显,作为监管部门的海关经常很难判断当事人所提交价格的真实性。尤其在当前外贸形势下,进出口企业对海关通关等监管效率的要求越来越高,海关在政府职能转变过程中也越来越重视"服务性",如何提升监管效率便成为海关重要课题。要做到"为国把关"和"服务经济"之间的平衡,就要求海关要能够更为快速地完成进出口通关审核工作,对当事人申报的进出口货物价格等要素进行风险评估和管理。

因此,实际监管中,海关就充分运用国际市场,以及自身在监管过程中获取的同期同类货物一般国际价格或进出口价格等大数据为基础,作为快速判断当事人申报的普通进出口货物完税价格真实性的重要风险参考。长此以往,海关在某一段时期、对某类货物所掌握的所谓通常价格区间,就成为其快速判断进出口货物成交价格的重要依据。在实际通关过程中,如果当事人的申报价格处于或接近这种通常价格区间,被认定为低风险的概率相对较高,可以减少海关在审核环节提出价格质疑,从而获得加快通关速度、减少查验率等便捷。与之相反,如果当事人的申报价格与这种通常价格区间相差较大(明显偏高或偏低),哪怕确实如实申报,仍然可能面临海关价格质疑等监管措施,在一定程度上会影响企业的通关速度。久而久之,这种通常价格区间就以所谓“海关限价”或“海关指导价”的名义在进出口行业中普遍存在。当事人出于各自不同目的,就会有意无意地选择贴近此类“海关限价”申报。在此申报模式下,与实际成交价格相比,往往申报价格既有高报情形,也有低报情形。因此,具体到某一票或同一贸易合同批次项下或同一当事人不同渠道、不同时期采购的多票货物当中,有时会多缴进出口环节应缴税款,有时则会少缴。那么,在此情形下该如何认定偷逃应缴税额?对于多缴的税额能否计入进已缴税额中?以某医药公司涉嫌走私普通货物案为例。

【案情简介】犯罪嫌疑单位某医药进出口有限公司自2008年起开展废铜的进口业务。2014年开始,该公司为加快通关速度,经单位负责人决定,由公司业务员具体操作,贴近“海关限价”申报纳税。2014年3月至2015年9月,该公司累计低报价格进口废铜340票,偷逃进口环节应缴税额269万余元;高报价格进口废铜144票,多缴税款198万余元;另有按合同价格正常申报373票,但经海关估价,最终申报价格高于实际成交价格,导致多缴税额246万余元。[1]

本案是一起典型的贴近“海关限价”报关进口货物的案件。与实际成交价格相比,申报价格既有高报的情形,又有低报的情形。在认定偷逃应缴税额时,对于高报的部分能否作为已缴税额予以扣减,存在两种截然不同的观点:一种观点认为,进口货物行为人无论高报还是低报,都违反如实申报的义务,本身都是违法违规行为,对于低报部分应当单独评价是否偷逃应缴税额,而高报的部分不应与低报部分一并评价。另一种观点则认为,行为人贴近“海关限价”的主要目的是加快通关速度,本意并不是为偷逃税款,从整体上看,实际上非但没有少缴税额,反而多缴税额,高报的部分应当与低报部分一并评价更为客观、合理。

笔者赞同第二种观点,主要理由如下:

第一,从主观方面看,行为人贴近所谓“海关限价”报关属于间接故意,按整体评价行为后果更符合主客观相一致原理。犯罪主观故意包括认识因素和意志因素两方面。具体到上述申报模式中,从认识因素看,当事人贴近“海关限价”申报,其主观上预见到可能低报,也可能高报,对最终整体上是否偷逃税款这一结果,并没有确切认识;从意志因素看,尽管不排除当事人意欲少交税额节约成本,但更主要还是贪图通关便利,对于最终结果无论是少缴税款,还是多缴税款,都放任其发生,而本案最终实际上多缴200多万元税款,更进一步印证其对最终是否偷逃税款只是一种放任的态

[1] 本案系笔者所在宁波市人民检察院曾经受理过的一起案件,检察机关经审查后,认为本案实际上没有税款损失,涉案企业不构成犯罪,该案最终由侦查机关撤回移送审查起诉。

度。此外,在此申报模式下,当事人一般是在一段时间内全部或大部分同种货物以一个相对固定的价格区间进行申报,当事人明知这种行为模式下既有低报也有高报,从而有时少缴税款、有时多缴税款,其也是基于整体来衡量自己实际税收成本,按照整体来认定其已缴税额,也更符合主客观相一致原理。

第二,从案发起因看,行为人对行政主管部门监管方式有一定的信赖期待,按照整体来评价行为后果更为客观合理。前文分析了"海关限价"形成的主要原因、背景。客观地说,"海关限价"模式下的监管,既有其合理、高效的一面,但也有其弊端、不足的一面。这种监管模式下客观上容易形成一种价值导向,即贴近"海关限价"者多数可以在通关环节获得更大便利,偏离者则有诸多不便。虽然说如实申报是进出口方的义务,但这种监管模式也在一定程度上"引导"人们以贴近"海关限价"的方式申报,案发后单纯评价低报的部分而无视客观上存在的高报部分,也不尽合理。而且从具体操作过程来看,不少情况下即便如实申报了与"海关限价"差异较大的实际成交价格,但经价格磋商后仍然以事实上贴近"海关限价"的价格申报,这也容易给被监管者造成监管部门就是要求按照某一价格区间申报的错觉,从而降低人们对违法犯罪的期待可能性。法谚有云:法律的生命在于经验而不在于逻辑。虽然逻辑性更强的法律条文是人们判断行为违法性的依据,但执法者的执法标准、执法方式更容易成为人们判断行为性质最直接的参照,作为典型的法定犯,这种情况在走私犯罪中表现得更加明显。

第三,从行为后果看,将高报部分与低报部分合并计算实际已缴税款更能体现行为的实质危害后果,更加符合走私普通货物罪所保护的法益。众所周知,走私普通货物罪侵犯的是进出口环节国家税收征管制度,偷逃应缴税额是认定行为危害性最核心的标准,只有当行为人的违法行为实质性地造成国家税款流失,才能准确地体现其危害性。当行为人在一个连续的行为过程中,将其整体地评价才能更准确地判断最终是否造成税款损失以及损失的程度。而且根据《进出口关税条例》规定,进出口货物放行后,海关发现少征或者漏征税款的,在法定期限内有权要求纳税义务人补征税款;海关发现多征税款的,纳税义务人可以在法定期限内以书面形式要求海关退还多缴的税款。[1] 可见,从行政规范的角度来讲,当事人尚可以按照多退少补的方式客观地评判其纳税义务,刑法更应当讲求实质危害后果,当行为人在同一故意支配下实施一连串行为,将该行为作为一个整体进行评判,才能更合理地体现最终危害后果。本案中,涉案单位在持续进口同样货物的过程中,以贴近所谓"海关限价"的方式申报,有时高报有时低报,但整体上已缴税额超出应缴税额,不应当以走私普通货物罪论处。

第四,从刑事政策看,综合考量高报情形与低报情形更符合刑法谦抑性原则,也更

---

〔1〕 参见《进出口关税条例》第51条、第52条。

有利于外贸行业平稳健康发展。刑法谦抑性不仅体现在入罪门槛高低上,也体现在责任大小的判定上。实践中,以贴近"海关限价"的方式申报,在从事木材、水果、平行车、冷冻品等进口行业中普遍存在,而且往往持续时间长,形成原因复杂。某些企业一旦案发,如果单纯以低报部分计核偷逃应缴税额而忽视高报部分"多缴的税额",那么认定的偷逃税额普遍很高,法定刑很重,原先进出口业务基本停滞甚至企业直接关闭的现象普遍存在。对于此类企业因对进出口申报义务违法性认识不够全面、充分而抱侥幸心理实施的违法违规情形,尽管有对其惩罚的必要性,但如若处以过于严苛的刑罚不符合刑法谦抑性原则。在国家强调稳外贸的大背景下,更需要仔细甄别进出口贸易中不同违法违规情形分别作出处理。与违禁品走私、绕关走私、伪报品名等其他走私相比,单纯价格欺骗型走私往往形成原因复杂,社会危害性较低,通过对行为整体评价更有利于准确认定责任大小。通过合理运用行政手段和刑事手段综合治理,尽量减少因此类违法犯罪处理不当而导致外贸业务停滞、企业关停、行业震荡等情形,这样才有利于在企业与政府部门良性互动中不断优化监管方式,促进外贸行业平稳健康发展。

此外,实践中行为人在同一批次(票)货物申报时,针对不同型号、品种的货物有时也存在既有低报又有高报的情况,在此情况下,通常是以该批次整体已缴税款为基础计算偷逃应缴税款。基于同样理由,行为人在一段时期内针对同样进口货物既有高报又有低报时,也应以其整体已缴税款为基础来评判其行为性质。

第四节　通关走私犯罪既未遂问题

一、通关走私既未遂认定标准的分析

根据《走私案件解释》第 23 条规定,实施走私犯罪,具有下列情形之一的,应当认定为犯罪既遂:(1)在海关监管现场被查获的;(2)以虚假申报方式走私,申报行为实施完毕的;(3)以保税货物或者特定减税、免税进口的货物、物品为对象走私,在境内销售的,或者申请核销行为实施完毕的。

结合上述规定,对于通关走私而言,既未遂的判断同时存在海关监管现场标准和申报行为实施完毕标准,两个标准的适用就会存在一定冲突。例如,走私货物已经进入海关监管现场,但尚未申报完毕便案发的案件。对此,该适用哪一项标准认定犯罪既未遂,理论与实践都有一定分歧。一种观点认为,上述两个标准并行不悖,申报行为尚未实施完毕即在海关监管现场被查获,只要根据相关证据足以认定构成走私犯罪的,同样应认定为走私既遂。[1] 另一种观点则认为,只要存在申报行为或者是打算

〔1〕 参见南英主编:《〈最高人民法院、最高人民检察院关于办理走私刑事案件适用法律若干问题的解释〉理解与适用》,中国法制出版社 2015 年版,第 357 页。

通过虚假申报的方式实施走私活动,应独立(优先)适用申报行为实施完毕标准。[1]

从立法原意看,司法解释既然将申报行为实施完毕作为判断走私犯罪既遂的标准之一,实践中理应有一定的适用空间。从实践来看,通关环节绝大部分情况都是货物先行进入海关监管现场,再涉及货物申报问题,在此情形下基本所有的案件都可以依海关监管现场标准认定为既遂,而无须进一步考虑申报行为是否实施,更没必要考虑是否实施完毕。从这一点看,按第一种观点会导致司法解释所规定的申报行为实施完毕标准被虚化。[2] 这也是持第二种观点的重要理由。坚持该观点的另一个理由则是申报行为本身即是主动接受海关监管的过程,只要嫌疑人尚未虚假申报,那就有悔改余地,独立(优先)适用申报行为实施完毕标准更能体现罪刑相适应原则。

针对走私犯罪属性,向来有行为犯和结果犯之争,进而对既未遂的判断有不同观点。从《走私案件解释》所规定的走私犯罪既未遂三项标准看,更侧重于行为犯的观点。而从行为角度来说,走私犯罪最核心的行为在于逃避海关监管的行为,当行为人全部实施完成逃避海关监管的行为,才构成既遂。从货物通关的一般情况看,接受海关监管主要体现两方面行为:一是货物进入监管区域,表明行为人以通关方式进出口货物;二是实施申报行为,表明主动接受监管。因此,从通关走私角度来讲,只有当货物进入监管区域并且完成申报,行为人才全部实施完成逃避海关监管的行为,[3]也才构成走私既遂。换言之,行为人可能一开始有走私的故意并着手实施,但在完成实际申报前也可能因为各种原因改变主意,转而如实申报或者降低虚假申报的程度,从而减少行为的社会危害程度,尚有犯罪未遂或中止的可能。因此,通关走私普通货物中,一般情况下应当适用申报行为实施完毕标准来判断犯罪既未遂。以汪某走私普通货物案为例。

【案情简介】2014 年,汪某以 7.5 美元/千克向境外客户购买合计 5.5 万千克偏光片,其以虚假品名和价格委托他人分三票进口。第二票货物进口时,在申报完毕后海关查验时被发现申报品名与实际货物不符。因第二票货物已经被发现,在第三票货物运至晋江陆地港后,汪某遂改成以真实品名及价格申报,但被海关查扣。该案中,第三票货物已经进入海关监管现场,但尚未申报完毕就案发。2015 年 12 月,二审法院作出判决,认为汪某已经着手实施走私犯罪活动,但

〔1〕 参见朱曙光:《走私犯罪既遂标准探析》,载微信公众号“靖霖刑事律师”2017 年 9 月 25 日,https://mp.weixin.qq.com/s/s1Gz7xeJUDKS1aIXCRsf0g。

〔2〕 参见朱曙光:《走私犯罪既遂标准探析》,载微信公众号“靖霖刑事律师”2017 年 9 月 25 日,https://mp.weixin.qq.com/s/s1Gz7xeJUDKS1aIXCRsf0g。

〔3〕 完成逃避海关监管的行为不等于成功逃避海关监管,前者表明行为人主动而为之;后者只是预期的结果,结果出现与否还取决于其他诸多因素。

第三票货物因申报行为尚未实施完毕即被查获，犯罪未能得逞，可认定为犯罪未遂。[1]

当然，由于通关走私的情况比较复杂多样，进入海关监管现场后尚未申报前，如果根据客观情况、按照一般通关流程，行为人已经不具有依法如实申报的现实可能性，则后续申报行为只不过是形式上掩盖其走私过程、保障其获得走私预期结果的一种手段而已，但申报与否对走私行为的判断、对逃避海关监管的认定不具有实质性影响。在此情况下，只要货物已经进入海关监管区域，表明行为人已经完成了逃避海关监管的行为，即可以认定为既遂。以李某华等走私普通货物案为例。

【案情简介】2013 年 10 月，被告人李某华接受韩国客商委托代理进口化妆品，李某华联系被告人路某雅办理进口手续，路某雅又委托被告人包某忠代理进口。路某雅、包某忠决定将化妆品伪报成聚丙烯向海关申报进口，并从国内采购与申报品名、重量、数量一致的一批聚丙烯，以应付进口环节的行政监管。包某忠接受委托后，确定聚丙烯的申报价格用于制作合同、发票等虚假报关单证，并以进口聚丙烯的名义委托代理公司具体办理进口手续。货物进口后，李某华根据韩国客商提供的信息，通过国内物流分发到不同的货主手中。半年之内，李某华、路某雅、包某忠以上述方式从韩国走私进口化妆品 8 票共 8 个集装箱。其中第 8 个集装箱到达口岸前，路某雅等已因涉嫌走私其他货物被刑事拘留，该票货物长期滞留港口未申报，后该票化妆品因他人举报而案发，涉及税款 120 余万元。其余 7 票化妆品经追查，最终能查实的货物税款 60 余万元。一审法院认定全案化妆品走私既遂，二审法院维持原判。[2]

本案中，李某华、路某雅、包某忠都受托包通关进口化妆品，自始至终不掌握货物真实品名、数量、价格，显然不具有如实申报的现实可能性，认定犯罪既遂时无须考虑申报情况，只要进入海关监管现场，就可以认定为犯罪既遂。

综上，针对通关走私的既未遂问题，申报行为实施完毕标准与海关监管现场标准有其各自适用的空间，界限在于进入海关监管现场后、申报完毕前是否存在依法如实申报的现实可能性。如果尚有依法如实申报的现实可能性，则依申报行为实施完毕标准认定既未遂；反之，则直接适用海关监管现场标准来认定。[3]

---

[1] 参见福建省高级人民法院刑事判决书，(2015)闽刑终字第 333 号。

[2] 参见浙江省高级人民法院刑事裁定书，(2015)浙刑二终字第 106 号。

[3] 尽管海关监管现场概念大于海关监管区域，但在通关环节涉及的走私中，海关监管现场主要是指海关监管区域。

二、不同类型通关走私案件既未遂的判断

具体到实际案件,某一通关走私中,当货物进入海关监管现场后是否有如实申报的现实可能性,需要结合具体情形分析。从司法实务看,一般性质的单纯价格低报类走私,在货物进入海关监管现场后通常具有如实申报的可能性,申报前被现场查获的,认定为犯罪未遂更妥当,比如前述汪某走私普通货物案。相反,以下比较典型的几类通关走私,一旦货物进入海关监管现场,就不具有如实申报的可能性,因此即使是申报前被现场查获的,仍然应当认定走私既遂:

第一,走私违禁品或未经许可走私限制类货物、物品的。国家基于各种公共利益因素的考量,禁止或限制特定物品的进出口。对于走私违禁品的,本身就不存在如实申报的可能性,进入海关监管现场就完成了逃避海关监管的行为。对于限制类物品,如果只是单纯偷逃税款类走私,尚有如实申报的可能性;如果未经许可走私的,由于一开始就不具有货物进出口的资格,即便进入通关环节也不具有如实申报的可能性。比如,近年来有大量使用他人许可证走私废物的案件,监管现场被查获的货物即使尚未申报,都应当认定犯罪既遂。

第二,大包大揽式包通关走私。包通关走私是实践中常见的走私形式,委托人通常以低于应缴税款的价格委托他人包通关,货物进口方式、申报要素(价格、品名、数量等)都由受托方自行决定的,由于受托方收取费用低(不足以缴纳税款)、不掌握货物实际交易情况,也不具有如实申报的可能性。比如,前述李某华、路某雅、包某忠包通关走私化妆品案就是典型一例。

第三,化整为零式走私。行为人将本应以一般贸易方式进口的货物,采用化整为零的方式,将批量货物拆分成大量小包裹,通过跨境电商贸易或者国际邮包转运,从保税区或者境外邮寄入境。这种方式实质上是将货物伪装成物品进行走私,其一开始就违反跨境电商贸易或者行邮渠道邮寄物品等规定,邮寄入境的货物不存在如实申报的可能性。

第五节 单位通关走私若干问题

单位走私是司法实践中常见走私犯罪,而且大部分单位走私发生在通关走私中。与个人走私相比,单位走私刑罚总体上较轻,这在走私普通货物、物品罪中体现得最为明显:一是同一量刑档次内,单位走私普通货物、物品的定罪量刑标准是个人走私的 2 倍;二是单位走私普通货物、物品中对单位判处罚金,对直接负责的主管人员和其他直接责任人员只判处自由刑,不判处罚金;三是单位走私普通货物、物品中自然人的最高刑为 15 年有期徒刑,个人走私最高刑为无期徒刑。其他类型单位走私案件,尽管个人走私与单位走私的定罪量刑标准没有差别,但从司法实务的处理看,单

位走私案件中对自然人的处理也总体上较轻。因此,准确认定单位走私犯罪有重大意义。此外,在单位走私中,涉及同一自然人参与不同单位走私,或者既参与单位走私又参与个人走私的情形比较常见,单位走私案件诉讼程序也更加特殊。本节主要围绕上述几个问题展开。

一、认定单位犯罪的基本条件

(一)单位犯罪构成要件主要学说及其评析

关于成立单位犯罪的基本条件有不同学说,比较典型的有"三要件说""二要件说""刑事责任能力说""阶层论"等。

"三要件说"认为,成立单位犯罪需要具备三个条件:一是以单位的名义实施;二是由单位决定,代表单位意志;三是犯罪所得归单位所有。三个要件互为整体,缺一不可。[1]

"二要件说"认为,以单位名义实施犯罪、违法所得归单位所有的,是单位犯罪。[2] 或者根据《走私案件意见》规定,符合以下两个条件,可以认定为单位走私犯罪:一是以单位的名义实施犯罪,即由单位集体研究决定,或者由单位的负责人或者被授权的其他人员决定、同意;二是为单位谋取不正当利益或者违法所得大部分归单位所有。[3]

"刑事责任能力说"则认为,单位必须具备形式特征和实质特征,形式特征包括合法性、组织性和独立性,这些形式特征都是单位具备刑事责任能力这一实质特征所必需的。[4]

"阶层论"则认为,参照犯罪构成理论,分两个阶层判断单位犯罪:第一阶层为构成要件符合性,包括形式要件(单位合法成立)、主观要件(体现单位意志)、结果要件(单位获利)。第二阶层为阻却事由,包括成立非法目的的阻却事由和成立后违法业务比例的阻却事由。[5]

上述观点在区分单位犯罪与自然人犯罪的界限上,有各自合理之处,但也存在一些不足。"三要件说""二要件说"比较清晰勾勒出单位犯罪的基本条件,简洁明了,便于实践认定,但认定条件过于具体,逻辑性不足,以致对于以单位名义和体现单位

---

〔1〕 参见南英主编:《〈最高人民法院、最高人民检察院关于办理走私刑事案件适用法律若干问题的解释〉理解与适用》,中国法制出版社 2015 年版,第 377 页。

〔2〕 参见《全国法院审理金融犯罪案件工作座谈会纪要》第 2 条。

〔3〕 参见《走私案件意见》第 18 条。

〔4〕 参见聂立泽:《单位犯罪论》,法律出版社 2018 年版,第 71 页。

〔5〕 参见刘杰、唐恺亮:《单位犯罪认定的若干问题——以走私罪为例》,载《海关法评论》2018 年第 8 卷,第 182 页。

意志二者之间关系如何，没有很清晰的界限，二者是并列关系、包含关系抑或是其他关系，似乎模棱两可。而且相关司法解释规定，成立时以犯罪为主要目的或成立后主要从事犯罪活动的不认定为单位犯罪，这些阻却事由与上述二要件或三要件之间有何内在关系，也比较模糊。可见，这两个学说操作性有余而包容性比较不足。

“刑事责任能力说”具有高度抽象性，阐述形式特征和实质特征的关系，能够在一定程度上揭示单位犯罪的本质。但是，对于何为单位刑事责任能力、在部分形式特征欠缺时如何判断单位是否具备刑事责任能力，缺少相对清晰的标准，不便于司法实践中甄别单位犯罪和个人犯罪。

“阶层论”立意新颖、视角独到，从正反两方面提出成立单位犯罪的要件，看似更加周全，但将单位合法性仅仅理解为合法成立过于局限；将单位意志仅仅理解为主观要件也偏于狭隘，因为单位意志同时也是一种单位决策、执行过程的客观活动；另外阻却事由是否有必要单独作为一个要件，能否解释到单位合法性中，是否还有其他阻却事由等，仍然值得探讨。

（二）制度功能视角下区分单位犯罪与个人犯罪的内在逻辑

社会活动的组织化体现了人类文明的进步，而有组织的活动又反过来促进人类文明发展，特别是伴随着工业时代的到来，体现人类活动组织化高级形态的各类“单位”也应运而生。适应社会发展需要，法律将单位拟制为人，赋予其与自然人相似的权利义务，以便更好地为社会发展进步提供制度保障。人类所从事的各种活动中，有些有益于社会进步，有些则反社会、反道德，国家以法律的形式将一部分行为评价为违法犯罪，并赋予其一定的法律责任。“单位”同样有可能实施正面的合法活动和反面的违法活动，同样需要承担相应责任，单位犯罪法律制度也就应运而生。单位这一组织体与组成“单位”的自然人交织相缠，天生就是一对难以区分的相对体，故有必要从设立单位犯罪制度的初衷与目的进行考量。

法律赋予单位承担一定的刑事责任有多方面功能：一是规范功能。通过对单位相关行为的否定性评价，追究单位刑事责任以规范单位行为，同时也对单位实施违法犯罪起到一定预防作用。二是分担功能。通过要求单位承载相应刑事法律责任，在一定程度上分担自然人的刑事法律责任，降低个人参与单位活动的风险。[1] 三是保障功能。通过对单位予以必要惩处，对其违法犯罪进行纠偏，在划清单位刑事责任边界的同时，也保障其合法权益，便于单位更好地朝着有益于社会进步的方向发展。四是修复功能，与个人相比，单位通常有更强大的组织能力、活动能力，必要情况下责令单

---

〔1〕 根据我国现行法律，在绝大多数情况下，单位犯罪对个人的处罚比自然人犯罪处罚要轻。参见周德金：《论我国单位犯罪的主体范围及其本质回归》，载《中国社会科学院研究生院学报》2019 年第 4 期。

位履行一定刑事法律责任，由单位退赃退赔、承担罚金、恢复原状，有利于更快、更好地修复被破坏的社会关系。[1]

任何一项制度安排总有一定时代背景，也是为实现一定的目的和功能，而在对制度的理解与执行时，就需要紧紧围绕如何实现其特定功能展开。单位本来就是法律拟制的人，单位犯罪也是法律的特别规定，因此要区分单位犯罪与个人犯罪的界限，其实就是要探讨什么情况下认定为单位犯罪更有助于实现单位犯罪法律制度的规范功能、分担功能、保障功能和修复功能。

首先，单位是法律拟制的人，合法成立并从事合法活动是其应有之义，即便可能会实施违法犯罪活动，赋予其一定刑事法律责任予以惩治，划清责任边界，也是为更好保障单位依法行事。因此，如果单位并非合法成立，或者单位成立之时以及成立之后主要致力于从事违法犯罪活动，那么法律就没必要将其拟制为一个行为主体并认可其单独存在，只需直接否定单位这一犯罪主体的存在即可；同时也没必要通过赋予单位法律责任来适度分担个人责任，而直接由单位实际控制者承担相应责任即可。因此，单位具备合法性是其承担刑事责任的基础条件。

其次，单位成立之后，其明显有别于作为自然人的个体：一方面，单位有自己的组织结构，通过单位内部不同成员之间不断协商、妥协达成自己的意志，这种意志与自然人息息相关，但又区别于自然人；另一方面，在具体执行过程中由单位内部不同成员之间分工配合，通过单位活动所产生的直接或间接利益能够首先归属于单位，这种行为过程和利益归属与自然人有一定关联，但也区别于自然人。即便实施违法犯罪活动，单位与自然人的上述区别也依然存在。相反，如果表面上以单位之名实施具体行为，但在意思表示、行为过程、利益归属等方面无法与自然人相对区分开，那么在刑事责任上就没必要划分单位责任与个人责任，只需将责任直接归因于自然人；也没必要单独由单位来承担修复功能，而是将形式上存在的“单位”与组成单位的个人直接叠加修复被破坏的社会关系。这种单位与个人的区分体现的就是单位独立性。因此，单位具备独立性是其承担刑事责任的关键条件。

综上，借鉴前述几类单位犯罪认定的学说，笔者提出可以从两个维度来把握单位犯罪与个人犯罪的界限：一是单位合法性，二是单位独立性。其中，合法性要件是基础，侧重于体现单位犯罪制度的规范功能、分担功能；独立性要件是关键，侧重于体现单位犯罪制度的保障功能和修复功能。而关于以单位名义、单位意志、利益归属、是

---

〔1〕 当然，对单位犯罪的刑罚有“单罚制”和“双罚制”两种，但绝大多数实行“双罚制”，绝大多数单位被认定为犯罪意味着单位需要承担法律责任。即便是“单罚制”，只处罚个人而不处罚单位，在认定单位犯罪时事实上就是对单位行为的否定性评价，其被定罪而声誉受到影响，本身就是一种责任的承担。

否以从事违法犯罪为主要目的或主要从事犯罪活动、单位人格否认制度、企业合规计划等具体内容,可以分别归入到单位的合法性或独立性要件中。

(三)单位走私犯罪的构成要件之一:单位合法性

自然界基于生物规律,产生一个个具体的自然人,法律只是规范并确定自然人行为规则、行为边界,因此自然人的存续没有合法与否之说,只有自然人的行为才有合法与违法之分。与之不同,单位是法律拟制的主体,需要依照法律所规定的条件设立、存续,对于不具备一定法律条件的所谓"单位",法律上就会否定其存续,其也就失去成立单位犯罪的基础。因此,单位具备合法性是其作为单位犯罪的基础条件,也使单位区别于黑社会性质组织、恐怖组织等社会团体。[1] 单位合法性包括程序合法与实体合法。

1. 程序合法

程序合法,是指公司、企业、事业单位、机关、团体等单位依照民商法、经济法、行政法等部门法所规定的流程、条件、程序设立,取得相应主体资质。对于具有完全独立主体资格的单位,应当依法设立;对于单位分支机构、内设机构,法律规定需要依法申请设立的,应当依法设立;法律未明确规定的,首先所在的单位必须依法设立,然后该单位在其职权范围内依据相应的决策程序设立内设部门、分支机构。对于未依法设立的单位,不具有单位犯罪主体资格。例如,在永兴县太和乡循环经济项目区管理委员会非法占用农用地案中,2007 年 6 月 21 日,太和乡党政联席会议决定成立永兴县太和乡循环经济项目区管理委员会(以下简称太和经管会)负责循环经济项目全权开发,由该乡企业办主任刘某林兼任经管会主任,后该太和经管会及其主任刘某林被指控犯非法占用农用地罪。但法院认为,太和经管会没有经过编办进行登记注册,不是事业单位和机关,也不是乡的分支、内设机构,不构成单位犯罪。[2]

当然,单位设立可能存在一定瑕疵,如果只是单纯程序性要素违法(如备案、年检、环保许可、消防审批等影响单位资质的要素),不会实质影响单位犯罪主体所应具备的条件,不会直接导致单位犯罪主体资格丧失。

2. 实体合法

实体合法是指单位的成立目的、宗旨必须符合法律规定,单位成立后存续期间主要从事合法业务。相反,如果单位设立时就以实施违法犯罪为主要目的,或者设立后主要从事违法犯罪活动的,单位的存续实质上不具有合法性,法律没必要通过赋予单位刑事责任来减轻个人刑事责任、保障单位责任边界,而是直接追究个人刑事责任即

---

〔1〕 参见魏远文:《论单位犯罪的"单位"与单位人格否认》,载《北方法学》2019 年第 4 期。

〔2〕 参见湖南省永兴县人民法院刑事判决书,(2018)湘 1023 刑再 3 号。

可。正因如此，根据《最高人民法院关于审理单位犯罪案件具体应用法律有关问题的解释》(以下简称《单位犯罪解释》)第 2 条规定，个人为进行违法犯罪活动而设立的公司、企业、事业单位实施犯罪的，或者设立后以实施犯罪为主要活动的，不以单位犯罪论处。虽然这里只规定以实施犯罪为主要活动，但如果绝大部分活动是违法的，也可以不以单位犯罪论处。

对于单位是否以从事违法犯罪为主要活动，应根据单位实施违法犯罪行为的次数、频度、持续时间、资金规模、资金流向、单位进行合法经营的状况等因素综合考虑。[1] 对于能够明确查清合法经营业务比例的，比较容易判断。对于难以查清合法经营业务基本比例的，可以从以下几方面分析判断：第一，结合单位法定业务范围、实际经营情况等判断。以董某潮等人走私普通货物案为例，2011 年至案发，董某潮利用其设立的文某公司名义，采用“水客”与快件清关两种伪报贸易性质方式走私进口奶粉、保健品等，偷逃应缴税额 3300 余万元。法院认为，在案证据显示文某公司未在海关注册登记为进出口货物收发货人或报关企业，无开展进出口经营活动资质，说明公司成立后以实施走私违法犯罪为主要活动，依法不能认定为单位犯罪。[2] 可见，如果公司存续过程中完全超业务经营，可以认定其以违法犯罪为主要活动。

第二，结合单位依法纳税情况综合判断。对于公司、企业等经营性单位而言，依法纳税是其法定义务，单位的纳税情况可以在一定程度上体现其合法经营的比重。从正面来看，在低报价格走私案件中，即使单位成立后一直实施低报价格走私活动，但如若低报的比例不高，依法缴纳税款在应缴税款中占绝大多数，就不属于主要从事违法犯罪活动。[3] 从反面来看，单位成立后基本没有纳税记录的，可以作为判断主要从事违法犯罪活动的重要依据。以金某旭等人走私普通货物为例，金某旭于 2013 年设立威海某物流公司。2017 年 7 月以来，金某旭以夹藏方式走私进口韩国化妆品等货物，偷逃应缴税额 7100 余万元。法院认为，该公司各种税种均为零申报，自成立以来未开展实际性经营活动，属于以实施犯罪为主要活动。[4]

(四)单位犯罪的构成要件之二：单位独立性

单位本质特征在于其“独立人格”，这就要求单位必须有一定独立性，这也是单位犯罪区别于自然人犯罪的本质特征。正如有学者指出，“单位主体的独立性指的是单位意思和行为独立于自然人的意思和行为，只有某一种行为为了单位利益，依照单位

---

[1] 参见《最高人民法院、最高人民检察院、公安部关于办理非法集资刑事案件若干问题的意见》第 2 条。

[2] 参见福建省高级人民法院刑事裁定书，(2019)闽刑终 233 号。

[3] 参见南英主编：《〈最高人民法院、最高人民检察院关于办理走私刑事案件适用法律若干问题的解释〉理解与适用》，中国法制出版社 2015 年版，第 397～398 页。

[4] 参见山东省威海市中级人民法院刑事判决书，(2018)鲁 10 刑初 56 号。

的决策程序作出，依照单位的执行程序而执行，单位的这种意思和行为才能从单纯的自然人的意思与行为中独立出来……若单位意思和行为没有从自然人意思和行为中独立开，那么单位便沦为自然人犯罪的工具"[1]。具体而言，单位独立性体现在三方面：一是单位组织独立性；二是单位意志独立性；三是单位利益独立性。

1. 单位组织独立性

单位必须具备一定财产、名称、场所、人员、组织机构等承担法律责任所需的基本组织条件，在社会活动中才有可能独立地表达单位意思和实施单位行为。许多单位虽然依法注册有自己的名称，但如果缺少独立行为的组织条件，往往成为否定单位犯罪的重要依据。例如，在汪某勇等人走私普通货物案中，汪某勇与陈某安通过汇邦公司低报价格进口 23 台机器设备，并以汇邦等公司及汪某勇和陈某安二人成立的万宝立公司在国内销售。法院认为不构成单位犯罪的理由之一就是企业工商登记资料证明万宝立公司的认缴资本为 500 万元，但实缴资本为 0，万宝立公司缺乏开展正常经营活动所需的资金，亦无证据反映万宝立公司具备开展正常经营活动所需的必要场所和人员。[2]

单位组织旨在保障单位确实能够独立表达单位意志，是体现单位独立性的基础条件，但单位组织是否意味着必须具备法人资格是一个值得探讨的问题。《刑法》第 30 条列举单位犯罪五类主体，但对单位的资质条件没有作限制。根据 1999 年《单位犯罪解释》第 1 条规定，具备法人资格是单位犯罪主体的前提条件。然而，之后相关规范性文件又对单位必须具有法人资格作一定突破，先后规定符合条件的单位分支机构或者内设机构、部门可以作为单位犯罪主体。因此，法人资格是保障单位独立性的充分条件，但并非必要条件，司法实践中也有大量判例认定分支机构、内设机构构成单位犯罪。这也体现我国认可单位的相对独立性，即虽然不是完全独立的单位，但在一定程度上具有独立的单位意思和单位行为，并在一定范围内承担责任。[3]

2. 单位意志独立性

单位意志是单位获得独立人格、体现单位独立性的核心要素，包括决策和执行两个层面。决策层面是指相关行为由单位集体研究决定，或者由单位负责人或被授权的其他人员决定、同意。执行层面则是指由单位员工或其组织的其他人员彼此分工、互相配合，具体执行单位决策，在对外交往（交易）中通常以单位名义实施。决策是体现单位意志的关键，缺少单位决策，难以形成单位意志，无法体现单位独立性；执行则

[1] 聂立泽：《单位犯罪新论》，法律出版社 2018 年版，第 74 页。

[2] 参见广东省高级人民法院刑事裁定书，（2018）粤刑终 1326 号。

[3] 参见王良顺著：《单位犯罪论》，中国人民公安大学出版社 2008 年版，第 123 页。

是落实单位意志的过程,没有通过具体执行将单位意志转化为客观行为,或者执行过程明显背离单位意志,也不能将犯罪结果归因于单位意志。[1]

单位意志既不是简单地由组织内的自然人意志叠加而成,也不是抽象地脱离自然人意志独立存在,而是由单位成员个人意志以一定的方式升华为单位整体意志。可见,单位意志既源于自然人,又有别于自然人,一旦形成,有一定的稳定性和延续性。合理界定单位意志和自然个人意志就至关重要。

对于能够依照议事程序进行决策的,是否属于单位意志比较容易判断。但实践中由单位全体或者大部分成员表决实施违法犯罪的情形比较少见,大量情况下没有严格遵循决策程序,特别是单位成员个人直接决定的事项比较普遍。对此,既要结合决策者自身在单位的身份、职权、惯常履职方式等个人因素,也要结合单位经营范围、议事程序、合规制度、文化氛围、执行方式、监督制约机制等单位因素综合判断。例如,在郑某等人侵犯公民个人信息案中,担任雀巢公司经理的郑某、杨某,授意公司员工杨某甲多次从多家医院医务人员手中非法获取公民个人信息。二审法院认为,在案大量证据证实,该公司禁止员工非法搜集公民个人信息,各上诉人违反公司管理规定,为提升个人业绩而实施犯罪,只是员工个人意志体现而非单位意志体现。[2] 本案中,法院就以单位制定比较详尽的合规制度为由,认定犯罪行为并非体现单位意志。

"以单位名义"也是判断单位意志的重要参考因素,但二者关系如何是实践中常见的争议焦点。如前所述,"三要件说"观点认为"以单位名义"是构成单位犯罪必备要件,"二要件说"则将"以单位名义"等同于由单位决定。[3] 单纯从字面理解,"以单位名义"一般是在不同主体之间发生特定社会关系时才能表现出来,通常是在对外交往中呈现的身份,而由单位决定则更多体现为单位内部行为,二者很难完全等同。然而,单位行为往往比较复杂,在存在行为相对方的经济活动中,一般会以单位名义表现出来,但在不少单方行为或秘密进行的场合,甚至为达到逃避责任,对外身份可能比较模糊或隐蔽。[4] 但如果确实由单位决定并实施,符合单位犯罪特征的,不能仅仅因为"以单位名义"特征不明显而直接否定单位犯罪。因此,"以单位名义"只是单位

---

[1] 以往观点和相关司法解释一般认为单位意志仅体现为决策层面,但晚近的规范性文件也考虑到执行层面如何体现单位意志。例如,2007年《最高人民检察院关于办理涉互联网金融犯罪案件有关问题座谈会纪要》第21条规定,"涉互联网金融犯罪所涉罪名中,刑法规定应当追究单位刑事责任的,对同时具备以下情形且具有独立法人资格的单位,可以以单位犯罪追究:(1)犯罪活动经单位决策实施;(2)单位的员工主要按照单位的决策实施具体犯罪活动;(3)违法所得归单位所有"。其中,第一个条件就是决策层面,第二个条件就是执行层面。

[2] 参见甘肃省高级人民法院刑事裁定书,(2017)甘01刑终89号。

[3] 参见《走私案件意见》第18条规定,"以单位的名义实施走私犯罪,即由单位集体研究决定,或者由单位的负责人或者被授权的其他人员决定、同意"。

[4] 参见黎宏:《单位犯罪中单位意思的界定》,载《法学》2013年第12期。

意志的外在表现形式之一,可以作为是否体现单位意志的重要依据,尤其在有相对方的交往(交易)中,单位合法行为与非法行为交织时,如果没有反映出"以单位名义"的,一般情况下比较难以被认定为体现单位意志。对于表面上"以单位名义"实施,但实际上并没有经单位决策层同意或认可,不能体现单位意志;或者只是单纯挂靠或借用单位名义,单位实际控制人没有参与决策,利益也没有归属单位的,也不能体现单位意志。

3. 单位利益独立性

单位独立性的另一重要标志在于其相对独立的单位利益。能够体现单位意志所实施的行为,主观上通常是为了单位利益,客观上利益主要归属于单位。就法律关系而言,权利与义务相伴相随,利益与责任互相对应。法律赋予单位一定的刑事责任,很大原因就在于犯罪利益归属于单位。从实践来看,大量被告人(自然人)以为单位牟利、利益归属于单位作为辩解系单位犯罪的理由,而大量被告单位则以利益不属于单位作为无罪抗辩理由。从相关文件规定看,利益归属于单位也作为认定单位犯罪的必备要件;[1]相反,违法所得归个人所有的,通常依个人犯罪处理。[2]

单位利益可以区分为积极利益和消极利益。积极利益通常体现为单位财产、交易机会、名誉等正向利益的提升,实践中主要表现为违法所得的归属问题。消极利益通常体现为单位支出成本、负面声誉的减少。经济财产领域犯罪以积极利益为主,如走私、非法集资、合同诈骗等,主要判断违法所得的归属;其他领域犯罪以消极利益为主,如环境污染案件中,单位明知他人无危险废物处置资质的情况下,仍然委托其处理的,本身并不产生直接经济利益,单位利益主要体现为因违法排污减少废弃物处置成本的支出,进而从中获利。

相对独立的单位利益是衡量单位独立性的重要标志,利益归属也是划分单位犯罪与个人犯罪的重要因素。当然,单位利益与个人利益常常交织,个人即便代表单位参与犯罪,也或多或少会从犯罪中获得一定利益。对此,需要综合犯罪利益的形态、主要去向、个人对犯罪利益特别是违法所得的决定情况、个人获得利益的来源和比例等因素综合判断。对于违法所得主要直接由个人支配,且没有重新用于单位支出的,一般应当认定犯罪利益归属于个人。相反,对于违法所得主要归集到单位并由单位实际掌控的,单位再基于员工工资、业务提成奖励等因素再次分配,则应当认定犯罪利益归属于单位。例如,在东某弘公司等走私珍贵动物制品案中,东某弘公司为降低

---

〔1〕 上文提到的无论是"三要件说"还是"二要件说",都将违法所得归单位所有作为认定单位犯罪必备要件。

〔2〕 参见《单位犯罪解释》第3条规定,"盗用单位名义实施犯罪,违法所得由实施犯罪的个人私分的,依照刑法有关自然人犯罪的规定定罪处罚"。

经营成本,在未取得蟒蛇及其制品进口许可证情况下,从越南、泰国绕关走私入境,由公司下属各办事处直接销售。东某弘公司提出违法所得去向不明,大部分未归单位所有。法院认为,证据显示走私的费用由公司承担,境内销售收入大部分汇回东某弘公司,违法所得到达公司后的二次分配不影响违法所得主要归公司所有的定性。[1]

一般而言,作为社会经济体的单位应当具有独立的财产和经费,这也是单位犯罪双罚制中单位承担刑事责任的重要基础。但是,在单位体制机制不够健全,特别是现代企业制度没有完全建立的公司比较普遍,个人意志凌驾单位意志之上的情形比较常见。犯罪所得的利益往往看似归属于单位,但实则归属于控制人或者经营者。当单位财产与自然人财产混同,犯罪所得无法查实具体去向,也无法区分单位人格和自然人人格时,单位失去独立性,通常被认为属于个人犯罪而非单位犯罪。例如,在杨某战合同诈骗、非法吸收公众存款案中,法院认为杨某战控制多家公司的多个银行账户及一些个人账户,控制的账户之间资金往来频繁,资金管理混乱,资金存在混同使用的情形。涉案公司实质上系杨某战个人所有,且未按照公司法规定经营,公司资产与个人资产混同,不具备刑法意义上单位犯罪主体资格,从而否定单位犯罪。[2]

二、特殊组织体的单位犯罪问题

《单位犯罪解释》第 1 条规定,《刑法》第 30 条的“公司、企业、事业单位”,既包括国有、集体所有的公司、企业、事业单位,也包括依法设立的合资经营、合作经营企业和具有法人资格的独资、私营等公司、企业、事业单位。可见,从该司法解释来看,具备法人资格是单位犯罪主体的前提条件。然而,之后相关规范性文件又对单位必须具有法人资格作一定突破。从司法实践看,主要涉及单位分支机构、内设部门、筹备中的单位等组织的单位犯罪认定问题。

1. 单位分支机构、内设部门

根据《单位犯罪解释》规定,不具有法人资格的合伙企业和独资企业不属于单位犯罪主体,其实施的犯罪行为按自然人犯罪处理。结合 2001 年最高人民法院下发的《全国法院审理金融犯罪案件工作座谈会纪要》,对于以单位的分支机构或内设部门名义实施走私,违法所得亦归分支机构或内设部门所有,应当认定该分支机构或内设部门为单位犯罪主体。当然,在涉及内设机构单位犯罪中,作出决定、具体实施、对外交往、利益归属等方面常常会出现单位与内设机构相交织的状态,如有一些事项由单位内设机构决定并具体操作,但在对外交往、资金往来中又通常以其所在单位名义实

〔1〕 参见海南省高级人民法院刑事判决书,(2019)琼刑终 17 号。

〔2〕 参见浙江省杭州市中级人民法院刑事判决书,(2019)浙 01 刑初 107 号。

施,而利益可能归属单位内设机构,也可能归属内设机构所在单位,这比单纯都由单位决定、组织实施、获得利益要复杂得多。因此,这就涉及如何区分内设机构作为犯罪主体,还是内设机构所在单位作为犯罪主体。以广西华兴集团走私普通货物案为例。

【案情简介】广西华兴集团于2012年设立国际贸易部专门经营冻海产品进口、销售,并任命李某霖为采购经理、吴某铭为销售经理;2014年8月国际贸易部改由吴某铭任经理,李某霖任副经理,共同负责冷海产品采购、进口和销售。2012年11月至2015年8月间,在国际贸易部具体经营下,华兴集团以支付包通关费用方式,委托邱永忠以低报价格手段走私进口冻鱿鱼等水产品,共偷逃应缴税款1188万余元。[1]

本案中,华兴集团辩称具体进口由国贸部实施,公司高层不知道低报价格进口,并无走私犯罪故意。法院认为应当以华兴集团作为犯罪主体,而不是华兴集团国际贸易部。一方面,华兴集团专门成立国际贸易部并由李某霖担任负责人,得到集团法定代表人和总裁的同意,因此李某霖在得到授权的业务范围内所实施的行为可以体现华兴集团的意志;另一方面,在对外交易和利益归属上,都是以华兴集团名义委托相关合作单位,对外收付货款、支付报关费用、利润分配均通过华兴集团。尽管由国际贸易部门具体实施进口,但无论从单位意志还是利益归属上,以华兴集团作为单位犯罪主体是合适的。

与之相反,在东星公司机电部走私普通货物案中,作为东星公司内设部门机电部经理张某龙决定,代理南京陆港公司进料加工保税进口铝锭后在国内倒卖牟利。尽管在进口中,张某龙是以东星公司名义对外签订协议,收取1%代理费也归属于东星公司,但东星公司领导层对其走私行为并不知情,其也没有获得公司授权或认可,不能体现东星公司的意志,只能体现东星公司机电部的意志。故法院认定东星公司机电部为单位犯罪主体。[2]

通过上述两起案例可以看出,在由单位内设机构决定实施的犯罪,主要表现在能否体现单位意志来判断犯罪主体。如果内设机构得到单位授权作出的决定,且利益也归属单位的,可以体现单位意志;如果没有得到授权,又在单位不知情的情况下实施犯罪,只能体现单位内设机构的意志。

实践中,经常涉及承包经营内设机构的商业模式,此时重点分析承包经营关系是

---

〔1〕 参见福建省厦门市中级人民法院刑事判决书,(2016)闽02刑初94号。

〔2〕 参见南英主编:《〈最高人民法院、最高人民检察院关于办理走私刑事案件适用法律若干问题的解释〉理解与适用》,中国法制出版社2015年版,第377页。

否真实存在,内设机构所在单位是否知情以及利益归属等问题综合判断单位犯罪主体。以郑某重等人走私普通货物案为例,郑某重向厦门华某公司承包经营业务六部,2013 年 3 月至 2014 年 9 月,经郑某重决定,业务六部代理厦门格瑞斯特科技环保有限公司等单位进口气体分析仪,并以伪报品名的方式向海关申报,偷逃税额 100 万余元。法院认定华某公司业务六部构成走私普通货物罪。[1] 该案承包关系客观存在,具体操作也由业务六部实施,实际利益也归属该部门,因此以业务六部作为单位犯罪主体。

2. 筹备中的单位

筹备中的单位尚处于准备酝酿阶段,没有取得独立法律主体资格,确实有别于正式成立的单位,形式上有些类似于尚未出生的自然人。然而,单位本来就是法律拟制的主体,其权利义务的逻辑关系与自然人相比有很大区别。在诉讼活动中,一定条件下的单位权利义务具有可继承性,其法律责任也有可继承性。第一,根据相关司法解释规定,单位发生分立、合并或者其他资产重组等情况的,只要承受该单位权利义务的单位存在,应当追究单位的刑事责任。[2] 既然往后延伸,原单位不存在后,仍然有追究原单位刑事责任的可能性;那么往前延伸,当设立中的单位实施犯罪,也存在由成立后的单位承担其刑事责任的可能性。第二,从民事责任角度来讲,根据《公司法》及其相关司法解释,设立中的公司权利义务由成立后的公司继承的,或者发起人以设立中的公司对外签订合同的,相应民事责任应当由成立后的公司承担;但发起人利用设立中的公司为自己谋取利益的,由发起人自行承担。[3] 民事责任与刑事责任尽管有很大区别,但设立中的公司与成立后的公司原本就是同宗同源,即便实施违法犯罪,只要能够体现单位意志、利益归属单位,在责任上(包括民事和刑事)由成立后的单位继受更为客观公正,否则由个人承担明显有失公允。因此,如果筹建中的单位实质上具备意志行为能力和刑罚适应能力,具备单位犯罪主体的实质特征,可以作为单位犯罪主体承担刑事责任。[4] 以孙某军走私普通货物案为例。

【案情简介】孙某军在帮助越南皇某集团筹备郑州皇某公司期间,将本应按一般贸易方式申报进口的巴沙鱼等冷冻水产品,委托他人伪报成边民互市贸易方式走私入境,偷逃应缴税款计 992 万元。郑州皇某公司成立后,孙某军以郑州皇某公司的名义向越南皇某集团采购巴沙鱼等冷冻水产品,采用同样方式走私

〔1〕 参见福建省厦门市中级人民法院刑事判决书,(2016)闽 02 刑初 130 号。
〔2〕 参见《走私案件意见》第 19 条。
〔3〕 参见《最高人民法院关于适用〈中华人民共和国公司法〉若干问题的规定(三)》第 2 条、第 3 条。
〔4〕 参见聂立泽:《单位犯罪新论》,法律出版社 2018 年版,第 96 页。

进口,偷逃税款 145 万元。公诉机关指控孙某军参与第一节走私系自然人犯罪,参与第二节走私系单位犯罪。法院则认为,第一节事实中孙某军系代表单位利益走私,虽然公司尚处于筹备阶段,但相关利益由筹备后成立的郑州皇某公司所继承,也应当成立单位犯罪。[1]

本案中,在公司筹备阶段,走私冷冻水产品的行为虽由孙某军决定实施,但并非以孙某军个人名义进行,而是在其组织指挥下,由设立中的公司员工实施诸如订单、物流管理、库存账面管理、支付清关费用、管理销售资金等一系列行为;在公司正式成立后孙某军担任总经理,因走私行为所获取的利益也由郑州皇某公司承继,体现的是公司利益。法院将全案认定为单位犯罪是合理的。

综上,设立中的单位有可能作为单位犯罪主体。当然前提是成立中的单位有一定组织机构、具备相对独立的意志能力,符合单位犯罪特征,而且需要以单位最终成立为条件;如果单位最终不成立,筹备阶段的权利义务由设立单位的发起人承担,不应当作为单位犯罪主体。

三、同一自然人参与不同单位走私的处理问题

司法实践中,同一自然人参与不同单位走私普通货物、物品的现象比较普遍。情况又复杂多样:有些案件中不同单位均已达到入罪标准,但数额累计后可能出现跨量刑档次的情形;有些案件中部分单位达到入罪标准,部分单位未达到入罪标准,甚至所有单位未达到入罪标准,但数额累计后达到入罪标准。那么,对参与不同单位走私的自然人该如何处理,实践中存在较大分歧。

总体而言,主要有以下四种不同观点:第一种观点认为单位犯罪的主体是不同单位,对单位中的自然人不应直接累计数额定罪处罚,而应当按照单位犯罪分别定罪,然后择一重罪处罚。第二种观点认为也应当分别定罪,但数罪并罚。第三种观点认为,应当将自然人参与的所有走私数额直接累计后,按单位犯罪标准定罪处罚。第四种观点认为,应当扣除未达到单位犯罪入罪标准的走私数额,将其他走私数额累计后按单位犯罪标准处罚。

我们认为,第四种思路更为合理,其综合了前面三种思路的优缺点,既体现单位犯罪中犯罪主体方面自然人对单位的依附性,又体现自然人作为独立个体所具有的相对独立性。这一思路可以概括为“分别定罪累计处罚”,具体规则如下:首先,按单位犯罪标准分别定罪,对于某个单位本身不构成走私普通货物、物品罪的,其走私数

---

[1] 参见福建省宁德市中级人民法院刑事判决书,(2018)闽 09 刑初 18 号。

额也不计入该自然人的犯罪数额；其次，对已经达到单位犯罪入罪标准的，将各个单位的走私数额累加计入该自然人的犯罪数额；最后，以累计后的犯罪数额为基础，按单位犯罪量刑标准来整体评价自然人的犯罪情节，进而确定相应量刑档次。之所以主张适用上述规则处理参与不同单位走私普通货物、物品的同一自然人，主要理由如下：

其一，单位犯罪中的自然人有相对独立的意志，从而决定其也有相对独立的刑事责任。从单位实际运行过程看，单位的意识和意志能力依附于单位中具体的自然人，单位的决策和执行都离不开具体的主管人员和直接责任人员，[1]某一个具体自然人对于是否参与单位行为、参与单位哪些行为、参与哪几家单位的行为都有一定自主权。这种自主权决定其通常情况应当对参与的所有违法犯罪承担相应责任。刑法明确规定多次走私未经处理的应当累计计算，既适用于个人犯罪中的自然人，也适用于单位犯罪中的自然人；既适用于参与同一单位犯罪中的自然人，也适用于参与不同单位犯罪中的同一自然人。

其二，对同一自然人参与不同单位走私的数额累计后综合评判犯罪情节，也体现罪责刑相适应原则。从社会危害性角度看，当犯罪数额相同时，同一人通过一家单位走私达到某一犯罪数额，与同一人通过不同单位走私达到同样犯罪数额，其社会危害性没有实质性区别，该自然人通过单位所实施的行为对国家造成的损失、对法益造成的侵害也基本相当。反之，如果不将同一自然人参与不同单位走私的犯罪数额累计后综合评判犯罪情节，明显有失公平。因此，如果只是择一重罪处罚无法充分评价其犯罪情节。而如果实施数罪并罚，由于都属于单位走私普通货物、物品罪，尽管是不同单位，但对自然人而言系同种数罪，有违我国同种数罪不并罚的理论原则。

其三，单位犯罪中自然人责任对单位责任有一定依附性，因此不能脱离单位犯罪本身评价自然人的责任。单位中的自然人在参与犯罪过程中，形式上体现单位名义、实质上维护单位利益。就整体而言，对单位中自然人刑事责任之有无、大小应当依单位犯罪标准来评判。首先，自然人对某一单位走私承担刑事责任，应当以该单位构成犯罪为前提。如果该单位本身不构成犯罪，却将其走私数额计入自然人犯罪数额中，显然违背了单位犯罪基本理论。因此，对同一自然人参与不同单位走私累计计算其犯罪数额时，应当作适当限制。其次，自然人参与不同单位走私，最终也应当按单位犯罪标准评价情节轻重。特别是在走私普通货物、物品案件中，由于单位犯罪与个人犯罪定罪量刑的数额标准差别很大，对自然人参与走私的犯罪数额累计后，仍然应按

---

〔1〕 参见冯先美:《在不同公司实施单位走私可否累计数额追究其刑事责任》,载《人民检察》2007 年第 11 期。

单位犯罪标准来评判其责任大小。以万某生走私案为例。

【案情简介】2014 年至 2016 年,在被告人万某生实际经营管理下,被告单位春某公司、澳某公司和锦某公司从土耳其等国订购大理石荒石,以低报价格的方式走私进口 37 票。三家公司偷逃应缴税额分别为 92.9 万元、39.3 万元、15.8 万元。公诉机关指控被告人万某生和被告单位春某公司、澳某公司犯走私普通货物罪,万某生偷逃应缴税额 148 万余元(涉案三家公司偷逃税额之和)。法院认为,被告人万某生作为春某公司、澳某公司二被告单位直接负责的主管人员,参与二单位走私犯罪,偷逃应缴税额 132 万余元(扣除锦某公司偷逃税额 15.8 万元),情节严重,以走私普通货物罪判处万某生判处有期徒刑 3 年,缓刑 4 年。[1]

本案涉及三家单位,其中两家单位已经构成犯罪,且均属于一般情节,即单位走私普通货物偷逃应缴税额 20 万元以上不满 100 万元;另一家单位则尚未到达单位走私普通货物偷逃应缴税额 20 万元的入罪标准。公诉机关将万某生所参与 3 家单位所有金额直接累计后,按单位犯罪标准对其定罪处罚。而法院则将锦某公司走私金额剔除后再累加计算,正体现了上述"分别定罪累计处罚"规则,具体处理思路如下:首先,按单位犯罪分别定罪,由于万某生参与锦某公司走私的金额尚未达到入罪标准,不应计入其犯罪数额;其次,春某公司、澳某公司两家公司均已达到单位犯罪入罪标准,两家单位犯罪金额累计 132 万元,作为万某生的犯罪金额;最后,按照单位犯罪标准评价,万某生犯罪金额已经达到单位犯罪"情节严重"量刑标准,即单位走私普通货物 100 万元以上不满 500 万元。

当然,如果行为人利用不同单位进行走私,且各个单位走私数额都达不到入罪标准,但数额累计后达到入罪标准的,按"分别定罪累计处罚"规则无法追究自然人的刑事责任,行为人可能会利用该漏洞实施单位走私。对此,如果行为人只是通过个别单位走私的,可以启动行政程序予以从重从严处罚;如果查明系恶意实施上述行为,走私利益、财产或参与人员等在个人与单位之间或者不同单位之间发生混同的,或者单位就是以实施违法犯罪为主要活动的,显然是将单位作为犯罪工具,可以直接按自然人犯罪处理。

四、单位走私责任人又实施同种个人走私犯罪的处理问题

在司法实践中,同一自然人既实施单位走私犯罪,又实施个人走私犯罪的情况比较常见。如果二者属于不同走私罪名,应当实行数罪并罚。如果二者属于同一罪名,如都是走私普通货物罪,对此该如何处理,存在不同意见。第一种意见认为应当累计

---

〔1〕 参见广东省广州市中级人民法院刑事判决书,(2019)粤 01 刑初 426、439 号。

后按主罪处罚。如果主要实施单位走私的,犯罪数额累计后按单位走私处理;如果主要实施个人走私的,犯罪数额累计后按个人走私处理。第二种意见认为择一重罪处罚。第三种意见认为应实行数罪并罚,即分别按照单位走私罪和个人走私罪定罪,再进行并罚。以被告人张某俊等走私普通货物案为例。

【案情简介】1999 年 10 月至 2002 年 7 月,被告人张某俊等人进口冻品业务过程中,由张某俊等人确定报关价格,采用制作、利用虚假外贸合同、发票等单证、低价报关的方法,偷逃应缴税额。(1)单位走私:被告人张某俊、汪某平在经营金亚联公司期间,以南京某纺织品进出口股份有限公司名义代理陈尾金等 3 人走私进口货物 89 票,偷逃应缴税款合计 318 万元。(2)个人走私:被告人张某俊私自决定以舜天科发公司的名义代理黄威等人走私进口货物 143 票,偷逃应缴税款合计 297 万元。二审法院认定,张某俊犯(单位)走私普通货物罪,判处有期徒刑 2 年;犯走私普通货物罪判处有期徒刑 12 年,并处罚金人民币 298 万元;决定执行有期徒刑 13 年,并处罚金人民币 298 万元。[1]

本案中,张某俊参与单位走私普通货物,偷逃应缴税额 318 万余元,参与个人走私普通货物,偷逃应缴税额 297 万余元,且都属于走私普通货物罪。表面上看属于同种数罪,而按照我国刑法理论,对同种数罪原则上只按一罪处理,不数罪并罚。但本案中,法院认定张某俊参与单位犯罪和个人犯罪符合数个犯罪构成,分别按单位走私普通货物罪和个人走私普通货物罪对其数罪并罚。法院的判决是合理的,主要理由:第一,从客观方面看,张某俊分别以个人名义和单位名义实施多个走私行为,单位行为与个人行为有各自独立性。第二,从主观方面看,在个人犯罪中体现个人意志,为个人牟取利益;而在单位犯罪中体现单位意志,为单位牟取利益。第三,从法条适用看,单位犯罪触犯刑法第 153 条第 1 款第 1 项、第 2 款、第 3 款,个人犯罪不涉及第 2 款,单位走私普通货物罪和个人走私普通货物罪实质上属于异种数罪。第四,从量刑平衡看,走私普通货物罪中单位犯罪与个人犯罪定罪量刑标准不一致,也难以累加数额后评价,如果只按照单位犯罪处理,无法评价其个人犯罪情节,反之亦然。因此,只有数罪并罚分别评价才能罚当其罪。

五、单位通关走私相对不起诉后诉讼时效冲突问题

行政执法与刑事司法均涉及追诉时效问题。对于犯罪情节轻微、符合不起诉条

---

〔1〕 参见任宪成、董超、黄胜齐:《张某俊等走私普通货物案——单位责任人员在实施单位犯罪的同时,其个人又犯与单位犯罪相同之罪的,应数罪并罚》,载《刑事审判参考》第 58 辑,法律出版社 2007 年版,第 1 ~4 页。

件的单位走私案件，法定刑一般在5年有期徒刑以下，甚至3年有期徒刑以下。根据一般程序，此类案件检察机关不起诉后，通常需要海关后续予以行政处罚。然而，此类案件的刑事追诉时效为5年，而行政处罚时效为2年，当刑事程序转为行政程序时，就可能存在着时效冲突的问题。例如，对于走私行为终了后，如果案发时已经超过2年但不满5年的，对于行为人能否再予以行政处罚，如何处理违法所得？以宁波市基范尼品牌管理有限公司为例。

【案情介绍】2011年8月至12月，宁波市基范尼品牌管理有限公司采用低报价格方式走私进口品牌箱包、鞋服等货物，偷逃应缴税额35万余元。2012年5月至9月，该公司与宁波卡布里品牌管理有限公司（已于2014年8月27日注销）合谋，由同样采用低报价格方式走私进口品牌箱包、鞋服等货物，偷逃应缴税额48万余元。2014年11月10日，海关缉私部门对本案立案侦查。后宁波市基范尼品牌管理有限公司主动退赔违法所得人民币100万元。海关缉私部门移送检察机关审查起诉后，检察机关以犯罪情节轻微、有自首情节、退赃表现等为由，予以不起诉决定。[1]

本案中，宁波市基范尼品牌管理有限公司在2011年8月至2012年9月，实施了走私行为。该行为终了之日到2014年11月10日走私行为被发现，时间已超过2年。根据《行政处罚法》第36条规定，违法行为在2年内未被发现的，不再给予行政处罚，法律另有规定的除外。显然，海关已丧失了对宁波市基范尼品牌管理有限公司的走私行为进行处罚的权力。但根据《海关法》第62条规定，进出口货物、进出境物品放行后，海关发现少征或者漏征税款，应当自缴纳税款或者货物、物品放行之日起1年内，向纳税义务人补征。因纳税义务人违反规定而造成的少征或者漏征，海关在3年以内可以追征。故海关仍保有向宁波市基范尼品牌管理有限公司追征税款的权力。本案不起诉后，海关也可依法向宁波市基范尼品牌管理有限公司追征税款。

行政法与刑法不同的追诉时效，引发走私案件在不起诉时需要考虑更加周全：一方面，尽管走私案件办理中，相对不诉后能否行政处罚不是相对不起诉需要考虑的条件，但检察机关在作出相对不诉决定前，还是要关注时效问题；若走私行为距离发现时间已经超过行政处罚时效，则应重点关注海关是否还有追征税款的权力、走私行为人是否具备补缴税款的意愿和能力，确保走私案件“两法”衔接更加顺畅。另一方面，在行政案件办理过程中，也要注意既往违法行为的调查，不要因为2年的追诉期就忽

[1] 宁波市基范尼品牌管理有限公司走私箱包案，浙江省宁波市人民检察院甬检刑不诉（2017）4号不起诉决定书。

略当事人构成刑事犯罪的可能。例如本案中,若办案人员在工作中没有详尽调查宁波市基范尼品牌管理有限公司的既往走私行为,而仅仅从行政处罚的角度进行调查,很有可能导致该案无法进入后续办理。

六、单位走私案件的程序问题

(一)单位走私案件的诉讼代表人问题

对涉嫌走私犯罪的被告单位提起诉讼的,应当确定诉讼代表人。对于如何确定诉讼代表人,《走私案件意见》等文件作出比较详细的规定。单位诉讼代表人,应当是单位的法定代表人或者主要负责人。单位的法定代表人或者主要负责人被依法追究刑事责任或者因其他原因无法参与刑事诉讼的,应当由被告单位委托其他负责人或者职工作为诉讼代表人。但是,有关人员被指控为单位犯罪直接责任人员或者知道案件情况、负有作证义务的除外。走私案件中大量被告单位系中小民营企业,单位规模小,人员少,大量单位案发后已经解散或处于事实上停业状态,单位主要负责人涉案后,往往很难确定单位的其他负责人。因此从司法实践看,只要能够确定是单位职工,就可以作为诉讼代表人。根据上述条件仍然难以确定诉讼代表人的,可以由被告单位委托律师等单位以外的人员作为诉讼代表人。

被告单位没有合适人选作为诉讼代表人出庭的,因不具备追究该单位刑事责任的诉讼条件,可按照单位犯罪的条款先行追究单位犯罪中直接负责的主管人员或者其他直接责任人员的刑事责任。对直接负责的主管人员和其他直接责任人员均无法归案的单位走私犯罪案件,只要单位走私犯罪的事实清楚,证据确实、充分,且能够确定诉讼代表人代表单位参与刑事诉讼活动的,可以先行追究该单位的刑事责任。

(二)单位走私后单位发生重组、被依法注销等情形的处理

单位走私犯罪后,单位发生分立、合并或者其他资产重组等情况的,只要承受该单位权利义务的单位存在,应当追究单位走私犯罪的刑事责任。走私单位发生分立、合并或者其他资产重组后,原单位名称发生更改的,仍以原单位(名称)作为被告单位。承受原单位权利义务的单位法定代表人或者负责人为诉讼代表人。

单位走私犯罪后,发生分立、合并或者其他资产重组情形,以及被依法注销、宣告破产等情况的,无论承受该单位权利义务的单位是否存在,均应追究原单位直接负责的主管人员和其他直接责任人员的刑事责任。如果单位因被注销等原因而不存在的,对该单位不再追诉。

第六节　典型案例综合分析:陈某缘等走私檀香紫檀案评析

一、案情简介

2018 年 3 月至 2019 年 1 月,陈某缘为谋取非法利益,与郑某某、陈某某(均已判决)共谋,明知进口檀香紫檀需要《濒危物种进口许可证》,在没有取得许可证的情况下,由郑某某以及陈某某联系的境外货主于境外采购檀香紫檀,陈某缘负责货物进口、收取高额清关费用。之后,陈某缘经与潘某富共谋,由潘某富以伪报品名的方式进口檀香紫檀共计 13 票。卞某某、陈某某受陈某缘指使,参与走私 9 票。2019 年 1 月 15 日,海关查获 1 票陈某缘走私进口的涉案木料,后又陆续查获 4 票涉案木料。上述 5 票木料共计 55.44 吨(其中 3 票已经申报,2 票尚未申报),经取样鉴定均系檀香紫檀,属于 CITES 附录Ⅱ物种。经上海市价格认证中心认定,涉案 13 票檀香紫檀共计价值人民币 6673 万余元,偷逃应缴税额共计 509 万余元。其中,卞某某、陈某某参与走私 9 票檀香紫檀价值 3847 万余元,偷逃应缴税额 293 万余元。

法院认定,被告人陈某缘犯走私普通货物罪,判处有期徒刑 6 年 6 个月,并处罚金 60 万元。被告人潘某富犯走私普通货物罪,判处有期徒刑 6 年 6 个月,并处罚金 60 万元。判处被告人陈某某犯走私普通货物罪,判处有期徒刑 3 年,缓刑 3 年,并处罚金 20 万元。[1]

二、焦点问题

本案主要有几个焦点问题:一是无许可证的情况下,伪报品名走私进口珍稀植物,且偷逃进口环节应缴税额的,如何定性;二是单位犯罪的认定问题;三是走私进口珍稀植物尚未申报时,在通关现场被查获的,关于既未遂的认定问题。

三、综合评析

(一)关于行为定性分析

本案涉案檀香紫檀属于 CITES 附录Ⅱ物种,系刑法上的珍稀植物,行为人采取伪报品名的方式走私进口,偷逃应缴税额,既侵犯国家有关珍稀植物进出境监管制度,又侵犯海关税收征管制度,同时符合走私国家禁止进出口的货物罪和走私普通货物罪的犯罪构成要件。根据《走私案件解释》第 21 条规定,未经许可进出口国家限制进出口的货物、物品,构成犯罪的,应当依照刑法第 151 条、第 152 条的规定,以走私国家禁止进出口的货物、物品罪等罪名定罪处罚;偷逃应缴税额,同时构成走私国家禁止

---

〔1〕 参见上海市高级人民法院刑事裁定书,(2020)沪刑终 39 号。

进出口的货物、物品罪和走私普通货物、物品罪的，依照处罚较重的规定定罪处罚。

结合本案具体涉案数额，走私国家禁止进出口的货物罪，犯罪金额6000余万元，法定刑为5年以上有期徒刑；走私普通货物偷逃应缴税额500余万元，法定刑10年以上有期徒刑、无期徒刑，故应当以走私普通货物罪定罪处罚。其中陈某某涉案价值3847万余元，偷逃应缴税额293万余元，其走私普通货物税额比较接近250万元。假设其在本案中参与走私案值2000余万元，涉案税额在250万元以下，其行为应定性为走私国家禁止进出口的货物罪。可见，在既逃税又逃证走私中，并非全案人员最终定性都一致，仍然需要结合各自人员具体犯罪数额方能准确定性。

（二）关于单位犯罪

被告人潘某富辩解其系代表久三公司实施走私，属于单位犯罪。根据相关规定，单位犯罪有两个基本特征：(1)以单位的名义实施犯罪，即由单位集体研究决定，或者由单位的负责人或者被授权的其他人员决定、同意；(2)为单位谋取不正当利益或者违法所得大部分归单位所有。[1] 具体到本案中，潘某富的行为不符合单位犯罪的特征，理由如下：一是决策行为并非体现久三公司的意志。潘某富参与走私的行为并未经久三公司决策程序决定，是潘某富以个人名义单独私下与陈某缘等人联系，且联系时双方往往使用特定词语以逃避侦查，潘某某也仅是根据潘某富的个人指示进行操作。二是收益所得并非归久三公司所有。陈某缘支付给潘某富的非法所得并没有打给久三公司，而是打到潘某富的私人账户或其妻子沈某某的个人账户；沈某某收到三笔钱后将其中剩下一笔留下来用于偿还潘某富的个人债务，体现出沈某某可以自由处置非法所得；也无证据证实潘某富将违法所得转入久三公司账户，故潘某富谋取的不正当利益应认定为归于个人所有或使用而非归久三公司所有。

（三）关于既未遂

本案一共走私13票货物，其中5票共计44吨货物在海关监管区被现场查获。而这5票货物中，有3票已经完成申报，另外2票尚未申报即被查获。对此，行为人辩解该2票系犯罪未遂。

根据前述分析有关通关走私既未遂的判断标准，对于单纯低报价格走私构成走私普通货物罪的，适用申报行为完毕标准；对于走私禁限类货物、物品的，适用海关监管现场标准。本案其中2票货物尚未申报，尽管最终也定性为走私普通货物罪，但由于行为人自始缺少进口檀香紫檀所需的许可证，在货物进入海关监管现场后不存在提交许可证如实申报的现实可能性，应当认定为犯罪既遂。

---

〔1〕 参见《走私案件意见》第18条。

第四章　绕关走私

第一节　绕关走私概述

一、绕关走私概念与特征

绕关走私，是指未经国务院或国务院授权的机关批准，从未设立海关的地点运输、携带国家禁止进出境的物品、国家限制进出口或者依法应当缴纳关税的货物、物品进出境的行为。[1] 绕关走私与通关走私是走私的两种基本类型，虽然二者都存在逃避海关监管的情形，但逃避监管的方式、程度都有所区别，从而在事实认定、法律适用等方面都有独特思路。

通关走私毕竟通过设立海关的地点，通常只是部分逃避海关监管，在货物通关环节中一般会形成订舱单、提单、报关单、付汇单、人员进出境记录等客观性很强的证据，便于事后从通关、海运、物流、资金、人员等方面对货物追根溯源，在行为次数、货物数量、来源、去向、关联单位或人员的判断上也比较容易。相反，绕关走私则完全逃避海关监管，书证少、行为隐蔽，除非现场查获，否则在货物进出境环节很少留下明显痕迹，这对查清货物来龙去脉、认定走私次数、数量甚至要准确判断货物属性都有很大难度。

近年来，绕关走私犯罪增长迅速，相关案件在所有走私案件中所占比例越来越高，沿海沿边地区更是如此。总体而言，当前绕关走私呈现以下几个显著特征：

第一，绕关走私团伙化、专业化程度高。绕关走私已逐步形成产、供、销完整产业链，不同人员分工明确、职责相对固定。从实际查处的案件看，从供货环节、接货环节到付款环节、销售环节、收赃环节等，各个环节都有相关人员被查处，犯罪团伙化程度

---

〔1〕 参见张大春：《走私罪研究》，中国海关出版社2013年版，第72页。

非常高。

第二,走私规模非常庞大,危害后果特别严重。根据不同走私途径,绕关走私包括海上走私、陆路走私和空路走私,目前我国主要是海上走私和陆路走私,空路走私很少见。无论是陆路走私还是海上走私,走私团伙通常利用车辆、船舶反复走私,被查处概率较低,可以很快积累大规模的走私货物。尤其是海上走私以船舶作为货物运输工具,而船舶载重量少则几百吨,多则成千上万吨,通常在短时间内走私若干次便可以积累几千吨甚至上万吨规模,走私货物数量、偷逃应缴税额都特别巨大。

第三,绕关走私隐蔽性不断增强,案件处理难度也不断加大。绕关走私不通过设立海关的地点,也不经过其他国家依法常规监管的码头、通道,走私过程中除非被现场查获,否则整个走私过程中几乎不留下与走私相关的直接物证、书证,很难认定具体走私时间、地点、货物、数量,甚至哪些人员参与走私都很难确定,案件查处难度非常大;即便被查处,按照犯罪构成要件准确认定走私货物品名、数额难度也很大。

第四,绕关走私对象相对集中。目前绕关主要集中在成品油、冻品、白糖这三类大宗商品,其中又以成品油最为集中,近两年来冻品走私、白糖走私也越来越多,偶尔还有海砂、煤炭等其他货物。这些货物有三个共同特征:一是国内市场需求量巨大,通常与人们的日常生产生活息息相关;二是进出口环节税率普遍较高,尤其是白糖配额关税很高,其综合税率最高时超过200%,较大的利润差驱使犯罪分子铤而走险;三是这些货物都比较适合通过绕关运输或直接过驳。

二、绕关走私常见类型

(一)海上走私、陆路走私

众所周知,我们国家陆上边界线约2.2万公里,海岸线约1.8万公里,既有陆路走私,也有海上走私,虽然二者都是绕关走私,但也有比较明显的区别,这种区别根源于海洋独特的自然属性和多元的法律地位。

陆上边界主要体现为山川、河流、平地等,国与国之间可以在陆地上划出清晰边界,[1]即使部分陆上边界存在争议,通常可以在争议区与非争议区之间划清界限。基于清晰的边界,对于货物是否通过陆上边界非法越境,人们通常可以作出直接判断,走私行为的认定也比较简单明了。

相对于陆上边界泾渭分明的特征,海上边界具有法律地位多元化和模糊性特征。以领海基线为界,向外延伸12海里、24海里、200海里分别为领海、毗连区、专属经济

---

〔1〕 基于走私的特性,这里的边界也包括一国内部不同关税区之间的边界,如中国内地与香港特别行政区、澳门特别行政区的边界。

区、公海,它们有不同的法律地位。国家对领海有完整主权,在毗连区上有安全、海关、财政、移民、卫生方面的权力,因此也有缉私权。但是国家对于毗连区以外的专属经济区,沿海国有海洋资源、经济性开发勘探的权力,是否有缉私权就有一定争议。专属经济区之外则为公海。不同海域法律地位对走私案件定性会产生一定影响。更难的是,不同海域之间的界限是茫茫大海,案件发生后,如何从证据角度还原涉案船舶在哪些海域活动过,通常是比较难的。因此,从司法认定角度来讲,不同海域界限往往比较模糊。

(二)直接走私与间接走私

根据《刑法》第155条规定,间接走私包括两种类型:一种是直接向走私人非法收购国家禁止进口物品,或者直接向走私人非法收购走私进口的其他货物、物品,数额较大的,俗称"一手购私";另一种是在内海、领海、界河、界湖运输、收购、贩卖国家禁止进出口的物品,或者运输、收购、贩卖国家限制进出口的货物、物品,没有合法证明的,俗称"水上走私"。

间接走私是相对于直接走私而言,直接走私是典型意义上的走私行为,而间接走私不符合走私罪的本质特征,只是基于法律特别规定按走私罪论处,理论上又称为准走私。鉴于一手购私行为迅速帮助走私分子实现走私目的,从而大大助推走私活动的泛滥,其社会危害性与原始的或典型的走私行为的社会危害性具有相似性,刑法将其规定为按走私罪论处,实际上是一种法律拟制。鉴于在内海、领海、界河、界湖非法运输、收购、贩卖国家禁止、限制进出口的货物、物品,行为人主观心态也是显而易见的,就是其利用上述"临界点"以及海面、水面不易查获的有利条件,以船舶作为交通工具进行走私活动,可见,此类行为与直接走私行为之间具有概率性或逻辑性的常态联系,刑法将其规定为按走私罪论处,这实际上是一种法律推定。[1]

通关走私、绕关走私、间接走私和后续走私是学理上对走私行为的基本分类。[2]如果说后续走私与通关走私息息相关,也就是货物只有经过通关环节进境后,才可能发生后续走私;那么间接走私则与绕关走私息息相关,水上走私本质上是绕关走私的一个预备环节(走私出境)或后续环节(走私入境),而一手购私虽然在通关走私和绕关走私中都可能存在,但从司法实践角度看,绝大部分一手购私案件都发生于绕关走私的后续环节,在通关走私模式下很难查实一手购私行为,这主要是由绕关走私的特点所决定的。相较于通关走私,通常情况下绕关走私规模更加庞大,更容易在短时间

〔1〕 参见邓崇专、黎仲诚:《走私罪司法认定与执法完善问题研究》,中国法制出版社2019年版,第227~229页。

〔2〕 参见张大春:《走私罪研究》,中国海关出版社2013年版,第72~75页。

内迅速积累特别巨大的数量,而且行为人逃避海关监管的客观行为和主观故意更加明确。从走私分子的角度来讲,他们对走私后及时、快速地将走私货物处理完毕的时效性要求更高,从调查取证的角度看,司法实践中也相对更加容易查实一手购私行为。

(三)一次性走私和分段运输型走私

在传统走私模式下,走私规模比较小,走私人员分工比较模糊,一般由行为人自身或者雇佣相关人员直接走私货物、物品进出境。然而,随着走私团伙程度不断提高,分工越来越专业,以及现代通信技术和船舶技术提供的各种便利,分段运输型走私越来越常见,这在海上走私中最为常见。通常是大型船舶从境外批量装载数千吨甚至上万吨成品油、白糖等货物,开行至近海后长期漂泊在海上,伺机将货物分批过驳给其他船舶,走私团伙自行组织或者其他买家组织各种各样的中小型船舶,从境内码头驶往近海靠近大船接驳货物,之后这些中小型船舶可能直接驶往境内码头卸货,也可能驶往更靠近海岸线的海域,又在海上直接过驳给其他更小的船舶,小船接货后再驶往境内码头。

在这种分段式运输走私模式下,不同船舶之间过驳货物的海域经常捉摸不定,可能在公海、毗连区、领海甚至内海,更多情况下可能无从查实。实践中,绝大多数情况下只能查处到靠岸或者临近靠岸的终端环节,而判断走私的根本标准是将境外货物从领海以外非法运输入境,那么不同主体接货地点对于行为性质的判断就会产生重要影响。

三、绕关走私案件常见疑难问题

从司法实践角度看,近年来绕关走私案件主要存在以下几个常见疑难问题:

第一,执法查缉难。绕关走私多采取分段接驳、机动作案的方式,不同走私团伙之间相互勾连、分段负责。海上走私中,境外"母船"游弋在公海或我国专属经济区,"中巴"船舶前往过驳,运至近海再由"小巴"船舶接驳,从绕关码头上岸。陆路走私同样有境内外人员互相配合,分段负责。走私团伙组织严密,幕后组织、指挥者身份隐蔽,现行查获、全链条打击的难度很大。

第二,侦查取证难。绕关走私团伙反侦查意识强、作案手法隐蔽,具体实施偷运货物、物品出入境的走私犯罪分子与幕后老板多采取单线联系,随时销毁通信、交易的证据;运输车辆、船舶无进出口岸或码头申报记录、无船舶自动识别系统(AIS)、无航海日志;码头卸油后直接由油罐车拉走,无油品入库记录;走私油款往往利用多个非团伙成员账户分拆支付,资金流难以查证等,导致该类案件证据体系构建十分困难。

第三,事实认定难。绕关走私团伙化特征明显,涉及环节多、参与人员多,处于不同环节参与者只与其中个别人员相关联,主观故意判断难度大。物证、书证少,准确认定走私货物属性以及走私次数、数量、金额等事实难度大,各地在证据规格、证明标准的把握上存在较大差异,定性处理不一致,执法尺度不一致。

第四,案件定性难。绕关走私犯罪活动环节多、链条长,涉案主体、行为方式具有多样性,且涉及在公海或我国专属经济区贩卖、过驳,海上偷运,内河及陆上运输,收购、存储、加工、销售等多个环节,涉案人员众多,参与方式、参与程度不同,实践中部分行为定性争议较大。

第五,运输工具处理难。大量走私犯罪分子为逃避打击,运输走私货物的船舶、车辆多采取租赁或者挂靠方式,权属关系难以查证。案发后,船舶、车辆的名义所有人经常持船舶证书、租赁合同等到办案单位申请发还,很难证明船舶所有人主观上明知被用于走私,或者是否虚假转让、虚假租赁。以致案发后对船舶很难处理,走私分子违法犯罪成本比较低。

第二节 绕关走私中各类行为定性分析

绕关走私可以分为进口走私和出口走私,实践中最常见、行为定性也最复杂的是海上进口走私。走私本质上是货物的非法进出境,而进口走私可以分为两个基本要素:一是来自境外的货物,二是非法入境。传统走私模式下,一般是大船在境外港口装载货物后一次性走私入境,直接在境内非设关码头卸驳。这种走私模式下,通常可以很容易判断货物来自境外,且货物完成了非法入境的过程,走私行为比较容易认定。

然而,当前海上分段运输型走私越来越普遍。这种模式下,无论是境外供货母船还是境内出海接货的中小型船舶,在走私行为认定上都存在不同困境:首先,来自境外的供货母船停在专属经济区、公海上向境内出海的船舶提供走私货源时,母船尚未进入毗连区或领海,是否属于走私行为、沿海国是否有管辖权等问题比较容易引起争议。其次,境内船舶出海非法接驳货物时,大量情况下海上过驳货物的海域不清楚,难以从事实角度明确这些船舶在领海以外接驳货物,甚至就是在领海、内海上过驳货物,其行为性质该如何认定也有一定争议。

一、提供走私货源的境外大型供货母船相关行为的定性

在海上分段运输接力型走私中,如果境外大型供货母船以走私为目的非法进入领海、毗连区,可以直接认定走私犯罪。当母船在专属经济区或者公海上向中小型船舶提供走私货源,我国对该母船是否有管辖权,能否以走私罪追究其刑事责任?如果

追究刑事责任,是否与专属经济区和公海中的“航行自由”原则相冲突?以蔡某生等人走私柴油案为例。

【案情简介】2004 年 2 月 26 日,玻利维亚籍“MIRI”轮从新加坡驳装 4428 吨柴油。3 月 1 日,该轮行驶至北纬 21°30′、东经 116°30′(我国专属经济区)附近漂泊。其间国内渔船多次行驶至该海域,通过一元纸币等与“MIRI”轮对接,过驳柴油后走私入境。3 月 5 日至 3 月 13 日,“MIRI”轮一共 39 次卸驳 4379 吨柴油给境内渔船走私入境。后“MIRI”轮又多次从其他大型船舶上驳装 7967 吨柴油,之后再行返回原来海域,以同样方式卸驳 3544 吨柴油给“粤陆丰 28077”船等境内渔船走私入境。3 月 26 日凌晨,国内“粤陆丰 28338”渔船到达我国专属经济区(北纬 21°30′、东经 116°30′),从“MIRI”轮过驳柴油时,被汕头海关缉私人员现场抓获,查扣“MIRI”轮上柴油 4368 吨和“粤陆丰 28338”渔船上柴油 2.8 吨。“MIRI”轮上管事蔡某生、大副李某杭等人被抓获。蔡某生参与走私柴油 3544 余吨,偷逃应缴税款 2549 万余元。判决书认定,被告人蔡某生等人犯走私普通货物罪,判处蔡某生有期徒刑 5 年,并处罚金 20 万元。[1]

根据相关法律规定,沿海国在专属经济区上虽然可以采取登临、检查、逮捕、扣留和进行司法程序等必要措施,但也仅限于针对行使有关勘查、开发、养护和管理专属经济区的生物资源的主权权利。[2] 除上述情况以及在领海内发生且后果及于该国的情形外,沿海国对于在其专属经济区内正常通过和航行的外国船舶无刑事管辖权。[3] 可见,难以单纯根据专属经济区的权利内容直接推导出沿海国在该区域有打击走私方面的刑事管辖权。当然,这并不意味着沿海国对专属经济区内涉嫌走私的行为就不具有管辖权。本案中,可以根据《联合国海洋法公约》“推定存在”规则以及《刑法》保护管辖原则确定我国的缉私管辖权。

第一,根据《联合国海洋法公约》第 111 条第 4 款规定,如果母船派出的小船进入沿海国领海、毗连区或者专属经济区,并且违反沿海国在该海域相应法律和规章,那么沿海国可以对母船行使紧追权,并且追究其法律责任,即便母船不在上述海域或违

〔1〕 参见广东省汕头市中级人民法院刑事判决书,(2005)汕中法刑二初字第 1 号。

〔2〕 参见《专属经济区和大陆架法》第 12 条第 1 款规定,“中华人民共和国在行使勘查、开发、养护和管理专属经济区的生物资源的主权权利时,为确保中华人民共和国的法律、法规得到遵守,可以采取登临、检查、逮捕、扣留和进行司法程序等必要的措施”。

〔3〕 参见屈广清、曲波主编:《海洋法》,中国人民大学出版社 2017 年版,第 101 页。

反相应的法律和规章。[1] 该制度就是国际海洋法上的"推定存在"规则,是指小船的存在视为其母船存在于相应海域,小船的行为就视为其母船的行为。我国作为该公约缔约国之一,可以适用上述规定。具体到本案,MIRI 轮已经多次将柴油非法卸驳给境内渔船走私入境,虽然 MIRI 轮所实施的行为在我国专属经济区内,但它实施走私的小船"粤陆丰 28077"船、"粤陆丰 28338"船等在我国领海之内,小船的存在视为母船 MIRI 轮也存在于我国领海之内,小船所实施的走私行为视为其母船 MIRI 轮所实施的走私行为。我国对"粤陆丰 28077"船、"粤陆丰 28338"船等船舶的走私行为有管辖权,对其母船 MIRI 轮也就享有管辖权。

第二,根据我国《刑法》规定,基于保护管辖原则,在我国领域外对中华人民共和国国家或者公民犯罪的,可以依照刑法追究刑事责任。母船的行为虽然发生在领海之外的专属经济区或公海上,但母船往往航行至靠近我国沿海的海域上长时间停泊,伺机卸油,通过一元纸币等作为暗号与境内出海船舶对接,而且长期反复向不同中小型船舶大批量供油,又无合法手续,显然明知这些船舶实施走私行为,构成走私共犯,母船的行为属于对中华人民共和国国家实施的犯罪,我国具有管辖权。对此,《非设关地走私纪要》第 1 条第 4 款规定,"行为人与他人事先通谋或者明知他人从事走私成品油犯罪活动,而在我国专属经济区或者公海向其贩卖、过驳成品油的,以走私罪共犯追究刑事责任。"

当然,专属经济区和公海中的"航行自由"是国家海洋法上的一项重要原则。但是,这里的"航行自由"只承认各国根据国际公约和国际习惯对专属经济区和公海的正常与合理利用,绝不意味着这些海域可以作为庇护各种犯罪活动的场所。事实上,"国际法历来认为,一国在其包括公海在内的沿海水域打击走私活动,是其执行本国法律和海关法规、维护国家利益不受侵犯的主权权利"[2]。沿海国根据"推定存在"规则,追究参与走私的母船的法律责任,也是许多国家的常见做法。

二、境内出海非法接货的中小型船舶相关行为的定性

对于出海接货的中小型船舶,其难点在于当接货的位置没法确定或者就是在领海、内海从大型船舶上接货时,此类行为该如何定性?以李某等人走私普通货物案为例。

---

〔1〕 参见《联合国海洋法公约》第 111 条第 4 款规定,"除非追逐的船舶以可用的实际方法认定被追逐的船舶或其小艇之一或作为一队进行活动而以被追逐的船舶为母船的其他船艇是在领海范围内,或者,根据情况,在毗连区或专属经济区内或在大陆架上,紧追不得认为已经开始。追逐只有在外国船舶视听所及的距离内发出视觉的停驶信号后,才可开始"。

〔2〕 刘文宗:《我国有权对"鹰王号"走私船行使主权管辖》,载《外交学院学报》1992 年第 1 期。

【案情简介】2017年11月某日夜晚,李某等人驾驶"盛峰78"船,从浙江省慈溪市红旗闸码头出发,开行三四海里左右,至七姐八妹列岛附近海域,从一艘大船上接驳燃料油,后返航至红旗闸码头,直接卸驳。11月至12月,"盛峰78"船以上述方式开行至同一海域一共从大船接驳无合法手续的燃料油3次500余吨,涉及进出口环节应交税额共计104万余元;接驳无合法手续的白糖3次1270余吨,涉及进出口环节应交税额共计283万余元。其中该船最后一次非法运输白糖在红旗闸码头卸驳时,被边防派出所查获,白糖合计570吨,白糖外包装上印有"泰国生产""甘蔗""白砂糖"等字样。[1]

本案接货地点位于领海甚至可能是内海上,涉案船舶没有跨越领海,能否认定为走私?对此,可以分两个步骤来判断行为性质。首先,可以认定本案涉案货物源于境外。主要有两点理由:其一,从本质上讲,涉案白糖外包装上印有"泰国生产""白砂糖"等字样,这些外包装清楚显示涉案货物来自泰国,可以判断货物源于境外。其二,从逻辑上讲,本案海上接驳的货物要么源于国内陆上,由其他船舶运输至涉案海域后过驳给小船;要么由其他船舶从境外运输至涉案海域过驳给小船。显然,从一般商业逻辑看,前者不太可能,概率也非常低,结合本案大批量货物、无合法手续运输以及当前东南沿海海上走私白糖、成品油泛滥的大背景,可以推定上述货物来自境外。因此,除非当事人有相反证据佐证货物确实源于境内,否则可以推定涉案货物源于境外。

在认定涉案货物源于境外的基础上,着眼于海上走私整体来判断行为性质。基于海洋特殊性,在海上走私过程中,船舶抵达海岸或靠泊码头卸货之前,整个海上走私都尚未全部结束,各个船舶在海上不同环节介入非法接驳货物,它们分别属于整个海上走私的其中一个环节,这些不同环节前后互相衔接共同完成海上走私,从而对于无论是在哪段海域介入接驳货物的,只要在货物抵达海岸之前,都可以认定为海上走私共同犯罪。因此,本案"盛峰78"船上人员多次在离海岸三四海里海域从其他船舶上非法接驳成品油、白糖运输的行为属于走私犯罪。

当然,对于境内出海船舶接货的行为,如果能够综合其他证据确定涉案船舶在领海以外非法接驳货物后运输入境的,可以直接认定为走私行为。实践中,通常可以结合当事人供述的开船时间、速度、船舶状况等因素综合认定。比如,一般出海接货需要10多个小时,时速七八节,也就是开行100多海里才能从大船上接到油;而领海宽度为12海里,可见船舶开行的距离远远超出领海区域,可以认定是从领海以外接驳货物。不过,这些证据对当事人口供依赖性较大。

---

[1] 参见浙江省宁波市中级人民法院刑事判决书,(2019)浙02刑初68号。

此外,对于海上走私的案件,如果涉案货物属于国家禁止或限制进出口的货物、物品,只要是在内海、领海查获无合法手续购买、运输此类货物、物品的,就无须判断行为人接货海域或地点,可以直接适用《刑法》第155条第2项,以走私罪论处。

司法实践中,不少走私案件在海上过程中被有关执法部门当场查处,由于涉案船舶尚未实际靠岸,不少行为人常常会以对走私不知情、不排除未来可能靠泊设关码头为由,辩解并非走私行为。以被告人张某拧走私普通货物案为例。

【案情简介】2017年6月,香港瑞某工程公司(另案处理)委托被告人张某拧等人,以深圳蛇口星某港航运输工程有限公司的名义与台山昌某船厂签订"长盛308"船的维修合同,船舶从香港特别行政区到船厂的报关手续由被告人张某拧负责。同年7月10日16时许,香港瑞某工程公司指派被告人蔡某财、冼某有分别担任"长盛812"船、"长盛308"船船长。在未向海关、海事部门申报的情况下,被告人蔡某财驾驶"长盛812"船,拖带被告人冼某有驾驶的"长盛308"船,由香港特别行政区出发走私进境。次日12时许,两船行驶至广东省台山市下川岛海域,被告人张某拧指派船舶前往接驳拖运至昌某船厂。三船汇合后当场被海事部门查获,缴获钢材1810.88吨。经海关核定,走私钢材偷逃应缴税款人民币236万余元。[1]

本案中,辩方就认为张某柠与委托人在本案事发前已着手报关事宜,但因疏忽大意未能在案发前办理好报关手续,导致本案的发生。法院认为,本案行为人不存在到达目的地后再向海关申报的可能性。根据《海关进出境运输工具监管办法》《海关进出境运输工具舱单管理办法》《海关关于来往香港、澳门小型船舶及所载货物、物品管理办法》的规定,进出境运输船舶需要向海关备案后方可从事进出境货物运输,且在运输时还要履行按照交通运输主管部门或海关指定路线行驶、接受海关中途监管站监管、向海关申报抵达目的港时间和停靠位置、舱单传输等义务。但本案涉案船只未在海关备案,未取得交通运输主管部门规定或海关指定的路线许可,未向海关中途监管站报告,运输工具负责人未能将进境时间、抵达目的港的时间和停靠位置通知海关,舱单传输人未能在抵达前24小时向海关传输原始舱单。因此,无法向海关申报所载货物数据,不存在到达目的地后再向海关申报的可能,应以走私论处。

三、绕关走私冻品的行为定性分析

(一)绕关走私冻品行为定性的困境

冻品走私主要涉及走私普通货物罪和走私国家禁止进出口的货物罪。按照传统

[1] 参见广东省江门市中级人民法院刑事判决书,(2018)粤07刑初24号。

思路,国家禁止进口来自疫区的偶蹄类动物及其产品。行为人走私进口上述冻品的,按走私国家禁止进出口的货物罪定罪处罚;行为人走私进口其他冻品的,根据偷逃应缴税额,按走私国家普通货物罪定罪处罚。在通关走私案件中,按照上述思路认定问题不大,但在绕关走私中会碰到许多困难。

第一,适用走私国家禁止进出口的货物罪,其难点在于是否来自疫区、是否为偶蹄类动物产品。在绕关走私中,多数情况下通过外包装判断。然而,一方面外包装可靠性本来就不高,走私分子完全可以伪造外包装或者无标识;另一方面,对于没有查到现货的案件,是否来自疫区就更无从判断,由于绕关走私冻品时往往是各种不同种类动物产品混杂,而是否为偶蹄类冻品也难以判断。

第二,适用走私普通货物罪,其难点在于偷逃应缴税额如何认定。根据《刑法》第153条以及相关司法解释,偷逃应缴税额是认定走私普通货物罪的必备条件。货物归类、货物价格又是计核偷逃应缴税额的前提。对于能够查扣到实物的,货物归类比较容易。然而,在绕关走私中,通常不同种类的冻品混杂走私,如果没有查扣到实物,各类不同冻品的货物数量难以查清,无法准确归类,各类货物的价格更无从查实,从而无法计核偷逃应缴税额,影响对走私普通货物罪的认定。

可见,绕关走私冻品中,按照传统思路,无论是适用走私普通货物罪还是走私国家禁止进出口的货物罪,都会面临不同的困境。以刘某等人海上走私冻品案为例。

> 【案情简介】国家禁止从韩国直接或间接输入禽类、猪类、偶蹄类动物及其产品。2017年年初,刘某等人组织船舶两次从韩国釜山港接驳冷冻品走私入境,在浙江沿海一处非设关码头卸货共计1400余吨(每个航次700余吨),大量集卡车前往上述码头接驳后,运往广东东莞等地。其中,第二航次未卸完的50余吨冻鸡爪、冻牛肉被现场查获,其余货物均已发往东莞。后海关缉私部门经全力追查,又查证200吨左右货物为冷冻鸡爪、冻牛肉。经检验检疫部门核定,上述250余吨货物为国家禁止从韩国进境的禽类、偶蹄类动物及其产品。对于剩余1100多吨货物,可以确定为冻肉,但无法查实具体为何种冻肉。案发后,吴某等多人被抓获归案。[1]

本案中,经检验检疫部门核定,上述250余吨为国家禁止从韩国进境的禽类及其产品、偶蹄动物及其产品,可以按走私国家禁止进出口的货物罪定罪处罚。而剩余1000吨左右的冻肉,缺少足够证据证明系何种冻肉。由于国家只禁止从疫区进口禽类、偶蹄动物产品,因此该1000吨冻肉既无法认定为国家禁止进口的货物,海关关税

〔1〕 参见浙江省宁波市中级人民法院刑事判决书,(2017)浙02刑初114号。

部门也无法进行核税,[1]从而按照传统思路既难以认定为走私国家禁止进出口的货物罪,也无法认定为走私普通货物罪。本案中,行为人通过海上绕关走私1000余吨冻肉入境的事实非常清楚,证据确实、充分,其社会危害性显而易见,然而按照传统思路难以对货物进行准确定性,这部分事实难以作为犯罪处理,显然有放纵海上走私犯罪之嫌。[2]

(二)走私国家禁止进出口的货物罪在绕关走私冻品中的适用

针对绕关走私冻品中法律适用的困境,2018年浙江省司法机关在会议纪要中就提出,走私未经检验检疫或者经检验检疫不合格的肉类产品入境的,按照走私国家禁止进出口的货物罪定罪处罚,量刑标准可参照走私来自境外疫区的动植物产品。[3]换言之,绕关走私入境的冻品由于未经检验检疫,构成走私国家禁止进出口的货物罪。应该说这一认定思路既有一定法律依据,符合从严打击危害食品安全犯罪的刑事政策,也契合走私国家禁止进出口的货物罪所保护的法益。

首先,将绕关走私的冻品认定为国家禁止或限制进口货物有相应法律依据。食品、药品直接关系到人民群众的生命健康,国家对食品、药品的生产、流通和进口都实行最严格的监管制度。第一,《对外贸易法》第16条规定,为保护人的健康或者安全,可以禁止或限制货物进出口。《行政许可法》第12条规定,对于直接关系公共安全、人身健康的,可以通过检验、检疫等方式设定行政许可。《进出境动植物检疫法》第10条、第15条、第16条规定,输入动物、动物产品的,必须申请办理检疫审批手续;经检疫合格的,准予进境;经检疫不合格的,需要作相应处置。从以上法律规定看,国家对进口的动植物产品设置严格进口条件,可以认定为限制进口货物。第二,根据《禁止进出境物品表》的规定,有三类食品、药品禁止进境:一是有碍人畜健康的,二是来自疫区的,三是其他能传播疾病的。绕关走私的冻品,没有经过必要检疫手续,也不具备检验检疫基本条件,显然属于有碍人畜健康的食品。

其次,按照走私国家禁止进出口货物罪打击绕关走私冻品,也符合维护食品安

---

[1] 相关办案部门曾要求海关关税部门按最低价格和税率进行核税,以便作为认定走私普通货物罪的依据,然而关税部门认为这又会陷入难以自圆其说的矛盾:如果按最低价格和税率,通常应归类为冻肉中的鸡肉;而如果认定为鸡肉,又属于禁止从疫区进口的禽类产品,显然又不符合核税标准。

[2] 本案是能够查清其中200多吨冻肉属于国家禁止进口的货物,从而尚有保底事实和罪名能够追究行为人刑事责任。但如果连这200多吨冻肉的性质无从查清,但行为人又确实走私了1000多吨冻肉,其危害性显而易见,却因为无法认定合适罪名而不能追究其刑事责任,无疑更加纵容海上走私犯罪。

[3] 浙江省高级人民法院刑事审判第三庭、浙江省人民检察院侦查监督处、公诉一处、杭州海关缉私局、宁波海缉私局《2018年度打击走私犯罪联席会议纪要》第7条:"走私未经正常检验检疫的或者经检验检疫不合格的肉类产品进境,构成犯罪的,以走私国家禁止进出口的货物、物品罪定罪处罚,具体量刑标准可参照走私来自境外疫区的动植物及其产品的数量标准。肉类产品的范围参照《进出口肉类产品检验检疫监督管理办法》的有关规定。"

全、从严打击食品类绕关走私的政策。食品安全关系人民群众身体健康和生命安全。当前,国家对食品安全实施“四个最严”的政策。[1] 在所有食品中,冷冻品通常是其他食品的基础原材料,其安全性直接影响到下游食品安全性。基于冷冻品独特的自然属性,对其保管、储存、运输都有极其严格的条件,否则很容易严重威胁人们的健康安全。在绕关走私中,冷冻品的保管、储存、运输完全处于无监管状态,走私分子为牟取暴利,很难提供安全有效的条件保证食品安全,况且以海上走私为代表的绕关走私往往运输时间长、货物数量大,从发货环节到终端收货环节,中途往往经过多次不正规的方式更换存储设备、运输工具,更增加了食品安全的风险。事实上,在办案机关已经查获并接触到的绕关走私冷冻品中,其混乱、腐坏的状况往往不堪入目;在媒体已经曝光的走私冷冻品中,其品质也常常让人触目惊心。食品安全涉及源头环节、中间环节和终端销售环节,而货物进口恰恰处于源头环节,更有必要强化源头治理。此外,近年来新冠疫情肆虐全球,不规范的冷冻食品进出口贸易成为传播病毒的重要途径,从严打击绕关走私冻品对维护公共卫生安全的重要意义就不言而喻了。

走私国家禁止进出口的货物罪针对禁止或限制类货物,其所保护的法益是国家公共安全、卫生健康安全、资源环境安全等。绕关走私属于完全逃避海关监管,是最严重的走私模式,绕关走私冻品更会对我国公共卫生安全、食品安全构成巨大威胁,运用走私国家禁止进出口的货物罪予以打击,既有一定法律依据,也符合该罪所保护的法益以及当前维护食品安全、防疫安全的刑事政策。否则,面对泛滥的绕关走私冻品违法犯罪,局限于传统认定思路,无论适用走私普通货物罪还是走私国家禁止进出口的货物罪,都会遇到诸多法律障碍。

在行为定性的基础上,需要进一步探讨绕关走私冻品的量刑标准。走私国家禁止进出口的货物罪有两个量刑档次,分别对应刑罚 5 年以下和 5 年以上。《走私案件解释》第 11 条根据不同走私对象列举 7 项具体标准,其中第 4 项是针对来自境外疫区的动植物及其产品,其相对应的量刑标准分别为涉案货物 5 吨以上和 25 吨以上;而第 6 项是兜底性条款,其相对应量刑标准分别为涉案货物 20 吨以上或价值 20 万元以上,以及 100 吨以上或价值 100 万元以上。可见,第 6 项标准处罚更轻。笔者认为,走私来自疫区的冻品与走私并非来自疫区的冻品,其社会危害性有显著区别,显然后者比前者风险更低,社会危害性更小,后者适用第 6 项标准更为合理。但对于无法查清是否来自疫区的,本着有利于被告人的原则,也应适用较轻的第 6 项标准。

正因如此,在吸收浙江司法实践经验做法的基础上,最高人民法院、最高人民检

---

[1] 食品安全领域的“四个最严”,即“用最严谨的标准、最严格的监管、最严厉的处罚、最严肃的问责,进一步加强食品安全工作,确保人民群众‘舌尖上的安全’”。

察院、海关总署、公安部、中国海警局五部门于2021年12月14日联合下发了《关于打击粤港澳海上跨境走私犯罪适用法律若干问题的指导意见》，该文件第1条就规定，非设关地走私进口未取得国家检验检疫准入证书的冻品，应认定为国家禁止进口的货物，构成犯罪的，按走私国家禁止进出口的货物罪定罪处罚；对走私来自境外非疫区的冻品，或者无法查明是否来自境外疫区的冻品，依据《走私案件解释》第11条第1款第6项和第2款规定定罪处罚。

第三节　绕关走私犯罪数额的认定

一、绕关走私犯罪数额认定的一般思路

走私罪是典型的数额犯，法律所规定的走私犯罪数额分为三大类：一是数量（包括重量）；二是价值（包括价格）；三是偷逃应缴税款。对于涉税走私，偷逃应缴税款的认定也是以数量和价值为前提的。因此，数量与价格是认定绕关走私犯罪数额的基础，而货物数量又是最基础的要素。绕关走私案件中，对于能够实际查扣走私货物的，可以根据实物直接计算具体的数量（重量）。需要注意的是，在计核货物数量时，应当结合货物自然属性，依照通常的行业标准、行业规范进行测量，以可视化的形式（如称量笔录、过驳记录等）反应查扣实物的测量过程。绕关走私案件犯罪数额认定最大的困难在于没有查扣实物时该如何认定。与通关走私不同，绕关走私完全逃避海关监管，在国家对于与货物进出境有关联的监管环节很少会留下明显的痕迹。司法实践中，主要结合当事人供述、证人证言、账目、资金交易记录、手机通话记录等证据综合认定。

如上所述，数量、价值是认定犯罪数额的基础，而这两个要素还可以进一步区分为货物数量、单价和总价。数量与总价是认定犯罪数额的直接依据，而单价则是从数量到总价的过度因素。在绕关走私案件中，有些情况数量与总价都很清晰，或者二者都不清晰；另一些情况则是数量与总价只有其中一个要素比较清晰，此时需要按照就低原则，结合大致的单价推算出另一个要素。根据走私货物中数量与总价各自清晰程度，可以分成以下几种情形（见表4－1）。

表4－1　绕关走私中数量要素与总价要素类型

清晰程度	数量/重量（A）	总价（B）
清晰（1）	A1	B1
不清晰（2）	A2	B2

第一种情形是走私货物的数量和总价都非常清晰（A1 B1型），也就是能够根据证据直接查实走私货物的数量、总价。这是最为理想的状态，如结合当时的相关账册

所记录的货物数量、价格，再结合付款记录等，直接明确货物数量、价格。当然，这种情形在绕关走私案件中比较少见。

第二种情形是货物数量比较清晰，但总价不太清晰（A1 B2 型）。这在绕关走私案件中最为常见。例如，在海上绕关走私案件中，通常能够查实行为人通过船舶走私的航次，再结合船舶载重量、当事人供述等证据综合认定货物总量，但成交价格无从查实。此时可以借助价格鉴定意见、参考相同或同类货物市场价等来综合认定货物价格，也可以结合当事人供述的价格区间就低认定货物总价。当然，非涉税的绕关走私案件，如果货物数量本身直接是定罪量刑的依据（如走私国家禁止进出口的货物罪），就无须进一步判断货物价格。

第三种情形是货物总价比较清晰，但货物数量不清晰（A2 B1 型）。例如，结合相关账册、资金交易记录查实每次走私货物实际成交价格，但每次走私货物的数量不是很清晰。此时，可以结合当事人供述的价格区间就低认定货物数量。当然，对于涉税的绕关走私案件，如果属于从价计征各种税款（包括关税、消费税和增值税）的货物（比如白糖），由于货物数量与税款认定无关，可以无须进一步判断货物数量。

第四种情形是货物数量、总价都不清晰，这时即使能够查实走私次数，但数量和总价都不确定，犯罪数额也就无从认定，因为单纯的走私次数目前还不是走私犯罪法定情节。这在绕关走私案件中很常见，对于无法查实货物数量、价格的，不能作为犯罪数额直接认定，但可以作为量刑情节予以考虑。

单价是连接总价与数量的桥梁（总价 = 数量 × 单价），因此在货物或总价只有一个要素比较清晰的情况下（A1 B2 型、A2 B1 型），如果能够查清单价的价格区间，可以按照就低认定原则计算另一个要素。但是就低认定原则并不等于必然选择最低单价，在不同的情形中就低认定原则有不同含义：当总价明确时，按照最高单价计算相应数量，方能体现就低认定原则；相反，当数量明确时，按照最低单价计算相应总价，方能体现就低认定原则。以黄某国走私成品油案为例。

【案情简介】2016 年 5 月至 2017 年 2 月，被告人黄某国为牟取非法利益，在明知许某清（另案处理）等人走私柴油并偷运入境的情况下，仍多次直接向许某清等人购买走私柴油销售牟利。据统计，黄某国支付给许某清等人购买走私柴油款项累计 1013.4064 万元，其间柴油价格有波动，依有利于被告人原则，其至少购买走私柴油 2010 吨（每吨 1176 升），该批柴油走私进口至少需要支付款项 562.8 万元。经依法核税，上述走私柴油累计偷逃应缴税额 434 万余元。法院认定被告人黄某国犯走私普通货物罪,判处有期徒刑10年,并处罚金440万元。[1]

本案中,黄某国的犯罪数额直接取决于两个要素:一是其实际收购的数量,二是许某清等人就该部分货物向境外购买的总价。然而,上述两个要素都不清晰。但根据在案证据,另外两个间接因素已经查实:第一,黄某国一共向许某清等人支付购油款至少1005万余元。第二,许某清等人向境外人员购买柴油单价为每吨2800元至4600元,之后许某清再每吨加价300元至400元不等销售给黄某国等人。在此情形下,就低认定黄某国走私数额分两步:首先,以黄某国支付的购油款(1005万元)为基础,根据就低认定原则,按照黄某国最高买入单价(5000元/吨)认定其购买走私柴油至少为2010吨;其次,以2010吨柴油为基础,根据就低认定原则,按照许某清最低买入单价(2800元/吨)认定这批进口柴油成交总价至少为562.8万元。进而按照走私柴油数量2010吨,实际成交价格562.8万元就低计算黄某国的犯罪数额。

二、绕关走私中货物种类的认定问题

以成品油为代表的绕关走私犯罪隐蔽性强、留存证据少,走私货物上岸后迅速分销各地,走私分子定期销毁证据,走私货物种类、数量认定难。实践中,一些地区执法司法机关仅对现场查获的成品油予以认定,对未能在现场查获的成品油以及走私分子之前的走私行为多以难以取证为由不予认定。为解决绕关成品油走私的种类和数量的认定问题,《非设关地走私纪要》对此作了专门规定:"查获部分走私成品油的,可以按照被查获的走私成品油标准核定应缴税额;全案没有查获成品油的,可以结合其他在案证据综合认定走私成品油的种类和数量,核定应缴税额。"

当然,适用该规定时应注意,"查获部分走私成品油"既包括查获了一次走私行为中的部分成品油,也包括查获了行为人多次走私行为中部分成品油。对于查获了一次走私行为中的部分成品油案件,因涉案成品油来源一致,可直接根据在扣成品油认定全案走私成品油的种类、品质。对于查获了行为人多次走私行为中部分成品油的案件,因成品油走私犯罪具有的隐秘性特点,不同走私团伙有相对固定的成品油来源渠道和销售渠道,如无相反证据,可根据在扣成品油认定多次走私的走私成品油种类和品质。关于"全案没有查获成品油的,可以结合其他在案证据综合认定走私成品油的种类和数量,核定应缴税额"的规定,主要是考虑到走私分子走私成品油的动机是非法牟利,为防止被骗或"黑吃黑",走私分子在"运、购、贮、销"各个环节要进行油品鉴别、测量或称重。对全案没有查获成品油的案件,可根据走

---

[1] 参见浙江省温州市中级人民法院刑事判决书,(2017)浙03刑初116号。

私团伙中负责采购、销售、过驳人员的供述,收付款情况,记载测量或称重的书证,手机微信、短信等电子证据,予以综合认定。除上述认定方法外,还可以参照同期执法部门在同一海域查获的其他成品油来认定货物种类。因为从绕关成品油走私特点来看,同期同一海域走私的成品油基本来源于同一批游行于公海上的供油母船,不同走私团伙走私的成品油在货物种类上比较相近,在无相反证据的情况下,可以参照借鉴作为核税的依据。

以前述方某某等走私成品油案为例,2017 年 11 月中下旬,方某某、华某某受人委托,指挥李某某等人多次驾驶"盛某 78"船出海,先后走私燃料油 3 航次 500 余吨、白糖 3 航次 1270 余吨入境。其中最后一次走私 570 吨白糖时被现场查获,其余货物均已销售。本案移送审查起诉时,侦查机关只认定最后一次被当场查获的白糖走私。检察机关经审查认为,其余 2 次白糖走私和 3 次成品油走私主要事实清楚,应予追诉。其中,尽管走私的 3 航次成品油没有查获实物,货物种类、成交价格也无法确定,但可以参考另一起成品油走私案件中同期执法部门在同一海域查获的成品油认定货物种类,最后认定涉案 500 余吨燃料油偷逃应缴税额 104 万余元涉案白糖偷逃应缴税额 441 万余元。[1]

三、绕关走私中犯罪情节的认定问题

以成品油为代表的绕关走私通常环节多、参与人员多、行为隐蔽,实践中,部分案件因证据所限,无法准确核定有些涉案人员走私的具体偷逃应缴税额,一些地方的司法机关以无法认定这些涉案人员偷逃的具体税额为由不予处理,影响了对绕关走私犯罪的打击效果。由于目前走私普通货物、物品罪的构成要件是"数额 + 情节",除将"小额多次走私"规定为走私普通货物、物品罪的入罪要件外,还规定该罪的第二档、第三档量刑幅度不能只考虑数额,行为人具有"其他严重情节"或者"其他特别严重情节"的,同样应当适用对应的量刑幅度。因此,在办理走私普通货物案件中,不能只以偷逃税额作为定罪量刑的唯一标准,尤其在绕关走私普通货物中,更应当综合考虑其他犯罪情节评判社会危害性。

据此,《非设关地走私纪要》中规定,办理绕关成品油走私犯罪案件,除主要犯罪嫌疑人外,对集团犯罪、共同犯罪中的其他犯罪嫌疑人,无法准确核定其参与走私的具体偷逃应缴税额的,可以结合在案相关证据,根据其参与走私的涉案金额、次数或者在走私活动中的地位、作用等情节决定是否追究刑事责任。实践中,适用该规定时应注意,可根据情节决定是否追究刑事责任的情形,限于主要犯罪嫌疑人以外的集团

---

〔1〕 参见浙江省宁波市中级人民法院刑事判决书,(2019)浙 02 刑初 68 号。

犯罪、共同犯罪中的其他犯罪嫌疑人，对犯罪集团的首要分子或者共同犯罪中的主犯等主要犯罪嫌疑人追究刑事责任时，应当根据其组织、指挥或者参与的走私成品油准确核定其偷逃的应缴税额。主要是考虑到走私普通货物、物品罪作为经济犯罪，其社会危害性体现在走私行为造成国家税款的流失，其他情节的社会危害程度对偷逃应缴税额有一定的从属性。准确核定主要犯罪嫌疑人走私具体的偷逃应缴税额，有利于确定整个案件是否构成犯罪及适用的量刑幅度，并为其他按情节处罚非主要犯罪嫌疑人树立了"标杆"，即参照主要犯罪嫌疑人从轻或减轻处罚。

四、绕关走私中税率的适用问题

在《非设关地走私纪要》发布之前，对于绕关走私普通货物案件的税率问题，以往司法实践中各地适用标准不一。有些地方适用普通税率，其主要依据是《进出口关税条例》规定，原产地不明的进口货物，适用普通税率。有些地方主要适用最惠国税率或暂定税率，其主要依据是海关总署关税司于 2006 年和 2007 年分别作出的两个批复，虽然这两个规定有一定区别，但总体思路基本一脉相承：在正常进口过程中，纳税义务人申报纳税时负有举证货物原产地的责任，否则适用普通税率计核税款；在走私违规案件中，办案部门负有举证责任，举证不能时适用最惠国税率，有暂定税率的，应优先适用暂定税率。

由于认识上的差异，各地在办理绕关走私案件中适用税率标准不一致，造成执法标准不统一，导致绕关走私（尤其是成品油走私）向适用低税率核定偷逃税额的地区漂移，形成"走私洼地"。对此，《非设关地走私纪要》统一规定，绕关走私（包括海上走私）成品油、冻品、香烟等货物的，一律适用普通税率，不适用最惠国税率或者暂定税率。[1]

对于绕关走私普通货物的案件，适用普通税率计核进口环节应缴税款，有其合理的依据：第一，绕关走私没有适用优惠税率的基本条件。法律法规所规定的各种优惠税率有严格的适用条件，包括实质条件和形式条件，而这些条件只有在通关环节的货物中才可能实现，才有可能正常提供原产地证明。绕关走私完全逃避海关监管，没有税收优惠的基本条件，即使确实原产于优惠协定国家，如没有国家信用背书，也不能适用协定税率或特惠税率。第二，对于来源不明的货物适用普通税率有明确的法律依据。根据《进出口关税条例》的规定，原产地不明的进口货物，适用普通税率。走私犯罪作为行政犯，其行政法的前置依据即为《进出口关税条例》，认定时理应作为行政

---

〔1〕《非设关地走私纪要》第 3 条第 1 款规定，"非设关地成品油走私活动属于非法的贸易活动，计核非设关地成品油走私刑事案件的偷逃应缴税额，一律按照成品油的普通税率核定，不适用最惠国税率或者暂定税率"。

法规依据。在绕关走私案件中，通常走私链条长、环节多，时间、空间跨度大，基本形成“产、供、销”比较完整的产业链，走私货物普遍没有合法证明，实践中货物实际原产地很难查清。此外，当前以成品油、白糖、冻品等货物为代表的海上走私形势比较严峻，有些地方呈井喷式增长，严重破坏国家进出口秩序，无序的海上运输也给海上航运安全构成巨大威胁，适用普通税率体现了严厉打击海上走私犯罪的政策。

五、先行行政处罚对绕关走私犯罪数额认定的影响

根据《刑法》第153条的规定，未经处理的应当计入走私数量。根据一事不再罚的原则，已经被行政处理的走私行为，不需要计入走私犯罪案件的犯罪数额中。但在绕关走私中经常会有这种情形，行为人长时间多次参与绕关走私，偶尔一次被有关执法部门查获，当时经调查尚不能查实系走私，只能按照无合法手续非法运输货物的情形，由执法部门（如海警、边防）对其行政处罚没收货物。此后，行为人因为参与其他绕关走私犯罪而案发。那么，之前已经被行政处罚的货物能否再计入走私犯罪数额中？以纪某京等人走私普通货物案为例。

【案例简介】2015年9月左右，被告人纪某京、张某斌为牟取非法利益，共谋从境外海域走私燃料油入境销售，并商定由纪某京出资，由张某斌负责组织人员、船舶具体实施。同年10月，纪某京、张某斌等人先后组织“浙普油168”船和“隆裕油”船从境外海域船舶购买燃料油运输进境销售牟利。2015年10月中旬至2016年8月中旬，纪某京、张某斌等人以上述方式走私燃料油61航次共计21,315吨，偷逃应缴税款共计4310万余元。其中，2016年4月1日、8月11日被告人纪某京、张某斌等人利用“浙普油168”船各走私燃料油310吨、291吨时，分别被浙江省公安边防总队海警第二支队、宁波市公安边防支队查获，上述两家单位以无合法手续运输成品油为由予以行政处罚，没收被查扣的燃料油。本案全案案发之后，经计核，上述两次被海警、边防查扣的货物，系纪某京等人长期走私燃料油的其中两次，偷逃应缴税额分别为87.1万元和69.4万元。[1]

本案中，对于两次已经被行政处罚的货物是否应当计入犯罪数额中，产生一定分歧。一种观点认为不应当计入走私犯罪数额，因为根据《刑法》第153条第3款的规定，多次走私未经处理的，应当累计计算，而上述两次已经被行政处罚过。另一种观点认为，应当计入走私犯罪数额，因为当时并不是以走私为由进行处罚的。我们赞同第二种观点，即本案中已经被行政处罚的货物仍然应当计入走私犯罪数量中。主要

〔1〕 参见浙江省宁波市中级人民法院刑事判决书，（2018）浙02刑初50号。

有以下两点理由：

第一，先前行政处罚不属于《刑法》第 153 条的“行政处理”。按照《刑法》第 153 条的规定，未经处理的应当计入走私数量，反面解释则是已经被行政处理的不需要计入走私数量。这里的行政处理是指因走私行为而被行政处理，如果不是因为走私行为而被行政处理，则仍然属于未经行政处理。具体到本案，涉案两船柴油在码头分别被边防派出所和海警查获后，经过调查，由于当时的证据情况尚无法认定为走私行为，只能以涉案柴油没有合法手续而非法运输的情况而予以没收。反之，假设当时经调查确认为走私货物，则边防派出所、海警也没有行政处罚权，应当移交给海关缉私部门处理，而鉴于两次走私货物涉案税款已经分别达到 41 万元和 52 万元，均超过刑事立案标准，因此当时的行政处罚也是错误的。可见，两次行政处罚的案由不涉及走私行为的判断。然而，案发之后经过调查，出现新的证据情况，发现这两次行为实质上属于走私行为，仍然属于“多次走私未经处理”的情形。因此，应当计入走私犯罪数额中。

第二，先前行政处罚也只是针对部分人员，当时参与这两次走私的其他大量人员尚未经处理。边防派出所、海警在当时查获上述两次非法运输的柴油时，纪某京指使其手下张某、陈某分别冒名作为涉案货物的实际货主接受调查，后来边防派出所、海警也是根据已有的证据分别对张某、陈某处以没收涉案货物的行政处罚。然而，当时尚有纪某京以及其他大量直接参与跟船出海运输的船员没有被处理过。本案案发后，发现上述人员所参与的这两次非法运输柴油，只是他们大量走私中的其中两次而已，对于这些当时未被行政处理过的人员，在追究刑事责任时当然要将那两次走私货物一并计入犯罪数量中。

本案判决书即认为，浙江省公安边防总队海警第二支队和宁波市公安边防支队对于当初查获的燃料油，因无确凿证据认定是走私犯罪，仅认为该燃料油缺乏合法齐全的购买手续而作出予以没收燃料油的行政处罚决定。但在司法机关发现当初纪某京等人的行为已构成犯罪的情况下，依法可以对纪某京、陈某等人追究相应的刑事责任，但行政机关给予的行政处罚依法可以折抵刑罚。

因此，在认定走私犯罪数量时，并不能简单地以涉案货物已经被行政处罚而将其剔除出犯罪数量中。相反地，需要结合行政处罚时已有的证据情况、行政处罚的具体案由来分析是否计算犯罪数量。如若是以走私行为被处罚，则不应计入犯罪数量；如若不是以走私行为被处罚，在出现新的证据证实为走私行为时，仍然应计入犯罪数量中。

第四节 绕关走私主从犯的认定

一、绕关走私主从犯概述

主从犯是刑事司法实务中合理平衡罪责、有效调节量刑最重要的制度设计之一。在绕关走私案件中,合理认定主从犯有更加特殊的意义。一方面,绕关走私具有明显的团伙化特征,参与人员众多。行为人多数通过大型车辆甚至船舶直接运输货物,案发后查实的货物往往数量巨大、涉案金额高。行为人只要参与走私,其法定量刑幅度就很容易达到有期徒刑5年以上(如走私一船冻品通常超过100吨)甚至10年以上(如走私一船白糖涉税款基本超过250万元)。在此情况下,特别需要运用主从犯制度合理区分不同人员的罪责。另一方面,绕关走私隐蔽性强,与多数通关走私案件货主比较明确不同,大量绕关走私案件幕后实际货主或者真正全案组织者、策划者很难被查处,即便查处相关人员,多数情况下很难从证据角度予以准确认定,实践中被查处的涉案人员所占比例最高的是参与直接非法运输货物、负责上下游联系的人员,在大量货主没有到案或者无法确定的情况下,被查处人员通常以"受雇佣者"的身份呈现,要准确评价其在共同犯罪中的作用就更具有挑战性。

《刑法》第26条第1款规定:"组织、领导犯罪集团进行犯罪活动的或者在共同犯罪中起主要作用的,是主犯。"第27条第1款规定:"在共同犯罪中起次要或者辅助作用的,是从犯。"那么,如何判断犯罪分子是否起主要作用呢? 一般认为,"一方面,要分析犯罪分子实施了哪些具体犯罪行为,对结果的发生起什么作用;另一方面要分析犯罪分子对其他共犯人的支配作用"[1]。进一步说,"要根据行为人在共同犯罪中所处的地位、对共同故意形成的作用、实际参与的程度、具体行为的样态、对结果所起的作用等进行具体分析"[2]。上述标准相对而言都比较抽象,在实际认定中比较难以把握。比如,按照对结果所起作用的标准衡量,船上人员系驾船出海直接走私入境人员,对完成走私有实质性作用,可以认定为主犯。然而实践中考虑他们只是受雇佣获取固定报酬,通常按从犯处理。

对此,《非设关地走私纪要》第1条第6款规定:"对成品油走私共同犯罪或者犯罪集团中的主要出资者、组织者,应当认定为主犯;对受雇用的联络员、船长等管理人员,可以认定为从犯,如其在走私犯罪中起重要作用的,应当认定为主犯;对其他参与人员,如船员、司机、'黑引水'、盯梢望风人员等,不以其职业、身份判断是否追究刑事责任,应当按照其在走私活动中的实际地位、作用、涉案金额、参与次数等确定是否追

〔1〕 张明楷:《刑法学》,法律出版社2016年版,第450页。
〔2〕 张明楷:《刑法学》,法律出版社2016年版,第453页。

究刑事责任。”上述规定对于区分绕关走私主从犯有重要指导意义。当然,对于非主要出资者如何认定其作用,对于受雇佣人员如何判断其是否在走私犯罪中起重要作用等,仍然需要结合走私案件自身特点、绕关走私行为模式进行具体分析,才能更加准确地认定主从犯。

二、绕关走私主从犯认定的主要考量因素

结合走私案件自身特色,可以从行为分工和利益分配两个维度考量主从犯,前者是主要因素,后者是补充因素。

(一)行为分工

绕关走私通常呈现高度团伙化的特征,不同人员专业化分工比较明确。结合绕关走私基本模式,通常可以分成组织准备、指挥联络、运输入境、靠岸卸货、销售运输、款项收付等不同环节,而组织准备环节还可以进一步区分为起意策划、提供资金、招募人员、提供船舶车辆等不同的分工。评判行为人参与绕关走私的作用大小时,可以结合其所参与各个环节性质、重要程度、参与环节的多寡等因素进行综合考量。

第一,考量具体行为性质区分作用大小。首先,根据各种具体行为的技术含量,大致可以分成技术管理类行为和体力劳务类行为。前者如出谋划策、组织人员、指挥调度、沟通联系、财务管理等,后者如跟船出海、货物运输、望风接送等。按照一般社会观念,在共同犯罪中前者的作用通常高于后者,前者对个体人身依赖性较强,后者可替代性较高。其次,根据各种具体岗位分工,可以分为关键环节和辅助环节。关键环节通常在完成走私中具有不可替代的作用,如绕关走私中,同样是运输行为,但货物进出境过程中的运输环节显然是关键环节,缺少该环节走私则无法实现;而货物入境后的境内运输或陆上运输环节,则起辅助作用。

第二,考量各个行为人参与过程中与共同犯罪核心成员之间的关联度。走私犯罪核心成员主要有犯意提起者、策划者、投资者、组织者。在犯罪实施前直接接受核心成员分工、布置,或者在作案过程中直接接受核心成员指挥、派遣的,与核心成员关联度高,其参与的行为在共同犯罪中作用大;反之,离核心成员较远,并不直接接受核心成员分工、调度或指挥的,其在共同犯罪中作用较小。

第三,考量某个环节是由少数人甚至个体单独完成,还是由多人共同配合完成。独立完成某一环节的人数越少,单个人的可替代性越低,作用越大;反之,需要独立完成某一环节的人数越多,对单个人而言其可替代性越高。例如,在绕关走私中跟船出海的船员、集体完成卸油的工人、“水客”走私中直接携带货物出入境的“水客”,通常有较高的可替代性,作用较小。

第四，考量行为人在各个环节中参与程度的深浅。就某一个环节而言，参与时间越长、参与范围越广，所起作用一般越大。例如，同样是受雇佣参与走私的跟船人员，行为人如果仅仅是自己参与犯罪，其所起作用相对较小；但如果同时纠集、招募其他人员参与，所起作用较大；而且纠集、招募参与的人员越多，或者被纠集者对完成绕关走私所起作用越大，则纠集者、招募者自身的作用也越大。就不同环节而言，如果只参与一个环节，作用较小；如果参与多个环节，所起作用一般较大。例如，同样是向走私分子出租船舶的人，倘若其不仅出租船舶，还帮助招募并配齐船员，其作用则大于单纯出租船舶的人。

（二）利益分配

区分主从犯本质上需要围绕不同人员在共同犯罪中的地位、作用来分析，获利情况本身并不直接体现行为人的作用大小。但是，根据一般社会观念，在同一团体活动中，行为人的获利大小往往与其对该团体活动的贡献程度成正比，贡献越大，一般获利越多；贡献越小，一般获利越少。正因如此，可以结合获利情况倒推个体在团体活动中的贡献程度。走私罪作为典型的经济犯罪，行为人以获取经济利益为基本诉求，获利情况更可以作为评判其在共同犯罪中作用大小的重要尺度。获利包括行为人参与共同犯罪的实际获利和预期获利。通常情况下，如果行为人的获利（包括实际获利和预期获利）越多，其在共同走私中的作用越大，反之亦然。

总体而言，根据行为人参与某一违法犯罪的获利模式，大体可以分为谋利型犯罪和谋生型犯罪。谋利型犯罪是指以追求利润最大化为目标实施违法犯罪，最典型的是走私犯罪投资人（货物股东），其特征是获利情况不确定，而且获利大小与经济风险成正比，一旦案发，其面临所有投入、所有货物被追缴的风险。而谋生型犯罪则以获取相对固定报酬为目标参与到违法犯罪中，如绕关走私中受雇佣的船员、望风人员、单位走私中的普通业务员、行邮走私中的“水客”等，他们按照相对明确的参与时间、次数、数量等参数计算报酬，其特征是获利情况比较固定，经济风险较低，一般情况下可以认定为从犯。

当然，在具体的共同犯罪中，有些人是纯粹的谋利型犯罪，有些人是纯粹的谋生型犯罪，但不少情况下同一参与人可能是谋利型成分与谋生型成分交织其中。一般而言，谋利型成分所占比例越高，其在共同犯罪中作用越大，反之亦然。

获利情况可以在一定程度上反映行为人在共同犯罪中的地位、作用，但也不宜过于夸大其作用。一方面，毕竟刑法所惩罚的是人们的行为，行为对社会的危害性越大，就应当承担越多的刑事责任，只有行为人在犯罪中所承担的具体职责、所实施的具体行为才与其对社会的危害性直接关联，而获利情况只是从事违法犯罪的副产品，并不与其在犯罪中的地位、作用直接关联，只能作为一个间接参考因素。另一方面，基于绕关走私高度团伙化的特征,查清走私团伙具体人员、各自行为分工尚且不容易,要准确查清不同人员真正的获利情况、真实的获利模式更加困难,实践中多数案件对于获利情况只能依赖于行为人自身供述,如果过于夸大获利情况在评判主从犯中的作用,在打击绕关走私违法犯罪过程中容易形成比较被动的局面。

当然,在主从犯的分析中,有两个重要因素还需要通盘考虑,即罪刑均衡和政策考量。就罪刑均衡而言,首先要考虑如何平衡处理整个案件、如何合理区分主从犯,然后再考虑行为人获利情况,以及不同案件平衡处理问题。比如,同样是偷逃税额特别巨大(250 万元以上),有些人偷逃税款 300 多万元,有些人达到 3000 多万元甚至更多,这时如何平衡也需要综合考虑。就政策考量来说,目前绕关走私犯罪特别猖狂,走私犯罪形势非常严峻。从这个角度来讲,从严打击绕关走私犯罪,可以从严把握从犯认定标准,这样能够起到更好的预防效果。

三、绕关走私主从犯的具体认定

(一)出资者主从犯的区分

绕关走私中,通常走私货物数量大、价值高,所需要投入的资金量也很大、风险也很高,许多情况下一两名走私分子无法承担所有资金或不愿承担所有风险,因此实践中不同人员合作出资共同参与绕关走私的现象就很常见。从整个走私团伙来说,这些出资者往往处于走私团伙顶端,其出资参与对走私行为是否实施、如何实施都有一定的发言权甚至决策权,多数情况下出资者按主犯处理。然而,由于不同人员入股方式、比例、持续时间等往往有一定区别,入股后是否有参与走私的其他具体行为等情况各不相同,这些因素对评判其在共同犯罪中的地位、作用都有一定影响。

出资参与走私的人员,股份有大小之分,股份比例越高,对走私的决定权越大,从走私中所能获取的利益(包括预期利益)越多,在共同犯罪中的作用一般越大,所需承担的风险(包括刑事风险)也越高,反之亦然。如果出资人的股份基本均分,没有明显过大差异,说明其对走私的决定权基本相当,即便其在共同犯罪中其他具体行为较少,但一般都认定为主犯。以厉某东等人走私柴油案为例。

【案情简介】2017 年 5 月、6 月,被告人厉某东、徐某华、华某荣、宫某杰为牟取非法利益,商定以厉某东 30%、徐某华和宫某杰各 25%、华某荣 20% 的出资比例筹资 200 余万元(币种人民币,下同),走私柴油在境内销售,并约定走私获利后按出资比例进行“分红”。具体走私过程中,由厉某东全面负责联系购销柴油,支配出资及交易款,确定各相关参与人“薪酬”,安排相关人员驾驶“广盛 9”船、“鄞通顺 185”船前往外海过驳柴油,运输至位于浙江省慈溪市龙山镇一处非设关地码头卸货，船到码头卸油时由徐某华负责油罐车过磅记录等事务。2017 年 6 月底到 9 月底，厉某东等人以上述方式合伙走私柴油 20 个航次计 6600 吨，偷逃应缴税款 1587 万余元。法院认定上述四名股东均为主犯。鉴于被告人宫某杰有立功表现及积极退缴钱款以弥补国家税款损失，被告人华某荣有自首情节，均予减轻处罚。法院认定上述人员均构成走私普通货物罪，判处被告人厉某东有期徒刑 11 年，并处罚金 500 万元；判处徐某华有期徒刑 10 年，并处罚金 300 万元；判处华某荣有期徒刑 5 年，并处罚金 100 万元；判处宫某杰有期徒刑 4 年，并处罚金 400 万元。[1]

本案四名股东的股份基本相当，但在具体实施走私过程中，四人的行为有较大区别。其中准备船只、招募船员、安排航行、联系货物的购销等均由厉某东、徐某华二人具体操作，其二人是当然的主犯；而华某荣、宫某杰二人提出，除出资外没有其他参与走私的具体实行行为，应当认定为从犯。但判决书认为，本案是一起有预谋、有组织、有分工的结伙绕关走私案件，被告人厉某东、徐某华、华某荣、宫某杰系该走私犯罪团伙的出资者、组织者，均应当认定为主犯。我们认为，判决书的认定是有道理的，虽然具体实行行为四人有一定的区别，但上述四人的股份均在 20%—30%，没有非常明显的差别，对于走私的决策权、走私利益的分配权基本相当，后续的具体实行行为只是基于前面出资、策划之后的具体分工而已，而出资、策划对后续的具体走私有决定性作用。

除股份基本平均外，在大量绕关走私中，不同人员的股份经常比较悬殊，如明显一人或若干人股份占主导，其他人占少部分。此时，需要慎重区分主从犯。对于当事人只是被动出资或者组织者基于奖励等因素，主要出资者吸收受雇佣人员参与少量股份甚至赠送干股的，其出资有一定被动性，结合其在共同犯罪中的其他具体实行行为，合理区分主从犯。如果其实行行为较多，具有一定的组织管理性质，作用较大，一般也认定为主犯；如果实行行为较少、单纯从事事务性工作，作用较小，可以结合具体情节认定为从犯。以被告人陈某伟等人走私柴油案为例。

【案情简介】(1)2014 年 9 月，被告人陈某伟、陈某金、李某龙、杨某勇、陈某暖、俞某利合伙利用船号为“浙三渔运 80109”船从公海购买柴油偷运入境销售。由被告人陈某伟组织、指挥，提供油库等；被告人陈某金管理资金和销售；被告人李某龙联系被告人金某销购买柴油；被告人杨某勇为船长组织被告人陈某暖、俞某利等人驾船出海接驳柴油。至 2014 年 12 月，该船共出海走私柴油 8 个航次支

---

[1] 参见浙江省宁波市中级人民法院刑事判决书，(2018)浙 02 刑初 94 号。

付油款1090万余元，共计偷逃税款438万余元。（2）2014年10月，被告人陈某伟、陈某金、徐某虎合伙利用船名为“浙三渔油00033”船从公海购买柴油偷运入境销售，其中陈某伟占股40%，陈某金、徐某虎各占股30%。由被告人陈某金管理走私柴油销售和资金等；被告人徐某虎联系被告人金某销购买柴油并驾驶油船出海接驳柴油。其间，被告人李某龙多次帮忙联系被告人金某销购买走私柴油及支付油款。至2015年1月，该船共出海走私柴油13个航次，合计支付油款1500万余元，偷逃税款627万余元。此外，被告人陈某伟还伙同他人多次以类似方式走私柴油，偷逃应缴税款3000余万元。[1]

本案中，“浙三渔运80109”船走私柴油有六名股东参与，“浙三渔油00033”船走私有三名股东参与，各个股东出资比例、在走私过程中的具体行为各不相同，在共同犯罪中的地位作用也有所区别：第一，陈某伟、陈某金二人本身是兄弟关系，又是走私中主要合作者、组织者，陈某金掌管资金和货物销售，显然起主要作用，判决书认定其二人均系主犯。第二，被告人陈某暖、俞某利在共同走私中入股比例较小，且只是普通船员，仅从事一般的事务性工作，相较其同案犯作用较轻，判决书认定其二人均为从犯。第三，被告人李某龙虽入股比例与陈某暖等人相当，但其负责联系中间介绍人，且在本案中不仅为入股的油船联系走私柴油事宜，也帮他人走私油船联系；被告人徐某虎、杨某勇不仅入股走私柴油生意，还系油船船长，上述三被告人在走私共同犯罪中的作用较大，判决书认定其三人均为主犯。

（二）非出资者主从犯的区分

《非设关地走私纪要》规定，“对受雇用的联络员、船长等管理人员，可以认定为从犯，如其在走私犯罪中起重要作用的，应当认定为主犯；对其他参与人员，如船员、司机、‘黑引水’、盯梢望风人员等，不以其职业、身份判断是否追究刑事责任，应当按照其在走私活动中的实际地位、作用、涉案金额、参与次数等确定是否追究刑事责任”。这是判断绕关走私中非出资人员地位作用的基本依据，其隐藏着两层含义：第一，对于受雇佣的联络员、船长等管理人员，并不必然一概认定为从犯，而要按照其在走私犯罪中的作用区分主从犯；第二，对于其他受雇佣且单纯从事事务性工作的人员，原则上认定为从犯。因此，受雇佣人员主从犯问题，最大疑难点在于如何准确认定联络员、船长等具有管理性质人员的地位、作用。

准确认定联络员、船长等管理人员在绕关走私中的地位、作用，对于主从犯的认定有非常重要的意义：首先，绕关走私隐蔽性高，实践中多数案件无法查实货主

---

[1] 参见浙江省台州市中级人民法院刑事判决书，(2015)浙台刑二初字第24号。

(实际出资者),尤其是执法部门偶然间查获的绕关走私案件,除被当场查处的船上人员或与之有直接联系的人员外,实践中能够查实货主的情况很少见。这些案件中船长或联络员通常会对实际货主或指挥者提出无法查实的“幽灵抗辩”,而所谓联络员、船长基本处于所能查实人员的顶端。如果将其一概认定为从犯,会形成绝大多数绕关走私案件实际处理中只有从犯、没有主犯的局面,显然有悖于《刑法》设定主从犯制度的初衷。其次,雇佣与被雇佣关系是判断主从犯的重要参考因素,但并不是唯一因素,只有立足于行为人在绕关走私,特别是走私实行行为中的具体分工、参与程度、参与时间等因素综合考量,才能更加准确判断共同犯罪中各自的地位、作用。

对于绕关走私案件中的船长,如果只是受雇佣单纯负责开船,不具有全局性管理、联络职责,虽然直接参与走私,但主要从事事务性工作,一般认定为从犯;如果船长同时招募其他船员、在实施直接走私过程中承担船上管理或者承上启下联络作用的,其参与环节较多,对于直接走私的完成有不可替代的作用,一般认定为主犯。以李某煌走私普通货物案为例。

【案情简介】2017 年 5 月左右,被告人李某煌伙同他人,将干货船“月发 16”私自改装为油船,并将船名涂改为“跃拓 006”,后又招募刘某成、刘某如、刘某森等七人为船员。同年 8 月 26 日晚,李某煌担任船长,带领上述船员,驾驶该船从浙江省象山县一码头出发前往境外海域走私燃料油,李某煌负责开船及与境外供油船联系等。次日晚,该船到达境外供油船指定位置,从对方船上过驳燃料油 491 吨,返航途中于同月 28 日中午在长江口附近海域被海警查获。经依法计核,偷逃应缴税款 93 万余元。[1]

本案中,李某煌辩解其受他人雇佣运输船舶,主要赚取运输费用,但对于其幕后是否确实有其他组织人员已经无法查实。然而,就李某煌本身的行为而言,其出面租赁货船并改装成油船,招募船员、担任船长开船,走私过程中负责与境外供油船联系、组织船员走私接油等,其参与环节较多、对实际完成绕关走私发挥至关重要的作用,其行为不宜认定为从犯。判决书认定李某煌犯走私普通货物罪,系主犯,判处有期徒刑 3 年,缓刑 4 年,并处罚金人民币 120 万元。

对于绕关走私中主要负责联络的人员,如果只是单纯联络,仅从事与其他普通船员相当的劳务性内容,在共同犯罪中作用较小,一般可以认定为从犯。如果代表货主(雇佣者)全权负责,对其他跟随人员具有指挥、管理的作用,属于共同犯罪中起主要

[1] 参见浙江省宁波市中级人民法院刑事判决书,(2018)浙 02 刑初 129 号。

作用的人员,应依法认定为主犯。对于表面上受雇佣却又无从查实的联络人员,如果其除了联络,还参与招募船员、组织出海接驳、上下游联络等,相当于货主或其上家将直接走私这一环节业务承包给联络人员,显然其在共同犯罪中起主要作用,应当认定为主犯。

绕关走私案件中,根据实际出资人能否查实,可以区分三类具体情形:第一类是能够准确查实实际出资人的案件,这种情况在实践中最少见;第二类完全无法查实实际出资人的案件,这种情况在实践中最为常见;第三类则是能够查实部分实际出资人,对于其他在案人员是否实际出资有一定嫌疑,但也无法查实,这种情况在实践中也比较多见。针对前两类情形如何区分主从犯,上文已经详细分析。在第三类情形中,对于是否实际出资有一定嫌疑但又无法查实的人员,需要结合其在共同犯罪中的地位、作用,准确区分主从犯。如果客观上能够查实的行为与普通受雇佣人员没有明显差别,应当按照有利于被告人原则认定其参与较少的行为,并认定为从犯;如果其所参与的客观行为有一定组织、管理性质,或者从源头上参与走私犯罪,在共同犯罪中起重要作用的,应当认定为主犯。以许某权、陈某勇等人走私柴油案为例。

【案情简介】2017 年 8 月,被告人许某权与被告人陈某勇为牟取非法利益,经共同密谋走私柴油进境牟利后,由许某权出资,陈某勇具体经手租赁“泓雄 178”船、“翔峰油 1”船用于走私柴油,并纠集被告人赵某东负责与船员沟通和联络。同年 8 月中旬至 9 月,被告人许某权、陈某勇指使同案人黄某南、邹某皆(均已判刑),并通过他们纠合了多人,利用上述船舶,从广东省中山市出发到珠江口外伶仃洋以南的境外海域,走私柴油入境。其中,被告人许某权、陈某勇负责组织、策划、指挥和联络,全程参与走私柴油入境 5 船次,共计 4259.56 吨,经海关关税部门核定,偷逃应缴税款 857 万余元。被告人赵某东参与走私的柴油偷逃应缴税款 501 万余元。法院以走私普通货物罪,分别判处被告人许某权有期徒刑 11 年,并处罚金 500 万元;判处被告人陈某勇有期徒刑 10 年,并处罚金 400 万元;判处被告人赵某东有期徒刑 3 年,缓刑 4 年,并处罚金 2 万元。[1]

本案中,陈某勇辩解其没有出资,只是受许某权雇佣而参与,在共同犯罪中起次要作用。然而,法院认为陈某勇与许某权在共同犯罪中均起主要作用,系主犯:(1)陈某勇与许某权等人经密谋之后,为了牟取各自利益,分工合作,共同实施租船走私及油品销售行为。虽然陈某勇与许某权所处的角色及实现利益的方式不尽相同,且由

---

〔1〕 参见广东省高级人民法院刑事裁定书,(2019)粤刑终 661 号。

于许某权拒不供认以及部分犯罪嫌疑人未并案处理导致他们之间密谋分工的一些细节没有完全查清,但是可以确定的是"泓雄178"船、"翔峰油1"船的5次油品走私是他们共同意志的体现。(2)陈某勇与许某权等人虽然不排除由于所处角色及犯罪动机不同而有不同的具体分工、在不同的环节发挥不同作用,但是陈某勇与许某权等人达成走私共识后实施租船、联络等工作,作用积极主动。(3)陈某勇辩称其行为完全出于许某权授意,但其并非被许某权纠合而涉案,其亦供述其与陈某强是帮助许某权走私成功后向许某权购油销售以获取差价,与许某权利益诉求并不相同,因此其为了实现自己的目的而配合许某权,表现的是分工合作的默契,而不是被指使、被雇佣的地位,原判认定其为本案主犯之一没有不当。(4)同时,在许某权方面派有黄某南上船负责联系,又有赵某东在负责联系船员的情况下,走私的相关指令依然通过陈某勇传达,也反映出其在共同实施走私犯罪时处于较为核心的地位,而不仅仅是因为语言相近、便于沟通的传话作用。

第五节　绕关走私犯罪既未遂问题

一、绕关走私犯罪既未遂的争议焦点

根据《刑法》规定,已经着手实行犯罪,因犯罪分子意志以外的原因未得逞的,是犯罪未遂。犯罪未遂包括三个条件:一是已经着手实施犯罪,二是犯罪没有得逞,三是犯罪没有得逞是由于犯罪分子意志以外的因素造成的。具体到绕关走私中,最核心的是如何理解走私犯罪未得逞。对此,理论上主要有以下几种观点:一是国边境标准。根据绕关走私的货物、物品是否跨越一国边境判断既未遂。走私入境的,货物、物品进入我国境内即属于走私既遂;走私出境的,只有当货物、物品离开我国国境时才属于既遂。二是区别标准。根据不同走私途径、不同走私模式,区分各类绕关走私的既未遂标准。根据不同走私途径,绕关走私可以分为陆路走私、海上走私和空路走私;根据进出口环节,又可以分为进口走私和出口走私。对于陆路走私,只要跨越国边境,即属于犯罪既遂。对于空路走私,在进口走私中以航空器着陆作为既遂标准,在出口走私中以航空器离地作为既遂标准。对于海上走私,又有不同的标准:一种标准是"领海说",即走私货物、物品进入领海(进口走私)或者离开领海(出口走私)构成走私既遂;另一种标准则是"海岸说",即进口走私的船舶为了卸货靠岸时或者出口走私的船舶离开海岸线时属于犯罪既遂。[1]

对于理论以及实践中的各种争议,根据《走私案件解释》第23条的规定判断走私既遂的三项标准,其中与绕关走私相关联的是第1项,即"在海关监管现场被查

---

〔1〕 参见张大春:《走私罪研究》,中国海关出版社2013年版,第137~139页。

获的”,应当认定为走私犯罪既遂。那么,如何准确理解海关监管现场就非常重要。《海关法》第6条规定了四个海关有权行使执法权的空间场所,这些场所可以理解为通常意义上的海关监管现场:一是海关监管区,包括设立海关的港口、车站、机场、国界孔道、国际邮件互换局(交换站)和其他有海关监管业务的场所,以及虽未设立海关,但是经国务院批准的进出境地点。此处的海关监管区主要指的是海关查验关口和海关专设的监管货场。二是海关附近沿海沿边规定地区,具体范围由海关总署和国务院公安部门会同有关省级人民政府确定。三是在海关监管区和海关附近沿海沿边规定地区以外,海关有权调查的涉嫌走私运输工具和除公民住处以外的涉嫌藏匿走私货物、物品场所。四是进出境运输工具或者个人违抗海关监管逃逸的,海关可以连续追至海关监管区和海关附近沿海沿边规定地区以外,将其带回处理。

二、绕关走私既未遂的判断

在绕关走私的情形下,海关监管现场主要体现为海关附近沿海沿边规定地区。对于出口走私,只要是在上述海关监管现场被查获的,属于走私既遂。走私本质上体现为货物、物品的非法进出境,严格意义上说,只有当货物、物品跨越国边境时,才算得上走私犯罪得逞。然而,在出口走私中,如果以国边境为标准判断走私的既未遂,要么走私的货物、物品无从查实从而无法处理,因为一国执法权不可能延伸到境外;要么对于在境内能够查实的走私行为只能认定犯罪未遂,这显然有违法律惩处犯罪既遂为常态的立法初衷。

对于进口走私而言,问题则要复杂得多。如果是陆路走私、空路走私,当走私货物、物品进入一国境内或者航空器着陆时,显然已经进入海关监管现场,属于走私既遂。如果是海上绕关走私,原则上应当采取“领海说”的标准。一国对于领海、领空、领陆拥有完整主权,当行为人非法运输货物、物品进入我国境内时,已经进入海关监管现场,属于走私既遂。在这一点海上走私与陆路走私既遂标准的认定思路总体是一致的。然而,海上走私仍然有其特殊性。

第一,根据《领海及毗连区法》第13条的规定,中华人民共和国有权在毗连区内,为防止和惩处在其陆地领土、内水或者领海内违反有关安全、海关、财政、卫生或者入境出境管理的法律、法规的行为行使管制权。换言之,海关在毗连区拥有相应的执法权力,可以理解为海关监管现场。那么对于在毗连区上查获的走私案件,如何判断既未遂?以林某开等人走私普通货物案为例。

【案情简介】被告人林某开召集被告人吴某楷等人驾驶一艘“三无”油船前

往境外过驳柴油入境。第一次走私柴油 260 吨，于 2018 年 7 月 29 日晚上在温州卸油，经海关部门计核，该批走私柴油偷逃应缴税额 54 万余元。林某开等人于同年 7 月 30 日上午，第二次走私柴油时，从境外油船上过驳柴油完成后，准备返航时，在领海外的毗连区处，被温州市海洋与渔业执法支队查获，后已交海关缉私部门。该次走私柴油 274.941 吨，经海关部门计核，偷逃应缴税额 57.7 万余元。[1]

本案中，第一次走私显然属于犯罪既遂，而第二次走私柴油被查获的地点属于毗连区，既未遂问题有一定争议。根据《领海及毗连区法》第 13 条的规定，国家在毗连区上有海关方面的权力，可以理解为海关监管现场。对于海关监管现场被查获的走私案件，司法解释规定属于犯罪既遂。但判决书认为，毗连区在领海之外，是在实际控制线之外，故该地点并非境内；虽然根据规定，海关监管现场查获的走私案件应认定为犯罪既遂，然而本案是渔业局在毗连区内的执法检查，并非海关缉私部门在查禁走私犯罪的检查，故本案件的查获，不属于“监管现场查获的案件”。

走私本质上体现为货物、物品的非法进出境。对于出口走私而言，将进入海关监管区域尚未实际出境的行为认定为犯罪既遂，更多的是基于司法实践和立法初衷的考量，避免出口走私基本只能查处犯罪未遂的窘境。那么，对于进口走私而言，如果货物、物品尚未实际进入我国境内，则很难说是走私犯罪已经得逞，认定为走私既遂肯定存在问题。尽管一国在毗连区上拥有海关等方面的权利，但无论是国际法还是国内法，毗连区都有别于领海，毗连区上的权利有较多限制，只有领海上才拥有完整的主权，只有当货物、物品进入我国领海，才算得上真正意义上进入我国“境内”，这样也才能将领海与领土、领空的概念结合起来。因此，对于在毗连区上被查获的走私货物，应当认定为走私未遂。对于司法解释所规定“海关监管现场被查获的”情形，应当作一定限缩解释更为合理。因此，判决书认为毗连区在领海之外，是在实际控制线之外，故该地点并非境内，作为认定犯罪未遂的依据是有道理。但判决书又根据本案是渔业局在毗连区内的执法检查，并非海关缉私部门在查禁走私犯罪的检查，从而认为并非“监管现场查获的案件”，这一理由是很难成立的。如果根据不同执法主体而否定海关监管现场，那么对于进入领海或者在码头被渔业、海警、边防甚至其他执法部门查获的走私案件，显然不能因为“并非海关缉私部门在查禁走私犯罪的检查”而否定犯罪既遂。

第二，以进入领海作为海上走私既遂的一般标准，但在特殊情形下应当以走私货

---

〔1〕 参见浙江省温州市中级人民法院刑事判决书，(2018)浙 03 刑初 219 号。

物、物品靠岸作为既遂标准。海上货物运输的入境具有双重特性。首先涉及海域边界，即境外货物通过船舶运输先是进入我国领海，这是一般意义上的进入国境。其次是水陆边界，即船舶到达设关或非设关码头、港口进入境内，这是判断货物是通关入境还是绕关入境的根本标准。然而，由于我国海域辽阔、海岸线漫长，货运船舶在进入领海、到达口岸之前存在不确定状态：可能直接驶往设关口岸，也可能直接驶往非设关港口、码头，甚至还可能只是过境而并不驶往沿海国。所谓绕关走私，本质上是不经过设立海关的地点（口岸）走私货物、物品进出境。显然只有第二种情况才是真正意义上的绕关走私。因此，当行为人通过船舶运输货物、物品，依照我国的法律规定进入我国领海以内，如果尚有通过设立海关的地点通关申报的现实可能性，说明行为人对于是否通过绕关走私尚处于不确定状态，还有犯罪中止的可能性，对于这种情形，应当以走私船舶靠岸作为犯罪既遂的标准。反之，如果行为人通过船舶运输货物、物品本身非法进入我国领海，说明其已经不具有如实申报的现实可能性，只要进入我国境内就构成既遂，至于后续如何过驳货物、在什么地点过驳货物，是走私既遂后实现走私目的的具体方式，不影响犯罪既遂的判断。

第六节　绕关走私案件涉案财物的处置问题

一、绕关走私涉案财物处置存在的主要问题

涉案财物处置是走私案件常见疑难问题。在通关走私中，涉案财物主要是走私货物、物品，这些财物的归属通常比较明确，相关法律规定也比较完备，处置方式相对简单。绕关走私则不同，涉案财物既包括走私货物，也包括船舶、车辆等走私工具，而且往往财物归属不明，处置难度较大，成为困扰执法司法机关的一大问题，主要体现在以下几个方面：

一是涉案财物的先行处置机制问题。以绕关走私成品油为例，实践中，侦查机关查扣的成品油往往数量巨大，部分案件甚至一次性即被查获数千吨甚至上万吨的走私成品油，案值过亿元，走私犯罪分子用于运输走私成品油的油罐车、船舶等也往往价值不菲。成品油属于易燃易爆危险品，对储存场所和保管条件均有特殊要求，查扣的用于走私成品油的油罐车、船舶等运输工具如果不能够及时处置，长期搁置，也面临着高额保管费用和快速贬值等问题，既影响案件的正常审理，也不利于对当事人合法财产权益的保护。

二是走私运输工具的认定处理标准。根据《刑法》第 64 条的规定，违禁品和供犯罪所用的本人财物，应当予以没收。实践中，走私犯罪分子为逃避打击，往往在实施走私犯罪行为之前即通过买卖合同、租赁合同等方式将车辆、船舶所有权形式上转移，最后被查处的走私分子在形式上并未显示为车辆、船舶所有人，依据已查实的事

实证据又难以证明形式上的车辆、船舶所有人在主观上明知被用于走私,导致案发后对查扣的走私犯罪运输工具难以及时处理,实践中走私运输工具被没收的比例不高。在运输工具的处置上,办案机关高昂的司法成本与犯罪分子低廉的走私成本形成鲜明对比,也在一定程度上制约了走私犯罪综合治理成效。

三是涉案财物追缴和对案外人合法权益的保障问题。任何人不得因犯罪获利,因此,根据《刑法》第 64 条的规定,犯罪分子违法所得的一切财物,应当予以追缴或者责令退赔。对于绕关走私这一典型经济犯罪而言,对犯罪分子违法所得的一切财物更应当一追到底,确保其不能从走私犯罪中获得利益。实践中,由于走私犯罪分子将成品油等货物走私入境后往往迅速销赃,所得赃款,或被其挥霍、无法查明去向,或用于归还其所欠合法债务,或是以投资等方式与其他合法财产混合无法分割,影响了对犯罪分子违法所得的追缴工作。然而追缴中还涉及第三人权益的保障问题,也比较容易被忽视。

二、绕关走私涉案财物的先行处置问题

涉案财物的先行处置,是指执法司法机关在诉讼程序终结前对容易毁损、价值易于贬损等的刑事涉案财物,通过拍卖、变卖等方式予以提前处置的措施。对于刑事涉案财物的先行处置,《刑事诉讼法》和有关司法解释、规范性文件中均有规定。根据《刑事诉讼法》第 245 条的规定,对违禁品或者不宜长期保存的物品,应当依照国家有关规定处理;虽最高人民法院《关于适用〈中华人民共和国刑事诉讼法〉的解释》(以下简称《刑诉法解释》)第 18 章"涉案财物处理"进一步细化,但相关规定仍然比较原则。为贯彻落实《中共中央关于全面深化改革若干重大问题的决定》有关要求,进一步规范刑事诉讼涉案财物处置工作,中共中央办公厅、国务院办公厅于 2015 年 1 月 24 日下发《关于进一步规范刑事诉讼涉案财物处置工作的意见》。该意见第 7 条规定,对易贬值的汽车、船艇等物品,经权利人同意或者申请,并经县级以上公安机关、国家安全机关、人民检察院或者人民法院主要负责人批准,可以依法出售、变现或者先行变卖、拍卖。2019 年《非设关地走私纪要》结合绕关走私案件特点,对涉案财物的处置程序、方式等也作出类似规定。根据上述规定,对涉案船舶、车辆等财物的先行处置需要以权利人同意或申请为前提,先行处置所得价款暂予保存,待诉讼终结后一并依法处理;同时先行处置过程中还应当固定证据和留存样本,以备诉讼过程中使用。

将权利人同意或申请作为对涉案财物先行处置的前提条件,有利于保障权利人合法权益。但实践中对于明显应当予以没收的涉案财物(如犯罪嫌疑人多次用于走私的本人船舶),如果权利人不同意先行处置,不但保管成本大、风险高,而且长期不处理也会导致财物贬值,也不利于维护当事人合法权益。另外,在涉及共有财物和权

利人不明的财物时,如何把握当事人同意或申请这一要件,也有待进一步研究:

第一,关于共有财物。绕关走私通常涉及财物价值巨大,不同人共有的情形比较常见,如许多用于走私的船舶都涉及众多股东。那么,是否需要取得全部共有人同意方能先行处置?对此,笔者认为,可以参照《民法典》的规定,经2/3以上权利人同意即视为同意先行处置,但共有人之间另有约定的除外。[1]

第二,关于权利人不明的涉案财物。根据《罚没财物管理办法》第14条的规定,长期不使用容易导致机械性能下降、价值贬损的车辆、船艇、电子产品等物品,以及有效期即将届满的汇票、本票、支票等,在确定为罚没财物前,权利人不明确的,可以依法公告,公告期满后仍没有权利人同意或者申请的,可以依法先行处置,先行处置所得款项按照涉案现金管理。对于先行处置的公告期限,法律没有明确规定,对此,我们认为可以参照《非设关地走私纪要》的规定,将公告期限设定为3个月。[2]

根据前述规定,对绕关走私涉案财物的先行处置需要以当事人申请或同意为前提。[3] 与之不同,2021年颁布实施的《海警法》放宽了涉案财物先行处置的法定条件。该法第61条规定,符合下列条件之一的货物、物品,经市级海警局以上海警机构负责人批准,可以先行依法拍卖或者变卖并通知所有人,所有人不明确的,通知其他当事人:(1)成品油等危险品;(2)鲜活、易腐、易失效等不宜长期保存的;(3)长期不使用容易导致机械性能下降、价值贬损的车辆、船舶等;(4)体量巨大难以保管的;(5)所有人申请先行拍卖或者变卖的。换言之,按照《海警法》规定,当事人申请或同意只是涉案财物先行处置的充分条件而非必要条件。我们认为,这一规定更为合理,有利于提升涉案财物先行处置的效率,最大限度保全财产价值,更能实现先行处置的制度功能。未来其他法律规范在完善绕关走私涉案财物先行处置程序时,可以参考目前《海警法》的规定。

三、绕关走私运输工具的没收问题

(一)没收运输工具的法定条件

如何理解和把握绕关走私运输工具的没收条件,是司法实践中涉案财物处置最棘手的问题之一。根据我国现行法律,没收涉案运输工具的规定主要有以下三类:一

---

〔1〕 我国《民法典》第301条规定:"处分共有的不动产或者动产以及对共有的不动产或者动产作重大修缮、变更性质或者用途的,应当经占份额三分之二以上的按份共有人或者全体共同共有人同意,但是共有人之间另有约定的除外。"

〔2〕 根据《非设关地走私纪要》第5条第3款的规定,应当返还的无主财物,经公告期满3个月无人认领的,依法拍卖、变卖后所得价款上缴国库。当然,先行处置公告不同于无主物认领公告,二者目的、内容、功能均不同。先行处置侧重于效率和保值,期限可以更短;后者侧重于保障当事人实体性权利,公告期限一般更长。

〔3〕 当然,违禁品除外,对违禁品可以直接依法先行处置,不需要以权利人同意为前提。

是《刑法》第64条,供犯罪所用的本人财物,应当予以没收。对此,犯罪嫌疑人、被告人所有的、用于走私的涉案船舶、车辆等运输工具,应当予以没收。二是《非设关地走私纪要》第5条的规定,对"三无"船舶、无法提供有效证书的船舶、车辆,依法予以没收、收缴或者移交主管机关依法处置。三是《最高人民法院关于走私犯罪案件法院未判决没收的走私运输工具海关能否没收意见的复函》的规定,对于行为人明知他人实施走私犯罪而提供自己所有的犯罪工具,可以依法予以没收;《非设关地走私纪要》第5条也有类似规定。

没收是对绕关走私涉案船舶、车辆等走私运输工具的实体性、终局性处理,而且由于船舶、车辆通常价值巨大,将其没收必然会对当事人的利益产生重要影响。实践中,是否没收走私运输工具,还应坚持两个基本原则:一是关联性,即判决没收的涉案财物须与犯罪行为有直接紧密联系。"判断关联性主要看财物是否与犯罪行为有直接联系,是否专门用于犯罪行为,是否多次用于犯罪行为。"[1]二是比例性,即没收财物的价值应当与犯罪的社会危害性以及犯罪收益相当。对于供犯罪所用财物的没收,为防止没收过于严苛而失去合理性,很多国家都确立了相当性原则。例如,没收的财物价值远远超过违法所得或者犯罪对象的总价值,即为不合理的没收。[2] 在绕关走私特别是海上走私中,通常大规模走私成品油、冻品、白糖、假冒卷烟,一般偷逃应缴税额巨大或者特别巨大,多数情况下不会违反比例原则。但是如果船舶、车辆在运输过程中夹带少量走私物品,或者第三人出租运输工具收取少量租金,其获利与运输工具价值明显不成比例,在把握没收条件时就应当慎重。

当然,对于不符合没收条件的无主物,可以通过公告等形式进行处理。《非设关地走私纪要》第5条第3款规定:"侦查机关查封、扣押的财物经审查后应当返还的,应当通知原主认领。无人认领的,应当公告通知,公告满三个月无人认领的,依法拍卖、变卖后所得价款上缴国库;上缴国库后有人认领,经查证属实的,应当申请退库予以返还。"上述处理方式既保证诉讼顺利进行,同时对被害人及利害关系人的合法财产权利也给予有力保障。

(二)第三人所有船舶的没收问题

从司法实践看,用于海上走私的大量船舶属于犯罪嫌疑人、被告人以外的第三人所有,或者名义上为第三人所有,但真实权属关系难以查清。对此,相关规定确立了第三人所有的涉案财物没收规则,这一规则与犯罪人所有的涉案财物没收规则有一

---

〔1〕 贾佳:《〈刑法〉第六十四条刑事没收制度的理解与适用》,载《刑法论丛》2015年第4期。

〔2〕 参见最高人民法院执行局编著:《最高人民法院关于刑事裁判涉财产部分执行的若干规定理解与适用》,中国法制出版社2017年版,第15~30页。

定区别。要准确理解上述规则,需要从以下两方面来把握:

第一,合理区分第三人善意提供财物与恶意提供财物。《刑法》兼具打击预防犯罪与保障人权双重功能,在对待海上走私涉案船舶处置问题上同样应体现上述两方面功能。从打击预防违法犯罪的角度讲,海上走私中船舶是必不可少的犯罪工具,船舶对于完成海上走私发挥关键性作用,而没收涉案船舶旨在预防其再次被用于实施违法犯罪。同时,船舶属于价值较高的财物,行为人通常需要投入较大成本,通过没收用于作案的船舶,使得行为人为自己的走私犯罪付出沉重代价,对预防其本人或他人走私犯罪也能起到较好震慑效果。从保障人权的角度来讲,对涉案财物的没收原则上不能随意波及无辜第三人,因为没收财物本身虽非刑罚种类,但客观上剥夺当事人的财产,同样起到惩罚的效果,如果允许刑事惩罚的后果随意殃及第三人,显然有违现代刑事法治中罪责自负的基本原则。

当然,没收涉案船舶不波及第三人的前提在于行为人是善意的、无辜的,换言之,其并不知道自己所有的船舶被他人恶意用于从事走私等违法犯罪活动。反之,如果船舶所有人主观上明知他人将船舶用于违法犯罪活动,仍然主动提供或者放任、默认他人利用其船舶从事上述活动,那么其已经不再是善意第三人,而应当为自己不负责任的行为付出必要的代价。〔1〕 因此,“如果第三人存在过错,即第三人清楚地知道其财物被他人用以犯罪而放任,或者对此虽不知情,但并未慎重地管理其财物,这种情况下应当没收”。〔2〕

第二,合理区分第三人主观明知(恶意提供)与事前通谋。《刑法》第156条规定,“与走私罪犯通谋,为其提供贷款、资金、帐号、发票、证明,或者为其提供运输、保管、邮寄或者其他方便的,以走私罪的共犯论处”。《走私案件意见》第15条进一步规定,“对明知他人从事走私活动而同意为其提供贷款、资金、账号、发票、证明、海关单证,提供运输、保管、邮寄或者其他方便的”,可以认定为事前通谋。可见,第三人主观上明知他人实施走私犯罪仍然出租、出借船舶的,该第三人很可能构成走私共犯。而一旦将第三人认定为走私共犯,则对涉案船舶的处理完全可以直接按《刑法》第64条“供犯罪使用的本人财物”相关规则进行没收,没必要单独确立第三人所有的涉案财

〔1〕 许多国家的刑事立法都将明知自己的财物被用于犯罪或对自己的财物疏于履行谨慎管理义务的第三人财物也纳入没收范围,如德国、法国、荷兰、日本等。《联合国反腐败公约》规定,没收的对象是“用于或者拟用于根据本公约确立的犯罪的财产、设备或者其他工具”。都没有把没收犯罪工具的范围限定于“本人所有的财物”。美国法律则规定:对于“用于犯罪或拟用于犯罪之物”予以没收是原则,只有在物主能证明自己属于“无辜物主”时才得以免予被没收;“无辜物主”必须符合“既没有卷入犯罪行为,又尽了一切合理的努力去阻止犯罪行为人对其财产的使用”。参见王晓岚、焦小倩:《论犯罪工具的认定及处理》,载中国法院网2016年3月28日,https://www.chinacourt.org/article/detail/2016/03/id/1829680.shtml。

〔2〕 王书剑、宋立宵:《犯罪工具的认定与没收》,载《中国检察官》2020年第10期。

物没收规则。

为破解上述矛盾,笔者认为应合理区分第三人单纯主观明知(恶意提供)与共同犯罪中的事前通谋。首先,二者的具体内容不同。“通谋”是主动的、积极的行为概念,各行为人基于相互沟通、共同谋划所形成的共同故意内容,或者围绕犯罪行为进行商议、策划、分工,相互支持,相互配合,积极推动犯罪结果的实现。而单纯“明知”则是相对被动、消极的行为,只能是“知”,不存在相互沟通、参与谋划、主动配合等情形,其主要表现可以较通俗地概括为“我知你为何,但你是你的,我是我的”这种形态。[1] 其次,二者明知的程度不同。主观明知与事前通谋的共性在于都对他人从事违法犯罪活动有一定程度的了解。但在提供船舶供他人用于走私的场合,如果认定为共同走私中的事前通谋,要求提供者在事前(提供船舶之前)就明知他人是为了走私犯罪,而且与对方达成高度默契,互相配合,一方利用船舶走私,另一方以收取租金等形式积极介入走私收益的分配中。如果只是单纯明知,则不仅限于明知用于走私,还包括明知可能用于走私或其他违法犯罪活动;不仅限于提供船舶当时明知,还包括提供船舶之后因长期疏于管理的原因,有合理理由应当知道会被用于实施违法活动。

如前所述,对登记所有人或者实际所有人明知他人实施走私犯罪而出租的船舶,依法予以没收。从实践来看,核心问题在于如何认定出租人主观明知。对此,《非设关地走私纪要》第5条进一步规定,具有下列情形之一的,可以认定主观明知,但有证据证明确属被蒙骗或者有其他相反证据的除外:一是出租人未经有关部门批准,擅自将船舶改装、伪装的;二是出租人默许实际承租人将船舶改装、伪装的;三是因出租船舶用于走私受过行政处罚,又出租给同一走私人或者同一走私团伙使用的;四是出租人拒不提供真实的船舶承运人信息或者提供虚假信息的;五是其他可以认定明知的情形。

上述规定在一定程度上降低了第三人主观明知的认定难度。然而,这些规定可操作性仍然不强,作为推定主观明知的基础事实在司法实践中很少见,或者很难查证,或者如何适用容易产生分歧。例如,上述第4项规定出租人拒不提供真实承运人信息或者提供虚假承运人信息,该事实如何认定就比较有争议。以王某走私成品油案为例,船东多次提供承租人身份信息(包括姓名和身份证号码),但侦查机关根据该身份信息查无此人,公诉机关认为属于提供虚假承运人信息,应当没收船舶,但审判机关基于慎重起见未判决予以没收。

总体而言,司法实践中实际没收第三人所有的船舶很少见,其根源在于第三人主

---

〔1〕 参见周国良、须璐、田娟、王林生:《“走私洗钱犯罪法律适用问题研讨会”研讨观点综述》,载《中国检察官》2021年第22期。

观明知的证明难度很大。对此,应适当放宽第三人主观明知的证明标准,可以适用民事诉讼中的优势证据原则和高度盖然性原则,而不适用定罪处罚中排除合理怀疑的证明标准。[1] 例如,同一船舶在一定时间段内多次参与海上走私的,一般可以推定船舶所有人(包括登记所有人、实际所有人、出租人)"明知"该船舶被用于走私等违法犯罪,但有证据证明确属被蒙骗或者有其他相反证据的除外。

以载重4万余吨某外籍母船走私成品油案为例,该母船船东公司位于东南亚某国,该母船长期从境外满载成品油后开至东海海域,过驳给国内中小型油船走私入境。案发后,侦查机关扣押该母船,经查证,涉案母船长时间被用于走私成品油,船舶航行轨迹明显不合理,且多人同时在船东公司、船舶管理公司或供油公司担任公司高管,船东方无法合理解释,其应当知道船舶被用于走私。一审法院判处没收该船,二审法院维持原判。本案中,就是适用民事诉讼中的优势证据原则和高度盖然性原则,推定船东主观明知。

(三)没收涉案运输工具中的"两法"衔接问题

根据《海关法》《海关行政处罚实施条例》相关规定,专门用于走私的运输工具或者2年内3次以上用于走私的运输工具,应当予以没收。[2] 换言之,走私行政案件中没收涉案运输工具不考虑其归属问题或第三人的主观明知问题,这显然比《刑法》有关运输工具没收条件的规定更为宽松。那么,在刑事判决时没有对涉案走私运输工具作出处理时,能否再行启动行政程序,依据上述行政规范予以没收?

对此,最高人民法院曾作过两个答复,但意见并不统一。《最高人民法院关于海关执法机关对刑事裁判未予处理的不属于罪犯本人的用于走私的运输工具能否作出行政处理的答复》规定:"人民法院生效刑事裁判对不属于罪犯本人所有但被用于走私的运输工具没有作出处理的,海关执法机关可以依照《中华人民共和国海关法》和《中华人民共和国海关行政处罚实施条例》的有关规定进行处理。"而《最高人民法院关于走私犯罪案件法院未判决没收的走私运输工具海关能否没收意见的复函》则认

---

〔1〕 参见段凰、石魏:《涉案财产处置虚化之现状分析及应对思路》,载《人民司法》2021年第19期。参见《浙江省委政法委、浙江省高级人民法院、浙江省人民检察院、浙江省公安厅、浙江省财政厅、刑事诉讼涉案财物取证管理处置工作指引》(浙公通字〔2021〕67号)第3条,该条规定:"涉案财物的证明标准,除系犯罪事实的组成部分外,采用高度盖然性标准。除有相反证据外,具有高度可能属于违法所得及其他涉案财物的,一般应当认定为违法所得及其他涉案财物。"

〔2〕 《海关法》第82条第2款规定,"有前款所列行为之一,尚不构成犯罪的,由海关没收走私货物、物品及违法所得,可以并处罚款;专门或者多次用于掩护走私的货物、物品,专门或者多次用于走私的运输工具,予以没收,藏匿走私货物、物品的特别设备,责令拆毁或者没收"。《海关行政处罚实施条例》第9条第2款规定,"专门用于走私的运输工具或者用于掩护走私的货物、物品,2年内3次以上用于走私的运输工具或者用于掩护走私的货物、物品,应当予以没收。藏匿走私货物、物品特制设备、夹层、暗格,应当予以没收或者责令拆毁。使用特制设备、夹层、暗格实施走私的,应当从重处罚"。

为："对随案移送的进入刑事诉讼程序的查封、扣押、冻结的财物及其孳息，除违禁品或者不宜长期保存的物品，应当依照国家有关规定处理外，须经人民法院判决才能做出处理，对人民法院未判决处理的，有关单位不得自行处理。因此，对扣押的走私犯罪工具，应当由人民法院依法判决处理，不宜再适用《中华人民共和国海关行政处罚实施条例》作出处罚。"

针对上述不同规定，笔者认为，后者的处理方式更为合理。刑事诉讼过程中，刑事判决不仅应当对犯罪行为本身作出评价，而且应当对在案的涉案财物一并作出评价。没收是对涉案财物的实体性处分，当刑事判决中没有没收涉案财物时，不仅说明其不符合刑事没收条件，也说明该财物能否没收已经在刑事程序中被评价过，此时就不应当将涉案财物的处置单独剥离出来重新回流到行政程序中予以没收，否则刑事司法的终极效力就会被架空。当然，如此处理也可能会导致实体上对涉案走私运输工具处置的失衡，即同样是专门用于走私或者 2 年内 3 次以上用于走私的运输工具，在对轻微走私行为处理时（行政程序），该运输工具必定会被没收；而对更严重的走私犯罪处理时（刑事程序），该运输工具很可能就不会被没收。这种处理结果显然是不合理的，也违背了基本的公平原则。

对此，笔者认为，在刑事程序中处理用于走私的运输工具时，可以直接援引行政法（《海关法》《海关行政处罚实施条例》等）上有关涉案运输工具没收条件的相关规定。换言之，专门用于走私犯罪或者 2 年内 3 次以上用于走私犯罪的运输工具，应当在刑事程序中直接予以没收，而无须另行启动行政没收程序。这符合行政犯的处理原则，也符合举轻以明重的法律解释原理。

走私犯罪是典型的行政犯，具有二次违法性特征。走私犯罪法律适用中，无论是走私行为的认定、走私对象的解释，还是犯罪数额的计算，都高度依赖于海关行政法律规范。那么，在刑事程序中判断运输工具是否符合没收条件时，同样可以根据海关行政法律规范进行评判。事实上，对于在刑事程序中直接没收涉案"三无"船舶，大家已经普遍达成共识。尽管 2019 年下发的《非设关地走私纪要》对没收"三无"船舶已经作出规定，但是在《刑法》上却找不到直接依据，而最早却要追溯到 1994 年的行政规范。[1] 因此，既然在刑事程序中处理"三无"船舶时，可以适用相关行政规范直接予以没收，那么，在刑事程序中处理专门用于走私或者 2 年内 3

---

〔1〕 详见国务院于 1994 年 10 月 16 日以《国务院对清理、取缔"三无"船舶通告的批复》（国函〔1994〕111 号）转发交通部、农业部、公安部、国家工商行政管理局、海关总署《关于清理、取缔"三无"船舶的通告》。该通告第 2 条规定，"对停靠在港口的'三无'船舶，港监和渔政监部门应禁止其离港，予以没收，并可对船主处以船价 2 倍以下的罚款"。第 3 条规定，"渔政渔监和港监部门应加强对海上生产，航行，治安秩序的管理，海关、公安边防部门应结合海上缉私工作，取缔'三无'船舶，对海上航行、停泊的'三无'船舶，一经查获，一律没收"。

次以上用于走私的运输工具(包括船舶)时,当然也可以适用相关行政规范予以没收。况且从法律规范的层级上看,有关“三无”船舶的没收规则仅仅规定在国务院及其部委一般性规范文件中,而有关专门用于走私或者2年内3次以上用于走私的运输工具的没收规则是规定在法律、行政规章中,[1]显然后者法律效力更高,在刑事程序也更有适用的理由。

相比于行政处罚,刑事处理更为严厉。根据举轻以明重的法律解释原理,对于同样情形的涉案运输工具,既然在行政案件中应当予以没收,那么在刑事案件中就更有理由予以没收。这样才不会导致涉案运输工具实体处理的失衡,也不至于陷入同一违法情形已经被刑事评价后又重新回流到行政程序的尴尬境地。

四、绕关走私涉案财物的追缴与第三人权益的保障问题

(一)涉案财物的追缴问题

根据《刑法》第64条的规定,犯罪分子违法所得的一切财物,应当予以追缴或者责令退赔,违禁品和供犯罪所用的本人财物,应当予以没收。在绕关走私中,应予追缴和没收的涉案财物主要是走私犯罪分子的违法所得及其产生的收益,以及用于走私犯罪的运输工具等财物。对于走私犯罪分子的违法所得,即使赃款财物形态发生转化,也应最大限度地予以追缴、没收,真正实现“不让犯罪分子从犯罪中获得利益”。实践中,对于应当依法追缴、没收的涉案财产被他人善意取得或者与其他合法财产混合且不可分割的情况下应如何处理,也是困扰执法、司法机关的难题。《非设关地走私纪要》第5条第2款规定:“有证据证明依法应当追缴、没收的涉案财产被他人善意取得或者与其他合法财产混合且不可分割的,应当追缴、没收其他等值财产。”适用该规定时应注意以下三点:

一是不能将“追缴、没收其他等值财产”直接适用,必须有证据能证明应当追缴、没收的涉案财产已被他人善意取得或者与其他合法财产混合且不可分割,才能启动没收等值财产这种处理方式。例如,走私犯罪分子将用于运输成品油的车辆、船舶等运输工具合法转让给善意第三人,或者将走私违法所得和他人共同投资房产,或者购买的房产被家人用于居住且仅有一处住所等情形。

二是要慎重区分善意取得与恶意取得。区分相对第三人是善意取得还是恶意取得,主要从取得时是否支付合理对价、获得时间、获得地点、运输工具是否经过特殊改装、主观认知等方面全面予以认定。

三是要严格遵循适当性原则。对于依法应当追缴、没收的涉案财产与其他合法

---

[1] 即《海关法》和《海关行政处罚实施条例》。

财产混合且不可分割，应当按相同比例或者份额，追缴、没收走私犯罪分子的其他等值财产。没收的财产数额必须是与依法应当追缴、没收的涉案财产对应的数额，不能损害被告人的合法权益。

（二）涉案财物处置中利害关系人的权利保障

如前所述，绕关走私涉案财物处置过程中，常常涉及利害关系人的权益。例如，涉案走私工具系案外人所有的，涉及对案外人船舶、车辆的没收；应当没收的涉案财物已经被他人取得的，涉及从第三人处追缴的问题。那么，如何保障第三人权利，第三人如何提出异议等，也就成为涉案财物处置中需要面对的问题。对此，《刑诉法解释》第279条规定，“必要时，可以通知案外人出庭”，但这一规定比较原则。整体而言，目前我国刑事立法缺乏对第三人提出异议的方式、期限、诉讼权利的具体规定，第三人也缺乏参与刑事诉讼的路径，权利救济渠道狭窄。[1]

目前情况下，结合《刑事诉讼法》《刑诉法解释》等规定，为保障涉案财物利害关系人诉讼权利，可以采取以下几项措施：一是办案机关应当告知利害关系人有提出异议、提供证据、申请参加诉讼、参与庭审等诉讼权利；二是办案机关应当听取利害关系人对涉案财物处置的意见，既可以是庭外听取意见，也可以是庭审过程中听取意见；三是必要时，应通知利害关系人出庭；四是利害关系人如果出庭的，其就涉案财物的处置享有相应的诉讼权利，尤其是举证、质证和辩论的权利。当然，如何更好地保障涉案财物处置中利害关系人的权益，需要进一步研究，相关法律规范也有待进一步完善。

第七节　典型案例综合分析：杨某勇等走私成品油案评析

一、案情简介

2015年9月以来，被告人杨某勇等人纠集被告人苏某远、黄某华、胡某祥、陈某阳等10余人，先后购入三艘渔船改装成运油船，组织人员驾驶上述三艘船前往境外海域接驳燃料油后直接走私入境。其中，胡某祥等人作为船上人员跟船出海接油，船舶返航后于深夜靠泊在浙江省温州市沿海小码头。苏某远、黄某华等人主要负责岸上联系、码头卸油作业，陈某阳专门负责支付购油款等。上述燃料油走私入境后，由杨某勇等人在境内销售牟利。被告单位上海某工贸公司、被告人林某雷、王某锁、叶某鑫等10余家单位和个人明知系走私入境的燃料油，仍然直接多次向杨某勇大量非法收购，并由杨某勇组织油罐车或者由上述买家自行指派油罐车于深夜前往船舶靠泊码头，当杨某勇组织的船舶靠岸时，即刻将燃料油过驳至前来接应的油罐车上，买家

---

〔1〕 参见段凰、石魏：《涉案财产处置虚化之现状分析及应对思路》，载《人民司法》2021年第19期。

则将购油款汇入杨某勇实际控制的个人账户。截至2016年6月,被告人杨某勇等人以上述方式走私燃料油129航次共3.5万余吨,偷逃应缴税款8700万余元;被告单位上海某工贸公司、被告人林某雷、李某良、王某锁、叶某鑫等单位和个人直接向杨某勇收购走私的燃料油200余吨至2000余吨不等,偷逃应缴税款40万余元至400万余元不等。走私过程中,曾经有3个航次被有关行政执法部门查处。

2017年2月,侦查机关以杨某勇等28人涉嫌走私普通货物罪移送宁波市人民检察院审查起诉。检察机关经两次退回补充侦查,其中5名直接购私人员因犯罪主观故意证据不足,由侦查机关撤案。检察机关于同年9月5日对王某锁、叶某鑫2人相对不起诉,于同月7日对杨某勇等21人提起公诉。2018年7月,一审法院以被告人杨某勇等21人犯走私普通货物罪,判处有期徒刑15年至1年5个月不等。部分被告人提起上诉,二审法院维持原判。[1]

二、焦点问题

本案是一起典型的绕关走私成品油案件,涉及走私时间较长,参与的走私人员众多,从供油环节、直接走私环节、销售环节、收购环节等均有相关人员被查处,从多方面体现了绕关走私尤其是海上走私案件常见疑难问题。本案在犯罪数额认定、主从犯认定以及如何实现量刑均衡等方面都有一定的典型意义。

三、综合评析

(一)绕关走私犯罪数额的认定

海上走私隐蔽性非常高,除现场查扣航次外,以往航次走私货物通常很难认定。本案涉及129航次,实际认定航次之多前所未有。由于仅有3航次被查处,其余货物均已走私入境且已销售,因此走私航次的认定是最基础的问题。本案在缺少明确记账的情况下,最终运用资金交易记录、通话记录、微信记录三大类电子数据,结合生活经验和交易习惯,构建以电子数据为核心的证据体系,在认定全案犯罪金额的同时准确区分每名被告人涉嫌犯罪数额。

首先,根据相关人员供述以及微信记录,确定用于支付走私油款的8个银行账户及其相应的资金交易记录。结合付款时间、规律、金额等特征,完整还原129个航次走私油款的交易记录,作为认定走私航次、货款的基础性证据。其次,在确定三条船舶各自卫星电话的基础上,梳理这些卫星电话与杨某勇、苏某远、黄某华等岸上人员

---

〔1〕 参见浙江省宁波市中级人民法院刑事判决书,(2017)浙02刑初96号。

的通话记录，每一航次通话时间能够与付款时间前后衔接，作为三条涉案船舶每一次出海接油的直接证据。[1] 再次，结合岸上接油人员手机通话记录，显示相关时间段内他们均于深夜同时出现在比较偏僻的区域，且均位于已经查实卸油小码头周边，说明涉案人员曾经前去码头接油，作为走私油卸驳的证据。最后，根据船员手机通话记录，在相应走私时间段内其手机长时间没有通话的情况，佐证他们各自参与出海走私的时间、次数。在认定航次的基础上，结合每条船舶核定载重量、被告人供述载重情况、油款金额、单价区间等因素，综合就低认定各个航次的重量，从而认定全案犯罪数额以及各被告人的犯罪数额。

本案运用电子数据认定绕关走私犯罪数额方面，有两方面非常重要的启示，对于同类案件办理有较大的借鉴意义：

第一，综合运用微观思维和宏观思维充分挖掘电子数据有效信息，实现电子数据效用最大化。一方面，从微观层面审查各个具体信息，尽量避免信息遗漏；另一方面，从宏观层面分析不同电子数据、不同涉案人员信息之间的共性特征，分析案件事实。以本案岸上人员通话记录为例，根据通常思维主要用于证明行为人之间的正常联络，除此之外，最关键的信息体现为一串数字的基站信息，该信息容易被办案人员忽略，办案中通过多次补充侦查，将上述基站信息“翻译”成物理空间具体位置，从而确定实际通话区域，这体现了微观思维的运用。另外，在确定不同人员实际通话区域的基础上，将相对固定参与岸上接油的其中七八个人通话记录放在一起分析，可以发现他们经常在深夜的同一时间段同时出现在某一片区域，且恰好在已经查实的卸油码头附近，结合通话地点、时间，合理推断出这是他们前往码头卸油的活动轨迹，这体现了宏观思维的运用。

第二，充分利用有效信息在不同电子数据之间建立合理的关联性，构建牢固的证据体系。随着现代科技的进步，电子数据不仅数量大，而且种类多，其中最典型的是资金类电子数据和通信类电子数据，它们在认定案件事实的不同方面都能发挥重要作用。在此情况下，如果没有以恰当的方法将不同电子数据有效串起来，证据中一些有用的信息就容易被遗漏，各证据所能起到的实际作用也大打折扣。相反，如果能够找到一两个(类)核心证据，挖掘该电子数据与其他电子数据或其他证据的关联性，从点到面不断扩大该电子数据的辐射面，从而构建起以某一电子数据为核心的证据体系，便能最大限度发挥它们的作用。用作构建证据体系的核心证据至少需要符合以下两点：一是证据的信息量较大，便于使用该证据不同侧面的信息与其他证据建立关

---

〔1〕 海上走私中，船舶接驳货物时通常需要到比较远的境外海域，而普通手机因没有信号而无法通话，船舶上一般均会安装卫星电话，在航行过程、海上过驳油前后，船上人员通常会使用卫星电话与岸上人员联络。

联性。二是该证据某些方面的信息涉及案件关键事实,以此为核心构建证据体系便于强化案件关键事实的证据链。在确立核心证据的基础上,进一步寻找不同电子数据的连结点,建立起合理的关联性。以本案为例,已经查实的资金交易记录可以作为核心证据,时间要素则是资金交易记录与各类通话记录、微信聊天记录之间的连结点,即每一个航次的资金交易时间能够与卫星通话时间、岸上人员通话时间前后衔接、相互对应,从而在付款环节、出海环节、卸油环节之间建立完整的证据体系。

(二)主从犯的认定与罪责刑相适应原则

本案涉案人员众多,犯罪数额特别巨大,合理区分主从犯对于落实罪责刑相适应原则、实现全案量刑平衡有重要意义。本案主从犯问题包括两方面。

1. 直接走私人员的主从犯问题

本案直接走私人员可以分成以下几类:一是组织者、策划者;二是岸上联络、接应人员;三是随船出海直接运输人员;四是专门付款人员。杨某勇以及另外未到案的几人系本案的出资者、组织者以及走私货物的最大受益者,在共同犯罪中起主要作用,系主犯。苏某远等人受杨某勇雇佣,主要负责联络、船舶靠岸时接应;胡某祥等人主要按照杨某勇指示负责开船出海直接走私燃料油入境,船长除了开船外对其他人员也不具有明显的管理性质;陈某阳则根据杨某勇、苏某远等人的通知支付货款,上述人员均收取固定的工资,在共同犯罪中起次要作用,系从犯。

2. 购私人员与直接走私人员量刑平衡问题

本案除欠缺主观故意的购私人员外,尚有 10 余名收购走私燃料油的被告人构成犯罪。这些购私人员直接向走私人收购走私的货物,与杨某勇等人系上下游犯罪关系。其中五人法定刑 10 年以上(偷逃税款 250 万元以上)。如果适用《刑法》第 155 条第 1 项的规定,属于间接走私,与杨某勇等人显然不存在主从犯的问题。如果适用《刑法》第 156 条的规定,属于与走私罪犯通谋,按直接走私共犯论处,可能存在主从犯问题。综合全案具体操作模式和量刑平衡原则,对于本案购私人员按直接走私共犯论处更为合理。

一方面,杨某勇等直接走私人员通常在安排船舶出海接油之前或者出海过程中,就与收购人员商谈价格、数量,并通知他们派车前往码头接油,等到船舶返航到达码头时,收购人员也派车到达码头从船上过驳燃料油。换言之,收购人员在杨某勇等人开始走私之前或走私过程中就介入走私活动中,符合共犯中的事前通谋。另一方面,本案购私人员都是在一段时间内数次甚至数十次反复向杨某勇收购走私油,每次行为模式基本相同,在此情形下,双方已经达成一种默契,即只要杨某勇有货源,便会在走私前或走私过程中通知购私者派车接货,后面的购私行为应当成立直接走私的共犯。

在认定购私人员与直接走私人员构成共同犯罪的基础上,本案购私人员大多数扮演司机或中间人的角色。他们在参与本案之前,主要是帮助其他成品油经营者运输以赚取运费。在本案中,则是他们以自己的名义向杨某勇收购走私的成品油,之后转手销售给原来那批成品油经营者,从中赚取的利益与之前的运费也基本相当。与杨某勇等有组织的大规模直接走私相比,这些购私人员的地位和作用显然较小,认定为从犯更为合理,也更能体现罪责刑相适应原则。

第五章　走私犯罪主观故意的审查判断

第一节　走私罪主观故意概述

一、犯罪主观方面与走私罪的认定

(一)走私犯罪主观方面的基本内容

走私犯罪主观方面的内容包括犯罪主观故意、犯罪目的等。行为人明知自己的行为违反国家法律法规,逃避海关监管,偷逃进出境货物、物品的应缴税额,或者逃避国家有关进出境的禁止性管理,并且希望或者放任危害结果发生的,应认定为具有走私的主观故意。[1]

走私犯罪目的主要涉及行为人是否具有牟利、传播、用于违法犯罪等目的,对部分走私案件定罪量刑有一定影响。例如,在以随身携带、邮寄方式走私普通货物、物品案件中,行为人是否牟利是区分货物与物品的重要标准,进而影响到税率的适用;走私淫秽物品案件中,必须以牟利、传播为目的;走私珍贵动物制品、气枪、铅弹等国家禁止进出口的货物、物品案件中,是否牟利、是否用于违法犯罪等,对行为人的量刑也有很大影响,甚至情节轻微的可以不作为犯罪处理。[2]

(二)主观故意对走私罪认定的影响

主客观相一致是认定犯罪的基本原则。在走私案件的办理中,犯罪主观故意对行为定性会产生多方面影响。具体而言:

1. 影响罪与非罪的判断

走私罪是典型的法定犯,具有二次违法性特征,这就需要根据《海关法》《海关行政处罚实施条例》等规定认定是否属于走私行为。上述两部法律法规将货物、物品进出口中的

---

〔1〕《走私案件意见》第5条第1款。

〔2〕《走私案件解释》第5条第2款、第9条第4款。

违法行为区分为走私行为与违反海关监管规定的违规行为,二者的根本区别在于是否逃避海关监管。逃避海关监管包括客观上实施逃避监管的行为,主观上具有逃避监管的故意。反之,如果没有逃避海关监管的故意,则不属于走私行为,也不构成走私罪。

2. 影响走私罪与非走私罪的判断

《刑法》根据不同走私对象设立 10 余个具体走私罪名,而同样是这些犯罪对象,在纯粹的国内生产、流通、运输等环节,刑法也设置相应的罪名规制人们的行为。特别是涉及枪支、弹药、文物、毒品、珍贵动物及其制品、淫秽物品等违禁或管制类货物、物品犯罪中,这种情形更为常见。行为人实施相关违法行为时,在能够认识到各类货物、物品具体对象的情况下,如果认识到涉及货物、物品的进出境,一般应认定为走私罪;如果无法认识到涉及货物、物品的进出境,一般认定为其他罪名。例如,在无证非法经营香烟案件中,行为人甲通过网络向卖方乙采购香烟后再行出售,乙则从境外邮寄入境、转运发货至甲处。甲主观上明知卖方乙系从境外非法邮寄入境的,则甲构成走私普通货物罪与非法经营罪,不过由于系牵连犯,应择一重罪处罚;甲主观上无法认识到卖方乙系从境外非法邮寄入境的,则甲只构成非法经营罪。

根据《刑法》第 156 条的规定,与走私罪犯通谋,为其提供贷款、资金、账号、发票、证明,或者为其提供运输、保管、邮寄或者其他方便的,以走私罪的共犯论处。可见,对于有事前通谋或事前明知他人实施走私,仍然提供各类帮助的,属于走私罪共犯;如果不存在预谋,或者不知道对方在走私而提供帮助,则不定走私罪。以岑某耀等人涉珍贵动物犯罪案为例。

【案情简介】被告人岑某耀为牟取非法利益,勾结境外人员"阿亚子",预谋将产于我国宁夏、甘肃的国家二级重点保护动物猎隼走私出境。2008 年 9 月至 10 月,岑某耀在浙江慈溪租用一处房屋作为其走私犯罪中转站,并纠集被告人俞某权帮助接运猎隼。其间,岑某耀、俞某权先后两次在浙江上虞接到由"阿亚子"委托他人从宁夏、甘肃收购、运送来的 40 只猎隼后,再将猎隼运到其租房内喂养、重新包装。岑某耀又联系在上海国际机场从事安检工作的被告人吴某峥将上述猎隼走私出境。同年 9 月,被告人马某明受"阿亚子"委托,在宁夏、甘肃等地收购 30 只猎隼,并应"阿亚子"要求,于 10 月中旬将该 30 只猎隼交给被告人赵某明负责运往浙江,赵某明又雇佣被告人丁某明,二人一起驾车将该 30 只猎隼于 10 月 23 日运抵浙江上虞交给岑某耀、俞某权。10 月 24 日凌晨,上述 30 只猎隼在上海机场出境时被查获。[1]

---

〔1〕 参见浙江省高级人民法院刑事判决书,(2009)浙刑二终字第 105 号。

本案中，岑某耀、吴某峥二人构成走私珍贵动物罪。俞某权、马某明、赵某明、丁某明并不直接参与走私环节，主要在境内负责收购、运输、中转等任务，为走私出口提供便利，但根据其各自主观明知情况，行为定性有较大区别：俞某权帮助直接走私人岑某耀一起接收、喂养、转运珍贵动物，在案证据显示其明知岑某耀走私猎隼出境而积极予以协助，事先存在通谋，属于走私共犯，构成走私珍贵动物罪；但对于马某明、赵某明、丁某明而言，无证据证明其三人明知"阿亚子"收购猎隼是要走私出境，因此不构成走私罪，分别以非法收购珍贵动物罪和非法运输珍贵动物罪定罪。可见，同样是为走私珍贵动物犯罪提供帮助，主观故意的不同对行为定性产生重要影响。

3. 影响此走私罪与彼走私罪的判断

走私国家禁止进出口的货物、物品罪与走私武器、弹药罪，走私珍贵动物罪，走私假币罪等 10 个非涉税走私的罪名之间是普通法与特别法的关系。在法律适用上，优先适用特别法，只有在不符合特别法的情况下才适用普通法。从客观方面来说，走私对象属于武器、弹药、珍贵动物、假币等 10 类特定货物、物品的，应当适用这些走私罪名。但是，从主观方面来说，如果主观认识与客观情况有一定区别的，应当在主客观相一致的范围内认定合适的罪名。

以司法实践中比较多发的走私仿真枪为例。根据《走私案件解释》第 5 条的规定，走私国家禁止或者限制进出口的仿真枪、管制刀具，构成犯罪的，以走私国家禁止进出口的货物、物品罪定罪处罚；但走私的仿真枪经鉴定属于枪支，构成犯罪的，以走私武器罪定罪处罚。当然，司法实践中可能发生认识错误的问题。如果属于同一犯罪构成要件，不影响罪名的认定，如行为人意欲走私仿真枪，但实际走私管制刀具等，仍然以走私国家禁止进出口的货物、物品罪定罪处罚。但是属于不同犯罪构成要件的，则在主客观相一致的范围内处理，如行为人只有走私仿真枪的故意，尽管事后经鉴定属于枪支，但确实没有证据证明行为人知道或者应当知道是枪支的，认定为走私国家禁止进出口的货物、物品罪更加符合主客观相一致原则。[1]

4. 影响走私罪一罪与数罪的判断

夹藏走私是实践中常见的走私手法，通常表现为行为人在走私的货物、物品中藏匿其他货物、物品的，此时就可能涉及不同走私罪名的认定。行为人对于不同走私货物、物品的认识情况，会影响到一罪与数罪的判断。例如，对于行为人只有走私普通货物、物品的故意，明确排除走私违禁品的，如果客观上走私了武器、弹药，根据主客观相一致原则，不能认定为走私武器、弹药罪，只能认定走私普通货物罪一罪。以林

---

〔1〕 参见张明楷：《刑法学》，法律出版社 2016 年版，第 749 页。另外，下文关于概括故意与认识错误中会对该问题展开更加详细的分析。

某某走私案为例。

【案情简介】2015年4月至8月，被告人林某某等人与他人走私人员共谋并共同出资购买“闽连渔运61066号”渔船，由被告人林某某召集被告人王某某、林某甲、陈某某等人到马祖海域从一条船舶接驳未经申报进境的货物，偷运入境至福州乌龙江沿岸卸货。同年8月18日16时许，林某某、王某某等人驾驶上述渔船前往马祖高登海域与一条船舶对接过驳货物，由被告人林某某负责联系货物接驳和指挥船舶航行。过驳货物后，被告人林某某指挥船舶将未经申报的货物偷运入境，在到达闽江江面时被民警当场查获。经理货清点，查扣的706件货物为奶粉、化妆品、枪状物等。其中奶粉、化妆品等217件货物价值181万元，偷逃税款35.5万元。经依法鉴定，查扣的14支枪状物系以高压气体为动力的枪支，20个弹匣形物体均是枪支配件，另一个小螺纹管为枪支附件。[1]

本案中，被告人林某某等人客观上既走私奶粉等普通货物，偷逃应缴税额，又走私枪支及其配件。然而，结合在案证据，林某某等人只是为他人负责货物运输，并非涉案货物货主，其主观上只是为了偷逃税款而走私普通货物，实际上虽然含有枪支及其配件，但已经超出其主观认识的范畴。根据主客观相一致原则，不宜认定为走私武器罪。法院最后也认定林某某等人构成走私普通货物罪。

5. 影响走私罪犯罪数额的认定

主客观相一致是我国刑法的基本原则，这一原则不仅适用于罪与非罪的认定，同样会影响到犯罪数额的认定。尤其在共同犯罪中，部分行为人如果始终不具有走私的主观故意，其不构成走私罪；如果并非自始存在走私的故意，而是参与一段时间之后才具备犯罪主观故意，则只有在这之后其所参与的走私才能计入该行为人的犯罪金额。因此，在走私案件中查清行为人具备犯罪主观故意的时间节点，对犯罪金额的认定有重要意义。

以王某彪等人走私普通货物案为例。王某彪负责经营管理的宁波某船务公司从事国际航行船舶油污水接收业务，在接收油污水之机，其公司向国际航行船舶收购保税的船舶自用燃料油，走私入境销售。其中，被告人柯某长期在公司工作，后来负责记账。该公司自2007年以来就以上述方式走私燃料油，但柯某从2010年4月开始，才根据王某彪要求记录作业数据，该数据中包括好油（行业内对船舶自用燃料油的俗称）、油污水的数量等，此时其明知公司销售的油污水中包含了好油，主观上具有走私

〔1〕 参见福建省福州市中级人民法院刑事判决书，(2016)闽01刑初41号。

燃料油的共同故意，进而认定柯某对此后的走私行为承担相应的刑事责任。[1]

二、走私犯罪主观故意的具体内容

明知自己的行为会发生危害社会的结果，并且希望或者放任这种结果发生，因而构成犯罪的，是故意犯罪。犯罪主观故意包括两方面内容：一是认识因素，即行为人知道或者应当知道自己的行为会发生危害社会的结果；二是意志因素，即希望或者放任自己的行为会发生危害社会的结果。走私罪是典型的故意犯罪。其主观故意同样包含认识因素和意志因素。

（一）走私罪的直接故意与间接故意

从意志因素看，犯罪主观故意可以区分为直接故意和间接故意，而走私犯罪的主观故意既可以是直接故意，也可以是间接故意。[2] 在包通关走私、贴近所谓“海关限价”报关走私等案件中，常常体现为间接走私。例如，根据相关规定，行为人以明显低于货物正常进（出）口的应缴税额委托他人代理进（出）口业务的，可以认定行为人有走私的主观故意。[3] 在这一操作模式下，货物具体进出口由其他代理人操作，行为人自身没有直接实施货物进出境（口）的，也没有明确指使他人走私的，很难认定其直接走私的主观故意。然而，从经验法则看，当委托费用不足以支付货物合法进出口的应缴税额时，委托方应当认识到代理方通常情况下就不可能如实申报进口，从而放任其走私。在此情形下，委托方就具有间接走私的犯罪故意。

（二）走私罪主观明知内容：行为方式与行为对象

从认识因素看，走私罪的主观明知具有双重性。

第一，对行为方式的主观认识。走私罪区别于其他犯罪的重要一点在于行为方式，即走私罪涉及货物、物品的非法进出境，而涉及同样货物、物品的其他犯罪一般只限于国内违法犯罪。例如，同样是毒品，涉及跨境运输时构成走私毒品罪，涉及境内非法贩卖、运输时，构成贩卖、运输毒品罪。这种行为方式的独特性，体现在犯罪主观故意方面，行为人是否认识到是一种走私行为，具体可以区分为两个步骤：首先，行为人是否认识到自己的行为与货物、物品进出境相关（间接走私、后续走私则体现为与货物进出境间接相关）；如果不相关，则不涉及走私。其次，如果相关联，则进一步判断行为人是否认识到以逃避海关监管的方式进出口相关货物、物品，如果缺少主观认识，则只是违规行为而不是走私行为。

---

〔1〕 参见浙江省宁波市中级人民法院刑事判决书，(2016)浙02刑初33号。

〔2〕 参见陈晖：《走私犯罪论》，中国海关出版社2012年版，第56页。

〔3〕 参见《走私案件意见》第5条第2款第5项。

第二，对行为对象的主观认识。走私罪属于类罪，《刑法》根据不同对象进一步区分为10多个具体走私罪名，行为人是否认识到特定的走私对象，或者对走私对象认识到何种程度，会在一定程度上影响到走私罪此罪与彼罪的认定，甚至有些情况还会影响到是否构成走私罪的判断。例如，在前述被告人林某某驾驶“闽连渔运61066号”渔船走私案中，其提出只想走私普通货物，没有意识到藏匿有枪支，这就涉及对走私对象的主观认识。

走私犯罪主观明知的双重内容，在《走私案件意见》中都有所体现。其中，第5条侧重于有关行为方式的主观认识，即走私主观故意中的“明知”是指行为人知道或者应当知道所从事的行为是走私行为；第6条侧重于有关行为对象的主观认识，即有关走私对象的概括故意与认识错误问题。[1]

走私犯罪主观明知的双重内容，决定了在分析走私案件主观故意时，需要根据具体情况判断各个案件主观故意各自的侧重点。例如，在上述岑某耀等人涉及珍贵动物走私、非法运输案件中，行为方式上体现为是否认识到涉案动物的非法出境；行为对象上体现为是否认识到涉案物品为珍贵动物。由于各个行为人都直接接触涉案动物，有关行为对象的主观故意没有太大区别，而重点在于对行为方式的认识情况。俞某权积极协助走私主犯岑某耀等人运输、管理，主观上认识到涉案动物欲非法出境，具有走私的主观故意；马某明、赵某明、丁某明主观上不明知涉案动物非法出境，缺少走私的主观故意。

（三）违法性认识与走私犯罪主观故意

违法性认识也是走私案件经常碰到的问题。走私案件办理中，我们常常会问行为人是否明知走私、是否明知行为违法。如果当事人辩解不知道，根据不同语境就可能会有不同含义。

第一种情况，当事人辩解不知道是违法行为，旨在强调其并不知道自己在做什么事情，从而没有意识到自己的行为是违法的，也不知道是在走私，从而没有违法性认识。比如，海上走私中有人往往只负责付款环节，其并没有到码头卸油现场，与走私的直接行为距离比较远，通常就会提出不知道让他付款的人是在走私，不知道自己的付款行为是他人走私行为的其中一环。

第二种情况，行为人知道自己在做什么事情，但是不知道自己做的事情属于违法或犯罪，从而不具有违法性认识。例如，在涉及平行车等普通货物进口中，根据法律

---

〔1〕《走私案件意见》第6条规定，“走私犯罪嫌疑人主观上具有走私犯罪故意，但对其走私的具体对象不明确的，不影响走私犯罪构成，应当根据实际的走私对象定罪处罚。但是，确有证据证明行为人因受蒙骗而对走私对象发生认识错误的，可以从轻处罚。”

规定,进口货物申报价格以到岸价格为依据,包括发生在境外采购、转运、码头以及海运、保险等费用,进口平行车同样应按上述价格如实申报。但在海关具体监管过程中,通常以车窗纸价格外加1000美元的标准审定申报价格。由于车窗纸价格仅仅指境外卖家(4S店)店内价格,而实际到岸价格一般远高于上述价格。在实践中,对于以车窗纸价格外加1000美元的申报价基本能够顺利通关,甚至一些地方以明示或暗示的方式确定上述报关模式。因此,在不少案件中,行为人就辩解并不知道按车窗纸价格外加1000美元的价格进行申报是违法的。

因此,针对办案中行为人提出不知道自己的行为是违法的,要具体分析辩解的性质。如果是第一种情况,属于事实方面认识错误问题。如果是第二种情况,则是法律认识错误问题。不同性质的辩解,对案件定性会有重大影响。如果是事实认识错误问题,则会直接影响案件定性,即是否构成犯罪的认定。比如,帮助成品油走私团伙付款的行为,就需要重点判断其是否明知相关货款系用于走私。再如,在走私武器、弹药案件中,有些人只制造其中一个配件,如果没法证明行为人明知自己是枪支制造中的一个环节,认定构成犯罪就比较难。当然,对于走私对象发生认识错误时,还需要区分具体认识错误与抽象认识错误。[1]

如果是法律认识错误问题,则需要做进一步区分。目前司法实践的普遍观点认为,对行为性质出现认识错误时,属于法律认识错误,一般不影响行为定性。然而,具体案件中,仍然需要结合行为人对行为性质是否有认识可能性,是否履行必要核实义务免予发生认识错误等因素,综合认定主观故意。对于确实发生认识错误,应当从轻处理,情节较轻的可以不予追究刑事责任。基于合理行政机关的行为产生合理信赖而发生认识错误的,也可以作为出罪理由。[2]

三、走私参与者角色分工与主观故意的认定

团伙化、职业化、产业化是当前走私犯罪的典型特征,众多成员分工协作,在共同走私中形成各种复杂的经济关系。不同成员可能只处于走私过程中的某一环节,而处于不同环节的人其认识的内容很可能各不相同,对于其他环节的内容可能认识到也很可能没认识到。实践中,不少行为人也常常借助自己的角色进行自我辩解。因此,就要分析处于不同角色的行为人,其主观上认识到什么内容、什么程度,才可以认定其有走私的故意。

---

〔1〕 详见本章“走私罪中的概括故意与对象认识错误”一节。

〔2〕 在其他法定犯尤其是经济犯罪案件中,这类认识错误也可以作为出罪理由。例如,根据《最高人民检察院关于办理涉互联网金融犯罪案件有关问题座谈会纪要》第10条的规定,犯罪嫌疑人提出因信赖行政主管部门出具的相关意见而陷入错误认识的辩解,如果上述辩解确有证据证明,不应作为犯罪处理。

以走私出口木炭为例。A、B、C 三人,A 把木炭卖给 B,B 又找到 C 委托其代理出口木炭。在这一走私出口木炭过程中,B 购买木炭直接出口,其走私犯罪的主观故意最为明显。但是,对 A 和 C 来说,其走私主观故意的内容就不一样。就 A 而言,其是木炭卖家,当然明知货物是木炭,其主观故意的重点在于是否明知 B 在出口,如果其明知 B 出口木炭仍然出售,为 B 的走私行为提供货源,说明 A 有走私的故意。就 C 而言,其作为代理出口方当然知道货物是用来出口的,其主观故意的重点就在于是否明知出口的货物为木炭,如果明知是木炭仍然帮助出口,其就有走私的故意。可见,作为卖方 A,其主观故意的重点在于对行为方式的认识,即是否明知货物用于出口;作为出口代理方 C,其主观故意的重点在于对行为对象的认识,即是否明知出口的货物为木炭。

由此可见,由于不同参与者在走私过程中处于不同角色,他们主观故意的具体内容也有所区别。同时,正是基于不同人员各自角色分工,有些人员犯罪主观故意比较容易判断,有些人员犯罪主观故意则认定难度较大。总体而言,走私案件中,实施以下三类行为的人员,通常其犯罪主观故意的认定难度较大,也是司法实务审查重点。

1. 下游行为

走私犯罪往往呈现出行业性、产业化特征,从而容易形成直接走私、间接走私、洗钱、掩饰、隐瞒犯罪所得等上下游产业链。从犯罪构成认定过程看,上游行为的性质取决于行为本身,参与者直接参与其中,主观故意相对容易判断;而下游行为的性质往往取决于上游行为,下游人员犯罪主观故意也取决于其对上游行为的主观认识状态。由于上下游行为之间存在一定"距离",司法实践中,下游人员经常以其对上游货物来源不明知作为抗辩理由。因此,在上下游犯罪中,下游人员犯罪主观故意认定难度更大,也是审查重点。

2. 外围行为

从不同行为在完成共同犯罪中所起作用看,大体上可以将走私犯罪各类行为区分为核心行为和外围行为,前者体现为直接决策、组织和具体实行等行为,对完成犯罪起关键性作用;后者则为核心行为提供资金、账号、信息、证明、工具、场所(平台)、运输、广告、技术等各种便利,对完成犯罪起一定推动作用。从犯罪构成认定过程看,外围行为的性质通常取决于核心行为,外围人员犯罪主观故意也取决于其对核心行为的主观认识状态。司法实践中,核心行为本身的违法性比较容易判断,但外围人员则经常以其对核心行为不明知作为抗辩理由。因此,在共同犯罪中,单纯实施外围行为的人员,其犯罪主观故意认定难度更大,也是审查重点。

3. 执行行为

从共同犯罪的推进过程看,大体上可以将走私犯罪各类行为区分为决策行为和执行行为,前者体现为起意、组织、策划、指挥等行为,后者则是按照决策者的意志负责具体执行、落实。决策行为通常参与者较少、保密性较强,在共同犯罪中层级较高,犯罪意图明显,其难点在于查清参与决策的客观行为。执行行为参与者一般较多,不同人员按照决策者的意志分工落实,但由于他们一般只参与某一环节,或者只负责某一事项,比如海上走私中普通船员、岸边卸货人员、陆上运输人员,通关走私中受雇佣携带藏匿违禁品的行李出入境人员等。他们在共同犯罪中层级较低,客观上所接触的范围有限、所了解的情况不全,司法实践中这类人员通常以不了解决策行为、不清楚真实意图、不知道实际物品,或者对于行为是否违法认识不清等作为抗辩理由。因此,在共同犯罪中,单纯实施执行行为的人员,其犯罪主观故意认定难度更大,也是审查重点。

四、走私罪主观明知判断的思路

根据《走私案件意见》第5条的规定,走私主观故意中的"明知"是指行为人知道或者应当知道所从事的行为是走私行为,而认定主观明知有两个基本思路:

第一,证明行为人知道自己具体在做什么事情,从而直接认定其有走私的故意。以前面所举走私木炭案为例,A把木炭卖给B,B又找到C委托其代理出口木炭。如果能够证明卖方A明知其卖给B的木炭是用于出口,或者如果能够证明代理方C明知其代理出口的是木炭,那么可以直接认定A或C有走私的故意。这个需要结合证据认定行为人明知的具体内容,因案而异。

第二,如果没法明确证明主观明知的具体内容,可以分析行为人是否有违法性认识,是否意识到自己的行为是违法的或可能是违法的,如果可以证明,进而认定有走私的故意。这是从比较概括的、抽象的角度认定主观明知。

那么,如何证明行为人有无违法性认识?有直接认定和间接认定两种思路。所谓直接认定,就是行为人自己直接供述,或者其他人直接指认其主观明知,这种方法比较简单。所谓间接认定,就是通过相关客观行为来推定行为人的主观明知,这是司法实务的重点难点。

犯罪主观故意属于行为人心理活动的范畴,然而它又"不是停留在其大脑中的纯主观思维活动,它必然要支配行为人客观的犯罪活动,这样就必定会通过行为人的犯罪行为及与犯罪有关的犯罪行为前、犯罪行为时以及犯罪行为实施后的一系列外在的客观活动表现出来"[1]。因此,司法实践通常结合客观行为、外在表现来判断行为人的主观故意,也就是通常所说的推定。所谓推定,是指根据两个事实之间的常态联

---

〔1〕 赵秉志等:《刑法学》,北京师范大学出版社2010年版,第105页。

系,当某一事实存在时就可以认定另外一个事实的存在,即从已知的事实推导出未知的事实的逻辑思维活动。从司法证明过程看,犯罪主观故意的推定有三个条件:[1]一是推定的基础事实,行为人必须具有特定的行为或表现,基础事实应当有相关证据予以证明,不得通过推定认定基础事实;二是推定的过程,即根据相关基础事实,结合相关常情、常理、常识等经验法则和逻辑规则推导出主观明知;三是推定结论具有可辩驳性,即应当允许行为人进行合理解释或者举出相反证据予以辩驳,但应由被告人承担举证责任。

第二节　走私罪主观故意法律推定的基础事实

一、走私犯罪主观故意法律推定概述

《走私案件意见》第5条第2款规定:"走私主观故意中的'明知'是指行为人知道或者应当知道所从事的行为是走私行为。具有下列情形之一的,可以认定为'明知',但有证据证明确属被蒙骗的除外:(一)逃避海关监管,运输、携带、邮寄国家禁止进出境的货物、物品的;(二)用特制的设备或者运输工具走私货物、物品的;(三)未经海关同意,在非设关的码头、海(河)岸、陆路边境等地点,运输(驳载)、收购或者贩卖非法进出境货物、物品的;(四)提供虚假的合同、发票、证明等商业单证委托他人办理通关手续的;(五)以明显低于货物正常进(出)口的应缴税额委托他人代理进(出)口业务的;(六)曾因同一种走私行为受过刑事处罚或者行政处罚的;(七)其他有证据证明的情形。"

在上述规定的基础上,《非设关地走私纪要》进一步丰富推定走私主观故意的具体内容。其中,第2条规定:"行为人没有合法证明,逃避监管,在非设关地运输、贩卖、收购、接卸成品油,有下列情形之一的,综合其他在案证据,可以认定具有走私犯罪故意,但有证据证明确属被蒙骗或者有其他相反证据的除外:(一)使用'三无'船舶、虚假船名船舶、非法改装的船舶,或者使用虚假号牌车辆、非法改装、伪装的车辆的;(二)虚假记录船舶航海日志、轮机日志,进出港未申报或者进行虚假申报的;(三)故意关闭或者删除船载AIS系统、GPS及其他导航系统存储数据,销毁手机存储数据,或者销毁成品油交易、运输单证的;(四)在明显不合理的隐蔽时间、偏僻地点过驳成品油的;(五)使用无实名登记或者无法定位的手机卡、卫星电话卡等通讯工具的;(六)使用暗号、信物进行联络、接头的;(七)交易价格明显低于同类商品国内合规市场同期价格水平且无法作出合理解释的;(八)使用控制的他人名下银行账户收付成品油交易款项的;(九)逃避、抗拒执法机关检查,或者事前制定逃避执法机关检

---

〔1〕 参考陈瑞华:《刑事证据法学》,北京大学出版社2012年版,第273页。

查预案的;(十)其他可以认定具有走私犯罪故意情形的。”

如前所述,除了走私罪,推定方法也是其他犯罪尤其是法定犯中认定主观故意的常见方法,如毒品犯罪、侵犯知识产权犯罪、洗钱罪、掩饰隐瞒犯罪所得罪等,许多规范性文件都规定推定主观故意的具体事实。这些规定内容有两个共性问题:第一,不同罪名中推定主观明知的基础事实有相通或相似之处。例如,根据《走私案件意见》第 5 条的规定,以明显低于货物正常进(出)口的应缴税额委托他人代理进(出)口业务的;根据最高人民法院、最高人民检察院、公安部、国家烟草专卖局《关于办理假冒伪劣烟草制品等刑事案件适用法律问题座谈会纪要》第 2 条的规定,以明显低于市场价格进货或者销售的;根据《洗钱案件解释》第 1 条的规定,没有正当理由,以明显低于市场的价格收购财物的,或者帮助转移财物,收取明显高于市场的“手续费”的。上述三者的共同逻辑在于都是从明显不合理的价格、费用角度推定主观明知。那么,这一基础事实的背后原理何在?其他基础事实能否也进行一定抽象归类?第二,如何把握规范性文件中没有明确列举的基础事实。尽管不同司法解释、会议纪要会规定各类基础事实,但也很难穷尽,司法实践中各种新情形层出不穷。对此,这些规范性文件通常在列举具体基础事实之后规定相应兜底条款,即一般以“其他可以认定主观明知的情形”之类的表述作为最后一项(款)内容。此外,除部分罪名如何认定主观故意有文件明确规定外,仍然有大量罪名该如何把握推定主观故意的基础事实,目前缺少规范性文件的规定。因此,该如何把握“其他可以认定主观明知的情形”,对于文件没有明确规定的事实,或者目前没有文件作出规定的罪名,又该如何合理把握推定主观明知的基础事实,是否有相同的思路?

正是基于以上两点共性,有必要结合走私犯罪特征,对推定主观故意的基础事实予以总结、提炼,进行一定类型化,分析各类基础事实的共性特征,以便更好理解规范性文件所规定的具体基础事实的原理、逻辑。具体而言,可以归纳为以下五大类:一是明显违反基本监管要求的情形;二是明显违背商业惯例的情形;三是刻意逃避执法检查的情形;四是其他特定行为模式、记账方式等;五是个人背景、经历。这五大类基础事实中,每一类还可以进一步区分不同类型。个罪中的具体基础事实,可以依次归入上述不同类型中。

通过对推定犯罪主观故意的基础事实进行类型化分析总结,有利于实现两方面功能:第一,便于提升推定的可靠性。推定首先取决于基础事实,但推定的过程、基础事实的把握由司法工作者展开,难免带有司法工作者个人的主观色彩。通过把握各类基础事实背后的原理、逻辑,有利于在推定犯罪主观故意的实务操作中更充分地进行分析、推理、验证,减少推定的随意性,增强推定的说服力、可靠性。同时,对于具体案件中虽然出现某些基础事实,但如果不符合推定的原理、逻辑,也不宜机械适用基础事实。第二,便于挖掘更多基础事实。对于规范性文件中没有明确规定的基础事实,可以根据推定主观故意的原理、逻辑,结合个罪特征、个案案情,更好地挖掘、搜集其他有理有据的客观事实,衍生出更多有利于推定犯罪主观故意的情形,强化打击走私犯罪的效果。

二、明显违背监管要求的情形

走私涉及货物、物品进出境,从正常货物进出境的角度看,国家对于货物进出境有各种各样的监管,包括货物、资金、人员、交通工具等各方面的监管,这些监管是国家从正面行政管理的角度提出的各种要求。走私犯罪分子往往会采取各种方式规避相关部门的监管,以尽量降低被发现的可能性。因此,在走私犯罪案发之后,如果能够查实行为人故意违反相关监管要求,可以推定其具有走私犯罪的主观故意。

以海上货物运输为例,根据相关规定,船舶应当有明确的船名、船籍港、船舶证书,改造船舶之前应当向公安边防等部门报告,船舶进出我国港口时,应当向主管机关报告航次计划、船员配备、客货载运信息等,相关信息应记载于航海日志中,配备自动识别系统(AIS)等通信、导助航设备的船舶应当始终保持设备处于工作状态。上述规定都是国家对海上货物运输最基本的要求,而在海上走私成品油的案例中,走私犯罪分子往往大量使用“三无”船舶(无船名、无船籍港、无船舶证书),擅自改装船舶,航海日志不记载或虚假记载,航行中关闭船载 AIS 系统等来规避监管,防止自己的行踪被监管部门发现。司法实践中,具有上述情形的常常作为推定犯罪主观故意的重要依据。

据此,《非设关地走私纪要》规定,行为人没有合法证明,逃避监管,在非设关地使用“三无”船舶,虚假船名船舶,虚假号牌车辆,非法改装的船舶,非法改装、伪装的车辆运输、贩卖、收购、接卸成品油的;或者虚假记录船舶航海日志、轮机日志,进出港未申报或者进行虚假申报的;或者故意关闭或者删除船载 AIS 系统、GPS 及其他导航系统存储数据,销毁手机存储数据,或者销毁成品油交易、运输单证的;综合其他在案证据,可以认定具有走私犯罪故意。《走私案件意见》第 5 条第 3 项规定的“未经海关同意,在非设关的码头、海(河)岸、陆路边境等地点,运输(驳载)、收购或者贩卖非法进出境货物、物品的”,也属于严重违反监管要求的情形。以杜某甲、黎某文走私案为例。

【案情简介】被告人杜某甲担任美德船船长,指挥船舶航行,负责全船安全营运、安全管理等;被告人黎某文担任该船的大副,协助船长搞好安全航行,主管货物的配载、装卸、交接和其他运输管理等工作。2014 年 2 月 28 日,美德船在境外装好货物后起航。该船船长被告人杜某甲、大副被告人黎某文在同船的船东代表陈某甲(另案处理)的指令下,未按申报航程航行,于次日18时许将船改变航向开进附近闽江水域。美德船在未向我国海关等联检部门办理申报入境手续的情况下,靠泊在福州长乐通达码头进行卸柜作业。在卸柜过程中被福州海关缉私局当场查获,并查扣美德号货船一艘,内有奶粉葡萄酒等普通货物一批、320吨固体废物、1.3吨檀香紫檀制品以及110千克穿山甲甲片等。另查明,在被告人杜某甲、黎某文任职期间,美德船在未向我国海关等部门申报入境的情况下,分别于2014年2月15日、2月21日先后两次靠泊在福州长乐通达码头,并将船上装载货物的集装箱卸载在该码头。[1]

杜某甲、黎某文辩护人提出,其二人主观上没有与船东代表达成走私合意,并不知悉走私行为,客观方面没有参与走私行为,也没有因此获利,仅是作为受雇佣的运输人,不构成走私罪。但法院认为,二被告人作为船长、大副,未按申报航程航行,在未向我国海关等部门办理申报入境手续的情况下,不止一次在非设关码头进行卸柜作业;对于这种明知自己的行为违反国家法律法规,逃避海关监管,偷逃进出境货物、物品的应缴税额,逃避国家有关进出境的禁止性管理,并且希望或者放任危害结果发生的,应认定为具有走私的主观故意。本案中,行为人多次未按申报航程航行,在未向我国海关等部门办理申报入境手续的情况下,在非设关码头进行卸柜作业,就属于严重违反监管要求的情形。

当然,国家对于货物进出口有各方面监管,也不是说稍微违反某一方面监管要求,就一定可以判断有走私的故意,还需要结合相关监管要求的重要性,违反监管要求的严重程度等进行综合判断。例如,在邮寄国际快件中,如实填写邮寄物品的真实信息是行为人的基本义务,如果违反这一义务,往往可以作为判断主观故意的重要依据。以吴某萍走私珍贵动物制品案为例,其从日本邮寄象牙边料至境内销售牟利,二审中其辩解并不知道邮寄象牙边料入境系违法。然而,结合其与亲友之间QQ聊天记录、邮寄涉案象牙边料时未填写真实品名,足以确认其明知邮寄象牙边料入境系违法。[2]

在分析行为人是否违反监管规定时,还需要特别结合行为人自身职责、法律所规定的履职主体、相关监管要求的具体内容等进行综合判断。尤其在通关走私中,货主、代理方、运输方、海运方等不同主体分工明确,在货物进出口环节其各自的法定义务有所区别,常常是合法行为与违法行为交织其中,更需要首先明确监管要求的具体

[1] 参见福建省福州市中级人民法院刑事判决书,(2015)榕刑初字第143号。
[2] 参见上海市高级人民法院刑事裁定书,(2015)沪高刑终字第43号。

内容、不同法定义务的履职主体等,才能准确判断是否有走私的主观故意。

三、明显违背商业惯例的情形

正常经济活动通常都有符合经济特征的商业惯例或者公认的行业准则,与之相反的是,可能涉嫌违法犯罪的经济活动在某个或某些环节通常会明显背离这些正常的商业惯例、行业准则。通过查清这些反常情形,有助于对走私犯罪分子主观故意的认定。走私犯罪属于典型的非正常经济行为,结合走私犯罪的一般行为方式,主要可以从货物交接、资金往来、成本收益、信息传递等方面具体分析行为人是否存在明显违背商业惯例的情形。

(一)明显违背合法货物交接惯例的情形

走私犯罪分子对于可能涉嫌违法犯罪的货物,常常使用特定暗号进行交接,或者选择在明显不合理的隐蔽时间、隐蔽地点交接货物,或者采用隐蔽的方式交接货物,或者使用特制的隐蔽工具装载货物等。例如,在海上走私成品油案例中,通常涉及两次货物交接:一是相关船舶驶往境外海域从供油"母船"上过驳油品时,往往使用一元纸币后四位数作为接头暗号;二是走私入境后,刻意选在夜晚、偏僻码头卸货,油品通常直接卸至油罐车,卸油过程不允许开灯,购私者接油后,通常被要求货款到账后才得以放行。这些行为明显违背合法货物的交接惯例,有利于推定行为人主观故意。

根据《非设关地走私纪要》第 2 条的规定,在明显不合理的隐蔽时间、偏僻地点过驳成品油,或者使用暗号、信物进行联络、接头的;根据《走私案件意见》第 5 条的规定,用特制的设备或者运输工具走私货物、物品的;根据《全国部分法院审理商品犯罪案件工作座谈会纪要》(又称为《大连会议纪要》)第 10 条第 2 款的规定,体内或者贴身隐秘处藏匿毒品的,或者采用高度隐蔽的方式交接物品,明显违背合法物品惯常交接方式,从中查获毒品的,或者行程路线故意绕开检查站点,在其携带、运输的物品中查获毒品的,或者以虚假身份或者地址办理托运手续,在其托运的物品中查获毒品的;等等。上述基础事实都属于明显违背合法货物交接惯例的情形。以阿某杜走私毒品案为例。

【案情简介】2012 年 11 月初,被告人阿某杜通过网络认识在浙江省宁波市轻纺城从事服装经营的张某蓉,并以定制婴儿服装为名获取到张某蓉的收件地址。当月下旬,被告人阿某杜获悉从马来西亚寄出的包裹已邮寄至张某蓉处,遂让张某蓉留下包裹内的婴儿服装样品,同时将包裹内的耳机从宁波市邮寄至广东省广州市。张某蓉遂按照被告人阿某杜的要求将耳机邮寄至广州市。2013 年 1 月,被告人阿某杜获悉从马来西亚寄出的装有婴儿服装样品和夹藏毒品的红色手提包的包裹已邮寄至张某蓉处，遂于同月11日指使张某蓉将该手提包寄往广州市。同月15日，被告人阿某杜收到包裹后发现并无夹藏毒品的红色手提包，遂与张某蓉联系，并当即乘坐长途汽车从广州市赶往宁波市。同月17日，被告人阿某杜在宁波市轻纺城副食品二楼服装批发市场214号从张某蓉处收取夹藏毒品的手提包时，被民警当场抓获。经鉴定，从上述手提包内查获的可疑粉末净重293.4克，海洛因含量为73.2%。法院判处阿某杜有期徒刑15年，并处没收财产人民币10万元。[1]

本案处理过程中，被告人阿某杜多次辩解其不知道藏有毒品。然而，根据本案查明的事实，被告人阿某杜从马来西亚邮寄物品入境的过程中，本来广州距离马来西亚更近，包裹也是首先从广州入境后再发往国内各地。然而，阿某杜却要特意先将包裹邮寄到更远的宁波，再让他人帮忙从宁波邮寄回广州，这种舍近求远收取包裹的方式本来就特别异常。第二次收取包裹时，其在得知实际货物并没有收到时，不是让张某蓉重新邮寄，而是特意连夜从广州专门乘车赶到宁波取包裹，且仅仅取包裹就能赚取2000美元报酬，进一步反映出不正常的货物交接方式和不合理的收益，结合查获的第二个包裹内确实藏有海洛因的情况，可以认定被告人阿某杜事先应当明知第二个包裹内藏有毒品。

（二）明显违背正常资金往来惯例的情形

作为以谋利为目的的经济犯罪，走私犯罪必然伴随着大额资金的往来。实践中，行为人常常在一次交易中将大额货款故意化整为零进行支付，或者通过实际控制的他人账户、“地下钱庄”来收付资金，或者采用直接大额现金支付等异常方式收付资金，这些都有利于认定是否具有走私犯罪的故意。

根据《非设关地走私纪要》第2条的规定，使用控制的他人名下银行账户收付成品油交易款项的，属于明显违背正常资金往来惯例的情形。以林某财走私成品油案为例。林某财直接向走私人员黄某杰多次收购走私的柴油共计2600余吨，林某财分多次将合计1800多万元的货款取现出来，再转交给黄某杰指定的郑某，郑某存入个人账户后转至黄某杰指定账户，而且未开具发票。虽然林某财辩解并不知道是走私油，但法院判决书认为上述方式不符合正常购油流程，也与双方合同中约定应当通过对公账户走账相矛盾，再结合其收购价格低于市场价300元，可以认定林某财明知收购的是走私油。[2] 再以杨某勇走私成品油案为例，陈某阳应邀帮忙专门负责支付走私油款，他每次在晚上十点多付款，单次总额都是100多万元，为保证资金能够实时

---

〔1〕 参见浙江省宁波市中级人民法院刑事判决书，(2013)浙甬刑一初字第143号。

〔2〕 参见浙江省温州市中级人民法院刑事判决书，(2014)浙温刑初字第130号。

到账,基本上每次分三个账户打款,每个账户控制在 50 万元以下。通过这种方式长期帮助杨某勇支付大额资金,而且还使用别人银行账户支付。案发后陈某阳辩解不知道是走私油款,以为是螃蟹货款。然而,根据上述付款的一些明显的反常特征,可以很顺利地推定其主观明知。[1]

(三)明显违背合理成本收益的情形

从经济活动的一般规律来看,理性的经济活动必然要求合理的成本收益,走私犯罪特别是非设关地成品油走私犯罪由于逃避了正常的监管和纳税,其交易价格往往会低于同类产品的正常市场交易价格。因此,在有证据证明交易价格明显不符合合理成本收益这一基本经济规律的情况下,可以作为认定走私犯罪主观故意的重要依据。根据《非设关地走私纪要》第 2 条的规定,交易价格明显低于该类商品国内合规市场同期价格水平的,就属于明显违背合理成本收益的情形,可以认定为具有走私犯罪故意。例如,在马某辉走私成品油案中,其以 5000 元/吨的价格向走私人陈某爱收购其走私的柴油,仅为同期柴油市场价格约 7500 元/吨的 2/3,明显不正常,后作为认定马某辉犯罪主观故意的重要依据。

根据《走私案件意见》第 5 条的规定,以明显低于货物正常进(出)口的应缴税额委托他人代理进(出)口业务的,也属于明显违背合理成本收益的情形,可以认定为具有走私犯罪故意。此外,司法实践中受雇佣人员收取的劳务费用明显偏高的,无正当理由销售价格低于采购价格等,都属于明显违背合理成本收益的情形,可以作为认定主观故意的重要依据。以孔某鹏走私成品油案为例,该案多个船员辩解并不知道是走私油,然而每个航次中船员均有高达正常月工资 30%—40% 的劳务费,法院判决书将其作为认定主观明知的重要依据。[2] 该案就属于劳务费用明显偏高的情形,而在胡某走私废物案中,则是销售价格明显低于采购价格的情形。2018 年 4 月,被告人胡某委托报关公司进口 8 个集装箱货物,申报品名为 PET 材质次级卷膜。经依法鉴定,涉案卷膜重 205 吨,主要成分有聚苯乙烯(PS)等 6 种,多为废碎料及下脚料,为限制进口类可用作原料的固体废物。案发后,胡某辩解其本意要进口 PET 次级卷膜用于制作礼品、箱包内衬等包装,不清楚进口的货物系固体废物;供货商林某发货前未向其发过货物照片;外商发错货、案发后联系不上林某等。案件办理过程中,公诉机关通过补充证据发现,胡某将进口货物销售给温州某塑料厂,且胡某的销售价格低于其进口时的报关价格,该塑料厂将货物用于生产扫把丝,并非用于生产礼品包装等。这种无正当理由亏损销售的情形,最后就作为判定胡某具有走私废物主观故意的重要

[1] 参见浙江省宁波市中级人民法院刑事判决书,(2017)浙 02 刑初 96 号。
[2] 参见浙江省舟山市中级人民法院刑事判决书,(2015)浙舟刑初字第 22 号。

依据。[1]

（四）明显违背常规通讯方式的情形

经济行为通常涉及不同主体之间的信息传递、沟通。行为人为完成走私，同样离不开相互间的通讯（信）往来。例如，海上走私中幕后组织者与直接实施者之间的通讯往来，岸上人员与海上航行人员之间的通讯往来，海上不同船舶人员之间的通讯往来，等等。非设关地走私参与人员众多，通常伴随着不同主体之间信息传递、沟通。通过分析行为人之间是否存在特殊通讯方式，在信息传递过程中是否采取明显有别于正常通讯的情形，有利于分析其犯罪主观故意。

《非设关地走私纪要》第2条第5项中规定，"使用无实名登记或者无法定位的手机卡、卫星电话卡等通讯工具的"，属于明显违背正常通讯惯例的情形，可以认定为具有走私犯罪故意。以张某弟走私案为例，张某弟是船上业务人员，组织者在雇佣其时，特地给他两部手机，一部手机用来跟上家联系，另一部专门用来跟下家联系。行为人明显使用不同手机单线联系，这种特定方式有利于判断其走私的故意。[2]

四、刻意逃避执法检查的情形

任何一个理性人都有趋利避害的本能，对于从事违法犯罪的嫌疑人而言，更会趋利避害。走私犯罪分子在作案过程中为逃避打击、躲避检查或者免遭举报，往往会采取各种方式避免被执法人员发现或被他人察觉，即便走私犯罪事实被发现，也会采取各种手段销毁证据、逃避查处。案发后，通过查清走私犯罪分子是否存在刻意逃避执法检查的情形，有利于还原其作案时的主观心态，进而认定其是否具有走私犯罪故意。根据时间节点的不同，可以将逃避执法检查分为预防型和现场型两种情形。

（一）预防型逃避执法检查

预防型逃避执法检查，是指在走私犯罪实施之前或者实施过程中，走私犯罪分子为避免被执法人员或他人发现、察觉，有针对性地采取各种预防性的规避措施。实践中，通常表现为派人员跟踪特定执法部门活动轨迹，如派人盯梢缉私、海事、海警等执法部门，或者派专人望风，如安排人员在卸油码头望风，或者故意绕开检查关卡或常规路线、有预谋地指使他人冒名顶替等。据此，《非设关地走私纪要》第2条第9项中规定，"事前制定逃避执法机关检查预案的"，属于预防型逃避执法检查，可以认定为具有走私犯罪故意。以杨某勇等21人走私案为例，本案中购私人员陆某在与直接走

---

〔1〕 参见《走私固体废物被抓后：只要不承认，锅就追不上？》，载微信公众号"上海检察三分院"2020年11月26日，https://mp.weixin.qq.com/s/rl4rhW9XXwQ_SK1uMsJFhQ。

〔2〕 参见浙江省宁波市中级人民法院刑事判决书，(2018)浙02刑初79号。

私人员杨某勇的微信中曾提到“全省稽查、有紧也有松……海关抓走了电商,洋面太紧”之类的信息。[1] 这表明行为人在时刻关注海关执法动态,有针对性地预防被执法检查,反映出其主观上明知自己行为的违法性。

(二)现场型逃避执法检查

现场型逃避执法检查,是指行为人在实施相关违法行为过程中,或者在执法部门监管现场,或者违法行为实施完毕后,为避免本人被查处而抗拒检查、隐匿物品、丢弃赃物、逃跑或者临时指使他人冒名顶替等。据此,《非设关地走私纪要》第 2 条第 9 项中规定,“逃避、抗拒执法机关检查”,属于现场型逃避执法检查,可以认定为具有走私犯罪故意。例如,在管某义走私珍贵动物制品案中,其携带装有犀牛角的行李箱从南非约翰内斯堡出发,经我国香港特别行政区转机与同乡张某杰、张某华会合,三人共同乘坐 HX238 次航班于次日抵达上海虹桥国际机场,入境时被查获。在案证据显示,管某义到达机场提取行李箱后,其到厕所内将犀牛角从行李箱特地放到双肩包中,且在厕所时同伙张某杰通过微信特别提醒海关的人在隔壁、让其不要出来,可见管某义在机场即将入境时,刻意避开海关执法人员的检查,说明其意识到自己携带入境的是违禁品,具有走私的故意,可以按照实际走私对象定罪处罚。[2]

此外,根据《非设关地走私纪要》第 2 条中规定的行为人删除船载 AIS 系统、GPS 导航等船载数据,或者销毁手机存储数据,或者销毁成品油交易、运输单证等情形,也属于刻意逃避执法检查的情形。当然,这些情形既可能发生在违法犯罪行为被执法人员发现之前,如每一次犯罪结束后有意识地删除数据、销毁单证,也可能发生在执法人员现场查处时,如当场删除数据、丢弃设备等。走私案件中,通过综合分析行为人在案发前、案发过程中以及案发之后有意识地逃避执法检查的情形,有利于更加准确地认定走私犯罪主观故意。以刘某蔚走私武器案为例。

【案情简介】2014 年 7 月,被告人刘某蔚(作案时刚满 18 周岁)通过 QQ 聊天与境外卖家联系购买仿真枪事宜。刘某蔚在卖家提供的网址“BCS 武器空间”里选定 24 支枪形物,并最后确认所要枪形物的品名、购买链接、售价(台币)、汇率和总价(人民币)等信息,商定货款和代购服务费共计 30,540 元。后刘某蔚在卖家指定的淘宝网店购买虚拟商品,通过其母亲胡某继农行账户用支付宝付款 30,540 元,收货信息登记为“周先生,132××××7605,四川省达州市大竹县县城内,自提”。7 月 19 日,为逃避海关监管,卖家将 24 支枪形物藏匿于饮水机箱

[1] 参见浙江省宁波市中级人民法院刑事判决书,(2017)浙 02 刑初 96 号。

[2] 参见上海市第三中级人民法院刑事判决书,(2019)沪 03 刑初 145 号;上海市高级人民法院刑事裁定书,(2020)沪刑终 30 号。

体内走私进境。7 月 22 日凌晨，某缉私分局在泉州盛辉物流公司仓库查获饮水机内的 24 支枪形物。刘某蔚得知购买的枪支被扣，登录淘宝申请退款 30,540 元到胡某继农行卡账号上，并立即停用 132××××7605 手机号。经依法鉴定，有 21 支以压缩气体为动力发射弹丸，其中有 20 支具有致伤力，认定为枪支；有 1 支不能确定是否为枪支；有 3 支不具有致伤力，认定为仿真枪。一审法院以被告人刘某蔚犯走私武器罪判处其无期徒刑，剥夺政治权利终身，并处没收个人全部财产。刘某蔚上诉后，二审法院维持原判。后二审法院再审，维持原审认定的事实和罪名，但在法定刑以下对其减轻处罚，改判其有期徒刑 7 年 3 个月，并处罚金 3.2 万元，依法报请最高人民法院核准。最高人民法院审核后予以核准。[1]

本案被查扣的 24 支枪形物，经鉴定 20 支枪口比动能数值超过 1.8 焦耳/平方厘米，而且枪口比动能基本在 2 焦耳至 10 焦耳。总体而言，枪口比动能较低，致伤力较小。刘某蔚刚刚成年，主观上是为购买仿真枪，其是否认识到上述物品可能为枪支，是否有走私武器罪的主观故意成为本案主要争议焦点。

结合在案证据发现：第一，刘某蔚 QQ 聊天记录显示其与网友探讨交流关于仿真枪的材质、性能、杀伤力以及如何规避公安检查等，说明其对仿真枪的杀伤力和违法性有明确认知。第二，刘某蔚与境外卖家商谈购买仿真枪时，用“狗”代表枪，用“狗粮”代表枪弹；订购后编造虚假提货人信息，并为规避被查处风险而与卖家约定自行向物流公司提货。第三，当其得知所购的仿真枪被查扣后，即将所联系提货的电话号码卡丢弃停用，又在淘宝账户上申请退款。可见，无论是从平时与他人一般性交流探讨，还是就本次交易的行为方式；无论是交易之前商讨、提供信息，还是案发后具体表现，刘某蔚都对涉案物品性质有较高程度的认识，在事前、事中以及事后采取各种暗语、虚假信息、更换通讯方式等做法规避查处，明显认识到自己行为的违法性，有走私违禁物品的主观故意。刘某蔚认识到涉案枪形物有一定杀伤力，涉案物品包含有枪支并没有超出其主观故意的范围。因此，本案经过一审、二审和再审，均认定其构成走私武器罪。

五、明显异常的记账方式、操作模式等

除前述严重逃避监管要求、明显违背商业惯例、刻意逃避执法检查这些异常情形外，实践当中如果其记账方式、操作模式等明显异于常理常情常识，严重背离民众从事合法行为的经验法则、逻辑规则，在无法合理解释的情况下，也可以作为认定走私

---

〔1〕 参见福建省高级人民法院刑事判决书，(2016)闽刑再 8 号；最高人民法院刑事裁定书，(2019)最高法刑核 83842153 号。

犯罪故意的重要依据。

(一)明显异常的记账方式

在货物进出口过程中,通常涉及环节多、持续时间长,行为人(尤其是公司)常常需要以格式化的形式进行记账,记录经济活动中各类业务数据、资金往来情况。走私案件发生后,这些证据的具体内容常常可以作为认定与案件相关的人员、货物数量的重要依据。然而,除具体内容外,行为人的记账方式也有很重要的价值,尤其是行为人一些异于常理、常情的记账方式,有利于比较客观地还原行为人当时的真实想法。下面以王某萍等人走私废物案为例,分析记账方式对于认定犯罪主观故意的意义。

【案情简介】长期以来,被告人王某萍挂靠上海申某国际货运有限公司从事废塑料代理进口业务。其间,为牟取非法利益,王某萍使用他人许可证,以"包通关"的形式为无许可证的被告单位创某公司等单位和个人代理进口废塑料。在货物进口过程中,王某萍调配使用许可证,并向实际货主提供许可证上的进口商、利用商等信息用于制作发票、装箱单、提单等报关单证,委托代理公司向海关申报,从上海口岸入境。2011 年 8 月至 2013 年 3 月,王某萍采用上述方式代理国内客户走私进口废塑料共计 5121 吨。其中,王某萍以上述方式为被告人陈某伟实际经营的创某公司以走私进口废塑料共计 2488 吨。王某萍辩解,其没有统一调配许可证使用,而且陈某伟进口的货物中,许可证由陈某伟自己提供,其不知道使用单位和批文单位不一致,这部分货物没有走私的故意。法院认定,王某萍应当对上述所有 5100 余吨货物承担责任,犯走私废物罪,判处其有期徒刑 3 年,缓刑 3 年,并处罚金人民币 30 万元。[1]

根据国家规定,废塑料进口需要相应许可证,而且不得使用他人许可证进口。借用他人许可证进口废物的行为构成走私废物罪。因此,作为货主可以很容易判断是否在使用他人许可证进口货物,而作为货代,其主观故意的关键在于是否明知批文单位与货物实际使用单位不一致。许可证是货代自己找的,比较容易判断;许可证是货主自己提供的,则判断起来就比较棘手。本案中,通过审查证据可以发现,在王某萍自己记录的账本中有两栏,一栏是批文单位,一栏是货主单位,并且分别记录相关数据,有关陈某伟的货物也是这样记载。即使如王某萍所辩解,系陈某伟自己找来许可证委托其进口,但王某萍在记账时已经刻意把陈某伟公司所进口货物的批文单位跟货主单位区分开来,很明显其主观上明知许可证的批文单位和实际货主不一致,具有

---

〔1〕 参见浙江省宁波市中级人民法院刑事判决书,(2014)浙甬刑一初字第 134 号。

走私的主观故意。

（二）明显异常的操作模式

大量走私犯罪团伙化特征明显，不同人员分工明确，走私持续时间比较长，在一段时间内往往会形成某种相对固定的操作模式。案发后，通过综合分析走私团伙整体的操作模式是否明显违背常情常理常识，有利于判断行为人是否有走私的主观故意。

六、个人背景、经历

犯罪主观故意属于行为人心理活动的范畴，个人特定的背景经历也有利于分析行为人的主观故意。具体而言，这种背景、经历包括两类：一个是一般性背景经历，另一个是特定性背景经历。

（一）一般性背景经历

所谓一般性背景经历，就是行为人的基本教育背景、生活经验、工作经历、社会阅历等。这些阅历、经历可以在一定程度上影响一个人对相关行为的认识状况，对违法犯罪的认识程度。

以非设关地走私为例，如果行为人长期生活在沿海、沿边地区，自己或者周边亲友有出海经历，或者时常通过边境地区进出境，或者长期从事成品油行业相关工作等，就比较有利于分析其是否具有走私犯罪故意。但是，如果某个船员是长期生活在内地，甚至是大西北，平时没有来过沿海地区，只是偶尔来一次到海边就被人叫到船上去跟着出海，那么，他辩解不知道是走私等违法行为的可信度就比较大。

货物、物品的进出境有很强的涉外性和专业性。作为一个外行人员或者从来没有进出境经历的人员，其对相关行为违法性的认识程度较低；但如果是专业从事外贸业务，或者有从事某一行业的经历，或者其本身曾多次进出境，那么其对相关行为的违法性有比较高的认识。以郭某连走私珍贵动物制品案为例。

【案情简介】2012 年 7 月 12 日，被告人郭某连经罗湖口岸入境，未向海关申报，海关人员在其随身行李中查获疑似蟒皮 20 张。2013 年 6 月 3 日，郭某连再次携带动物皮 7 张从罗湖口岸入境时被查获。经鉴定，20 张蟒科动物皮属 CITES 附录保护物种，参考价值 18 万元；另外 7 张动物皮不能确定物种。一审法院认定其构成走私珍贵动物制品罪，系从犯，判处其有期徒刑 3 年，并处罚金人民币 3 万元。二审法院维持原判。[1]

---

〔1〕 参见南英主编、最高人民法院刑事审判第二庭编著：《〈最高人民法院、最高人民检察院关于办理走私刑事案件适用法律若干问题的解释〉理解与适用》，中国法制出版社 2015 年版，第 134 页。

本案处理过程中，郭某连辩解其不知道所携带的物品系珍贵动物制品，不具有走私珍贵动物制品的犯罪故意。法院经证据审查认为，出入境记录证明郭某连在海关有四次退运记录，其中三次品名是皮革，足以认定郭某连经常出入国边境，应熟悉有关海关法规，在通关时又选择走无申报通道。法院认定其有走私的主观故意。本案就将行为人本人经常进出境这样的一般性经历作为认定主观故意的重要依据。

(二)特定性背景经历

罪刑法定原则是现代刑事法律的基本原则，品格证据、前科行为不得作为认定客观行为的依据。然而，前科行为对评价行为人主观认识仍然有积极意义。具体而言，如果行为人在实施本案违法犯罪行为之前，有过性质相同或相似的违法犯罪经历，并因此受过行政处罚、刑事处理，或者被相关机构警告、相关人员告知、举报等情况，说明行为人主观上应当意识到相同或相似行为具有违法性。之后，如果行为人再实施同样行为，一般可以认定其主观故意。根据《走私案件意见》第5条的规定，曾因同一种走私行为受过刑事处罚或者行政处罚的，可以认定"明知"走私。这一规定就反映了同类前科行为对认定主观故意的价值。[1] 以蔡某蓉等走私珍贵动物制品案为例。

【案情简介】2015年1月8日，被告人蔡某蓉乘坐SA×××次航班从南非共和国约翰内斯堡市出发，途经我国香港特别行政区转乘HX×××次航班，于2015年1月9日18时许抵达北京首都国际机场T2航站楼。蔡某蓉伙同他人，通过王某某(另案处理)委托被告人闫某清，闫某清又委托北京空港航空地面服务有限公司员工邢某军，提取蔡某蓉此次行程托运的一个行李箱。被告人邢某军根据闫某清向其手机发送的行李箱图片及行李票信息，在T2航站楼国际到港行李提取处提取了该行李箱。邢某军携带该行李箱经内部通道安检时，首都机场安检部门发现该行李中藏有可疑动物制品。经鉴定，可疑动物制品系现代犀科动物角，净重9.055千克，价值为人民币226.375万元。法院认定，被告人蔡某蓉、闫某清、邢某军均构成走私珍贵动物制品罪。

本案中，闫某清及其辩护人提出，闫某清主观上没有走私的犯罪故意，其只是应朋友王某某之托，让邢某军代取出装有琥珀、珊瑚等超重的行李。然而，法院认为，上诉人闫某清曾因私自携带大量动物制品未申报通关被查处，此次在明知他人携带托运违禁品入境的情况下，仍勾结机场工作人员共同实施走私珍贵动物制品入境，在案查处的手机微信记录和音像资料检验报告及同案犯邢某军的供述证实，且有证人王

[1] 除走私案件外，在淫秽电子信息犯罪、侵犯知识产权犯罪等案件的司法解释文件中，也采用同样思路推定犯罪主观故意。这也反映同类前科行为在主观故意的认定中具有比较普遍的适用价值。

某某、闫某某的证言,闫某清的行为已构成走私犯罪。本案中,闫某清曾因私自携带大量动物制品未申报通关被查处这一前科行为,就作为认定此次走私珍贵动物制品的重要依据。

当然,这里的同类前科行为可以作广义理解,不仅限于行为人自己曾因同一种走私行为被实际处理过,还包括行为人在日常生活中获知某一行为属于走私行为或者获知他人曾因走私被实际处理过,之后行为人自己又实施相同行为的,也可以认定其主观明知。以张某弟走私白糖案为例。

【案情简介】2017 年 9 月,被告人张某弟受雇担任"顺发 19"船二副,并全权负责船上事务,被告人昂某民、托某无(均为外籍人员)受雇分别担任该船船长、大副。同年 10 月,"顺发 19"船在我国香港特别行政区装载大量货物,由张某弟指挥船上人员驾驶该船至我国珠海附近一处非设关码头,在夜间直接卸驳货物走私入境。同年 11 月中下旬,被告人张某弟指挥被告人昂某民、托某无等人驾驶"顺发 19"船前往境外装载 40 个集装箱的白糖。同年 12 月 8 日傍晚,"顺发 19"船在引航人员的带领下,靠泊宁波市大榭开发区晶达港埠有限公司码头卸货。在卸载过程中,警方当场查获走私入境的白糖共 40 个集装箱共计 998 吨。经宁波海关关税部门核定,上述白糖偷逃进口环节应缴税款人民币 348 万余元。昂某民、托某无均辩解,其二人受到他人欺骗,事先并不知道这艘船在走私,主观上没有走私犯罪的企图和故意。一审法院认定,被告人昂某民、托某无具有走私的主观故意,构成走私普通货物罪,系从犯,分别判处有期徒刑 3 年 6 个月和 3 年,且均并处罚金人民币 10 万元、驱逐出境。二审法院维持原判。[1]

本案中,昂某民、托某无对船舶航行没有决定权,并不是其决定航线。但其二人分别作为"顺发 19"船的船长和大副,在走私白糖到大榭码头之前有过类似的走私经历,即曾经跟随这条船到我国香港特别行政区装过货,装货之后又三更半夜到珠海某个非设关码头停泊卸货,此次经历说明其二人明知这条船在走私。此后,其二人在明知未如实向监管部门申报目的港等情况下,仍参与一系列非法运送走私货物的行动,主观上走私犯罪的故意明显,其行为构成走私普通货物罪。

进出口贸易往往涉及商品归类、价格等要素的申报,鉴于申报业务的专业性以及进出口商品的多样性,在商品如何归类、某些费用是否需要计入完税价格等方面比较容易出现分歧。针对此类情形,确实因为存在争议而发生归类错误或者某些费用遗漏申报等情形导致少缴税款,没有逃避海关监管故意的,不宜认定走私犯罪。但是,

---

〔1〕 参见浙江省宁波市中级人民法院刑事判决书,(2018)浙 02 刑初 79 号。

经过海关预裁定确定商品归类并向其告知的,当事人仍然不按预裁定归类申报,则属于故意错误归类,应当认定有走私的故意。在此情形下,对于当事人而言,海关预裁定归类就属于特定性背景经历。以瑞某公司走私普通货物案为例。

【案情简介】2009 年 8 月 21 日,瑞某公司商务主管赵某就进口的空气马达向北京海关归类科提交商品预归类申请,后北京海关于同年 10 月 13 日给瑞某公司下发预归类决定书,确认空气马达归入商品编码 8412310090(关税税率为 14%)。收到决定书后,赵某因为对海关的预归类有异议,其决定瑞某公司在进口空气马达时按照泵头(税号:8413501090,关税税率为 6%)进行申报。其间,2011 年曾经两次因归类错误,被海关纠正要求归入 8412310090 的空气马达,并两次补税。此后该公司仍然按照泵头(税号:8413501090)申报。截至 2013 年,该公司以上述方式进口 36 票,少缴税款 70 万余元。法院认定,瑞某公司及其直接负责的主管人员赵某均构成走私普通货物罪。[1]

本案中,尽管涉案公司商务主管赵某对海关预裁定存在异议,但该预裁定对其公司具有法律效力,在没有通过正当程序作出更改决定前,其擅自不按照预裁定归类,况且在进口过程中曾经两次因为错误归类被海关纠正要求补税,说明其明确认识到归类的错误,积极逃避海关监管,具有走私的主观故意。

第三节 走私罪中的概括故意与对象认识错误

一、概括故意与对象认识错误的法律适用问题

如前所述,走私犯罪主观明知包括双重内容,即对行为方式的主观认识和对行为对象的主观认识,而后者就常常涉及概括故意与对象认识错误。《走私案件意见》第 6 条中规定,"走私犯罪嫌疑人主观上具有走私犯罪故意,但对其走私的具体对象不明确的,不影响走私犯罪构成,应当根据实际的走私对象定罪处罚。但是,确有证据证明行为人因受蒙骗而对走私对象发生认识错误的,可以从轻处罚"。该条规定前半部分是针对概括故意的情形,即行为人明知自己在实施走私行为,并希望或放任危害结果发生的心理态度,但其对于走私的行为手段、具体对象、危害结果或范围并不明确。在此情形下,按实际走私对象定罪处罚,符合主客观相一致的基本原则。

上述规定后半部分主要是针对对象认识错误的情形。从字面含义理解,概括故意与对象认识错误都不影响行为定性,而对象认识错误只影响量刑。从刑法理论上看,概括故意与对象认识错误在认识因素上有一定区别,前者是指行为人对其行为对

---

[1] 参见北京市第三中级人民法院刑事判决书,(2015)三中刑初字第 1040 号。

象认识模糊,实际对象没有超出其认识范围而在其认识之中;后者主要是对其行为对象认识错误,而非认识模糊,实际行为对象超出其认识范围而在其认识之外。[1] 在此发生认识错误的情形下,能否按照实际走私对象定罪,需要根据主客观相一致的基本原则作具体分析。

根据刑法理论,对象认识错误属于事实认识错误的一种,又可以分为具体的对象认识错误和抽象的事实认识错误。具体的对象认识错误是指行为人在主观上认识的对象与实际实施的对象虽然不一致,但具有相同属性,没有超出同一犯罪构成的范围,即行为人只是在某个犯罪构成范围内发生对象认识错误,在此情形下不影响主观故意的认定。具体到走私罪中,发生具体的对象认识错误,可以依照上述规定定罪处罚。以俞某芳走私珍贵动物制品案为例。

【案情简介】2015 年 5 月 13 日,被告人俞某芳乘坐 KA××× 次航班从厦门高崎国际机场入境并选择无申报通道通关。经厦门海关查验,在俞某芳行李箱内当场查获藏匿于铁盒里的疑似动物爪 343 个、动物牙齿 14 颗。经云南云林司法鉴定中心鉴定,上述 343 个动物爪为非洲狮爪,14 颗动物牙齿中 4 颗为非洲狮的犬牙、10 颗为豹的犬牙,分别属于 CITES 附录Ⅰ、附录Ⅱ保护物种,价值合计人民币 201,710 元。法院以走私珍贵动物制品罪判处被告人俞某芳有期徒刑 3 年 6 个月,并处罚金人民币 3 万元。[2]

本案中,上诉人俞某芳提出,其主观上认为自己所携带的动物牙齿都是狮的犬牙,根据主、客观相一致原则,应当以狮的犬牙价值作为定案金额。但是,无论是狮的犬牙、狮爪还是豹的犬牙,都属于珍贵动物制品,这种认识偏差属于具体的认识错误,仍然应当定性为走私珍贵动物制品罪,而犯罪数额则应当以实际物品进行核定。

抽象事实认识错误是指行为人所认识的事实与现实中所发生的事实分别属于不同构成要件的情形。[3] 在此情形下不能直接根据实际对象认定犯罪,而应当在故意内容与客观事实相符的范围内认定犯罪。具体到走私罪中,虽然《刑法》根据不同对象确定十几个具体走私罪名,但这些罪名在性质上存在一定程度的重合,不同对象之间也可能存在一定的重合。因此,应当在故意的内容与客观事实重合的限度内认定走私犯罪主观故意,确定合适的罪名。[4] 以走私仿真枪为例,"如果行为人认为自己

---

〔1〕 参见晏山嵘:《走私犯罪案例精解》,中国法制出版社 2014 年版,第 404 页。

〔2〕 参见福建省高级人民法院刑事裁定书,(2016)闽刑终 249 号。

〔3〕 参见张明楷:《刑法学》,法律出版社 2016 年版,第 277 页。

〔4〕 参见南英主编、最高人民法院刑事审判第二庭编著:《〈最高人民法院、最高人民检察院关于办理走私刑事案件适用法律若干问题的解释〉理解与适用》,中国法制出版社 2015 年版,第 334 页。

走私的仿真枪不具有枪支功能，就缺乏走私枪支的故意，即使事后鉴定为枪支，也应当认定为走私国家禁止进出口的货物、物品罪”[1]。再如，行为人主观上有走私废物的故意，但在客观上却走私大量枪支散件。二者显然属于不同的犯罪构成，不应当根据《走私案件意见》第6条规定认定为走私武器罪。然而，如果认定为走私废物罪，又与实际货物不相符。但是，走私废物与走私武器在侵害国家对进出口货物、物品管制上是相通的，即废物与枪支都属于国家禁止、限制进出口的货物、物品。因此，在此情形下按走私国家禁止进出口的货物、物品罪处理更合适。

值得进一步探讨的是，如果主观认识对象与实际货物不存在重合，该如何处理？特别是当行为人只有走私普通货物的主观故意，而实际货物中除普通货物外却包含有违禁品的。对此，可以将走私违禁品的行为评价为走私普通货物未遂，与其他走私普通货物既遂行为一并处理。当然，实践中行为人只有走私少量普通货物的主观故意，实际上却都是违禁品，情节较轻的，一般不宜按犯罪处理。行为人缺少走私犯罪的主观故意，如在正常进口普通货物过程时，确实因受蒙骗而在货物中实际包含了违禁物品的，不应以走私罪予以评价。

针对《走私案件意见》第6条规定的适用范围，有观点认为该条规定只适用于概括明知的情形，不适用于走私犯罪分子具有确定明知的情形。[2] 从前面对于概括故意与认识错误的区别看，该观点有一定合理性。然而，从字面上理解，该条规定后半部分内容确实表述为“……因受蒙骗而对走私对象发生认识错误的，可以从轻处罚”。如果将所有对象认识错误（具有确定明知的情形）都排除该条的适用范围，显然与该规定的基本含义不相符。因此，更为合理的解释是对该规定的“对走私对象发生认识错误”作限缩解释。换言之，《走私案件意见》第6条的规定适用于概括故意和具体的对象认识错误这两种情形，不适用于抽象的对象认识错误。这样解释，既与认识错误的刑法基本理论相吻合，也没有完全忽视本条有关对象认识错误规定的字面含义。

根据《走私案件解释》第22条的规定，在走私的普通货物、物品或者废物中藏匿《刑法》第151条、第152条、第347条、第350条规定的货物、物品，构成犯罪的，以实际走私的货物、物品定罪处罚；构成数罪的，实行数罪并罚。单纯从字面理解，走私多种不同性质货物的，实施数罪并罚，并不区分概括故意与认识错误。但是，该规定中使用“藏匿”一词，本身就表明这是有意识地隐藏的行为，行为人主观上必须在隐藏之时对所隐藏之物具有或应当具有一定认识，即对所隐藏之物主观上明知。因此，在以

---

[1] 张明楷：《刑法学》，法律出版社2016年版，第749页。

[2] 参见南英主编、最高人民法院刑事审判第二庭编著：《〈最高人民法院、最高人民检察院关于办理走私刑事案件适用法律若干问题的解释〉理解与适用》，中国法制出版社2015年版，第327页。

藏匿方式走私多种货物、物品的情况下，不宜直接客观归罪，应当结合主观上具体的认识内容、认识程度等因素区别概括故意、具体认识错误、抽象认识错误等不同情形，分别作出不同的定性处理。以魏某文等人涉嫌走私普通货物、淫秽物品案为例。

【案情简介】2018 年 6 月、7 月，被告人魏某文、林某昌、林某奏等人经事先商议，共同出资购买"三无"船舶"吉壁 0X2"船走私。同年 10 月 14 日下午，魏某文等人通过雇佣的林某禄、徐某国等人驾驶上述船舶走私一批化妆品、衣物、书籍等货物入境准备靠岸时，被宁德海关缉私分局查获。其中，化妆品、衣物等普通货物价值 120 万元，偷逃应缴税款 22 万元。经鉴定，所扣押的货物中有 717 册书籍系淫秽书刊。公诉机关指控上述人员犯走私普通货物罪、走私淫秽物品罪，法院认为，上述人员构成走私普通货物罪，但不构成走私淫秽物品罪。[1]

本案中，法院认为被告人魏某文等人只有走私普通货物的犯罪故意，尽管最后查实走私货物内含有淫秽书刊，但对这些淫秽书刊确实发生了认识错误。走私淫秽物品罪除要求行为人主观上有走私的故意外，还要求行为人明知走私的对象是淫秽物品且有牟利或传播的目的。走私普通货物、物品罪与走私淫秽物品罪显然属于完全不同的货物、物品，行为人如果在二者之间发生认识错误，属于在不同犯罪构成要件之间发生错误，是一种抽象的认识错误，应当在主观认识与客观对象重合的范围内认定合适的罪名。由于淫秽物品与普通应税货物、物品不存在重合的内容，因此，对于本案实际走私 717 册淫秽书刊的行为，既不能评价为走私淫秽物品罪，也不能评价为走私普通货物、物品罪或其他走私罪。法院判决书最后认定各被告人不构成走私淫秽物品罪，只将走私的淫秽书刊作为量刑情节予以考量。

前面主要立足于行为人有走私故意的情况下将认识错误区分为具体认识错误和抽象认识错误，但实践中还包括因认识错误导致是否构成走私罪的问题。比如，行为人在正常进口普通货物、物品的过程中，因受欺骗而在进出口货物中实际包含或夹藏废物或其他违禁物品。在此情形下，如果行为人确实发生了认识错误就缺乏走私的故意，不应以走私罪予以评价。

二、概括故意与认识错误的识别问题

前面主要分析走私犯罪中概括故意与认识错误的法律适用问题，然而法律适用的前提是准确区分究竟属于概括故意还是认识错误，判定当事人是否确实发生认识错误。这就涉及概括故意与认识错误的识别问题。从司法实践角度看，概括故意与

〔1〕 参见福建省宁德市中级人民法院刑事判决书，(2019)闽 09 刑初 18 号。

认识错误的识别通常比法律适用更加棘手。

走私犯罪概括故意是指行为人对其走私对象认识模糊，实际对象没有超出其认识范围之外。具体又可以区分为两种类型：一是完全概括故意型走私，即行为人具有走私的犯罪故意，而且无论走私何种货物、物品都未超出其主观故意，但对具体走私对象认识比较模糊。二是部分概括故意型走私，即行为人具有走私某一类型货物、物品的主观故意，但在该种类型之下具体走私何种货物、物品在所不问，或者认识比较模糊，或者虽然走私A类货物，但实际走私B类货物未超出其主观故意的范围。

在完全概括故意型走私中，行为人对具体走私何种货物、物品不闻不问或者放任不管，可以直接按照实际走私对象定罪处罚，因此不需要判断是否发生认识错误。但在司法实践中，完全概括故意型走私的情形比较少见，更为常见的是部分概括故意型走私，此类概括故意与认识错误的区分就比较容易混淆。当然，在分析行为人是否发生认识错误时，既包括对某种对象是否有明确的认识，也包括是否有认识的可能性。如果某类走私对象的出现，不能排除行为人有认识的可能性，仍然属于概括故意的范畴；但如果没有认识的可能性，完全超出其认识范围之外，则属于认识错误。具体而言，可以综合以下几个因素进行综合考量：一是货物、物品的自然属性；二是行为方式、运输工具与货物、物品之间的匹配度；三是行为人的分工、角色、获利情况；四是行为人是否履行必要的核实义务；五是其他综合因素。

（一）结合货物、物品的自然属性分析判断

认识错误，意味着对货物、物品的种类、属性出现了误判。针对货物、物品的种类、属性，可以从自然属性和法律属性两个维度来把握。自然属性不考量法律特别规定，而是立足于生物特征、物理特征等自然视角区分不同类型的货物、物品。例如，动物与植物，陆生动物与水生动物，鲸鱼与鱿鱼，书籍与食品，成品钢铁与废弃钢铁等，通常基于自然属性可以作出合理区分。法律属性则是根据法律特别规定或相关规范性标准来区分不同类型的货物、物品，如来自疫区的动植物产品、禁止出口的木炭等。

当行为人辩解其主观认识的对象与实际对象出现偏差，行为人确实具有走私犯罪的主观故意时，应当立足于自然属性的角度来分析判断是否有认识可能性，是否发生了认识错误。法律属性属于法律认识问题，对于法律认识问题只需要达到具备违法性认识即可，不需要达到在法律上明确知道具体属于何种货物、物品的程度。以贺某方等人走私冻品案为例。

【案情简介】2018年间，被告人贺某方经介绍受雇担任“顺发19”船船长，负责该船舶的驾驶和日常管理等；被告人李某洲经他人介绍受雇到“顺发19”船担任管理员，负责联络对接。同年11月3日，“顺发19”船在一境外码头装载22柜集装箱冻品，后船舶驶离该码头，并按照要求往大陆方向航行。同月7日18时许，“顺发19”船抵达东经120°00′949″、北纬26°26′301″海域，等待其他船舶引航靠岸卸货。当晚22时许，宁德海关缉私分局与福建省公安边防总队海警第一支队在霞浦西洋岛附近海域查获“顺发19”船。经依法理货、鉴定，查扣593吨冻品，其中来自疫区属于国家禁止进境的冻品120吨；其他冻品偷逃税款93万余元。[1]

本案中，公诉机关指控被告人贺某方、李某洲构成走私普通货物罪和走私国家禁止进口的货物罪。贺某方辩护人认为，贺某方不知道所帮助运输的是国家禁止进口的冻品，其行为不构成走私国家禁止进口的货物罪。法院认为，检验机构系根据冻品的外包装信息判定部分涉案冻品来自疫区；但由于本案所有冻品系装载在集装箱内，二被告人未看到冻品的外包装情况，也无其他证据证明二被告人主观上明知所运载的货物包括来自疫区的、禁止进口的冻品，从而认定二被告人不构成走私国家禁止进口的货物罪。但是，我们认为法院的认定理由值得商榷。

本案中，从自然属性角度看，涉案货物属于冻品。从法律属性看，冻品又可以区分为来自疫区的冻品和来自非疫区的冻品。法院判决书以行为人无法认识到涉案冻品中可能包含来自疫区的冻品为由，认为行为人发生了认识错误。但是，我们认为判断行为人是否发生认识错误时，应当立足于自然属性来判断。具体到本案中，只要行为人具备走私的犯罪故意，且认识到涉案货物是冻品的，就不属于认识错误，应当根据实际对象定罪处罚。当然，行为人完全不知道运输何种物品，也没有予以明确关注的，则属于典型的概括故意，更应当根据实际对象定罪处罚。反之，如果明确要求行为人必须认识到是来自疫区的冻品，那么如果本案所有冻品都来自疫区，以行为人认识错误为由认定其不构成走私国家禁止进出口的货物罪，那么就无法以合适罪名予以定罪处罚，显然不合理。

当然，实践中有些货物、物品属性的认定，就需要同时考量自然属性和法律属性，如对珍贵动物及其制品、文物、淫秽物品、废物、枪支弹药的认定。一方面，需要以它们的自然属性为基础，如对淫秽物品的判断离不开该物品的具体内容，对废物、枪弹等也需要结合实物物理特征；另一方面，对上述物品的判断又离不开法律所规定的具体标准。在此情形下，应当首先立足于自然属性判断认识的情况，然后结合经验、常识判断其对法律属性是否有认识的可能性。以上述魏某文等人走私案为例，在其走

[1] 参见福建省宁德市中级人民法院刑事判决书，(2019)闽09刑初14号。

私的普通货物中被查获大量淫秽书刊。从自然属性角度看,对淫秽书刊的认识需要结合书刊的具体内容来判断,而魏某文等人只负责运输货物,所夹带的淫秽书刊与其他运输的货物均有外包装,与其他货物并无明显异常之处,其很难对书刊的具体内容有认识的可能性,从而认定其发生了认识错误,不具有走私淫秽物品的主观故意。

(二)结合行为人的分工、角色和获利情况分析判断

共同走私中,行为人的分工、角色对于判断其对走私对象的明知程度有重要参考价值。货主作为走私犯罪的直接驱动者和最大获利人,走私对象的不同直接影响其非法获利的多少,一般可以认定货主对实际走私对象明知。货源组织者因直接与供货商联系,同时也多是货主与上游供货商之间的纽带,在二者之间传递信息,一般情况下也对走私对象明知。运输、装卸人员的主观状态需结合货物种类、货物外包装、有无直接接触货物等方面综合判断。比如,在非设关地走私燃料油中,因运输、装卸人员需用油管进行接驳,货物特征比较明显,一般足以认定行为人对货物种类有概括的认识。对于书籍、光盘等通常有外包装且须根据内容来判断是属于普通货物抑或是违禁品的,则需要有更充足的证据和理由来认定是否有认识的可能性。以李某花、黄某华走私案为例。

【案情简介】2018 年 5 月以来,被告人李某花、黄某华商定:黄某华提供其工作的邮政公司广州沙园营业部派送范围的收货地址(标注"SM"后缀),由李某花用于收取境外直邮快递,快递送达营业部后由黄某华代收并交给李某花,李某花按 5 ~ 8 元/每件支付黄某华报酬。其间,被告人李某花又以 160 ~ 230 元/件的费用从被告人叶某龙处承揽境外快递业务。叶某龙则以 310 ~ 450 元/件的包税价格向境外货代人员揽收货物,由货代人员以伪报品名、低报价格、虚构收件信息方式填写、交寄邮包,并通知李某花负责接收、核对。2018 年 5 月至 7 月,被告人李某花等三人采用上述方式邮递境外货物入境共 1000 多件。2018 年 7 月,其中 109 件邮包邮寄入境时被缉私部门查扣,内有一批普通货物,偷逃应缴税款 72 万余元;又有 5 件象牙制品,价值 24 万余元。[1]

本案中,关于李某花、黄某华、叶某龙对邮寄包裹中有象牙制品是否发生认识错误,一审、二审法院出现分歧。一审法院认为,尽管李某花、黄某华、叶某龙均辩称已明确要求不能邮寄违禁品,但其三人亦供认没有拆开邮包检查货物,也没有向货主核实、确认货物真实情况,黄某华按邮件数量收取李某花报酬,李某花按重量向叶某龙收取费用,叶某龙亦按重量收取客户费用,其三人并非因受蒙骗而对涉案货物发生认

---

〔1〕 参见广东省高级人民法院刑事判决书,(2019)粤刑终 1600 号。

识错误，而是任由货主邮寄货物。二审法院则认为，上诉人黄某华、李某花、叶某龙相互间口头明确约定不寄违禁品。寄件人在邮包中混杂珍贵动物制品的行为，已超出三上诉人的主观认知范围，上诉人黄某华、李某花、叶某龙对走私珍贵动物制品不具有走私的概括故意，仅应对其具有明确认知的走私普通货物的行为承担刑事责任。笔者认为，从李某花、黄某华、叶某龙三人在本案中主要扮演揽货、包通关的角色角度看，结合其三人事前确实约定只走私普通货物，排除走私违禁品，认定行为人对邮包内的象牙制品发生认识错误更为合理。

（三）结合行为人是否履行必要的核实义务判断

货物、物品进出口中，行为人是否履行必要的核实义务，是否有核实、了解实际情况的可能性，也可以作为判断是否有走私概括故意的重要依据。如果行为人在有了解、核实条件的情况下，未履行必要的核实义务，说明其有认识的可能性但予以放弃，体现行为人放任涉案货物走私的心理状态，实际是何种货物并未超出其认识的范畴。以徐某林走私珍贵动物制品案为例。

> 【案情简介】2016 年 4 月 10 日中午，被告人徐某林、冯某文受人纠集，共同驾驶一艘摩托艇从广东省中山市前往香港特别行政区。当晚 7 时许，其二人到达香港特别行政区一码头装载一批用蛇皮袋包装的穿山甲鳞片，随后驾艇返回中山市，途经民众镇田基沙水闸附近水道时，被公安机关查获价值 199 万余元的穿山甲鳞片 77 袋。法院认定，被告人徐某林犯走私珍贵动物制品罪，判处有期徒刑 10 年，并处没收财产人民币 20 万元。[1]

本案中，徐某林辩解老板委托其走私冻肉入境，并让其找一名会驾驶摩托艇的人合作，承诺每成功走私一次向每人支付 6000 元至 7000 元报酬，其在香港特别行政区码头现场接货时，就猜测货物并不是老板事前说的冻肉，但并不知道实际货物为穿山甲鳞片。法院判决书认为，徐某林作为一名有社会阅历的成年人，应当清楚知道老板利用载货量较小的涉案摩托艇走私冻肉却向其与冯某文每人每次支付 6000 元至 7000 元的高额报酬并不符合常理，且其在接货时已经猜测货物并非冻肉，但却未核实货物的真实情况、终止实施走私行为，而是为了谋求高额回报，继续将涉案货物走私入境。可见，徐某林对于走私货物的品类、社会危害性持放任的态度，对其应当根据实际的走私对象即穿山甲鳞片定罪处罚。据此，一审、二审法院均认定徐某林构成走私珍贵动物制品罪。本案中，法院就是结合行为人获取报酬、未履行必要核实义务等，综合认定涉案货物并未超出行为人概括故意的范畴。

---

〔1〕 参见广东省高级人民法院刑事裁定书，(2019) 粤刑终 155 号。

（四）结合行为方式、运输工具与货物、物品的匹配度判断

在具体作案过程中，行为方式、运输工具属于比较宏观的范畴，更加容易被行为人所感知，一般情况下会有比较明确的认识，或者这种认识程度比较容易查实。与之相反，货物、物品则属于更加微观的范畴，通常隐藏于具体行为方式、运输工具之下，外人对其认识的清晰度往往比较低，行为人除非事前直接接触或被告知实际对象，否则比较有可能发生认识错误。在此情形下，行为方式、运输工具与货物、物品的匹配度可以作为区分概括故意与认识错误的重要依据。

一般而言，运输工具与货物的匹配度越高，行为人的主观认知越明显，如大宗货物往往使用大容积的运输工具，毒品则多采用人肉携带、行李夹藏、邮寄等方式。对于装载对象相对有限的运输工具，可以通过对运输工具的认知情况，进而判断其对实际货物的认识情况。以司法实践中常见的走私冻品为例，冻品运输过程中必然需要配备相应的冷藏条件，可以通过论证行为人明知使用冷冻集装箱装载货物，进而推断其对集装箱内装有的冻品具备认识的可能性。

在行邮渠道走私中，对于发现毒品、枪支或者淫秽物品等违禁物品的，违禁物品与走私方式（人肉、行李或邮包等）基本能够相对应，可以更多地直接推定主观明知。反之，对于大宗货物中夹带毒品、枪支或者淫秽物品或少量其他货物、物品的，受委托人员对于夹带货物的认识能力相对有限，对于此类小型违禁货物主观明知的判断应当有更高要求。以应某敏、陆某毅走私废物案为例。

【案情简介】2010年4月，被告人应某敏、陆某毅为牟取非法利益，共谋采用伪报品名等方法为他人负责办理走私废旧电子产品中的通关和运输事宜，并按照数量计算报酬。自同年6月起，应某敏、陆某毅等人按事先分工共同从事上述走私活动。2011年3月，其二人走私进境的5票共计20个集装箱废旧电子产品等货物被上海海关缉私部门查封、扣押。经清点、理货和鉴别，内有废物390余吨，还有胶带、非家用缝纫机头、轴承等普通货物若干吨，分散藏匿于各集装箱内，涉及税额人民币70余万元。公诉机关指控二被告人犯走私废物罪和走私普通货物罪。被告人及其辩护人认为，二被告人只有走私废物的主观故意，没有走私普通货物的主观故意，不构成走私普通货物罪。法院最后认定被告人应某敏、陆某毅构成走私废物罪，而不构成走私普通货物罪。[1]

结合本案具体证据，行为人只有走私废物的故意，对于实际货物中夹藏普通货物

---

〔1〕 参见《应某敏、陆某毅走私废物、走私普通货物案》，载《刑事审判参考－2013年第2集·总第91集》，法律出版社2014年版，第1～3页。

发生认识错误,且属于抽象认识错误。第一,从夹藏物品归属主体看,应某敏、陆某毅并非货源组织者,也非货主、收货人,仅为货主负责废旧电子产品的通关业务和运输,其没有直接或间接实施夹藏行为,对本案查获的进口胶带、轴承等物品不知情,并不违背常理。第二,从夹藏物品所占空间看,二被告人共走私废旧电子废物 20 个集装箱 380 余吨,所涉及的轴承、缝纫机等普通货物分散在各集装箱,整体所占空间比例相当小,不容易让人发现。第三,从二被告人所收取的报酬标准看,均是按照废旧电子产品进境的数量向货主收取报酬,而与走私夹藏物品所获利益不挂钩。二被告人从侦查到审判阶段均始终供述对走私废物中夹藏普通货物并不知情,也能够与上述多方面证据相互印证。在确定发生认识错误的情况下,由于普通货物与废物属于不同走私罪的犯罪对象,因此这种认识错误属于抽象认识错误,最后法院只认定二被告人构成走私废物罪。

总之,基于走私犯罪的特殊性,一方面走私犯罪往往参与人员众多,犯罪链条很长,实践中能够将同一次走私的所有参与者一网打尽的情形很少见;另一方面,走私案件涉及境外证据和事实的认定,大量事实很难查清。正因如此,司法实践中行为人以认识错误为由作出罪抗辩的情形较为常见,而且常常是真伪难辨的“幽灵抗辩”。从案件认定的角度看,如果过于强化认识错误作为出罪事由,势必导致大量案件无法处理,容易形成放纵走私的倾向,难以发挥《刑法》一般预防的效果,不利于维护国门安全;如果不考虑认识错误因素,一律按实际走私对象定罪处罚,又有违《刑法》主客观相一致的基本原则,容易导致罪责刑不相适应,或者不当扩大打击面。因此,走私案件的具体处理中,需要在打击犯罪与保障人权之间寻求合理的平衡点,这就离不开实体法和程序法(证据法)两个维度的综合考量。从法律适用角度来讲,应区分概括故意、具体的认识错误、抽象的认识错误等。从事实认定的角度看,总体上应从严把握认识错误的证据标准,特别是在绕关走私、职业化伪报品名走私(俗称“特报”)中,足以认定行为人在有走私故意的情况下,一般推定其有走私的概括故意,并按实际走私对象定罪处罚;只有当确实有比较充分的证据证明当事人出现错误,或者有比较充分的理由足以认定发生了抽象的认识错误时,才能以认识错误为由将部分或全部行为予以出罪。

第四节　走私罪主观故意的综合判断

犯罪主观故意的判断是司法实务中最棘手的问题之一。前文主要从主观故意的基本内容、重点难点、认定方法以及概括故意和认识错误等方面探讨走私犯罪主观故意的认定问题。总体而言,犯罪主观故意属于行为人心理活动的范畴,然而它又“不是停留在其大脑中的纯主观思维活动,它必然要支配行为人客观的犯罪活动,这样就必定会通过行为人的犯罪行为及与犯罪有关的犯罪行为前、犯罪行为时以及犯罪行为实施后的一系列外在的客观活动表现出来”[1]。因此,围绕走私犯罪主观故意,基本思路就是坚持从客观到主观的认定思路,紧紧围绕走私行为过程中呈现的各种客观因素、客观现象,结合走私犯罪操作手法、走私行为角色分工、走私对象自身特点等因素综合判断。

一、从行为人供认与否看走私犯罪主观故意的综合判断

从司法实务角度看,讯问、询问是了解案情的基本方式,同样也是判断相关行为人是否具有走私犯罪主观故意的重要方式。此时,通常会有两种不同情况:一种情况是行为人主动供认自己有走私犯罪主观故意;另一种情况是行为人不予供认,或者辩解并不知道自己参与的行为是走私犯罪。无论行为人是否供认,坚持从客观到主观的分析思路,都有助于更真实地还原行为人的主观心态。

(一)行为人供认犯罪主观故意的情形

行为人的主动供认是认定其犯罪主观故意最直接的途径。但是,即便其主动供认,仍然需要结合案件的客观情形,循着其供认核实其主观明知的具体内容、依据、时间等要素,甄别其供认主观明知的真实性、合理性、自愿性、可信度等。

第一,核实行为人主观明知的具体依据、原因。主观明知属于行为人心理状态、主观认识范畴,而这种心理状态的形成过程通常有其客观依据。当行为人主动供认主观明知时,就需要及时进一步追问其主观明知的具体依据、缘由。一方面,分析其所供认的主观明知情况是否符合常情常理,是否有已经查明的异常客观现象予以佐证;另一方面,对于其所供认的具体依据、原因尚未查实的,可以作为线索进一步核实这些客观情形是否真实存在,能否确实与其供述相互印证。从证据属性角度看,行为人的供认属于言词证据,有很强的主观性和易变性,供认反复是实践中常见情形,即便有时供认主观故意,但在后续阶段否认的情形也比较常见。如果其供认时所陈述的具体依据、原因能与其他证据尤其是客观性证据相互印证,一般情况下其先前供述可以予以采信。

第二,核实行为人主观明知的走私对象。如前所述,走私犯罪主观故意具有双重内容,即对行为方式和行为对象的主观认识。当行为人供认主观明知时,不能仅仅停留于是否明知为走私行为,还需要进一步核实明知的对象及其依据,审查行为人对查实的实际走私对象在主观上是概括故意还是认识错误,以便于更加准确地适用法律。

第三,核实行为人具备走私犯罪主观故意的时间节点。不少走私案件中,行为人

---

[1] 赵秉志等:《刑法学》,北京师范大学出版社 2010 年版,第 105 页。

往往是无意地被卷入走私违法犯罪中,一开始要么并不知道是走私,要么认识比较模糊,在参与一段时间之后,由于亲身经历相关异常现象或者被他人告知等,才意识到自己行为的违法性。对于在此之后仍然参与的,应当认定行为人具有走私的主观故意,进而将相应数额计入其个人的犯罪金额中,而对于此前其所参与的金额则不应计入。然而,司法实践中不少案件,由于办案机关并没有详细核实行为人主观明知开始的时间节点,在后续办案环节中行为人往往辩解并非一开始主观明知,甚至辩解执法部门介入调查后主观上才明知走私,这些情况不但会给犯罪数额认定带来困境,甚至可能会影响到罪与非罪的判断。

(二)行为人未供认犯罪主观故意的情形

从司法实践看,行为人未主动供认走私犯罪主观故意是常态,主要体现为两类情形:一是自始至终否认主观明知;二是供认反复,即时而供认时而否认。在此情形下,更应当坚持从客观到主观的审查思路,更需要结合客观情形分析其供认或辩解的可信度。不少案件中,当被讯(询)问人员否认主观明知时,办案人员也常常就会停止于此,要么没有进一步核实与主观故意相关的内容,要么不知从何入手进一步核实行为人是否有走私犯罪的主观故意。对此,当行为人否认主观明知时,可以从以下几方面进一步查证。

第一,向行为人核实其客观上是否遵守与涉案活动相关的监管要求、是否符合相关商业惯例等。如前所述,从正常货物进出境的角度看,国家对于货物进出境时会在货物、资金、人员、交通工具等各方面予以监管,赋予当事人相关义务、责任;从正常经济活动角度看,某一行业往往会在货物交接、资金往来、成本收益、信息传递等方面形成一定商业惯例或者公认的行业准则。作为办案机关,可以结合与涉案货物、物品或涉案行业相关联的监管要求、商业惯例,向行为人核实其在参与相关活动过程中是否遵循上述监管要求,是否履行法定义务,是否符合相关商业惯例。例如,在涉及海上走私的案件中,可以向行为人核实相关船舶是否有资质,船员是否有船员证书,航行过程中 AIS 系统是否开启,航海日志有没有如实记录,货物成交价格、付款方式等。不少行为人可能会否认主观明知,但对于这些客观情况则很难否认。再如,在行邮渠道走私中,可以向行为人核实是否如实填写邮寄物品真实信息、实际收货人、真实收货地址等。通过向其核实,一方面有利于进一步查实是否存在严重违背监管要求、明显违反商业惯例等异常情形,为推定犯罪主观故意奠定基础;另一方面,在行为人认可这些客观情形的情况下,结合合理的侦查策略,不少情况下行为人也会转变态度,在主观明知上从否认到供认。

第二,结合已经查证属实的异常现象、异常情形,向行为人核实产生的原因或者得到合理解释。在行为人否认主观明知时,主要采用推定的方法认定其主观故意,而推定的重要条件之一就是推定结论的可辩驳性,即应当允许行为人进行合理解释或者举出相反证据予以推翻。据此,在案件办理中,一方面需要重点查证有利于推定犯罪主观故意的基础事实,另一方面还需要结合已经查实的基础事实向行为人核实产生的原因或者得到合理解释。对于已经查实的异常现象,行为人拒不解释的,或者通过其解释明显无法让人信服的,可以增强推定结论的可信度,甚至有些情形下行为人确实无法合理解释的,也可能转变态度,在主观明知上从否认到供认。对于行为人能够详细阐述原因,提供相反证据或线索,或者其解释难以辨别真伪的,则需要进一步分析论证,或进一步查证。对于切实能够作出合理解释或者有相反证据的,则应当认定行为人不具有犯罪主观故意,或者认定其确实因受蒙骗而产生认识错误。

第三,多方面挖掘异常情形的线索作为进一步调查的依据。采用推定的方法认定走私犯罪主观故意时,最基本的工作就是查清用以推定主观故意的基础事实。在行为人未供认时,尤其需要多方面挖掘线索,查证是否存在明显违背常情常理常识的情形。

二、从不同角色看走私犯罪主观故意的综合判断

实践中,走私行为往往被分割成各个环节由不同主体分别完成,如货物直接委托方(货主)、中间受托方、进出境环节代理方、海路运输者、陆路运输者、资金提供者、货源提供者、中间转运者等。由于不同人员在具体走私过程中分工、角色各不相同,认定其犯罪主观故意的思路、侧重点也有所区别。大体而言,可以将走私活动参与者区分为三大类:实际货主、进出口代理方和其他帮助人员。

(一)实际货主犯罪主观故意的判断

实际货主对货物进出口通常有主导权、决定权,其犯罪主观故意一般情况下比较容易认定。但是,在国际贸易中,不少实际货主基于各种原因,不太关注进出口具体过程,往往会委托专业代理公司、报关公司操作,甚至直接委托他人包通关进口。然而走私与否最核心的地方体现在货物进出口环节是否违反海关法规、逃避海关监管。在上述操作模式下,实际货主常常以对进出口细节不知情、不了解,或者受境外发货方欺诈等作为抗辩理由。

1.涉税走私中实际货主走私主观故意的判断

如实申报是任何进出口贸易从业者应当遵循的基本义务,对进出口货物的实际货主而言,当然也有此义务。因此,分析实际货主是否有走私的主观故意,重点在于分析其是否明知货物进出口环节存在逃避海关监管的情形,比如,是否明知货物的申报价格、品名、数量,以及是否明知代理人不具有如实申报的现实可能性等。具体而

言,可以结合证据通过以下几种方法分析实际货主是否有走私的故意。

第一,实际货主直接确定了与实际情况不符的申报价格、品名、数量等报关要素,自行或者指使他人制作相关报关单证,或者在真实发票等单证的基础上修改后提供给代理方用于报关,说明其没有履行如实申报的义务,一般可以直接认定其有走私的主观故意。对此,《走私案件意见》第5条第4项中规定,“提供虚假的合同、发票、证明等商业单证委托他人办理通关手续的”,可以认定行为人有走私的主观故意。实际货主的犯罪主观故意就可以适用该项规定。

第二,代理方将与实际情况不相符的报关单证、报关价格通过电子邮件、即时通讯工具等方式发送给货主,或者货主在自己的财务报表或账册中记载了报关价格、报关品名,说明实际货主接触过报关价格,知道申报情况与实际情况不相符,有走私的主观故意。

第三,实际货主既通过代理方以正常付汇途径支付一部分货款,自己又通过其他非正常渠道支付另一部分货款。说明实际货主将本应一并支付的货款分成两部分,基本分别对应申报价款和差额价款,通常可以判断货主知道或者应当知道报关情况与实际情况不一致,没有履行如实申报义务,有走私的主观故意。

第四,在包通关走私中,实际货主以明显低于货物正常进(出)口的应缴税额委托他人代理进(出)口业务的情形。此时关键在于查清货物的实际价格以及相应的委托费用。当然,基于外贸业务特性,货物归类、适用税率等专业性较强,还应当结合货主从事相关进出口业务的经历,综合分析行为人对应缴税额是否有实际了解的可能性等,从而综合判断其主观故意。

2. 非涉税走私中实际货主走私主观故意的判断

直接走私以货物、物品的进出口为前提条件,而在非涉税走私中,行为人常常以并不知道货物、物品系进口或用于出口为由,作为无走私主观故意的抗辩理由。例如,对于行为人通过网络购买大麻等毒品的,能够证明采购自境外再由卖方邮寄入境的,货主(买家)构成走私毒品罪;否则单纯境内购买毒品且无证据证明用于贩卖的,难以对买家定罪处罚。再如,对于涉及禁止或限制出口的木炭、制冷剂等货物,行为人在出口木炭或者无许可证的情况下出口制冷剂的,构成走私国家禁止进出口的货物罪;对于单纯境内交易的并不知道货物用于出口的,则不构成犯罪。对此,可以综合行为人网络聊天记录、采购记录、交易模式、付款方式、货物寄送方式等因素,综合判断行为人是否明知相关货物、物品采购自境外再非法邮寄入境,或者明知相关货物用于出口。以浙江某制冷剂公司走私制冷剂案为例。

【案情简介】2015年11月,印度商人SID通过网络与被告单位浙江某制冷剂

> 公司商谈采购制冷剂出口至印度。洽谈过程中,该公司获悉对方没有出口制冷剂所需的许可证,经公司负责人被告人邱某决定,仍然向 SID 销售制冷剂,但由外商自行委托他人办理出口手续。SID 遂找到被告人滕某某帮忙出口,双方决定以网格线名义伪报出口上述制冷剂。滕某某受托与浙江某制冷剂公司业务员吴某具体交接。由该公司提供制冷剂货源,并按滕某某的要求以制冷剂的规格、网格线的字样定制外包装,将货物发送至滕某某所在的杭州某公司,由滕某某负责安排货物装箱,其中少量网格线被放置于集装箱靠门一侧,以掩盖制冷剂。SID 则以网格线名义通过印度货代公司委托宁波某公司负责办理订舱、拖车、报关等具体事宜,从宁波口岸出口制冷剂 2 票共 38 吨,其中 1 票在北仑口岸被查获。[1]

本案诉讼过程中,卖方浙江某制冷剂公司并没有直接参与货物进出口的通关环节,其辩解与 SID 之间只是国内交易,亦不知对方用于出口等。然而,结合本案具体证据情况,该公司长期从事制冷剂出口业务,明知出口制冷剂需要许可证,亦明知本案买家是无相应许可证的印度客商;具体交易过程中,该公司以其关联的离岸公司与印度客商签订买卖协议、收取货款,帮忙定制网格线的外包装用于包装制冷剂,上述客观情况表明,卖方浙江某制冷剂公司明知涉案制冷剂用于出口,且无出口许可证,具有走私犯罪的主观故意。据此,法院认定被告单位和相关被告人构成走私国家禁止进出口的货物罪。

在涉及废物等违禁品走私中,实际货主则常常以境外人员发错货物为由,辩解无走私犯罪主观故意。对此,可以结合行为人贸易惯例、专业背景、是否履行必要的核实义务等,综合判断是否明知货物的实际情况。

(二)进出口代理方犯罪主观故意的判断

对于代理方而言,由于其负责进出口环节的直接操作,经手相关报关单证,其对于进出口模式以及货物的申报情况(包括申报价格、品名、数量)比较清楚,但往往以对货物真实情况不了解作为无走私故意的抗辩理由。因此,认定进出口代理方走私的主观故意,关键在于判断其对货物真实情况的明知状态,如是否明知货物的实际价格、实际品名,是否知道或应当知道申报的价格、品名与实际情况不一致,或者进出口环节是否实施了相关伪装等逃避监管的行为。具体而言,可以结合证据通过以下几种方法分析代理方是否有走私的故意。

第一,相关证据显示,代理方收到过实际合同、发票等报关单证,或者在收到后直接修改并重新制作了报关合同、发票上的价格、品名,直接反映出代理方没有履行如

---

〔1〕 参见浙江省宁波市中级人民法院刑事判决书,(2017)浙 02 刑初 32 号;浙江省高级人民法院刑事裁定书,(2018)浙刑终 3 号。

实申报的义务,具有走私的主观故意。

第二,货主一方没有提供过报关合同、发票或者报关价格,代理方直接根据掌握的所谓“海关估价”等方式自行确定申报价格并制作相应的报关合同、发票,说明其罔顾货物的真实情况自行确定申报内容,没有履行如实申报的义务,有利于判断走私的主观故意。

第三,代理方除为货主通过正常途径支付申报价格外,还通过其他途径帮货主支付差额货款,说明其明知正常付汇不足以支付货物的实际价格,仍然需要借助其他渠道支付货款,这一情况对分析代理方的主观故意也有很大价值。当然,应当查清代理方主观上明知这两部分款项都是同一宗货物的货款。

第四,为掩盖相关违法行为,代理方通过隐藏、调换或者准备道具货物等手段进出口货物,或者在明知接受查验检查时,通过上述手段规避执法检查,反映出代理方主观上有逃避海关监管的主观故意。

从正常进出口贸易流程看,货物代理方通常在进出口通关环节更为专业,更加了解海关监管规定,日常工作中与海关等执法部门联系也更加密切。货物代理方不直接接触货物,除货主(委托方)告知外,其通常在与执法部门的合作、接受日常具体监管中了解涉案货物的真实情况。在切实遵循海关监管要求的前提下,基于对执法部门日常执法形成的合理信赖,在认定是否具有走私犯罪主观故意时需格外慎重。以刘某磊涉嫌走私废物案为例。

【案情简介】2013 年 7 月、8 月,张某某、白某某和被告人刘某磊商议合作进口人发业务,并约定由刘某磊通过所供职的被告单位荣某公司代理进口白某某等人在巴基斯坦等国收购的人发,刘某磊负责上述人发的国际运输与报关进口,并收取每公斤 40 元左右的费用。人发清关后由张某某、白某某向刘某磊支付相关费用运往河南销售。自 2013 年 9 月,荣某公司委托西安陆海恒利公司将进口货物转关至出口加工区 A 区,并在该区向海关办理进口申报手续。经海关查证,自 2013 年 9 月 17 日至 2014 年 5 月 20 日,荣某公司共进口人发 31 票计 128.6 吨。其中,荣某公司于 2014 年 5 月 20 日委托陆海恒利公司向海关申报进口的一票人发 4626 公斤,经深圳出入境检验检疫局工业品检测技术中心再生原料检验鉴定实验室认定,该票 4626 公斤货物系废人发,属于国家禁止进口的固体废物。公诉机关指控被告单位荣某公司、被告人刘某磊走私废物 128.6 吨。一审法院认定被告单位荣某公司、被告人刘某磊均构成走私废物罪,判处荣某公司罚金 30 万元,判处刘某磊有期徒刑 6 年,并处罚金 20 万元。刘某磊提起上诉,二审法院发回重审。一审法院经重审认为刘某磊不构成走私废物罪。[1]

本案经过重审,一审法院结合客观属性和主观故意两方面认为代理方刘某磊不构成走私废物罪。

首先,从客观上看,除最后一票货物为废人发外,认定其余30票货物属于国家禁止进口的废人发的证据不足。该30票人发在申报进口时,均经西安海关查验后加盖“验讫”章后放行,其中有17票人发是经查验后加盖西安海关放行章后放行,有13票则是通过少则1包,多则3包的“开拆核对品名,未见异常”后予以放行,西安海关的这种验讫放行行为表明荣某公司及刘某磊所进口的人发符合海关申报的税则号列。

其次,从主观上看,荣某公司和刘某磊作为代理方,不存在伪报、瞒报等逃避海关监管的故意。海关作为行政执法机关,其所作出的具体行政行为具有确定力、拘束力。荣某公司和刘某磊进口的前30票人发均经过西安海关查验后予以放行,就表明西安海关对上述30票人发合法性的认可。海关8个月的查验放行行为使荣某公司和刘某磊本人对所进口的人发与其申报的税则号列的“经梳理或其他方法加工”的人发产生了合理依赖,并据此始终认为其所进口的人发是已经过梳理、加工的人发而非废人发。被告人刘某磊自始至终认为其所代理进口的人发是经过梳理加工过的。结合本案进口贸易流程过程看,货物是由张某某、白某某在印度、巴基斯坦收购后,通过刘某磊代理进口运回河南销售的。多人证言及刘某磊本人供述均证实,刘某磊并未到过印、巴两国,刘某磊根据张某某、白某某所描述人发是经过梳理加工过的经过,以及其二人所提供的人发样品,在咨询报关公司后确定人发归类,其已尽到必要的注意义务,没有放任走私的故意。

三、依照客观事实认定走私犯罪主观故意几个注意点

通过前面分析,无论当事人是否主动供述,也无论是实际货主还是货物代理方,综合基础事实对走私犯罪主观故意进行判断、推定都是至关重要的一环,即便犯罪嫌疑人主动供认,一般情况下仍然需要结合基础事实进行综合分析。在运用基础事实(客观情形)认定主观故意时,需要综合把握以下三方面注意点。

第一,从数量方面看,推定犯罪主观故意的基础事实多多益善。无论是《走私案件意见》,还是《非设关地走私纪要》,关于推定主观故意的内容,通常表述为“有下列情形之一的,可以认定有走私犯罪主观故意,但确属被蒙骗的除外……”单纯从表述看,可以根据某一客观事实推定犯罪主观故意。但是,这种关于推定犯罪主观故意的

---

〔1〕 参见陕西省西安市中级人民法院刑事判决书,(2017)陕01刑初155号。

规定并非强制性规定,更多的是一种指引性规定,是对实践经验的一种总结。从司法实践具体应用看,很少仅依靠单一基础事实推定主观故意,多数情况下都是结合多个不同基础事实进行综合认定。换言之,行为人严重背离生活经验常理的反常情形越多,越有利于判断其主观故意,反之则可能需要比较谨慎的论证。以黄某杰、李某杰等18人走私成品油案为例。

【案情简介】2012年10月,被告人黄某杰、张某波合谋走私柴油,两人商定由黄某杰负责组织走私柴油入境,张某波提供装卸柴油的场地和油罐。为此,黄某杰安排四艘油船轮流出海走私柴油运至温州海域,雇佣被告人李某杰、张某函等人来瑞安参与走私柴油,李某杰负责给前来购买柴油的油罐车过磅及记录柴油数量、价格和销售工作;张某函负责调度接油的二条油船及油船上的船员雇佣。截至同年12月底,黄某杰、张某波、李某杰等10人采取上述分工方式,共17次走私柴油3992.7吨运至浙江省瑞安市,偷逃税款人民币901万元。[1]

本案中,被告人李某杰辩解,其参与本案时并不知道是在进行走私活动,是被抓以后才知道的。然而,法院认为,李某杰负责在码头为前来接油的油罐车过磅、记账和销售等工作,本案驾驶的船只没有船名,开船、装卸柴油均在夜间偷偷摸摸进行,还派专人监视边防派出所,工资也明显高出正常情况,明显有不合理情况存在,可以认定其主观明知。本案就是综合各种类型的基础事实认定走私犯罪主观故意的典型一例。其中,没有船名属于违反船舶正常监管要求的情形,派专人监视边防派出所属于预防型逃避执法检查,开船、装卸柴油均在夜间则违反正常货物交接惯例的情形,工资明显高出正常情况则属于违背合理成本收益的情形。

第二,从质量方面看,用以推定走私犯罪主观故意的基础事实应当查证属实。案件的具体分析、审查过程中,经常会发现一些不合理现象的线索,或者行为人也会经常供认一些作案过程中的异常情形。如果仅仅是线索,就不能作为推定主观故意的依据。因为推定本身是运用已有证据对未知的事实所作出的判断,其前提条件就是要求推定的基础事实应当查证属实。例如,在成品油走私案件中,行为人常常会提到成品油价格比市场价格偏低,这就需要查清作案中大致的交易价格和大致的市场价格,在互相对比中判断是否存在明显偏低的情形。反之,如果只有单纯的价格偏低线索,但具体偏低程度没有查清,则不能用以推定主观故意。

第三,在相关反常的客观情形查证属实的基础上,结合经验法则和逻辑规则,结合常情、常理、常识进行分析推理。在分析过程中,需要特别注意的是对基础事实相

[1] 参见浙江省温州市中级人民法院刑事判决书,(2014)浙温刑初字第32号。

关信息的合理运用，既要避免对基础事实的过度解读，也要从各个维度尽可能挖掘有益的信息，作为推定犯罪主观故意的依据。

第五节　典型案例综合分析：路某雅等走私化妆品案评析

一、案情简介

2013年10月，被告人李某华接受韩国客商委托代理进口化妆品，李某华联系被告人路某雅办理进口手续，路某雅又委托被告人包某忠代理进口。路某雅、包某忠决定将化妆品伪报成聚丙烯向海关申报进口，并从国内采购与申报品名、重量、数量一致的一批聚丙烯，以应付进口环节的行政监管。包某忠接受委托后，确定聚丙烯的申报价格用于制作合同、发票等虚假报关单证，并以进口聚丙烯的名义委托代理公司具体办理进口手续。货物通关后，路某雅、包某忠又联系集卡司机将化妆品送至青岛、义乌、杭州等地，由李某华安排人员接收货物并通过快递等方式分发给韩国客商指定的国内收货人。走私过程中，李某华向路某雅支付每一集装箱38万元包通关费用，路某雅向包某忠支付每一集装箱30万元费用。半年之内，李某华、路某雅、包某忠以上述方式从韩国走私进口化妆品8票共8个集装箱，至少偷逃进口环节应缴税额180余万元。法院认定李某华、路某雅、包某忠均构成走私普通货物罪。李某华等三人均上诉，二审法院维持原判。[1]

二、焦点问题

本案中，李某华、路某雅、包某忠三人均辩解没有走私的主观故意。其中，李某华辩解其以化妆品名义委托路某雅进口，不知道以塑料粒子的名义进口；而路某雅、包某忠辩解其接受委托时对方只提到进口塑料粒子，并不清楚实际货物为化妆品。

三、综合评析

本案是一起典型通关走私案件，李某华、路某雅、包某忠三人之间彼此形成委托与被委托的关系。尽管三人均辩解没有走私的主观故意，但本案种种不正常的行为，足以认定其三人均有走私犯罪的主观故意。具体理由如下。

（一）走私模式明显违背进出口货物一般流程

根据《海关法》的规定，货物进口中行为人有如实申报的义务，这种法定义务体现在操作流程中就是委托方将货物真实信息（包括品名、数量、规格、价格等）如实提供

---

〔1〕 参见浙江省高级人民法院刑事裁定书，(2015)浙刑二终字第106号。

给代理方，用于向海关申报进口，这也是正常货物进出口的一般流程。具体而言，按照通常的进口模式应当是委托方李某华将上述信息提供给代理方路某雅，路某雅再将上述信息提供给其所委托的包某忠，货物的真实信息只有按照这种流程层层传递下去，作为终端的报关行才有可能如实申报。

然而，本案中作为上游人员的李某华没有将进口化妆品的品名、数量、规格、价格等真实信息提供给下游的路某雅、包某忠。与之相反，这些申报要素是包某忠通过QQ向报关人员询问塑料粒子的市场报关价格、有没有查验风险之后，自行确定报关数量、价格、规格等要素。在这种异于常理的操作模式下，李某华、路某雅、包某忠就不具有如实申报进口货物的现实可能性。

（二）走私过程中有预谋地实施逃避行政监管的行为

根据进出口货物的行政性法律规范，在正常货物进出口过程中，行为人有如实申报的义务，应当配合相关执法部门在进出口过程中接受日常监督、检查。然而，在本案进口所谓“塑料粒子”的过程中，路某雅通过包某忠具体操作，事先在国内购买一批与申报品名、数量、产地等均相同的聚丙烯置放于仓库中，作为道具以应对海关等部门可能的检查、监管。而且在进口第2票货物时，这批道具货物发挥了实质性作用。

具体而言，当进口的第2票货物到达码头后，商检机构已经布控，准备对该票货物实施商检。按照正常监管要求，包某忠、路某雅等货物代理人理当积极配合商检机构的查验。然而，路某雅却开始策划如何置换货物，其在委托司机运输该票货物时，就明确提出要先将货物从码头运走卸掉，然后再要求司机到指定地点装满预先备好的塑料粒子重新运回港口。后来，司机也确实按照路某雅的要求先运走进口货物，再将置换上塑料粒子的集装箱重新运回港口，商检机构也进行检查，经检查确认与申报的塑料粒子相符，后被顺利放行。在这一票货物通关过程中，路某雅一开始就蓄意策划如何置换货物，反映出其主观上刻意逃避检查，已经严重违反基本监管要求，足以认定其明知真实货物与申报品名不一致，有伪报品名走私犯罪的故意。

（三）异常代理费用明显违背合理的成本收益

本案进口过程中，李某华向路某雅支付每一集装箱40万元的费用后，路某雅又向包某忠支付每一集装箱30万元的费用。之后，包某忠以支付塑料粒子货款的名义每次对外支付20万元，扣除必要通关费用后，其余由包某忠赚取。可见，路、包二人每进口一票货物能够平均赚取七八万元的代理费，而同期正常进出口货物中，代理费用市场价一般为每票几千元，甚至有些才几百元。路、包二人收取的代理费远远超出一般的市场价，其二人应当知道进口货物可能存在异常情况。

综合全案,本案行为人存在异常进出口操作模式、刻意逃避行政监管、明显不合理的收益等多种反常现象,行为人也无法予以合理解释,可以综合推定李某华、路某雅、包某忠三人具有走私犯罪的主观故意。至于路某雅、包某忠二人受委托,其是否明知真实货物为化妆品,尽管没有明确证据证明,但在推定其二人有走私犯罪概括故意的情况下,可以根据实际货物定罪处罚。

第六章　走私犯罪事实认定中证据的审查应用

第一节　走私案件基本证据结构与审查思路

一、走私案件基本证据结构

从证据类型上看，走私案件常见证据有：报关单证、账本等书证，走私的具体货物、物品及其勘验、检查、提取笔录等实物证据，微信聊天记录、资金交易记录、电子邮件、通话记录等电子数据，物品属性鉴定书、价格认定书、海关核税证明书等鉴定意见。但从犯罪客体、客观方面、主体、主观方面四个角度看，具体证据有一定区别。

（一）走私罪客体方面的证据结构

走私罪侵犯的客体是国家对外贸易管理制度，具体可以包括国家对货物、物品进出口监管制度以及进出口环节的海关税收征管制度。当然，各个具体走私罪名，侵犯的客体有一定区别。例如，走私普通货物、物品罪主要侵犯海关税收征管制度，走私珍贵动物、珍贵动物制品罪主要侵犯国家对珍贵动物及其制品的进出境监管制度。围绕走私罪的客体特征，重点搜集、审查以下证据：

（1）通关记录、报关资料、案发经过等体现货物、物品进出境的证据。主要证明行为人是否通过设关的口岸进出口涉案货物、物品，是否存在逃避海关监管、通过绕关进出口相关货物、物品的情形。

（2）海关现场查验记录以及货物、物品鉴定意见等。主要证明进出口货物、物品实际种类、数量等，是否符合海关监管要求，是否存在伪报、瞒报品名、数量等逃避海关监管的情形，是否属于各个走私罪的犯罪对象。例如，是否属于刑法意义上的武器、弹药、珍贵动物及其制品、废物等。

（3）海关征税或监管依据（文件）、许可证件以及进出口环节缴税证明书等。主要证明进出口货物、物品的监管方式，是否属于应税货物、物品，是否存在未缴或少缴应缴税款从而侵犯海关税收征管秩序的情形。

（二）走私罪客观方面的证据结构

走私罪客观上表现为违反《海关法》及其他有关法律、行政法规，逃避海关监管，非法携带、运输、邮寄国家禁止或者限制进出境的货物、物品或者依法应当缴纳税款的货物、物品进出境，相应货物、物品数额、偷逃应缴税额达到一定程度的。

总体而言，走私罪客观方面主要有以下几类证据：一是体现走私货物、物品来源的证据，包括订购资料、交易记录、合同、货款收付凭证等；二是体现货物、物品非法出入境的证据，包括报关资料、提单、交通工具进出境记录、人员进出境记录等；三是体现在国内转运、销售等去向的证据，包括境内运输记录、委托合同、销售记录等；四是体现货物、物品属性、数量、价值等数额方面的证据，包括书证、实物、资金往来记录、企业账册、鉴定意见、海关核税证明书等。当然，走私行为模式多种多样，不同类型走私案件客观方面的证据会有较大区别。

1. 通关环节瞒骗类走私案件

通关环节瞒骗类走私，是指行为人通过口岸进出口货物、物品的过程中，采用伪报、瞒报货物、物品真实品名、规格、数量、价格、原产地等相关信息，逃避海关监管，偷逃应缴税额的行为。该类案件需要重点搜集、审查以下证据：

（1）反映进出口货物、物品真实交易信息的证据材料。常见证据有：货物、物品账单、微信聊天记录，网络订单、进出口合同、询价单、价格确认书、商业发票、境外采购付款凭证、收付汇凭证、差额货款支付凭证，销售记录、出入库清单、海关现场查验记录；货物、物品在境外口岸的报关资料，货物、物品归类证明、鉴定意见以及相关言词证据等；以证明进出口货物、物品的实际品名数量、规格、价格、原产地等情况。

（2）反映实施瞒骗行为的证据材料。常见证据有：进口货物、物品报关单及其附随合同、商业发票、货物清单、原产地证明、提单，货物、物品邮寄包裹以及邮寄物流信息，特定减免税证明，海关关税、代征税专用缴款书，相关言词证据等，以证明进口过程中存在逃避海关监管，实施伪报数量、规格、价格或原产地等其中一个或多个要素的情况。

2. 伪报贸易性质走私案件

伪报贸易性质走私，是指骗取或冒用他人加工贸易登记手册，或者将货物化整为零通过邮寄、随身携带的方式，将一般贸易货物伪报成加工贸易、跨境电商贸易、边境贸易、个人自用物品进口后销售牟利，偷逃应缴税额的行为。伪报贸易性质走私本质上属于瞒骗类走私，但由于其特殊性，证据情况也有一定独特性。该类案件需要重点搜集、审查以下证据：

（1）反映货物本应以一般贸易方式进口的证据。常见证据有：海关备案资料，支付“指标费”“包柜费”以及认定“三无工厂”的证据材料，货物交易详细账单、采购订单、货款支付单证、微信聊天记录、出入仓库记录、言词证据等反映货物实际所有权人的证据，以及境内销售记录、广告推广资料、言词证据等体现货物在境内销售的证据。

（2）反映行为人通过伪报贸易方式进口的证据。常见证据有：加工贸易登记手册、进口报关单及其附随单证、海关现场查验记录；物流单证及其物流信息、货物通关记录、相关人员出入境记录、货物携带者或收货人的言词证据等；以证明行为人将相关货物以非一般贸易方式进口。

3. 擅自内销保税货物走私案件

擅自内销保税货物走私，是指未经海关许可并且未补缴应缴税款，擅自将加工贸易手册项下原材料、制成品等保税货物，在境内销售牟利，偷逃应缴税额的行为。该类案件需要重点搜集、审查以下证据：

（1）反映内销保税货物性质的证据材料。常见证据有：加工合同手册备案登记资料、进口报关单及其附随单据；入仓记录、配料单、生产指令、成本核算会计资料等仓储、生产单据资料；企业质量管理及生产部门有关边角料、残次品、结余料件的记录材料，以及海关入厂检查记录、内销货物品质统一鉴定等其他证据材料；以证明涉案货物属于保税货物。

（2）反映将保税货物擅自销售的证据材料。常见证据有：订单、合同、便函等订约证据材料，出仓记录、放行单、送货单、运输单证、收货单、入仓记录及相关视听资料等物流证据材料，以及涉及货物销售、运输、收购相关人员的言词证据，以证明行为人未按规定复出口保税货物，而是直接在境内销售牟利。

（3）以假结转、假出口、高报单耗、以次充好等方式骗取海关核销的证据材料。主要包括深加工结转货物申报单、报关单、出口报关单、出仓单、装卸记录、制造单、配方表、领料单等反映结转、出口与申报不符的证据；实际单耗低于备案单耗以及配料表、制造单等高报单耗的证据；海关对加工贸易料件核销的材料，以及办理假核销相关人员的证言、供述等其他证据；以证明行为人采用虚假手段骗取海关核销、掩盖走私犯罪。

4. 绕关走私普通货物案件

绕关走私普通货物，是指违反海关法规，逃避海关监管，从未设立海关的地点运输、携带依法应当缴纳税款的货物进出境，偷逃应缴税额的行为。该类案件需要重点搜集、审查以下证据：

（1）绕关行为方面的证据材料。常见证据有：船舶或车辆境外离港证明和货物交接清单等体现在境外装货的证据；船舶航海日志，AIS 轨迹图，GPS 记录，船员（司机）、接货人员手机通话记录以及船舶、车辆进出境记录、运输轨迹图等体现运输走私货物的交通工具不正常航行(行驶)、货物不正常交接的证据;船舶证书、船舶和车辆勘验检查记录、维修记录、船员证书等反映交通工具和船员相关资质的证据;微信聊天记录、劳务报酬支付记录、言词证据等体现行为人具体分工配合的证据;以证明行为人从未设立海关的地点将货物运输入境。

(2)走私对象方面的证据材料。常见证据有:微信聊天记录、账单、采购合同、发票、货款支付凭证,船上卫星电话和参与人员手机通话记录,走私货物境内交接单、销售记录、销售款回收凭证,执法机关对货物查扣清单、勘查记录、商品鉴定意见、归类意见、价格鉴定意见等,以证明绕关走私的具体次数和走私货物属性、数量、规格、价格。

5. 间接走私普通货物案件

间接走私普通货物,是指直接向走私人非法收购走私进口的普通货物,偷逃应缴税额的行为。该类案件需要重点搜集、审查的证据主要有:微信聊天记录、手机通话记录、货款支付凭证、货物交接记录、销售账单、送货单、运输单、收货单、入库单、言词证据,以证明行为人直接向走私人非法收购走私货物及其具体数量。

(三)走私罪主体方面的证据结构

本罪主体为年满十六周岁且具有刑事责任能力的自然人和依法成立的单位。围绕本罪主体特征,需要重点搜集、审查以下证据:

(1)反映自然人的证据。常见证据有:户籍证明、身份证、居住证,护照、港澳居民身份证、来往内地通行证等出入境证件及其进出境记录;行政处罚决定书、刑事判决书、释放证明等前科材料以及当事人供述等;以证明自然人身份情况、违法犯罪经历等。

(2)反映单位的证据。常见证据有:工商登记资料、公司章程、营业执照、人事任命文件、单位组织结构图,单位决策文件、会议纪要、会计账簿、纳税记录,单位及其实际控制银行账户信息、资金记录、收益分配证据;单位及其法定代表人签章、单位业务合同、纳税记录,以及公司主要负责人、直接责任人、业务人员、财务人员等人员的言词证据,以证明单位基本信息,是否符合单位犯罪的构成要件。

(四)走私罪主观方面的证据结构

行为人明知自己的行为违反国家法律法规,逃避海关监管,偷逃进出境货物、物品的应缴税额,或者逃避国家有关进出境的禁止性管理,并且希望或者放任危害结果发生的,应认定为具有走私的主观故意。“明知”是指行为人知道或者应当知道所从事的行为是走私行为。司法实践中,对走私犯罪主观故意的有关案件虽有基于当事人供认而直接认定,但更多案件则是通过客观性证据体现的具体事实予以推定,或者在当事人供认的基础上结合客观性证据综合认定。围绕本罪主观方面，需要重点搜集、审查以下证据：

(1)反映当事人严重违反基本监管要求的证据。常见证据有：体现交通工具逃避监管规定的船舶、车辆勘查情况，证书(行驶证)，非法改装情况，船舶日志，进出港申报记录，AIS 状况等证据；体现行为人提供或者明知系虚假报关要素的合同、发票、邮件、网络聊天记录、物流记录单等证据；体现未经海关同意，在非设关的码头、海(河)岸、陆路边境等地点非法进出境的证据。

(2)反映当事人明显违背商业惯例的证据。常见证据有：体现明显违背合法货物交接惯例的接头暗号、信物，交接货时间、地点、方式，特制的设备或者运输工具等证据；体现明显违背正常资金往来惯例的支付货款账号、资金往来记录、资金支付方式等证据；体现明显违背合理成本收益的资金交易记录、委托代理费用、货物采购价格与销售价格、工资报酬等证据；体现明显违背正常通讯惯例的通信手机号码、通话记录等证据。

(3)反映当事人刻意逃避执法检查的证据。常见证据有：体现事前采取预防性规避措施的网络聊天记录、事前预案、派人盯梢望风等证据；体现被执法人员查获时抗拒、逃跑的破案经过、执法记录仪所拍摄录像、丢弃的物品等证据。

(4)其他可以认定具有走私犯罪故意的证据。体现不合理的记账方式、操作模式的公司账册；体现当事人从业经历、社会阅历的供述、证人证言；体现当事人曾经因同类走私被调查或处理的处罚决定书、刑事判决书及其讯(询)问笔录；体现当事人直接接触过涉案物品的指纹鉴定文书等证据。

二、走私案件证据审查基本思路

(一)证据能力的审查

所谓证据能力，又称为证据合法性，是指证据能够转化为定案根据的法律资格。[1] 具体而言，主要围绕取证主体、取证程序、证据形式等方面审查走私案件的证据能力。当然，不同类型的证据，审查其证据能力的侧重点有所区别。例如，针对犯罪嫌疑人、被告人供述等言词证据，主要审查是否符合取证要求，是否有非法证据排除等情形。[2] 以林某汉走私普通货物案为例。

【案情简介】2011 年 11 月至 2012 年 7 月 17 日，经事先共谋，被告人林某汉

---

〔1〕 参见陈瑞华：《刑事证据法学》，北京大学出版社 2012 年版，第 86 页。

〔2〕 本小节重点分析言词证据的审查，下文在专门论述物证、书证、电子数据、鉴定意见等证据时，会分析如何审查这些证据的证据能力。

伙同他人先后20次从境外走私燃料油入境销售牟利,其中林某汉负责货源和销售,魏某俊负责联系、验油,偷逃税款3800余万元。被告人林某汉系人大代表,其因本案于2013年8月22日被刑事拘留,同年9月26日因不批准逮捕而释放,同年11月21日被逮捕。被告人林某汉辩解称其没有参与走私。其辩护人辩称,本案拘押程序违法,公诉机关提供的证据中应依法排除2013年8月23日至9月26日其作为人大代表履职期间被非法拘押所做的一切笔录和自书等非法证据。[1]

根据最高人民法院、最高人民检察院、公安部、国家安全部、司法部《关于办理刑事案件排除非法证据若干问题的规定》中规定,采用刑讯逼供等非法手段取得的犯罪嫌疑人、被告人供述属于非法言词证据。本案中,辩方虽提出非法证据排除要求,但理由并非刑讯逼供,而是拘押程序违法。虽然客观上当时对林某汉未履行作为人大代表身份报人大常委会许可程序的情况下而采取拘留措施确属程序违法,但林某汉在被侦查机关抓获时拒不供述自己的真实身份,经查证其系网上追逃对象,在对其讯问时,林某汉仍隐瞒自己系县人大代表身份。侦查机关在对林某汉刑拘期间未彻底查证林某汉身份,程序上虽有瑕疵,但期间所作笔录及自书材料均不存在强迫、逼供、暴力、威胁等使其违背意愿的情形,这种情形取得的言词证据不属于其他非法手段取得的非法言词证据,所以不能适用非法证据排除规则。法院对上述言词证据予以采信,并综合全案其他证据,认为被告人林某汉走私燃料油的犯罪事实足以认定,从而以走私普通货物罪判处其有期徒刑15年,并处罚金人民币500万元。

(二)证据证明力的审查

证明力又称为证明价值、证明作用,是指一个证据所具有的能够证明某一事实存在或不存在的能力。[2] 印证证明是审查证据证明力的重要方法。一般而言,某一事实能够得到多个证据互相支持、互相印证的,相关证据所指向的事实就足以认定。反之,其可信度较小,证明力较低。

在以往办案过程中,我们更侧重于审查某一单个事实在横向上是否有不同证据相互印证,而容易忽视不同环节的事实在纵向上能否相互印证,后者也是印证证明的一种重要思路。所谓横向印证,是指不同证据同时指向某一具体事实;所谓纵向印证,则是将某一事实按照一定时间顺序拆分成若干个更为具体的事实(或环节),各个证据分别指向各个具体事实,前后互相衔接、互相印证。结合走私案件特色,可以适

[1] 参见浙江省舟山市中级人民法院刑事判决书,(2013)浙舟刑初字第17号;浙江省高级人民法院刑事裁定书,(2014)浙刑二终字第84号。

[2] 参见陈瑞华:《刑事证据法学》,北京大学出版社2012年版,第79页。

度应用纵向印证方法判断证据证明力,从而认定相关案件事实。以张某波走私成品油案为例。

【案情简介】自2016年1月以来,张某波伙同刘某达、丁某等人雇佣他人多次将“广盛9号”船驶往境外海域,从油轮上非法过驳燃料油直接走私入境。在走私过程中,张某波负责向他人租用“广盛9号”船用于走私等工作,刘某达负责联系上下家、油款往来等工作,丁某负责走私燃料油过磅称重等工作。“广盛9号”船将燃料油运输至舟山码头后销售给他人。2016年6月22日凌晨,海关缉私部门在浙江省舟山市普陀区一处码头查获“广盛9号”船走私入境的燃料油324.52吨。2016年1月至6月,张某波等人利用“广盛9号”船以上述方式走私燃料油43个航次共计1.36万余吨,偷逃进口环节应缴税款3000万余元。[1]

诉讼中,被告人张某波自始至终否认参与走私成品油,而指向张某波参与走私的证据有:(1)合伙人刘某达指认张某波系走私成品油股东之一,且占50%股份;刘某达还在笔记本上多次记录张某波投资入股、分红的信息。(2)收购方黄某指认其与张某波收购、商量走私成品油的价格。(3)船员倪某指认其系张某波叫到“广盛9号”船上参与走私成品油。(4)码头出租方张某供述案发前张某波参与商谈、租赁码头。(5)船东蒋某及其提供的合同指证系张某波租赁涉案的“广盛9号”船。(6)通话记录显示走私期间张某波曾与走私船多次电话联系。

成品油走私从纵向上可以分解成不同环节,包括出资入股、购买或租用船舶、雇佣船员、租用码头、境内销售等。本案均有相关证据指向张某波参与上述各个环节。如果孤立地看,本案各个环节的证据都比较单一,基本只有单一证据指向张某波参与每一环节,每一环节的事实本身是否证据确实充分,缺少不同证据相互印证。因此,从横向上看证据的印证性较差。

然而,如果不是孤立地看各个环节证据本身的印证程度,而是着眼于整体视角从纵向分析,各个环节上参与人员或其他证据却分别指向张某波参与其中,而且这些不同环节恰巧能够前后衔接、环环相扣,这也绝不是一种简单的巧合,在排除上述人员恶意串通、构陷的情况下,从整体看这种证据的证明力也很高,可以在纵向上达到相互印证的效果。换言之,虽然本案指向张某波参与某一具体环节的证据都比较薄弱,但基本每一环节都有证据指向张某波参与,指向不同环节的证据在纵向上能够互相印证、彼此衔接,已经达到刑事诉讼中证据确实充分的标准,张某波作为主要合伙人参与走私的事实足以认定。因此,法院判决书最终认定,根据多名同案犯供述、刘某

---

〔1〕 参见浙江省宁波市中级人民法院刑事判决书,(2019)浙02刑初39号。

达笔记本记录、手机通话记录等证据，足以证明张某波参与走私的犯罪事实，且系主犯，判处其有期徒刑 12 年，并处罚金人民币 1500 万元。

第二节　走私案件书证、物证、鉴定意见的审查应用

一、走私案件书证的审查

走私普通货物、物品案件常见的书证包括进出口报关资料、税款缴付凭证、付汇资料、公司记账本、货物出入库单证等。其中，进出口报关资料主要包括报关单、委托代理协议、合同、形式发票、装箱单、提单等，这类书证也通常是通关走私案件中数量最多的证据，对于认定行为人是否如实申报、缴纳税款情况、货物实际情况等有重要意义。对此，需要重点从以下几方面对书证进行审查判断。

(一)审查书证的证据能力

走私案件的书证主要有两种来源：一是来源于海关、银行等单位及当事人进出口环节运输、代理等合作方。二是来源于犯罪嫌疑单位、犯罪嫌疑人或涉案单位员工。对于前者，通常由侦查机关依法调取，需要重点审查是否有取证通知书及提供单位或人员的盖章、签名；对于后者，通常由侦查机关在搜查、检查过程中获取，需要重点审查是否有搜查笔录、扣押清单及见证人、当事人签名等。

(二)审查书证的证明力

(1)审查证据的客观性。书证容易被人为篡改，因此需要重点审查书证是否为原件，只能提供复印件的，是否有正当合理的理由，复印件是否有被涂改、篡改、伪造等情形。对于通过真实合同、公司内账等形式证明真实价格、数量的案件，需要重点审查涉案合同是否为真实交易合同，公司内账记录能否体现实际交易情况。

(2)审查证据的关联性。一是涉案书证与案件事实是否有关联，尤其是报关单证能否与犯罪嫌疑人(单位)、涉案货物相关联，对于无法确立关联的证据应当予以剔除。二是各类书证之间的关联性，通过报关单号、合同号、发票号、提单号、时间等要素，在不同单证之间确立合理、准确的关联性，从而将同一票(批)货物所对应的不同类型书证归集到一起，为进一步查清涉案货物报关情况、实际情况及其二者之间的差异奠定基础。对于不同类型单证无法同时指向同一票(批)货物的，且无法作出合理解释，不能排除合理怀疑的，不得计入走私犯罪数额。

二、走私案件物证的审查

走私案件的物证多种多样，其中最重要的物证就是查扣的走私货物、物品。

(一)审查物证的证据能力

实践中，侦查机关或其他执法部门通常在海关通关现场，海上或陆上运输途中，

非设关码头，陆上边境线或当事人厂房、仓库等处查获走私货物。需要重点审查相关执法部门是否有执法权，是否有搜查笔录、扣押清单、见证人员、查验记录，相关清单、记录是否描述货物、物品被扣押时间、地点、规格、数量，是否有反映查扣现场货物、物品具体情况的照片，物证查扣部门与案件侦办部门不一致的，是否有移交清单等。

（二）审查物证的证明力

针对物证的证明力，主要从以下两方面审查：一是物证的关联性审查，包括物证与案件当事人之间的关联性，即查扣在案的货物、物品是否与当事人有关联，是否为当事人所走私的货物、物品。二是物证的属性和数量问题。

对于在通关、进出境现场被查扣的货物，物证与报关单证之间的对应性通常比较清晰。需要重点审查的是相应报关单证项下的货物与行为人之间的关联性，能否得到相应进出口代理方、犯罪嫌疑人、被告人的确认以及其他证据佐证。同时，需要审查实际货物与报关单申报情况是否一致，包括品名、数量、价格。

对于并非在通关或进出境现场查获的货物、物品，需要重点审查是否为相应报关单所对应的货物，扣押的货物是否为行为人进口的货物，尤其需要重点审查进口的货物能否与其他来源（主要是国内采购）的货物相区分。因为实践中同一家企业、同一个当事人常常同时进口或者通过其他渠道从国内采购相类似的货物。只有完全排除二者混杂的可能性，明确扣押的货物就是行为人所进口的货物，才能进一步认定为走私的对象。对于无法确定的，不宜计入走私数额。以远某公司走私废物案为例。

【案情简介】2015 年 4 月，被告单位远某公司为牟取非法利益，由被告人裘某决定，从马来西亚购买含镍电镀污泥，并伪报成"氧化镍（烧结）"委托代理公司申报并运输进境出售给他人，实际向海关申报进口 24.9 吨。5 月 1 日左右，货物运回远某公司仓库存放。5 月 12 日，侦查人员到远某公司，对裘某确认的报送单号为 310 × ×6020 项下 20 包货物进行取样送检。经中国环境科学研究院固体废物污染控制技术研究所鉴定，上述进口物品系含铬、镍、铜的混合电镀废液沉淀污泥，属于我国目前禁止进口的固体废物。同年 8 月，侦查机关在远某公司仓库内扣押上述走私进口的 18.58 吨电镀污泥。诉讼过程中，被告人及其辩护人提出，其进口的货物在被扣押之前，已经与该公司在国内购买的其他废物混杂，后来侦查机关扣押的是混杂之后的货物。[1]

从本案案发经过、侦查过程看，犯罪嫌疑人于 5 月 1 日进口货物后存放于自己仓库，直至 5 月中旬侦查人员才取样送检鉴定。这中间有 10 多天时间差，如果该批次进

〔1〕 参见浙江省宁波市中级人民法院刑事判决书，(2017)浙 02 刑初 81 号。

口的货物已经被置换或者与其他非进口货物混合,那么后来所查扣的货物就不是当初嫌疑人进口的那批货物,后续所作的种属鉴定也就毫无意义。然而要证明扣押的货物是否系嫌疑人当初所进口的那批货物,这就涉及物证的鉴真。根据证据学理论的基本观点,鉴真是一种旨在对实物证据真实性、同一性加以验证的鉴别手段,其基本含义是举证者所主张的证据确实是他所声称的那份证据。[1] 如果用更加通俗的话来形容,鉴真就是对实物证据的验明正身。

以侦查人员是否介入实物证据的搜集、固定为分水岭,可以从取证前和取证后(包括取证当时和提取之后)两个不同阶段来理解实物证据的鉴真。针对取证前阶段,围绕某一实物证据形成之后、被侦查机关提取之前,审查这一阶段该实物证据是否有被污染、篡改、混同、调换的情形,侦查人员所接触到的证据能否反映实物证据的原貌。针对取证后阶段,围绕侦查人员提取实物证据的过程以及后续保管、转移、使用的过程,审查该实物证据是否完整地保存、流转。本案就是一起典型的针对取证前实物证据的鉴真。走私货物从进口后到被扣押期间存在 10 多天时间差,需要判断这段时间内该批废物是否保持原样,是否被其他货物混杂。具体审查中,一方面,从侦查机关查扣时的勘验笔录、拍摄照片中发现,货物扣押时外包装基本上比较完整,进口的货物与国内采购的其他货物明显区分堆放;另一方面,办案人员通过实地走访、复勘,发现被扣押的货物比较整齐,没有被混杂的情形。最终认定扣押的涉案货物就是裘某进口的那批货物,在此基础上,结合鉴定意见足以认定系国家禁止进口的固体废物。可见,物证的鉴真是鉴定的基础和前提。

三、走私案件鉴定意见的审查

鉴定意见是走私案件常见证据,特别是走私武器、弹药、珍贵动物及其制品、珍稀植物及其制品、废物、淫秽物品、毒品等案件中,鉴定意见是必不可少的证据,对于认定货物、物品等实物证据的属性、价值、数额等有至关重要的作用。

(一)审查鉴定主体的资质

根据全国人民代表大会常务委员会《关于司法鉴定管理问题的决定》(以下简称《司法鉴定管理决定》)第 2 条的规定,对于从事法医类鉴定、物证类鉴定、声像资料鉴定以及其他由国务院司法行政部门和最高人民法院、最高人民检察院所确定的特定鉴定事项,其鉴定机构和鉴定人实行强制登记管理制度。《刑诉法解释》"鉴定意见的审查与认定"一节之下的第 100 条规定:"因无鉴定机构,或者根据法律、司法解释的规定,指派、聘请有专门知识的人就案件的专门性问题出具的报告,可以作为证据使

---

〔1〕 参见陈瑞华:《刑事证据法学》,北京大学出版社 2012 年版,第 131～132、137 页。

用。对前款规定的报告的审查与认定，参照适用本节的有关规定。”从实践看，鉴定主体总体上有以下几类：一是依法在司法行政主管部门注册登记的鉴定机构；二是法律法规特别规定的鉴定主体；三是行业行政主管部门确定的鉴定机构。

走私案件中，属于后两类情形的鉴定主体比较常见。例如，相关规定明确赋予县级以上公安机关治安管理部门鉴定淫秽物品，就属于法律法规的特别规定。海关总署与原环境保护部、原质检总局于2017年12月29日联合下发《关于推荐固体废物属性鉴别机构的通知》，结合现有固体废物属性鉴别机构执行情况，发布《固体废物属性鉴别机构名单》，推荐20家机构供有关部门（单位）选择固体废物属性鉴别机构时参考。农业农村部（原农业部）公布《濒危水生野生动植物种鉴定单位名单》，确定中国科学院动物研究所等32家科研教学单位承担水生野生动植物种及其制品的鉴定工作。

鉴定机构一般是针对物种进行鉴定，对于动物制品价值的鉴定没有明确规定。对此，《陆生动物评估办法》《水生野生动物评估办法》等文件均规定，野生动物制品的价值由核算其价值的执法机关或者评估机构根据实际情况予以核算，必要时县级以上林业主管部门、国家濒危物种进出口管理机构或其指定的鉴定单位应该协助。一般情况下，在物种鉴定后，执法机关可以根据上述规定中的办法核算动物制品的价值，也可以委托指定机构予以协助核算，这种协助核算的意见属于准鉴定意见，即有专门知识的人出具的意见。以徐某林走私珍贵动物制品（穿山甲鳞片）案为例，上诉中辩方提出，鉴定单位华南野生动物物种鉴定中心仅限于物种鉴定，不包括价值评估，且两名鉴定人员是2018年12月10日（涉案鉴定报告出来之后）才获得司法鉴定资质。对此，法院判决书认为，鉴定机构华南野生动物物种鉴定中心系广东省林业局指定的野生动物物种鉴定机构之一，两名鉴定人员在作出鉴定报告前，已分别获得动物学副研究员及动物学助理研究员资格，具备相关专业技术资质。[1] 而在王某杰走私珍贵动物制品（红珊瑚珠链）案中，辩方同样提出鉴定机构不具有司法鉴定资质，鉴定人员不具有司法鉴定资格。法院认为，农业部2017年11月13日发布的第2607号公告《濒危水生野生动植物种鉴定单位名单》，将中国科学院南海海洋研究所列为鉴定单位，推荐鉴定类群包括“珊瑚虫纲”，故该研究所具有红珊瑚的鉴定资质；该研究所还出具鉴定人赵某、严某的岗位聘任书，聘任时间在报告书出具之前，二人研究方向与珊瑚有关，根据《刑事诉讼法》规定，凡具有专门知识的人都可接受指派或聘请进行鉴定并出具意见。[2]

---

〔1〕 参见广东省高级人民法院刑事裁定书，（2019）粤刑终155号。

〔2〕 参见广东省高级人民法院刑事裁定书，（2018）粤刑终1344号。

（二）审查鉴定过程及其结论

不同种类的货物、物品，其鉴定有不同的依据。因此，需要重点审查是否依据相应货物、物品对应的要求、规则进行鉴定，鉴定过程是否科学、合理，认定货物、物品的属性、价值是否准确，适用的相关规定是否有效等。例如，《关于发布固体废物属性鉴别机构名单及鉴别程序的通知》《固体废物鉴别标准通则》《进口货物的固体废物属性鉴别程序》等是审查固体废物鉴定过程的重要依据，《限制进口类可用作原料的固体废物目录》《禁止进口固体废物目录》《国家危险废物目录》等是认定固体废物属性的法律依据。[1]《陆生动物评估办法》《水生动物评估办法》是鉴定珍贵动物及其制品价值的依据。以阮某梅走私珍贵动物制品案为例。[2] 2019 年 5 月 3 日下午，被告人阮某梅雇请他人从越南走私 361 尾海马干经中国东兴口岸入境时被查获，共计 933.7 克；经鉴定为辐鳍亚纲海龙鱼科海马属物种的干制品，属于国家二级重点保护野生动物。侦查机关移送审查起诉时，鉴定意见鉴定其价值为 43.32 万元。经审查发现，本案鉴定机构依照 2000 年《国家计委、财政部关于水生野生动物资源保护费收费标准及其有关事项的通知》和 2002 年《农业部关于确定野生动物案件中水生野生动物及其产品价值有关问题的通知》计算。根据上述规定，每尾海马干动物资源保护费为 200 元；国家二级保护野生动物的价值标准，按照该种动物资源保护费的 6 倍执行，从而计算出海马干价值为 43.32 万元（200 元/尾 ×6 ×361 尾）。然而，上述第一个文件已于 2018 年 1 月 1 日失效，相关计算标准被 2019 年 10 月 1 日起实施的《水生动物评估办法》所取代，因此，鉴定意见的计算依据有误。根据上述评估办法，作为国家二级重点保护水生野生动物的海马干（克氏海马除外），其基准价值为 30 元/尾、保护级别系数为 5，故每尾海马干价值为 150 元（基准价值 × 保护级别系数）。因此，涉案海马干价值为人民币 54,150 元（30 元/尾 ×5 ×361 尾），大大降低犯罪金额，对被告人罚当其罪。

第三节　海关核税证明书的审查判断

海关核税证明书是走私普通货物、物品案件最核心的证据之一，对定罪量刑至关重要。根据相关规定，海关是负责涉嫌走私的货物、物品偷逃税款计核工作的法定主管机关，其授权计核税款的部门是负责计核工作的主管部门，具体由走私案件管辖地

---

〔1〕 当然，随着新规定出台，自 2021 年 1 月 1 日起，没有限制进口可作原料的废物目录。但对于发生在此之前且未结的案件，仍然存在此类废物的认定问题。

〔2〕 案情分别参见广西壮族自治区防城港市中级人民法院刑事判决书，（2019）桂 06 刑初 142 号；《自治区检察院、高级法院、南宁海关联合发布打击走私犯罪典型案例》，载微信公众号“广西检察院”2020 年 9 月 30 日，https://mp.weixin.qq.com/s/tJ_NLwjuJASQN2ovFjwt3g。

的海关计核部门（通常是关税部门）出具。[1]

一、海关核税证明书的证据属性

关于核税证明书的证据属性，主要有书证与鉴定意见之争。坚持书证说的观点认为，海关关税部门并不是依法注册的鉴定机构，相关人员也没有法定鉴定资质，不符合《司法鉴定管理决定》中有关司法鉴定主体应当注册登记取得法定资质的要求，不属于鉴定意见，更类似于行政机关所出具的书证，但可以参照鉴定意见规则来审查。坚持鉴定意见说的观点则认为，核税证明书是由特定计核人员根据所掌握的基础材料，运用其关税的专门知识和技能作出的认定意见。[2] 从司法实践（裁判文书）看，不同省市对海关核定证明书的性质也认定不一。例如，宁夏、山西、河北、安徽、陕西将其作为书证采用，而贵州、新疆将其作为鉴定意见对待；即使在同一省区内部认定也不同，如广东省高级人民法院和广州市、佛山市中级人民法院裁判文书将其作为鉴定意见，而广东省湛江市、汕头市中级人民法院则将其作为公文书证。[3]

在判定某一类证据的证据类型时，首先应当区分属性标准和审查规则。前者是根据证据的固有属性特征来识别证据类型，后者则是审查证据能力和证明力的具体依据。三者的逻辑顺序应当是：依属性标准来认定证据种类，然后适用该类证据的审查规则判断其证据能力和证明力。但是，不能因为按照某一审查规则可能会影响其证据能力或证明力，而倒过来否定该证据的归类。例如，侦查人员讯问犯罪嫌疑人所制作的书面笔录、录音录像或者犯罪嫌疑人有关案件事实的自书材料，其证据类型属于犯罪嫌疑人供述，而侦查人员是否刑讯逼供、诱供则是审查规则要求审查的内容，不能因为存在逼供、诱供因素影响证据效力，从而反过来否定其系犯罪嫌疑人供述这一证据属性。同理，鉴定主体是否取得法定资质属于鉴定意见审查规则要求审查的内容，但不能因为主体资质存在问题而反过来否定鉴定意见。书证说认为核税证明书属于书证的观点，正是混淆了证据的属性标准和审查规则。

第一，核税证明书不符合书证的证据属性标准。书证属于实物证据，包括文件或其他物品。书证有两个典型特征：一是书证是以其所表述的内容和思想来发挥证明作用，二是书证是案件发生时已经形成、存在的证据材料。[4] 这两个特征缺一不可，

---

〔1〕 参见《计核偷逃税款办法》第4条、《走私案件意见》第3条。

〔2〕 参见唐红宁：《〈涉嫌走私的货物、物品偷逃税款海关核定证明书〉的审查认证》，载《人民司法》2008年第17期。

〔3〕 参见西南政法大学教授、刑事诉讼法学博士生导师刘梅湘于2019年4月在厦门海关学会主办、西南政法大学刑事辩护研究中心承办的第四届鹭岛刑事法论坛上的主题发言。

〔4〕 参见陈瑞华：《刑事证据法学》，北京大学出版社2012年版，第106～108页。

前者使书证区别于以外部特征、物理属性发挥证明作用的物证,后者使书证区别于案发后形成的笔录型证据(勘验笔录、搜查笔录等)、鉴定意见等其他证据。核税证明书并不是形成于案件发生过程,而是案发后由海关计核部门作出的专门认定,不符合书证的证据属性标准。此外,坚持书证说的观点,一方面认为核税证明书属于书证,另一方面又认为可以参照鉴定意见规则审查判断,更陷入一种悖论:既然属于书证,理应适用书证审查规则,何以适用鉴定意见审查规则?

第二,从证据属性标准看,将核税证明书归入鉴定意见更合适。《刑事诉讼法》第146条规定,"为了查明案情,需要解决案件中某些专门性问题的时候,应当指派、聘请有专门知识的人进行鉴定"。鉴定意见正是基于这种鉴定活动而形成的证据材料。从证据形成过程看,鉴定意见有两个显著特征:首先,具有言词证据特征。英美法系有专家证人证言的证据形式,大陆法系则体现为鉴定意见。虽然二者称谓、证据形式、具体内容有所区别,但本质上都是某一领域有专门知识的人对案件中特定事项所发表的个人意见和陈述。从这个意义上讲,鉴定意见与证人证言有相似之处。其次,具有专业性、技术性特征。普通证人证言是基于自己对案件的亲身经历、直接感知等作出的陈述,证人具有不可替代性;而鉴定意见则是鉴定人基于自己的专业知识、技术,就案件某一专门性问题形成的意见,鉴定人员通常具有可替代性,这也是重新鉴定时需要另行指派鉴定人的基础。

因此,同时符合上述两个特征的证据可以归入鉴定意见,而核税证明书正符合上述两个特征。首先,核税证明书是计核人员就偷逃应缴税额这一特定事项所形成的个人意见,具有言词证据特征。其次,偷逃应缴税额的认定涉及货物、物品的归类,原产地的判定,税种和税率的确定,完税价格的认定,税额的计算方法等诸多专业性问题。海关作为进出口货物税收征管部门,在进出口环节税收认定上具有权威性、法定性,由其关税部门具体人员运用自身专业知识计核,体现一定的专业性、技术性。

二、海关核税证明书的审查规则

在确定核税证明书属于鉴定意见的基础上,有观点认为,由于海关关税部门及其计核人员未经依法登记取得法定鉴定资质,不具有证据能力,不能作为定案依据。我们认为,这是对鉴定意见审查规则的误解。根据《司法鉴定管理决定》第2条,对于从事法医类鉴定、物证类鉴定、声像资料鉴定以及其他由国务院司法行政部门和最高人民法院、最高人民检察院所确定的特定鉴定事项,其鉴定机构和鉴定人实行强制登记管理制度。换言之,在上述事项以外的鉴定,并没有要求实行强制登记管理制度,也就不能仅仅因为未经司法行政部门登记注册而直接否定鉴定的效力,至于是否具有证明能力,还需要结合其他相关规定以及鉴定机构、鉴定人知识结构、背景经历等因素综合判断。

《司法鉴定管理决定》的这一规定也正适应司法活动鉴定事项类型化与多样化的特征。从类型化角度看,法医类、物证类和声像资料类鉴定是实践中专业性极强、应用范围最广、社会影响面最大的几类鉴定事项,通过强制登记制度确保上述几类鉴定规范化、权威性、科学性,对于其他需要通过强制登记制度予以统一规范的鉴定事项,则赋予司法部和最高人民法院、最高人民检察院等部门根据实际情况来确定。从多样化角度看,司法实践中还有大量其他专门性问题需要解决,但每一个具体问题的适用范围比较有限,通常只出现在某一类特定案件中,况且有些问题专业化程度相对不高,显然不可能所有事项的鉴定主体都实行强制登记制度,相关鉴定主体资质可以由法律、法规和司法解释作特别规定,或结合其他因素认定。例如,针对淫秽物品,相关规定赋予公安机关治安管理部门作为认定主体;针对偷逃进出口环节应缴税额,相关规定赋予海关关税部门作为计核主体。但不能仅仅因为治安管理部门、关税部门及其具体人员未经依法注册登记取得特定资质,就直接否定淫秽物品鉴定书、核税证明书的证据效力,更不能据此否定它们属于鉴定意见这一证据属性。

《刑诉法解释》"鉴定意见的审查与认定"一节之下的第 100 条规定:"因无鉴定机构,或者根据法律、司法解释的规定,指派、聘请有专门知识的人就案件的专门性问题出具的报告,可以作为证据使用。对前款规定的报告的审查与认定,参照适用本节的有关规定。"这是司法解释的进一步细化,明确认可没有法定鉴定机构情况下有专门知识的人所出具的意见也具有证据效力,且参照鉴定意见证据规则进行审查。虽然司法解释只提到检验报告,但这种检验本质上是由有专门知识的人开展的专业性认定工作,而检验报告则是这种专业性认定的结果。从这个角度讲,核税证明书也是这样一种专业性认定的结果,可以适用检验报告有关的证据规则。

当然,为了与典型鉴定意见相区别,将这种检验报告(包括核税证明书)称为准鉴定意见更具有辨识度,在证据规则适用上也有独特之处。一方面,适用鉴定意见的基本规则。例如,鉴定人回避、重新鉴定时另行指派人员、检材的送检程序、规范的鉴定过程和方法、鉴定人签名、鉴定结论告知、必要时鉴定人应当出庭接受质询等制度,且这种报告的结论并不当然正确,具有可辩驳性。另一方面,在参照适用典型鉴定意见部分的证据规则时更为宽松。例如,鉴定意见审查规则要求鉴定机构、鉴定人员具备法定资质,针对典型鉴定意见,这种法定资质是指获得司法行政部门许可;但检验报告既包括经司法行政部门注册登记,也包括其他行业主管部门登记、认可、授权,甚至基于相关法律、司法解释的直接规定,可以确定其具备法定资质。然而核税证明书的鉴定主体资质正来源于《计核偷逃税款办法》《走私案件意见》的特别规定。

三、海关核税证明书的审查思路

结合前面分析，海关核税证明书符合鉴定意见的证据属性标准，也应当参照适用鉴定意见（检验报告）的审查规则。具体审查中，主要结合三方面因素进行审查判断：一是刑事诉讼法及其相关司法解释有关鉴定意见的基本证据规则；二是与核税证明书直接相关的海关法律法规，如《计核偷逃税款办法》《审定完税价格办法》等法律规范；三是侦查机关搜集、调取的涉及走私货物、物品具体数量、规格、品名、进出口申报状况等证据材料。从审查思路看，主要围绕核税证明书的证据能力和证明力展开。

（一）审查核税证明书的证据能力

1. 审查计核主体是否合格

从计核部门看，核税证明书由走私案件管辖地的海关关税部门计核。从计核人员看，应当由计核部门内部两名有关税等专业知识的人员担任，如果存在相关利害关系的，应当回避。如果针对同一计核事项进行补充核定或重新核定的，计核部门需要另行指派专人进行核定。

2. 审查核税证明书的形式是否符合规定

核税证明书应当由两名计核人员签名，并加盖海关税款核定专用章；应当载明计核事项、计核结论，简要描述计核依据和计核方法；应当随附涉嫌走私的货物、物品偷逃税款计核资料清单，该清单应当包括涉案货物、物品的品名、原产地、规格、数量、税则号列、计税价格、税率、汇率等内容。

3. 审查计核结论的告知情况

办案机关应当将核税证明书的计核结论书面告知当事人，当事人或其辩护人对核税证明书有异议的，应当向办案机关提出重新核定的申请，经侦查机关、人民检察院或者人民法院审查同意后，需要重新核定的，应送计核单位重新核定。

经审查，如果核税证明书存在瑕疵的，应当补正，无法补正的不得作为定案根据；存在计核主体不合格等情形的，应当重新计核。

（二）审查核税证明书的证明力

1. 审查走私货物、物品的基本情况

重点围绕核税证明书上涉案货物、物品的品名、数量、重量以及计税价格所依据的基础价格与其他证据之间的关联性进行审查。通关伪报型走私的，主要结合核税证明书的报关单号审查与报关单证、付款资料、真实账单、合同等证据之间相应的关联性；绕关走私、行邮渠道走私的，主要审查走私的时间、数量、货物价格等要素能否得到资金交易记录、即时通讯聊天记录、物流记录以及各类账册等证据的佐证，是否有同类货物国际市场价格资料或国内价格鉴定文书等。同一案件中不同当事人参与时间、数额不同的，还应当审查其各自参与的起止时间、主观上明知走私的开始时间以及分别涉案的货物数量。

2. 审查核税依据与方法

审查核税依据与方法，主要围绕应缴税额如何认定展开。应缴税额包括进出口货物、物品应当缴纳的关税和进口环节海关代征的增值税、消费税等。总体而言，应缴税额以走私行为实施时的税则、税率、汇率和完税价格计算；多次走私的，以每次走私行为实施时的税则、税率、汇率和完税价格逐票计算；走私行为实施时间不能确定的，以案发时的税则、税率、汇率和完税价格计算。具体来说，主要审查完税价格的认定和税率的适用是否正确。[1]

3. 审查偷逃应缴税额

以涉案货物数量、完税价格和税率为基础，结合各个税种的计算公式，审查核税证明书所认定的应缴税额是否准确，是否将涉案货物已缴税额予以扣除，全案偷逃税款的统计是否正确。同一案件中不同当事人犯罪数额不相同的，还应审查是否分别计核偷逃税款，或者通过表格、情况说明等方式明确各个单位、个人偷逃税额的认定依据、认定方式及其实际数额。

经审查，如果部分货物认定依据不足的，相应税额应予扣减；计核方法、依据不明确的，应补充说明；计税价格的认定、税率的适用或计核方法有误的，则应按相关程序重新计核。

第四节　走私案件电子数据身份关联性的审查判断

随着走私犯罪作案手法日趋多样化、智能化，电子数据在走私案件证据体系中所占比重越来越大，甚至在许多走私案件的事实认定中，电子数据发挥决定性作用。对此，本章将分两节阐述走私案件电子数据的审查应用。其中，本节针对各类电子数据的共性，围绕司法实务中常见的电子数据身份关联性，详细分析如何审查判断；下一节则针对走私案件常见电子数据，比如电子邮件、即时通讯记录、电子账册、资金交易记录等，逐一阐述各类电子数据的审查判断。

一、电子数据身份关联性概述

关联性是证据审查最重要的内容之一。学者普遍认为，电子数据关联性具有双重性。例如，有观点认为关联性的审查判断“要从电子数据的内容关联性和存储介质

---

〔1〕 具体详见本书第二章走私普通货物、物品案件数额认定的内容。

等形式载体的关联性两个方面入手,即事的关联和人的关联"[1]。还有观点认为,"电子证据用于定案必须同时满足内容和载体上的关联性。前者是指数据信息要同案件事实有关,后者突出表现为虚拟空间的身份、行为、介质、时间、地址要同物理空间的当事人或其他诉讼参与人关联起来"。进而将载体关联性分成身份关联性、行为关联性、介质关联性、时间关联性、地址关联性。[2] 从上述两个有代表性的观点可以看出,不论是按照事的关联与人的关联作区分,还是按照内容关联性与载体关联性作区分,电子数据关联性都涉及实际(真实)身份的判断。对此,《电子数据规定》中仅有的一条电子数据关联性规则也是针对身份的判断。[3]

这种涉及电子数据同具体人员(包括当事人、被害人、证人等其他诉讼参与人)之间的关联性,笔者称为电子数据身份关联性。可以从以下三方面来理解:首先,这里的身份关联性是指如何将电子数据与特定人员关联起来,如何判断电子数据中涉及的实际身份,其外延要远远大于前述刘吕新老师观点中作为载体关联性之一的"身份关联性"。刘老师所强调的"身份关联性",仅指电子账户关联性,即电子账户是否归当事人或其他诉讼参与人所有或所用,[4]这可以称为狭义上的身份关联性。其次,载体关联性绝大部分内容属于身份关联性。前述观点将载体关联性分为身份、行为、介质、时间、地址五个方面,但从具体分析看,大部分旨在阐述如何将电子数据同具体人员关联起来,只是有些侧重于从静态方面反映与具体人员的关联,如狭义的身份关联性、介质关联性;有些侧重于从动态角度反映与具体人员的关联,如行为关联性、地址关联性以及一部分时间关联性的内容,都涉及动态过程中电子数据实际使用者、实际行为人、关系人的判断。[5] 最后,身份关联性还包括一部分内容关联性的判断。在电子数据丰富的信息中,既涉及案件发生、发展过程的内容,也涉及案件具体人员的内容,比如视频监控中各个人员真实身份的分析判断,录音数据中相关声音所对应的实际人员,即时通讯记录的具体内容中涉及相关人员信息时实际人员的判断,这些反映电子数据的具体内容也常常涉及相关身份的审查判断。

事实上,传统证据尤其是实物证据也常常涉及身份关联性的判断,比如案发现场

---

〔1〕 郑未媚:《网络犯罪案件电子数据运用的几点思考》,载蒋惠岭主编:《网络刑事司法热点问题研究》,人民法院出版社2016年版,第310页。

〔2〕 参见刘品新:《电子证据的关联性》,载《法学研究》2016年第6期。

〔3〕 根据《电子数据规定》第25条的规定,无论是第1款关于犯罪嫌疑人、被告人的网络身份与现实身份的同一性认定,还是第2款关于犯罪嫌疑人、被告人与存储介质的关联性认定,都涉及身份的关联性。

〔4〕 参见刘品新:《电子证据的关联性》,载《法学研究》2016年第6期。

〔5〕 根据该观点,行为关联性需要确认当事人或其他诉讼参与人有无实施相关行为,如是否收发了一封邮件、短信。地址关联性需要确认地址信息同当事人或其他诉讼参与人之间的关联,即这些地址是否归他们所有或所用,是否存在共有、共同或被冒用的情况。参见刘品新:《电子证据的关联性》,载《法学研究》2016年第6期。

的血迹、被害人身上的斑迹与相关人员之间的关联性。因此，有观点指出，“物证与案件事实的关联一般都表现为‘双联性’，即一方面联系犯罪事实；另一方面联系犯罪嫌疑人”[1]。然而，相较于传统证据，电子数据的身份关联性有其自身特征。

首先，电子数据的身份具有虚拟性。电子数据存在于虚拟空间，虚拟空间是人所不能直接到达之处，人们主要通过电子设备、电子账户等与虚拟空间发生关系，因此电子数据身份关联性往往难以直接判断，需要借助对电子设备、电子账户的分析才能进行审查判断。

其次，电子数据的身份具有多重性。人们对虚拟空间的操作几乎不受物理空间限制，不同人操作同一电子设备或电子账户常常可以达到几乎无差别的程度，因此同一虚拟身份对应不同现实身份的现象随处可见，虚拟身份真假难辨，这进一步增加了电子数据身份关联性判断的难度。不过，与传统证据相比，电子数据又有信息量极其丰富、信息高度精准的特点，这给电子数据身份关联性的判断提供独特优势。本文旨在分析如何运用电子数据丰富而精准的信息，通过有效的方法一步步揭开电子数据虚拟身份的真实面纱。

二、电子数据身份关联性的审查思路

任何身份都有一定的特征，也正是不同特征使得主体身份有其识别性。从证据的生成过程看，当反映个体身份的特征映射到证据中，便形成相应的特征信息。而从证据的运用过程看，则首先需要从证据中挖掘出那些能够识别身份的特征信息，根据这些信息分析具体的身份特征，然后运用适当的方法一步步还原相对应的主体身份。对电子数据身份关联性的审查判断，同样需要遵循上述证据运用的基本规律（如图6－1所示）。

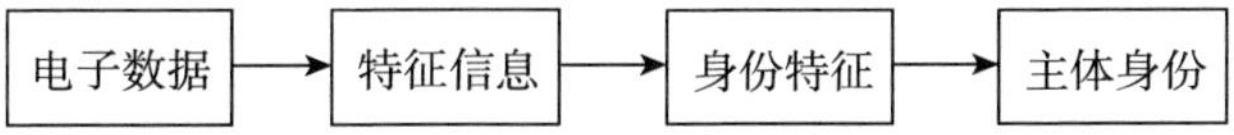

图6－1　电子数据身份关联性判断的基本过程

（一）电子数据中的身份特征信息

提炼电子数据中的身份特征信息，是身份关联性判断的起点，也是最终确定实际身份的连结点。电子数据综合了文本、图形、图像、动画、音频、视频等多种媒体信息，这种将多种表现形式融为一体的特点是电子数据所特有的。[2] 这决定了电子数据中

---

〔1〕 何家弘主编：《刑事诉讼中科学证据的审查规则与采信标准》，中国人民公安大学出版社2014年版，第222页。

〔2〕 参见汪振林主编：《电子证据学》，中国政法大学出版社2016年版，第15页。

蕴含着形式多样、内容极其丰富而又精准的证据信息,其中就包括大量能够反映主体身份特征的信息。具体而言,电子数据中的身份特征信息主要有基础身份信息、电子账户信息、生物物理信息、活动轨迹(规律)信息。

1. 基础身份信息

基础身份信息是指反映相关个人或组织日常生活、工作中涉及的名称、住址、证件号码等最基本身份情况的信息,包括个人姓名(包括绰号、别名)、性别、单位名称(包括简称)、身份证号码、居住证号码、护照号码、单位代码以及相关住址、籍贯、工作单位、职业、职务等信息。这是识别当事人身份情况最基础的信息,也是书证等其他证据共有的身份信息,只是电子数据中所反映的这些基础身份信息往往更加详细全面,更具有基础性作用。一方面,人们日常生活中往往借助这些基础身份信息开展活动,从而在虚拟空间中留下痕迹,例如,使用身份证购买飞机票、住宿登记,从而在相关信息系统中产生相应的数据;另一方面,这类身份信息常常也是产生其他电子身份信息(如电子账户、电子签名)的基础。

2. 电子账户信息

人们基于使用相关电子设备或者从事网络活动而申请的、能够反映个性化特征的电子账号、名称等,从而产生电子账户信息。基于这些电子账户而形成的电子数据也是司法实践中运用最为广泛的电子数据。电子账户种类繁多,实践中最常见的有两类电子账户:一是通讯社交类账户,比如,手机号码、电子邮箱以及微博、微信、QQ号码、网络论坛账户及其网络昵称等;二是电子交易类账户,比如,网店账户及其名称、银行账户、支付宝、股票账户以及其他电子交易账户。网络环境下,电子账户有极强的虚拟性,与使用者真实身份的关联性链条往往很长。不过,随着社会信息管理实名制的强化,通讯社交、电子交易等账户与基础身份信息的关联性越来越紧密,也越来越有利于电子数据真实身份的判断。

3. 生物物理信息

生物物理信息是指相关人员外在的、可视或可听的、能够反映个体身份特征的信息。实践中,带有声音、图像的电子数据可以客观地反映相关人员的生物物理特征,例如,视频监控或数码图片中的人物头像、外形、体貌、衣着、动作、车辆特征、车牌号,录音数据中的声音,体现为图片信息的电子签章等。

4. 活动轨迹(规律)信息

电子数据如同其他证据一样,能够客观记录人们的活动轨迹、活动规律,包括时间、地点、交往对象、数量等信息,而且与其他证据相比,电子数据所记录的活动轨迹也更为详细、准确。分析电子数据中所反映行为人活动的时间信息(如开户时间、通话时间)、空间信息(如IP地址、手机通信位置)以及特定的活动规律,这些信息也有助于判断真实身份。需要强调的是，活动轨迹信息不仅包括细微的、特定的活动信息，比如，某个手机某一次的通话时间、通话地点，还包括主体在一段时间或者一定范围内甚至整体上所具备的规律特征，比如，某个电话号码日常主要通话对象有何规律，某个资金账户在一段时间内交易对象、时间、金额所呈现的整体特征，或者某款运动软件的日常活动规律，根据这些规律特征有助于反推出上述电话号码、资金账户、运动软件的实际所有者、使用者。后者可以称为宏观特征信息，它并不直接体现于证据中，需要跳出单条信息或单份证据的束缚，将多条信息或多份证据放在一起进行整体分析，才能找出其中的规律特征。

（二）电子数据中身份特征信息的共性与个性

在挖掘特征信息的基础上，分析身份特征信息反映的是共性特征还是个性特征。共性特征泛指同类主体身份共有的质的规定性，个性特征泛指每个主体本身独有的质的规定性。[1] 区分共性特征与个性特征，对分析实际身份有重大意义。依共性特征只能进行种属认定，将主体身份限定在一定范围内；依个性特征则可进行同一认定，即直接确定某一特定主体。

电子数据反映的某些单一特征信息具有高度排他性、特定性，可以直接确定特定身份，但这些情况毕竟少见。单一特征信息内涵信息比较有限，而且由于电子数据对应的虚拟身份具有多重性，单一特征信息大都只能做到种属认定。然而将多个特征信息组合起来，形成相应的特征群，所对应主体身份的特定性程度将大大提高，直至最后形成排他的、唯一的一组特征，就可以确定相应的身份。电子数据极其丰富的信息中常常蕴含着反映同一主体不同侧面的多个特征，易于构建相应特征群，提高身份关联性判断的准确性。当然，除运用电子数据自身蕴含的身份特征信息外，还要结合其他传统证据中的身份特征信息，共同构建相应特征群。因此，电子数据身份关联性的判断，从某种意义上说就是不断扩大身份特征群体系，不断强化身份特征的特定性程度，逐步缩小种属身份的范围，最终落脚到特定身份中。

（三）电子数据身份关联性的基本判断方法

《电子数据规定》第 25 条中规定，“认定犯罪嫌疑人、被告人的网络身份与现实身份的同一性，可以通过核查相关 IP 地址、网络活动记录、上网终端归属、相关证人证言以及犯罪嫌疑人、被告人供述和辩解等进行综合判断。认定犯罪嫌疑人、被告人与存储介质的关联性，可以通过核查相关证人证言以及犯罪嫌疑人、被告人供述和辩解等进行综合判断”。这为审查判断电子数据身份关联性提供基本思路。然而，该规定虽

---

〔1〕 参见刘品新、孙玉龙：《基于电子痕迹的人身同一认定：网络犯罪的身份识别》，载《法律适用》2016 年第 9 期。

然确立了丰富的真实性审查规则,但专门涉及关联性审查的规则也仅此一条,尚待进一步丰富完善。

鉴真是实物证据审查的重要手段。具体到电子数据中,许多国家习惯于在立法上将鉴真方法区分为外部鉴真与自我鉴真,前者是指运用外部证据或旁证加以鉴真,后者是指无须运用外部证据而通过证据本身的属性加以鉴真。[1] 鉴真方法的这种区分有重要借鉴意义,电子数据身份关联性的审查同样可以从外部判断与内部判断两个视角入手。所谓内部判断,是指从拟判断的电子数据自身特性入手分析其身份关联性,包括对该电子数据自身的生成机制、具体来源、取证过程、内在属性等内容进行分析。所谓外部判断,则是结合拟判断的电子数据以外的其他证据进行分析判断,包括结合其他电子数据信息以及传统证据中的信息分析其身份关联性。

心证与印证是当代诉讼领域的两种基本证明方法。印证注重证明的外部性,即特指一个证据要有其他证据来支撑,强调不同证据内涵信息的同一性;而心证则强调证明的内省性,即判断者通过经验法则认识该项证据,从而建立对特定事实的认识。这两种方法不仅有助于直接认定案件事实,也有助于证据关联性的判断。[2] 具体到电子数据身份关联性,如果说内部判断是从拟判断的电子数据自身进行分析,主要运用心证的方法,那么外部判断则是结合其他证据分析,主要运用印证证明的方法。当然,它们并非完全对应关系。下文拟从内部判断与外部判断两个视角入手,分析心证与印证两种方法在电子数据身份关联性审查判断中的具体运用。

三、电子数据身份关联性之内部判断

(一)从电子数据的生成机制、内在属性分析判断

电子数据的身份判断,从关联性角度讲,旨在分析电子数据中的虚拟身份与某一现实身份是否存在关联;从真实性角度讲,则是分析虚拟身份所对应的名义身份是否为现实世界中的真实身份,例如,某甲使用一张身份证购买火车票乘车从而留下购票记录,身份关联性的判断就是要分析购票记录上的身份与实际乘车人是否一致,即某甲是否使用自己的身份证购票乘车。因此,电子数据身份关联性的审查,从某种意义上讲可以转化为电子数据真实性审查。分析电子数据的生成方式、生成机制是判断电子数据真实性的重要方法。在身份关联性审查中,同样可以结合电子数据的生成机制、内在属性进行分析判断。

随着信息技术的快速发展,社会管理信息化程度越来越高,社会各个领域实名制

---

〔1〕 参见刘品新:《电子证据的鉴真问题:基于快播案的反思》,载《中外法学》2017年第1期。

〔2〕 参见龙宗智:《印证与自由心证——我国刑事诉讼证明模式》,载《法学研究》2004年第2期。

管理也随之推广,这也为相关领域电子数据身份关联性的判断提供制度保障。在有些领域,虽然国家相关规定要求实名制,但由于缺少相关配套机制,或者虽然实名但通常行为具有可替代性,很难直接推定。在一些与人身密切相关、不可替代的领域,相关部门或机构有一套完整的实名制配套机制,有利于真实身份的确定,可以直接推定行为人的真实身份。比如,在住宿登记、购买火车票、飞机票、出入境、办理银行业务时,行为人必须使用个人真实身份证件进行登记,相对方(如酒店、火车站、机场、边检、银行)通常有一套完整、可靠的配套机制检验核实行为人的实名信息,通常情况下足以保障相关身份信息的真实性。因此,在无相反证据时,可以直接推定住宿登记记录、购票记录、出入境记录、银行记录等电子数据中登记的名义上的身份(包括办理银行业务中的代理人)与实际身份相符。

(二)从电子数据的具体来源、取证过程分析判断

刑事诉讼中的证据收集是取证人员运用一定的方法,遵循一定的规律搜寻、发现,然后固定在案。取证过程本身蕴含着丰富的信息,也有助于分析证据关联性。正如通过审查破案经过,回溯侦查机关对嫌疑人排查、锁定的过程,分析这一过程是否合理有据,有助于判断嫌疑人与案件事实之间的关联性;通过审查证据的来源情况,回溯取证人员对证据搜寻、锁定、提取的过程,分析取证过程中涉及的相关人员,也有助于判断相关人员与该证据之间的关联性。电子数据具有无形性,必须依附一定的载体(如相关电子设备、虚拟空间)而存在,通过分析取证人员如何接触电子设备、如何进入虚拟空间获取电子数据,更有利于判断与电子数据相关联的人员。

第一,根据当事人相关陈述、提供重要信息而调取的电子数据,有助于认定电子数据与该当事人之间的关联性。隐蔽性证据规则是认定证据证明力的一项重要规则,相关规范性文件也针对依据嫌疑人供述而获取的隐蔽性很强的书证、物证作出特别规定。[1] 从该规定内容看,旨在通过隐蔽性证据确认嫌疑人供述的真实性,但如果换个视角,其实也就是确认相关书证、物证与嫌疑人之间存在很强的关联性。可见,隐蔽性证据规则同样有助于身份关联性的判断。隐蔽性证据指“不易为案外人察觉而通常只有作案人才可能知晓的案情信息……它通常具有独特性、有很强的稳定性”[2]。根据隐蔽性证据的这些本质特性,该规则不仅可以适用于物证、书证,还可

---

〔1〕《刑诉法解释》第141条规定:“根据被告人的供述、指认提取到了隐蔽性很强的物证、书证,且被告人的供述与其他证明犯罪事实发生的证据相互印证,并排除串供、逼供、诱供等可能性的,可以认定被告人有罪。”

〔2〕秦宗文:《刑事隐蔽性证据规则研究》,载《法学研究》2016年第3期。

以适用于其他证据,甚至包括言词证据。[1] 从证据分类讲,电子数据与物证、书证一样同属于实物证据;从证据特性讲,电子数据产生于虚拟空间,与生俱来具有隐蔽性。[2] 因此,隐蔽性证据规则在电子数据中更有适用的空间。具体而言,如果取证人员根据当事人提供的存储介质、电子账户、密码或数据存储位置等信息而获取相应的电子数据,一般可以认定这些电子数据与该当事人之间的关联性;许多电子数据本身有一定的安全保障程序(如电子签名、密钥、口令、指纹识别等),局外人一般无从知晓或很难接触,通过当事人提供这些重要信息而获取相应的电子数据,更可以认定其与该电子数据之间的关联性。

第二,从与当事人人身密切相关的存储介质、电子账户中调取电子数据,有助于分析电子数据与该行为人之间的关联性。在调查取证过程中,侦查人员常常能够从相关人员人身或住处、车辆、办公室等私密性场所中查获手机、计算机、硬盘、U 盘等存储介质或者银行卡、消费卡等电子卡,然后从这些存储介质中提取相关电子文件、通信信息,或者根据这些电子卡所对应的账户调取大量电子交易记录,进而在上述电子数据中发现许多有价值的信息。从存储介质或银行卡的查扣,到相应电子数据的发现,只要依法取证,过程合情合理,一般可以判断这些电子数据与上述人员之间的关联性。

当然,结合证据来源、取证过程判断电子数据的身份关联性,前提是该取证过程依法依规进行,针对瑕疵证据可以合理补正。正如有观点指出,"取证环节是司法证明的起点,电子证据取证是否规范直接为其关联性的具备与否奠定了基础"[3]。《电子数据规定》中确立了大量电子数据取证规则,这些取证规则不仅对电子数据合法性、真实性、关联性的审查判断均有一定的价值,而且在三者的判断上呈现层层递进关系:首先,这些取证规则是审查电子数据合法性的基本依据;其次,通过依法取证过程来保障电子数据内容的真实性以及取证过程的真实可靠;最后,在确保取证程序合法、取证过程(程序性事实)真实可靠的基础上,再根据这些程序性事实分析电子数据的身份关联性。

四、电子数据身份关联性之外部判断

(一)结合不同电子数据进行分析判断

如前所述,电子数据蕴含着丰富而又精准的证据信息,不同信息之间往往存在千

[1] 如在室内纵火案中,嫌疑人先描述房屋内详细的原始现场情况,之后,通过向该房屋主人核实房屋的原始情况,就能确定嫌疑人供述是否真实。这里,户主的言词证据便是隐蔽性证据。参见秦宗文:《刑事隐蔽性证据规则研究》,载《法学研究》2016 年第 3 期。

[2] 参见柴静:《电子数据的证明力认定研究》,载《黑龙江生态工程职业学院学报》2016 年第 6 期。

[3] 刘品新:《电子证据的关联性》,载《法学研究》2016 年第 6 期。

丝万缕的联系。在实践中,常常是有些电子数据的身份关联性已经得到确认,有些则尚存疑。在此情况下,可以充分挖掘不同电子数据之间的内在联系,运用已经得到确认的电子数据去分析其他电子数据的身份关联性。按照内容标准划分,电子数据中的信息可以分成主体信息和附属信息。前者直接反映相关社会活动内容,容易为一般人所直接感知;后者反映主体信息生成、存储、变更、传输、接收、消失等一系列过程中的相关环境、痕迹,不容易为一般人所直接感知。主体信息和附属信息有各自的特点,它们在不同方面对电子数据身份关联性判断发挥重要作用。

1. 结合电子数据主体信息进行判断

主体信息反映相关社会活动内容,不仅对具体案件经过的认定有重要意义,对身份关联性的判断也有很高的价值。其一,以文字、图片形式反映的主体信息,如果直接涉及相关人员的个人身份情况,比如当事人在自己 QQ(或微信)中陈述某个人的电话号码、银行账户信息、住址、姓名等身份内容,可以将这些身份信息与该 QQ 实际使用者关联起来。以杨某走私普通货物案为例,其组织渔船从公海上直接走私燃料油入境,并使用 6 个他人名下银行账户用于支付油款,认可其中 4 个银行账户系其所控制使用,但否认使用另外 2 个账户(户主黄某、施某)。然而,通过审查杨某与向其收购走私油的下家刘某之间的微信记录发现,杨某将黄某、施某名下的银行账户信息发给刘某,让刘某付油款,而刘某也确实向上述 2 个账户付过款,这足以说明黄某、施某的账户为杨某所实际控制使用。其二,以声音形式体现的主体数据中,对声音的分析判断,有助于确定真实身份。例如,微信记录中,人们通常以语音形式交流互动,通过分析每一个账户所对应的声音,便能判断该账户的实际使用者。其三,以动态图像反映的主体数据,在内容清晰可靠的情况下,也可以直接判断对应的真实身份。例如,针对银行资金账户,要判断相关交易记录的实际操作者,可以结合银行账户终端电子设备、银行柜台存取款监控录像来分析。

电子数据具有依附性,其生成、存储、展示都必须依附一定的载体,或者直接存在于存储介质的虚拟空间中,或者通过特定电子程序(或账户)存在于虚拟空间中。通过分析同一存储介质或同一电子程序中不同电子数据之间的关联性,有助于对身份存疑的电子数据真实身份的判断。以智能手机环境下的电子数据为例,人们不仅使用智能手机进行通话、发送短信、微信、邮件等传统沟通,还借助智能手机使用各种应用软件(APP)留下相应的电子数据,如拍照、网上购物、电子交易、运动等行为产生各种痕迹。通常情况下,侦查人员对手机取证只重视调取其中的微信记录、短信等数据分析案情,而不重视其他数据的调取运用。如果嫌疑人质疑某个手机号码、微信账户,或者辩解在某一时间段中并非其本人使用,那么通过分析同一部手机内其他应用程序产生的电子数据,有助于判断该手机是否为嫌疑人所实际使用。比如,发现某个时间段该手机拍摄过嫌疑人家庭成员、住宅室内场景甚至自拍等私密性照片，或者在某个时间使用该手机网络购物且邮寄到嫌疑人家中、单位等关联场所等类似信息，可以推断上述时间段内嫌疑人为该手机的实际使用者，从而认定相应期间该手机号码及其手机内的微信记录、短信与嫌疑人存在关联性。

2. 结合电子数据附属信息进行分析判断

有一种观点认为电子数据具有易伪造性、脆弱性的特点，很容易被人伪造、变造，对其更改不容易为人们所察觉；[1] 另一种观点则认为电子数据具有稳定性，对电子数据不好造假，造假容易被发现。[2] 从表面看，这两种观点完全相反，但实质上这是从不同角度来认识电子数据：第一，强调电子数据的易伪造性，主要是从主体信息的角度来分析，例如，一份文档主体内容可以轻易被人修改，表面上难以发现修改的痕迹、修改的人员，尤其是以终端设备或书面形式呈现的主体信息，更难判断。第二，强调电子数据的稳定性，则是从附属信息的角度来分析，对电子数据主体信息的任何修改、操作，往往会在附属信息中留下关联痕迹，而附属信息又是相关系统自动生成的，不容易为人们所操纵，稳定性强、可信度高。因此，运用这些附属信息便于准确分析电子数据的来龙去脉，也有助于电子数据身份关联性的判断。例如，相关电子设备的IP 地址、MAC 地址、电子文件（如照片）的定位信息、时间信息等就属于附属信息，对真实身份的判断有极高价值。

（二）结合传统证据进行分析判断

我国《刑事诉讼法》列举证据的八种法定形式，除视听资料和电子数据外，充分挖掘、运用其他传统证据的信息，对电子数据身份关联性判断也有重要价值。

1. 结合言词证据进行分析判断

向犯罪嫌疑人、被害人、证人核实电子数据身份信息的真实情况，这是司法实践中排查、确认真实身份最便捷也最常用的方式之一。因此，言词证据对电子数据身份关联性的判断有重要价值。首先，审查相关人员是否自认与电子数据的关联性，在后续的诉讼环节（如审查起诉、庭审环节）应再次向其复核确认。其次，审查是否有相关人员的指认，他人指认不仅可以强化自认的效力，而且在缺少自认的情况下，当多人的证言共同指向同一人时，也可以确认真实身份。例如，针对手机、微信等通信账户，当事人通常会使用某个账户与亲友进行沟通联络，从而与这些亲友的通信账户建立关联性，因此，可以结合不同亲友的证言核实该账户的实际使用者。在确认真实身份时，言词证据具有直接、便捷的优点，但也有主观性强、可靠性较弱的缺点，因此，审查

---

〔1〕 参见廖根为：《电子数据真实性司法鉴定研究》，法律出版社 2015 年版，第 43 页。
〔2〕 参见刘品新：《电子证据的基础理论》，载《国家检察官学院学报》2017 年第 1 期。

言词证据对相关身份的确认方式、确认过程就非常重要,尤其是针对内容复杂的身份信息(如微信账号、头像,监控录像的人像),将这些内容交由确认者辨认并将辨认过程固定在案,有利于强化自认或指认的效力。

2. 结合鉴定意见进行审查判断

《电子数据规定》第 17 条规定:对电子数据涉及的专门性问题难以确定的,由司法鉴定机构出具鉴定意见,或者由公安部指定的机构出具报告。电子数据中所涉及的身份认定问题同样可以进行检验鉴定。鉴定意见由专业人员根据相关科学知识进行判断,往往有很强的证明力。根据鉴定事项的不同性质,有学者将电子数据司法鉴定分为以"发现证据"为目标的司法鉴定和以"评估证据"为目标的司法鉴定。[1] 笔者分别将其称为"取证型鉴定"和"评估型鉴定",二者可以从不同视角助力电子数据真实身份的判断。就"取证型鉴定"而言,通过鉴定提取大量电子数据尤其是附属信息,有助于判断身份关联性。例如,在深圳市快播科技有限公司(以下简称快播公司)传播淫秽物品牟利案(以下简称"快播"案)中,第一次庭审结束后,法院委托机构鉴定,获取四台涉案服务器 IP 地址,然后通过公诉机关补充 IP 地址的归属者,从而认定该服务器由快播公司实际运营。就"评估型鉴定"而言,相关声纹鉴定、图像鉴定,更有利于直接判断涉案电子数据的身份关联性。

3. 结合书证进行审查判断

就证据的主体内容而言,电子数据具有易伪造性、脆弱性的特征,相关数据被修改从表面上看很难发现痕迹;书证恰恰相反,书证一旦形成,相关内容比较稳定,即使被修改也可以很容易被发现。电子数据与书证上述的各自特点,决定了书证对电子数据真实身份的判断有很大帮助。当然,这首先得从电子数据与书证之间的关系展开分析。以电子数据生成环节为节点,可以从两个视角来考察电子数据与书证之间的密切关系。

首先,先有书证后形成电子数据的情形。实践中,许多电子数据的生成是以现实的书证为基础,根据书证的内容在存储设备等虚拟空间形成电子数据。例如,针对银行资金系统形成的交易记录,相关当事人常常会先线下填写汇款单证、存取款单证等书证,然后由银行工作人员操作线上记录;再如,日常生活工作中,人们往往也会先手写草拟相关文字材料,然后再录入电脑等设备中,从而形成相关电子数据。在此情况下,可以结合线下填写的书面材料相关内容、签名、字迹等判断该线上电子记录对应

[1] 前者是指通过鉴定发现、固定与案件事实相关的电子数据,后者则是对已有的电子数据的真实性、关联性等问题进行分析和评价,以判断电子数据的证据效力。参见杜志淳、廖根为:《电子数据司法鉴定主要类型及其定位》,载《犯罪研究》2014 年第 1 期。

的真实身份。

其次,先生成电子数据后有书证的情形。现代技术环境下,许多电子数据生成之后能够及时形成相关书面凭证,尤其是文字、图片型电子数据可以轻易生成打印件。例如,购物后会有的购物小票,资金交易后相关收款机构会提供的回执凭证,乘车(机)买票后会提供的车票或者日常查询通话记录后形成的通话清单。案发后,如果从当事人身上查扣这些书面凭证,可以认定相关电子数据(相关电子系统中留存的购物记录、资金交易记录、乘车记录、通话记录)与这些当事人之间有关联,从而判断真实主体身份。

最后,还可以结合查扣在案的相关人员在日常生活、工作中形成的书面记录材料,审查是否记录相关电子账户、密码或口令、关系人员等信息,以判断其与该电子账户之间的关联性。

除言词证据、鉴定意见和书证外,物证、勘验检查笔录也是重要的传统证据,同样有助于判断电子数据身份关联性。结合现场勘验检查笔录,分析相关电子物证的来源,确认电子物证的实际所有者,进而判断与该电子物证所存储电子数据相关联的人员;或者结合电子勘验检查笔录,分析电子数据的提取过程,判断与之相关联的人员。因此,结合物证、勘验检查笔录进行审查,实际上主要是从电子数据具体来源、取证过程的角度来判断其身份关联性。

可见,内部判断与外部判断是审查电子数据身份关联性的基本方法,但在具体判断上二者存在一定的交叉性。事实上,在实际审查判断中,更多的时候需要综合运用上述方法,从内部判断与外部判断多个视角同时分析电子数据的身份关联性,强化虚拟身份与现实身份的关联度,提高真实身份认定的准确性。

五、电子数据身份关联性审查的综合启示

前面分析了电子数据身份关联性判断的各种方法。然而,正所谓“巧妇难为无米之炊”,证据分析判断过程中,任何方法的运用,取决于有可供运用的证据信息和相关素材。因此,电子数据的收集提取情况对身份关联性的判断有至关重要的影响。具体而言,在电子数据的收集提取过程中,需要特别重视以下几个方面,以便为身份关联性的审查判断奠定坚实的基础。

首先,强化电子数据附属信息、特征信息的收集固定。如前所述,电子数据信息可以分成主体信息和附属信息。主体信息内容多,且直观反映案件事实相关内容,取证中容易为侦查人员所重视;附属信息往往并不能直观反映事实本身,取证中容易会被忽视。但是附属信息既反映电子数据自身的生成、传递、变更等情况,也蕴含着大量反映身份特征的信息。收集好、固定好电子数据这些附属信息、特征信息,对身份

的关联性判断也有重要价值。

其次，注重固定能够反映电子数据收集提取过程的证据。刑事证据可以分成结果证据和过程证据。[1] 前者直接反映案件事实本身，易于为取证人员所重视；后者则是反映侦查过程的证据，由于并不证明案件事实本身，容易被忽视。然而，如前所述，分析电子数据的具体来源、取证过程有助于身份关联性的判断，这就取决于反映证据提取过程的证据是否被依法、充分地固定在案。以“快播”案为例，涉案四台服务器与快播公司之间关联性之所以遭到质疑，重要原因之一就是涉案服务器收集、流转、保管的过程证据缺失或者内容不够详细、充分，以致后续无法完整地还原证据的来源情况。

最后，强化电子数据取证过程中的整体思维、大数据思维。如前所述，身份特征信息的提炼是判断身份关联性的起点。而在案件发生前后，这些身份特征信息往往会以不同方式投射到电子数据、物证、书证等不同形式的证据中，或者投射到通讯工具、资金记录、个人电子设备、应用软件等电子数据的各种载体中。这就要求侦查人员在取证过程中，需要运用整体思维、大数据思维分析不同证据之间可能存在的关联信息，分析同一系统中可能存在的关联信息，尽量收集、提取并固定在案，为后续身份关联性的审查判断奠定可靠的信息基础。

第五节　走私案件常见电子数据的审查应用

走私案件中常见电子数据可以分为三大类：一是电子邮件与即时通讯记录，主要反映走私过程中不同当事人之间互相沟通、联系、商谈、传递信息的动态过程；二是电子账册与电子单证，主要反映走私货物价格、数量、规格、货主、货物权利凭证等静态信息；三是资金交易记录和出入境记录，主要反映走私过程中资金流转与人员流转的情况，反映的也是一种动态过程。这三大类电子数据既有各自独立的价值，也有互相补充的功能。例如，电子账册往往记录货物数量、价格或者实际已付金额、未付金额等情况，即时通讯记录、电子邮件也经常会传递货物数量、价格信息，而资金交易记录反映实际交易金额。因此，在认定货物实际价格、数量时，上述三类电子数据可以相互印证。本节重点围绕走私案件中上述三类电子数据，分析各类电子数据的特色及其具体的审查应用。[2]

---

〔1〕 参见陈瑞华：《刑事证据法》，北京大学出版社2018年版，第287页。

〔2〕 对于各类电子数据的身份关联性问题，上一节已经详细分析，本节就不予重复。

一、电子邮件与即时通讯记录的审查应用

(一)电子邮件与即时通讯记录的关系

在互联网时代,电子邮件、即时通讯工具(软件)是人与人、人与组织、组织与组织之间传递信息的重要工具。相较于传统的信件、快递等线下传递方式,电子邮件、即时通讯工具的优势在于快捷、高效;相较于传统电话、传真等通信方式,电子邮件、即时通讯工具的优势在于传递的信息详细、准确。正因为此,电子邮件、即时通讯工具在走私过程中发挥着无可替代的作用。当然,这两类通讯工具又有它们各自的特点,决定了它们在传递不同信息中或者在不同类型的走私案件中有各自的优势。

国际贸易中使用电子邮件商谈合作、传递信息有以下几点优势:第一,电子邮件具有较强识别性和可靠性。电子邮箱体现为特定的账号,并且由独有的账户名称和特定的网络地址这两部分组成,便于识别邮箱所有者的身份。在国际贸易中,当事人之间往往通过某个或某些相对固定的电子邮箱来识别对方身份,在频繁的经济往来中运用相对固定的邮箱展开经济商谈、传递贸易信息、达成买卖协议,从而形成大量电子数据。第二,电子邮件综合功能强大,传递信息详尽、完整。电子邮箱通常有很大的容量,不仅可以直接传递单纯的图文信息,还可以以“附件”的形式大批量、大规模、较完整传递各种文件。在国际经济贸易往来中,常常涉及大量报价信息、发货清单、电子单证等数据的传递,电子邮件的这种综合功能正适应当事人的这种需求。第三,电子邮件保密性强、信息保存时间长久。相较于即时通讯工具,邮件的内容本身可以长期保存在邮箱中,邮箱的强大功能便于使用者对不同邮件进行一定的分门别类,非常便于检索、查找。使用者在需要时,可以随时下载查阅这些长期保存的邮件,便于核对、总结进出口货物的情况。

相较于电子邮件,通过即时通讯工具进行交流互动、传递信息有以下几个优势:第一,普及广泛,使用便利。随着信息技术的迅猛发展以及智能手机的广泛普及,QQ、微信、MSN等即时通讯工具已经渗透到我们日常生活中,只要有手机和网络,即时通讯工具的使用几乎不受时间、地点、设备等条件的限制。第二,交流互动性强。通过即时通讯工具,不仅双方当事人之间可以交流互动,多方当事人可以同时在同一个封闭平台内交流互动(如微信群),所交流的信息扩散面较广。第三,即时通讯工具所交流的信息简洁明了,信息的形式多样,既可以是文字信息,也可以是图片、语音信息。正因为上述几个特点,即时通讯工具具有效率高、互动性强、使用便捷的优势,它不仅是人与人之间沟通交流的重要工具,也是人们工作中传递信息的有效助手。这些优势正适应了国际贸易的需求。人们可以使用即时通讯工具分批次传递货物进出口过程中涉及的箱号、提单号、价格、数量、快递单号等信息,这些信息虽然简短,但往

往又是案件中反映涉案货物相关情况最关键的数据,在认定案件核心事实方面能够发挥重要作用。

综上分析,电子邮件最大的优势在于保密、详尽,可以完整地传递诸如报价单、订单、货款清单、详细账目等货物信息,在那些涉案时间跨度长、票数多、数据杂的走私案件中普遍适用;即时通讯工具的最大优势在于高效、便捷,可以在受时空条件影响很小的情况下,快速、简洁地传递关键数据,在那些涉案时间较短、次数较少、货物信息单一的走私案件中比较普遍适用。因此,对于走私案件当事人而言,电子邮件和即时聊天工具有很强的互补功能,在不同类型的走私案件中发挥不同作用。

(二)电子邮件的审查要点

走私案件当事人通过电子邮件协商、谈判、交流、传递贸易信息,从而形成内容丰富、数据翔实、时间跨度大的电子邮件。因此,电子邮件往往能够反映当事人就走私过程中某个问题或某些问题相互之间从无到有、从少到多、从提出到成熟这么一个逐步发展、逐步完善的过程。然而,电子邮件的内容往往又是零散的,在持续一段时间内,当事人之间可能同时就不同问题、不同事项通过电子邮件互相交流、往来,这就要将电子邮件依照一定的顺序排列整理,从而就不同问题分别形成各自相对完整的信息。如果要对电子邮件进行排序,就要把握两个基本要求:一是时间顺序,二是逻辑顺序。时间顺序是基础,是形式要件,只有将电子邮件按时间顺序排列,才能真实再现邮件的互动过程;逻辑顺序是梳理电子邮件的实质要件,按照某一问题一问一答、不同邮件内容是否涉及同一事项的逻辑进行归类整理,从而将电子邮件合理排列,提取有效的信息。

(三)即时通讯记录的审查要点

即时通讯工具有高效、便捷的特征,它又常常成为人们日常生活交流的重要工具,这种方式下展开沟通的内容有生活化、碎片化的特征,使用口头语言、通过简短的一问一答方式交流互动。在长期交流中,彼此间的聊天记录就会形成海量的信息,其中许多内容甚至大部分内容可能与案件无关,而与案件有关的内容只是零散地分布于这些海量的记录中。因此,在具体审查过程中,既要全面审查所有聊天记录,从中挖掘、选取与案件有关的内容,避免遗漏,又要按照一定的时间顺序和逻辑顺序,将有价值的内容合理排列,进而提炼出有效信息。

运用即时通讯记录,可以从多方面助力走私案件事实的认定。首先,可以运用即时通讯记录分析当事人进出口货物的基本模式。货物进出口常常涉及多个不同经济主体。不同经济主体常常使用网络即时通讯工具沟通具体的进口方式、操作方法、货物信息,这些聊天记录就成为认定当事人操作模式的重要证据。其次,可以运用即时通讯记录认定走私货物数量、金额等。最后,即时通讯记录还有利于分析当事人的主观故意。

二、电子账册与电子单证的审查应用

经济性是走私案件的显著特征,当事人为最大限度获取经济利益,在长期走私过程中,常常会详细记载有关走私货物的名称、规格、数量、价格、货款支付等信息,从而形成各种各样的账册。走私案件往往涉及国际大宗货物往来,相关货物情况、权利通过提单、发票、装箱单等单证体现出来。在信息化时代,这些单证又经常以电子数据的方式表现出来,在不同的贸易主体间流转、传递。因此,电子账册、电子单证共同反映了货物进出口的具体时间、申报数量和价格、实际数量和价格、实际货主等详细情况。

(一)电子账册、电子单证的主要来源

一是计算机以及移动硬盘、U盘、光盘等移动存储设备。这些存储设备是人们经济活动中的重要工具,也是记录各种经济数据的主要载体。通过依法侦查,往往可以扣押大量的存储设备,然后通过对依法查扣的存储设备进行勘查取证,通常能获取大量反映走私货物的电子账册、电子单证。

二是业务信息管理系统。许多从事进出口贸易的公司都有自己的业务信息系统,存储信息量大、管理便捷,日常经济活动的常规数据都能体现于这些系统中。案发后,侦查机关从相关报关公司、代理公司的业务系统中常常能调取大量业务数据。

三是网络存储空间。许多从事进出口贸易的当事人,往往会在自己的电子邮件或者其他网络账户的虚拟空间中存储大量货物数据,这也是电子账册、电子单证的重要来源。当然,这些数据有双重性质,从形式上看,它们是电子邮件的一部分,具有电子邮件的属性;从内容上看,它反映的是货物的各种统计情况或者各种各样的清单、发票、装箱单等材料,又属于电子账册或电子单证。

(二)电子账册、电子单证的审查要点

首先,审查电子账册、电子单证来源的合法性。审查存储电子账册的计算机、智能手机、移动硬盘、U盘等电子设备的来源是否合法,这些电子设备的调取手续是否完备,相关勘验、搜查笔录、扣押清单是否记载涉案电子设备及其所记载的信息与扣押在案的实物是否相符,上述设备被扣押后是否依法封存等。

其次,审查电子账册、电子单证与具体案件事实之间的关联性。一是电子账册中各项数据实际内容的审查判断。走私案件中电子账册的一个重要特点就是形式格式化、信息批量化,账册中常常以各类简称、缩写或代码来指代某项内容,这就需要结合

犯罪嫌疑人供述、证人证言或其他账册信息，查清这些代码、缩写的真实含义和完整内容，以还原账册的真实信息。二是电子账册与电子单证之间关联性审查判断。审查账册中所记载的进出口货物涉及各类单证编号（如提单号、集装箱号、报关单号、合同号）能否与相关货物单证编号相吻合，比如提单号、集装箱号是否一致，以便在记载的货物与实际进出口的货物之间建立关联性。三是审查账册中所记载货物真实价格、货款支付情况、当事人出入境情况能否与资金交易记录、出入境记录等其他电子数据相印证。

运用电子账册，有助于查清进出口货物的实际货主，查清走私货物的实际数量、价格，甚至通过电子账册的记账方式也有助于分析当事人犯罪主观故意。例如，在王某萍走私废物案中，其长期以冒用他人进出口废塑料许可证的方式为多人代理进口废塑料。通过分析王某萍所记载的电子账册可以发现，账册中有“批文单位/货主单位”一栏，对于同一票货物中该项目下的内容分别记载为“甲公司/乙公司”，说明批文单位为甲公司、货主单位为乙公司。这种记载方式就清晰反映王某萍主观上明知许可证的所有者与实际货物利用单位不一致，具有走私犯罪的主观故意。

三、资金交易记录与出入境记录的审查应用

走私活动总是以货物的跨境流转为中心，而为了实现货物的跨境流转，总是伴随着资金跨境流转和人员跨境流转。资金是为实现货物跨境流转所支付的对价，而人员跨境流转则是为了达成货物交易进行谈判，或者通过直接携带的方式实现货物跨境流转。在资金与人员的流转中，就会形成走私案件另外两类重要电子数据：资金交易记录和出入境记录。

资金交易记录、出入境记录与走私案件中其他电子数据有重要区别。其他电子数据总是行为人借助一定的电子设备、网络工具或相关信息系统，直接操作、直接生成相应的数据。比如，电子邮件是行为人通过连接互联网进入某个电子邮箱，在邮箱上直接输入相关文字或音视频信息，发送到对方电子邮箱，从而直接生成相关电子数据；电子账册是行为人借助计算机等电子设备，以制作表格、统计数据等方式直接输入文字、符号信息，形成相应的电子数据。换言之，当事人能够直接操控这些电子数据的具体内容。但是，资金交易记录、出入境记录则不同，行为人并不是通过直接操作电子设备、直接输入或制作资金交易记录或出入境记录的方式生成电子数据，而是行为人基于现实生活有形的、外在的活动，从而在某一数据系统中留下活动的痕迹，间接生成电子数据。例如，行为人凭借自己的护照，在出入境口岸登记完成出入境行为，从而在出入境信息管理系统中留下出入境人员姓名、护照号码、时间、出发地与目的地等记录，但这些记录并不是通过行为人在管理系统中直接填写、操作出入境信息

而形成的。简言之,资金交易记录、出入境记录是行为人在“线下”活动,从而在“线上”形成相应的电子数据。

区分这两类电子数据的形成过程,对于电子数据的审查判断及其采信有重大意义。如果说电子邮件、电子账册等一般电子数据可以直接受控于当事人,有一定的主观性,那么资金交易记录、出入境记录就一般不会被当事人直接操控,这种电子数据的客观性更强。正是因为这两类电子数据在证据客观性上的差别,当两者反映的信息相冲突时,一般应当采信资金交易记录、出入境记录这种客观性更强的证据。以严某萍等人低报价格走私普通货物(鱿鱼)案为例。此案认定其货物真实价格的证据有两类:一是当事人自己记载走私鱿鱼时间、数量及其真实价格的账册;二是当事人支付差额货款的资金交易记录。通过审查发现,其中有两笔货物所支付的差额款少于账本所记载的差额款,又无证据显示当事人通过其他途径支付差额款,因此最终采信资金交易记录,就低认定货物真实价格。

资金交易记录、出入境记录的客观性强,不易受当事人直接操控。比如,线下交易一笔资金,在线上就相应地形成一条反映交易时间、双方账号、具体金额等详细数据的交易记录。然而,行为人不能直接操控线上记录,却可以通过操控线下行为影响到线上记录。例如,行为人通过冒用他人护照出境,如果在过境时没有被发现并顺利出境,就会形成他人出境或其本人没有出境的虚假信息。因此,在审查这些线上数据时,还应当结合其他证据,审查分析当事人线下行为的真实性、可靠性。一般而言,如果行为人是长期多次出入境,或者在同一时间内与其他同伴共同出入境,则这样的记录客观性很强,虚假或冒用成分就很小。在资金交易中,当事人更是有可能使用他人银行账户收款、付款。针对这种情况,一方面要向实际付款户主核实账户资金来源、用途和实际使用者;另一方面通过完整调取户主资金交易记录,查明其资金真实来源。

第六节　走私案件境外证据合法性的审查判断

一、走私案件境外证据概述

走私犯罪具有跨境性特征,境外证据是走私案件常见证据形式。所谓境外证据,是指形成于境外或者在境外获取的,能够在刑事诉讼过程中证明案件相关事实的证据。与其他证据对比而言,境外证据最大的区别在于证据合法性的审查判断。本节重点分析境外证据合法性的审查判断。

《刑事诉讼法》及相关法律法规对刑事证据的形式、取证(侦查)方式等内容都作了比较详细的规定。然而,境外证据因其取证程序的特殊性,在对其合法性审查的法律依据上与境内证据有较大区别:一方面,境外证据具有跨越不同法域的特性,往往涉及国际法和其他境外法律；另一方面提取境外证据的主体也具有多样化的特征，除了我国司法机关和当事人及其辩护人、诉讼代理人，往往还涉及外交人员、外国司法机关等取证主体。因此，审查境外证据合法性的依据既有我国国内法，也有我国加入的国际公约、与他国签署的双边刑事司法协助条约，此外国际惯例和我国证据法的基本原理也是重要依据。

从国内法角度来讲，专门调整境外证据的法律、法规主要有：《刑事诉讼法》第 18 条，[1]《国际刑事司法协助法》，《刑诉法解释》第 77 条、第 491—494 条，《人民检察院刑事诉讼规则》第 671—679 条，以及《公安机关办理刑事案件程序规定》第 374—384 条等，另外，2005 年《海关总署缉私局、最高人民检察院侦查监督厅、最高人民检察院公诉厅、最高人民法院刑事审判第二庭关于走私犯罪案件中境外证据的认定与使用有关问题的联席会议的纪要》，对司法实践也有较大指导意义。

二、境外取证请求程序的合法性审查

国际刑事司法协助是调取境外证据最重要的手段，而司法协助的启动程序可以分国内申请和对外请求两个阶段。

国内申请是指在案件侦查、调查中，需要调取境外证据的办案机关按照有关条约或者协议制作请求文书及相应的译文文本，逐级上报至对应的中央主管机关进行审核。请求文书具体包括请求书、调查提纲及附属文件等补充资料，其中请求书是最重要的法律文书。不同的国际公约或双边司法协助条约对请求书的形式要件作出了不同的规定，但一般均把请求书的内容分为必备事项和补充事项。必备事项是请求书中必不可少的事项，缺少这些事项将被拒绝司法协助，而补充事项则是尽可能提供的与请求事项和案件相关的说明和线索。以《中华人民共和国和大韩民国关于刑事司法协助的条约》（以下简称中、韩《刑事司法协助条约》）为例，请求书的必备事项有：一是请求主体，即请求所涉及有关的调查、起诉或诉讼的主管机关的名称；二是请求事项，即请求取证的目的、需要调取的证据或资料等；三是对调查、起诉或诉讼事项的说明，包括有关事实和法律的概述；四是希望请求得以执行的期限。请求书的补充事项主要有：被取证人员的身份、国籍和所在地的资料；需要搜查的地点和需要扣押的物品的说明；希望执行请求时遵循的任何特别程序或要求的说明；适当执行请求所必需的其他资料等。[2]

---

[1] 《刑事诉讼法》第 18 条规定，“根据中华人民共和国缔结或者参加的国际条约，或者按照互惠原则，我国司法机关和外国司法机关可以相互请求刑事司法协助”。

[2] 参见中、韩《刑事司法协助条约》第 4 条。

对外请求是指我国对外联系机关依据相应的国际公约、双边条约,向他国提出司法协助、进行调查取证的请求。所谓对外联系机关,又称为中央机关,是指在加入相关国际公约或者签订双边刑事司法协助条约时,一国指定的作为司法协助联络机构的中央机关,由其代表本国对外提出或者接收司法协助请求。[1] 针对不同的国际公约或双边国际刑事司法协助条约,我国往往会指定不同的部门作为中央机关。比如,在我国与韩国、美国、菲律宾等国家之间的双边刑事司法协助条约中,中方均指定我国的司法部作为司法协助的中央机关;在我国与越南、俄罗斯等国的司法协助条约中,中方则同时指定最高人民检察院和司法部作为司法协助的中央机关;我国与蒙古国签订的司法协助条约则规定司法部和最高人民法院作为中方的中央机关。

上述请求程序和请求文书主要体现于刑事司法协助的取证过程,但通过这种途径获取境外证据后,这些请求文书、往来程序也应当以书面形式固定在案,确保境外取证请求程序的合法性。因此,在审查相关境外证据时,应当审查请求程序是否符合相关法律、条约的规定,是否有相应的请求文书,请求文书是否记载了必备事项,其记载的请求事项与实际获取的境外证据是否相吻合等。

三、境外证据认证程序的合法性审查

境外证据形成于境外,证据的来源相较国内获取的证据要复杂得多,确认这些境外证据的有效性存在很大风险。因此,要求境外证据通过权威机关证明和认证,从而对其施加程序上的限制,增强其真实性和合法性,最大限度降低司法权的地域局限给国内诉讼带来的不利影响。当然,不同境外证据有不同的特征,是否需要证明和认证也不尽一致。根据境外证据调查取证的主体不同,境外证据的认证程序也有所不同,具体可以划分为两类:一是相关国家机关通过刑事司法协助等途径获取的境外证据;二是当事人及其辩护人、诉讼代理人提供的境外证据。如果需要证明和认证的境外证据没有履行相关的手续,该证据就不具有合法性,不能作为认定案件事实的依据。

相关国家机关通过刑事司法协助获取的境外证据,由于系国与国之间官方机构进行的调查取证合作,这种官方机构的行为在两地均具有相当的权威性,只要司法协助的程序到位、手续完备,一般情况下也能够达到证明与认证同样的效果。因此,我国参与缔结的双边刑事司法协助条约一般规定这类境外证据原则上免予认证。比如,中、韩《刑事司法协助条约》规定,一般情况下“协助请求书和辅助文件,以及为答

---

〔1〕 国际刑事司法协助中的“中央机关”和“主管机关”是两个不同的概念,后者是指负责具体执行协助请求的机关。参见黄风:《国际刑事司法协助制度若干新发展》,载《当代法学》2007 年第 6 期。

复该请求提供的文件和其他资料,不应要求任何形式的证明或认证”。[1] 但是有些刑事司法协助条约还规定了例外情况,即如果一方在请求司法协助时,明确提出相关的证据需要证明,在不违背取证地法律的条件下,被请求方应按照请求方的要求履行相关证明手续。[2] 另外,相关刑事司法协助条约还普遍规定,我国驻外使、领馆官员可以在国外向我国公民调取证据。此时,由于取证主体本身就是我国的外交机构,这种情况下获取的境外证据应当就无须另外进行证明和认证。

对于当事人及其辩护人、诉讼代理人获取的刑事境外证据的认证问题,我国国内法仅对部分证据的证明和认证作了规定,主要依据是《刑诉法解释》第 77 条第 2 款规定:“当事人及其辩护人、诉讼代理人提供来自境外的证据材料的,该证据材料应当经所在国公证机关证明,所在国中央外交主管机关或者其授权机关认证,并经中华人民共和国驻该国使领馆认证,或者履行中华人民共和国与该所在国订立的有关条约中规定的证明手续,但我国与该国之间有互免认证协定的除外。”对于不符合上述条件的,相关证据很难被采信。以郭某走私普通货物案为例。

【案情简介】2003 年 5 月,被告人郭某在我国香港特别行政区设立通某公司。2005 年 7 月,郭某以他人名义在江苏省吴江市设立了吴江市惠某纺织贸易有限公司(以下简称惠某公司),由郭某实际负责经营、管理。惠某公司委托海某公司代理向马来西亚供货商进口涤纶坯布、化纤布等布料。在进口货物过程中,一部分货物运输到我国香港特别行政区后,郭某指使香港通某公司的钱某等人,以香港通某公司为卖方、海某公司为代理进口公司,以低于原进口实际成交价或数量制作合同、发票等单证,交由海某公司,由其委托报关公司向北仑海关申报进口。[3]

本案争议焦点是货物原产地、实际成交价格。庭审阶段,辩方提供几份境外证据:一是进口货物的原产地证书,以证实货物原产地系马来西亚;二是供货商马来西亚 Recron 公司出具的向通某公司赔偿事宜的书证;三是供货商 Recron 公司员工黄某出具的声明书;四是郭某控制下的香港通某公司的员工刘某出具的声明书。针对后三份证据,辩方主要用以证明马来亚供货商 Recron 公司经由香港通某公司向惠某公司出口的货物存在质量问题,且 Recron 公司已经同意对香港通某公司予以赔偿,并明确了具体赔偿方式、赔偿金额和已赔偿款。在庭审质证阶段,控方认为,被告人郭某

---

〔1〕 参见中、韩《刑事司法协助条约》第 22 条的规定。

〔2〕 如《中华人民共和国政府和美利坚合众国政府关于刑事司法协助的协定》第 9 条第 5 项规定:“在不违背被请求方法律的前提下,根据本条提供的证据应按照请求方要求的形式或附加证明予以转递,以便使其可依请求方法律得以接受。”而中国分别与韩国、菲律宾的刑事司法协助条约也有类似的规定。

〔3〕 参见浙江省宁波市中级人民法院刑事判决书,(2010)浙甬刑一初字第 213 号。

的辩护人出示的这几份境外证据，没有履行相关的公证、认证手续，取证程序不合法，证据来源无法判断，况且黄某、刘某个人的身份情况也无法辨别，因此建议法庭不予认定，最后法庭采纳了控方的观点。

四、境外证据形式的合法性审查

我国《刑事诉讼法》规定的证据形式主要有物证、书证、证人证言、被害人陈述、犯罪嫌疑人、被告人供述和辩解、鉴定结论、勘验检查笔录和视听资料、电子数据等，而且只有当上述证据符合相应法定形式时才能成为定案依据。由于境外证据主要是依据境外的法律进行提取的，提取证据的形式就不一定完全符合我国法律的规定。因此，在审查境外证据时，应当先将境外证据按照我国的法定证据形式予以适当归类，然后审查其是否符合我国法律对相应证据形式的要求，或者审查境外证据是否转化为我国刑事诉讼要求的标准。

第一，相关刑事司法协助条约普遍规定，在不违背被请求方法律的前提下，应当按照请求方要求的形式予以转递，以便使其可依请求方法律得以接受。比如，被请求方在提供相关的文件或记录时，请求方可以要求尽可能地提供原件，如果只是提供副本或者影印件，则应当经过相应的证明。[1] 因此在审查境外证据时，应审查我方在请求司法协助时，是否向被请求方提出证据形式上的要求，实际获取的境外证据是否符合我国法律的规定。

第二，在请求司法协助时，我方提出了证据形式上的要求，但如果没有被对方采纳，或者这种要求与被请求方的法律相冲突时，获取的境外证据在形式上很可能就不符合我国法律的规定。另外，在没有司法协助条约的情况下，通过外交途径或者个案合作调取证据时，由于双方没有条约的约束，被请求方也不一定会按照我国法律对证据形式的要求予以取证，他们往往直接将证据交予我方人员而不予说明，或者在移交境外抓获的犯罪嫌疑人时，境外机关只是口头告知我方人员相关的抓获经过。因此，在这些情况下，就应当特别审查这些境外证据是否按照我国法律对证据的要求予以适当的转化。

第三，在审查境外证据时，还应当注意被请求方对证据的使用是否有特殊的规定和要求。在我国与其他国家和地区签订的刑事司法协助条约中，往往规定被请求方可以要求请求方对证据予以保密，或者要求证据只能用于特定目的。当外方对我方在其境内获取的证据提出上述限制时，我们在国内刑事诉讼中如果依法必须将上述证据予以公开，或者要将其使用于其他刑事案件时，应当特别慎重使用该证据，即使

---

〔1〕 如《中华人民共和国与菲律宾共和国关于刑事司法协助的条约》第 8 条的规定。

要使用也应当将上述证据予以适当的转化,[1]这样既保证我们不违背相关的国际义务、维护国家的形象、声誉,又能体现我国司法主权原则并有效地使用这些境外证据。

第四,审查境外证据的形式合法性必须注意审查证据的文字形式。由于从境外获取的证据,包括言词证据、书证等通常会采用外文的形式,根据我国《刑事诉讼法》中使用中国通用语言文字的原则,这些外文证据都应当由证据的提供者(如控方或辩方)将其交由有资质的翻译机构进行翻译。否则,纯外文的证据在我国《刑事诉讼法》上不具有合法性。

通过前面的分析,审查境外证据形式上的合法性,最重要的是审查各种类型的证据是否符合法定证据形式。当境外的原始证据不符合法定证据形式时,要将该证据按照我国刑事诉讼的要求进行适当的转化。结合我国《刑事诉讼法》相关规定和基本原理,转化的证据至少应当符合以下几点才具有法律效力:一是至少应有两名中方人员接收证据,并请求移交方出具书面材料说明或者至少口头告知证据的来源、提取方式。二是在接收境外证据后,由接收人员及时作出相关书面说明,并签名盖章,而书面说明至少应当包括境外证据的提供者的身份、提供时间、对方告知的证据来源、原始境外证据的具体内容,尤其应当注意的是要客观地转述原始证据的全部内容,不能断章取义。三是接收到的原始证据应当经我国派驻该国(地)的外交机构或具有外交性质的驻外机构予以证明和认证,表明该境外证据确实是由境外相关机构移交至我方。四是前述书面说明所依据的境外原始证据应随案移交,如果境外方要求对该证据予以保密、限制使用时,还应当对原始证据另外存档,仅供司法机关核查。

第七节　典型案例综合分析:徐某文等走私相机案评析

一、案情简介

2010年下半年以来,徐某文通过互联网向境外商家订购"徕卡"牌照相机、镜头及其相关配件,并要求供货商将货物邮寄至丁某辰在我国香港特别行政区的住处,徐某文又自行或指使李某浩、马某岭、丁某辰、钱某红等人前往香港特别行政区通过个人携带的方式将700余件货物走私入境,在境内销售,偷逃进口环节应缴税款300余万元。期间,徐某文通过其亲友将大量资金汇往境外用于采购相机。根据经营模式的不同,走私相机又分两个阶段:

第一阶段是2010年7月至2011年7月,徐某文以北京为基地租赁商铺经营相机

[1] 海关总署缉私局、最高人民检察院侦查监督厅、最高人民检察院公诉厅、最高人民法院刑二庭《关于走私犯罪案件中境外证据的认定与使用有关问题的联席会议的纪要》第3条中规定,"如果境外提供者对所提供的证据的使用形式有所限定(如不得公开、不得作为庭审证据使用等),或者境外提供者对证据的使用有特殊要求的(如言词证据提供者要求不公开自己的姓名和身份),应对境外原始证据予以形式转换后使用"。

生意。部分相机由其自己或李某浩、马某岭前往香港特别行政区直接携带走私至北京,部分相机由丁某辰、钱某红走私至深圳后,再由钱某红通过顺丰快递将相机邮寄至北京。上述所有货物到达北京后,由徐某文雇佣的李某浩、马某岭、张某容统一负责货物接收、清点,张某容又负责相机采购、销售等记账工作。

第二阶段是 2011 年 10 月至 2012 年 10 月,徐某文以宁波为基地经营相机生意。其多次自行或指使李某浩、马某岭、洪某宽、董某道等人至香港特别行政区携带相机走私入境,徐某文再通过国内快递的方式将相机邮寄至国内下家。2012 年 10 月,徐某文、董某道从宁波机场走私入境时被现场查获。[1]

二、焦点问题

本案在证据审查应用方面主要有以下几个焦点问题:一是如何审查走私案件证据关联性,包括证据与行为人之间的关联性,以及不同证据之间的关联性;二是如何结合走私案件的事实特征,运用证据构建合理的证据体系。

三、综合评析

(一)本案主要电子数据及其来源

1. 电子账册

账册是本案最主要的电子数据。本案电子账册主要有三大类:第一,张某容在北京受雇于徐某文期间,按照徐某文的指令所记载的账册,包括相机入库表、出库表、带货表、库存表等,记录了相机型号、数量、机身号、单价、带货人、快递单号、销售价格、买家、付款情况。第二,丁某辰制作的其在香港特别行政区收发相机的清单,记录了其收货时间、货物英文名称、型号、数量、机身号以及从内地到香港特别行政区带货人员、带货时间、每次带货情况等信息。丁某辰定期更新这份清单发送给徐某文,徐某文再提供给张某容用于对账。上述两类电子账册均是从侦查人员查扣的徐某文一台笔记本电脑中提取。第三,丁某辰制作的其与钱某红从香港特别行政区走私相机至深圳的清单,记录了每次带货品名、数量、带货人员、带货时间,丁某辰定期制作这份清单并发送给钱某红对账。案发后,侦查人员从钱某红提供的一台笔记本电脑中提取这份电子账册。

2. 电子邮件

本案电子邮件的内容也是张某容为徐某文经营相机所记录的账册。其来源有两

[1] 参见浙江省宁波市中级人民法院刑事判决书,(2014)浙甬刑一初字第 004 号。

类:第一,张某容在受雇佣期间,其通过自己的邮箱将制作好的账册发送到徐某文电子邮箱内,用于徐某文掌握了解经营状况。这部分账册来源于作为邮件发件人的张某容的电子邮箱。第二,在北京经营相机的后期,徐某文又指使其女朋友黄某洁帮忙对账,遂将张某容发过来的相机账册转发给黄某洁。这部分账册来源于作为邮件收件人的黄某洁的电子邮箱。

3. 手机短信

本案手机短信来源有两处:一是侦查人员查扣徐某文个人使用的手机一部,并从手机内提取到其与国内买家之间关于销售相机的往来短信。二是侦查人员从徐某文国内下家之一陈某伟的手机调取到其双方关于买卖相机的往来短信。

4. 出入境记录

本案相关当事人直接前往境外提取相机,以"蚂蚁搬家"的方式随身携带大量相机,在出入境口岸直接选走无申报通道将货物走私入境,这就涉及大量出入境记录。

5. 资金交易记录

本案资金交易记录包括两方面:一是徐某文通过亲戚朋友向境外支付资金的记录,这部分资金用于徐某文境外采购相机;二是国内买家向徐某文购买相机对应的付款记录。

6. 快递物流信息

本案的快递单主要涉及两方面:首先,在第一阶段有部分相机系丁某辰、钱某红直接从香港特别行政区走私到深圳后,再由钱某红邮寄到北京的快递。其次,在第二阶段,徐某文将走私入境的相机直接邮寄至国内下家的快递。案发后,侦查员从相关快递公司调取了当事人邮寄相机的相关快递信息资料,记录发件人、发件时间、收件人及其联系方式等信息。

(二)电子数据的审查运用

本案主要犯罪嫌疑人徐某文辩解,其虽然雇佣张某容、马某岭,但并不是雇佣他们帮助接收境外走私入境的相机,也没有提供笔记本电脑给张某容用于记录相机经营情况,其只是让丁某辰在香港特别行政区帮忙接收国外邮寄过来的相机并在香港特别行政区销售。换言之,徐某文否认其走私相机的基本事实。通过审查运用本案的大量电子数据,并结合同案犯的供述及其证人证言,徐某文上述辩解是不能成立的。

1. 电子账册的基本情况审查

本案的电子账册绝大多数来源于侦查机关查扣的一台"联想"牌 Think Pad 笔记本电脑,从该电脑内提取到张某容记录的账册以及丁某辰记录的清单。这两类账册是认定徐某文第一阶段走私相机的基础证据。一方面,丁某辰记录的香港特别行政区发货清单,表明其帮助徐某文接收到的国外相机,已经由徐某文指派人员到香港特别行政区带走。另一方面，张某容记录的入库表等情况，表明徐某文从境外采购的相机确实已经走私入境。简言之，前者反映的是香港特别行政区发货情况，后者反映的是北京收货情况，而且二者在货物品名、机身号、数量、时间上能够一一对应。在运用这两类账册之前，首先应当审查这些账册与徐某文之间的关联性。

本案中，虽然侦查机关从笔记本电脑中提取大量相机账册，但是由于该笔记本电脑并非直接从徐某文的随身或个人场所扣押，而是在徐某文被羁押后几天，才从徐某文的女朋友黄某洁处查扣；而且该电脑所记录的最近一次数据，也已经离案发有一年半的时间。那么，这台笔记本电脑及其电脑内的数据与徐某文是否有关联？在审查过程中，通过以下几个途径最终认定这台笔记本电脑与徐某文之间的关联性：一是查清电脑本身的直接来源，多人指证案发前一年左右徐某文将一台“联想”牌 Think Pad 笔记本电脑借给其朋友董某道使用，而在徐某文被抓之后，董某道将该电脑归还徐某文的女朋友黄某洁，后侦查人员正是从黄某洁处查扣到该电脑。二是侦查员辗转找到当年受徐某文雇佣为其走私进口相机记账的张某容，经张某容辨认，其确实使用徐某文提供的一台“联想”牌 Think Pad 笔记本电脑记账一年左右，该电脑的“F2”键盘有一处缺损的明显特征，正与查扣的这台电脑相吻合，离职后其将电脑归还徐某文。张某容又对该电脑内相关文件分布情况仔细检查，有关相机账册的文件情况与其归还电脑时的情况相一致。从而查清该笔记本电脑的来源，建立了其与徐某文走私“徕卡”牌相机的关联关系。

2. 审查电子邮件及其与电子账册关联性

本案中，侦查人员从张某容、黄某洁电子邮箱内提取大量涉及相机账册的电子邮件。其中张某容还将这些相机账册通过电子邮件发送给徐某文，徐某文又将其中部分内容发送给黄某洁。

首先，审查电子邮箱的所有者。由于电子邮件是分别基于张某容、黄某洁主动提供各自邮箱账户、密码而提取的，因此可以确定她们各自的电子邮箱。但是，由于徐某文不供认自己的电子邮箱账户，那么张某容、黄某洁各自邮件中对方的电子邮箱是否为徐某文所有？经查证，本案中有一封电子邮件是张某容于 2011 年 6 月 11 日上午 10 时许发送出来，经中间人转发后，这封邮件于当天下午 1 时许转发至黄某洁的邮箱内，而且从黄某洁处提取的这份电子邮件还能够显示张某容的邮箱账户，张、黄二人均指认这名中间人的电子邮箱正是徐某文所有。因此，足以确认该中间人的电子邮箱正是徐某文的电子邮箱。

其次，审查电子邮件与电子账册的关联性。侦查人员从张某容的上述电子邮箱中调取到大量涉及“徕卡”牌相机的电子账册，经仔细审查，这些账册的内容与从上述 Think Pad 笔记本电脑中所提取的电子账册完全一致。换言之，张某容陈述其使用上述笔记本电脑记录“徕卡”牌相机账册的说法确实是客观真实的。张某容正是通过电子邮箱将上述账册发送至徐某文的电子邮箱，进一步确认了这些相机账册与徐某文之间的关联关系。

3. 本案电子数据的综合运用

在审查本案各类电子数据合法性、真实性的基础上，通过综合运用不同电子数据，可以比较完整地还原走私相机的基本环节和具体过程。

第一，采购。通过审查本案的资金交易记录，徐某文通过其众多亲戚、朋友，利用国家规定每人每年5万美元对外付汇额度，以循环支付的方式一共向境外支付人民币两千多万元，而且绝大多数资金支付到徐某文在香港特别行政区开设的个人账户。这反映了徐某文从境外大量采购相机的资金来源。

第二，发货。从国外采购的货物邮寄到香港特别行政区后，由丁某辰统一接收、发货。丁某辰制作的其在香港特别行政区收发相机的电子清单中，记录了其收到相机的时间，以及徐某文指使他人到香港特别行政区带走相机的型号、数量、机身号、带货人、带货日期，这表明相机确实从香港特别行政区发出。同时，这些记录也是认定这一阶段每一项货物的基础证据。

第三，运输（走私入境）。徐某文组织"水客"从香港特别行政区丁某辰处带走货物后，由具体人员带入境，有些再邮寄至北京。结合具体带货人员的出入境记录，绝大多数出入境信息能够与丁某辰在发货阶段所制作的电子清单相衔接，对于可以相印证的内容予以采信。此外，凡是先带到深圳后再邮寄到北京的货物，还有钱某红在深圳发货的快递单信息。上述证据体现了走私的具体过程。除主犯徐某文外，对其他参与人员的涉案数量，也以该阶段的实际走私数量为准。

第四，收货。走私入境的相机统一到达北京后，张某容等人会清点、统计，并记录收到货物的名称、型号、数量、机身号、单价、带货人、快递单号等信息。这些信息中，凡是能够与前面"发货"阶段的电子清单、"运输"阶段的出入境记录和快递单信息相印证的，或者不相矛盾的，作为最终认定这一阶段货物数量的依据。

第五，销售。走私入境的相机在销售过程中，张某容还会制作出库表等销售记录，包括销售货物型号、数量、机身号、采购价、销售价、利润、卖家付款情况等信息，相关内容与"收货"阶段的电子账册相吻合；徐某文与国内购买相机的买家之间往来手机短信以及买家支付货款的资金交易记录，更进一步印证了相机销售的具体情况。

综上分析，关于走私货物每一个环节，相关电子数据均发挥了重要作用。其中"发货""运输""收货"这三个阶段的电子数据，直接表明了相机从境外走私到境内的过程，也是认定涉案货物数量和价格的主要证据；"采购"和"销售"两个阶段的电子数据则进一步完善了案件事实，更加完整地还原犯罪嫌疑人为牟取非法利益走私相机的整个过程。

第七章　走私案件其他常见疑难问题研究

第一节　走私案件自首的认定问题研究

一、自首的法律价值与自首的认定

自首是司法实践中最主要的从轻、减轻情节之一，也是走私案件常见量刑情节。自首之所以作为法定从宽处理情节，因为其有两方面功能：从司法机关角度看，自首有利于节约司法成本、提高司法效率，这主要体现了自首的程序法价值；从行为人角度看，自首反映行为人较好的认罪悔罪态度，大大降低人身危险性，从而可以相应减少个别预防的必要性，从整体上促进社会秩序良性发展，这主要体现自首的实体法价值。根据法律规定，自首包括自动投案和如实供述两个要素，这两个要素可以分别从不同侧面体现自首的上述两大价值。

首先，自动投案和如实供述可以从不同角度节约司法成本。就自动投案而言，犯罪嫌疑人自动投案有利于迅速确定嫌疑人，尤其是便于及时侦破案件并抓捕嫌疑人归案。就如实供述而言，犯罪嫌疑人、被告人如实供述，有利于较快查清案件事实，既可以避免不必要的误导性侦查，还可以在一定程度上减少取证范围，节省取证时间，降低证明难度，甚至还可以适用认罪认罚等更有效率的诉讼程序。因此，如果说“自动投案”主要有利于节约抓捕的司法成本、提高破案率，那么，“如实供述”主要有利于节约定案的司法成本、提高办案效率。

其次，自动投案和如实供述也可以从不同角度降低犯罪嫌疑人人身危险性。就自动投案而言，犯罪嫌疑人愿意主动到案，有利于司法机关及时控制实施违法犯罪的人员，大大降低其再次犯罪的可能性。就如实供述而言，主动归案后的犯罪嫌疑人只有如实供述自身所参与的、在共同犯罪中所知晓的违法犯罪事实，才能体现出犯罪嫌疑人悔罪的真诚性、彻底性，而且所供述的内容与实际查明的事实越接近，悔罪态度效果也越好,人身危险性的降低程度也越大;反之亦然。

走私案件中,当事人到案过程形式多样,但始终紧扣自首的上述法律价值,对于判断自动投案与如实供述两个要件有重要意义。

二、走私案件“自动投案”的认定问题

(一)形迹可疑型自动投案的判断

自动投案包括典型自动投案和视为自动投案两种情形,而视为自动投案特别是形迹可疑型自动投案如何判断,是司法实践常见争议焦点。以缪某连走私普通货物案为例。

【案情简介】2012 年,被告人缪某连及其所实际经营的南京某贸易公司采用低报价格的方式,从日本走私花王等品牌纸尿裤入境,偷逃进口环节应交税额 700 余万元。侦查人员在已经掌握其公司低报价格走私嫌疑的情况下前往公司调查,从办公现场查获大量涉案货物真实单证。在未确定具体实施走私的人员的情况下,从办公现场带走公司负责人缪某连及其他公司员工进行调查,后缪某连如实供述走私的犯罪事实。辩护人认为,在对相关人员进行一般性排查时,缪某连如实供述,系自首。法院认为,缪某连不构成自首。[1]

本案中,侦查机关在已经发现涉案单位有一定犯罪嫌疑的情况下,对单位进行突击搜查,从单位办公现场查获大量证据,并实际控制公司相关人员。虽然具体走私实施人员没有确定,但这种情况下开展的调查,已经不是一般性调查,而是在涉案单位和相关人员有犯罪嫌疑的情况下针对性地实施调查,不属于自动投案。

当然,由于走私案件比较特殊,实践中普遍存在海关相关执法部门(包括缉私部门、缉查部门)在发现有走私嫌疑后,对相关单位进行执法调查、摸排,涉案单位主管人员主动交代走私犯罪事实并提供具体的证据材料,对案件侦查起到较大作用。在此情形下,关键在于判断执法部门在调查之前所掌握的可疑线索程度。如果只是通过一般性的数据对比、分析,发现涉案单位有可能存在低报价格等风险,由于执法部门没有掌握到涉嫌走私的实质性证据,在此情形下属于一般性调查。如果是基于具体人员举报或者通过其他手段已经掌握涉嫌走私的指向性证据,即使只是单方面,但只要能够与嫌疑人、嫌疑单位走私案情建立特定的关联性,进而到涉案单位展开调查,就属于有犯罪嫌疑而进行的调查。本案即属于这种情形。

---

[1] 参见浙江省宁波市中级人民法院刑事判决书,(2013)浙甬刑一初字第 128 号。

（二）电话通知到案时自动投案的认定问题

自动投案的另一个争议焦点是经侦查人员电话通知后到案的，是否属于自动投案，这在走私普通货物、物品案件中很常见。例如，在徐某文等9人走私相机案中，侦查人员已经确定丁某辰等4人有犯罪嫌疑的情况下，打电话通知其到案接受调查。随后上述4人前去接受调查，并如实供述自己的罪行。[1] 对此，一般情况下，经电话通知后主动到案的，应当认定为自动投案，主要有两点理由：

第一，接到电话通知后到案符合归案自动性。《刑法》规定自首为法定从轻、减轻情节，其立法本意之一在于节约司法资源。司法机关可以以较小成本破案，并实际控制住当事人。在电话通知到案的情形中，虽然侦查机关已掌握当事人相关犯罪线索，电话通知也可以理解为一种口头传唤，但尚未实际控制住当事人。当事人在接到电话通知后可以有两种选择：要么前去接受调查，要么不予理睬甚至逃亡。也就是说，这种存在空间间隔的口头传唤有别于面对面当面口头传唤。在后一种情况下，当事人只有归案一种选择，只是归案的过程有一定区别：要么配合归案，要么因抗拒被制服后归案。换言之，此时当事人是否归案的实际决定权在司法机关而非当事人。在电话通知情形中，当事人是否归案，实际决定权在当事人而非司法机关，在存在空间间隔的情况下，虽然通过电话得知自己被立案调查，但对于是否前去接受调查，其自己有决定权。此时，法律应当鼓励当事人前去接受调查，以节约司法成本，而这正是自首的立法本意之一。可见，这种行为能体现出当事人归案自动性。

第二，从公平角度讲，这种情况也应当认定为自首。假设当事人在作案后，侦查人员电话通知其到案，事后当事人逃跑并且更换联系方式，侦查人员无法再次与其联系，而在逃亡的日子里，当事人幡然悔悟，决定前去投案并如实供述。这是一种比较典型的自首，符合自动投案和如实供述两个要件。与上述情形相比，电话通知后当即到案的，当事人悔罪程度肯定更高，其归案自动性也更高，司法机关也更加节约司法成本。二者相比较，对于归案自动性更低的行为尚且认定为自首，对于归案主动性更高的行为如果不认定为自首，有违公平原则。

当然，经侦查人员电话通知，当事人要在知道或者应当知道具体事由后再主动去侦查机关配合调查，才属于自动投案。司法实践中不少当事人接到电话通知后，并不知道自己是因为走私的事实而前往有关部门后被控制。在此情形下到案的，不宜认定为自动投案。

所谓自动投案，其基本含义就是行为人实施违法犯罪后、被侦查机关实际控制之前，主动到侦查机关或其他有权机关如实陈述自己的违法犯罪事实。自动投案包括

[1] 参见浙江省宁波市中级人民法院刑事判决书，(2014)浙甬刑一初字第004号。

客观和主观两方面条件：客观上，行为人要有主动到案的实际行为，既包括最终主动到达相关部门，也包括实际上正在去投案途中；主观上，行为人是以投案为目的，是为了如实陈述自己违法犯罪行为而选择主动到相关部门。这两个条件相辅相成，同时存在，不可分割。如果行为人主观上有投案意愿，但没有客观行为，显然不属于自动投案；[1]如果行为人客观上自己到达侦查机关或相关部门，但其本意并不是为了陈述自己的违法犯罪事实，而是基于其他目的，说明“主动到达”的客观行为反映不出投案的意愿，与“投案”不具有实质关联性，也不属于自动投案。实践当中，有些案件虽然行为人是主动到达侦查机关，但为降低风险等原因，侦查人员往往隐瞒真实情况或采取诱骗方式通知其到达指定地点，行为人虽然也是主动过来，但其主动到达的过程与涉及的案件无关，显然也不属于自动投案。以张某克等人走私普通货物案为例。

【案情简介】2016 年 9 月以来，被告人张某克、罗某治等人为牟取非法利益，先后组织“浙临渔运 12 × × ×”船等 3 条船作为走私工具，招募被告人罗某喜等人担任船长及船员，前往境外海域接驳柴油。之后，罗某喜等人驾驶船舶返航，于深夜靠泊被告人林某等人提供的码头，将走私的柴油直接卸载至油罐车上。案发后，被告人林某接到侦查人员电话通知让其到侦查机关，但侦查人员未告知其具体事由，其也不知道何事，后其主动到侦查机关接受调查，如实供述相关犯罪事实。法院认定，林某不构成自首，但有坦白情节。[2]

本案中，一方面，侦查机关通知犯罪嫌疑人林某时，并没有告知其具体事由；另一方面，庭审中林某也供述当时没有想过侦查机关是因为何事找到其，也没有其他客观证据表明其可能知道侦查机关为何找到其。这说明行为人确实并不知道具体事由，虽然客观上其是主动到侦查机关，但到达的过程与案件无关，只是在到达后才知道具体事由，在时间上主观条件与客观条件不具有同步性，不属于自动投案。

（三）被动归案但未及时采取强制措施时，自动投案的认定问题

基于走私案件的非暴力性，司法实践中执法人员（缉私民警等）在主动出击找到犯罪嫌疑人后，未及时采取拘留、取保候审等强制措施，而是通过较为缓和的措施，由执法人员带领当事人共同前往执法单位配合调查。在此情况下，当事人是否属于自动投案，实践中各地做法有所区别。以张某萍走私珍贵动物制品案为例。

【案情简介】2016 年年底，被告人吴某城、张某萍经合谋，由张某萍预付人民币 40 万元，由吴某城在境外收购黄缘闭壳龟和黄喉拟水龟并负责偷运入境，销

〔1〕 当然，被羁押后如实交代办案机关没有掌握的非同种犯罪视为自动投案，属于法律特别规定。

〔2〕 参见浙江省宁波市中级人民法院刑事判决书，(2018)浙 02 刑初 85 号。

售给张某萍。2017年4月19日,吴某城通过他人将其购买的11箱活体龟从厦门海域走私入境时,被执法部门当场抓获。侦查机关抓获同案犯吴某城等人后,确定张某萍有走私嫌疑。同年6月25日,缉私民警在广州找到张某萍,在没有被采取强制措施的情况下,其主动配合并自愿与侦查人员一起到厦门海沧海关缉私分局接受调查。[1]

本案中,法院认为被告人张某萍在未受到侦查人员讯问且未被采取强制措施的情况下,主动配合与侦查人员从广州一同回到厦门接受调查,可以视为自动投案,且归案后如实供述自己的主要犯罪事实,应认定有自首情节。笔者认为,本案中侦查人员在已经明确张某萍为犯罪嫌疑人的情况下,主动出击找到张某萍,张某萍实质上已经被控制,失去自动投案的可能性,不宜认定为自首。再以刘某明等人走私普通货物案为例。

【案情简介】2008年6月,被告人刘某明与案外人焦某某共同出资在中国香港特别行政区成立被告单位佳某公司。2010年1月至2012年6月,佳某公司在代理国内客户进口冷冻猪、牛、羊、鸡等副产品过程中,用伪报货物品名等方式,逃避海关监管,走私进口上述货物143,795吨,偷逃应缴税额人民币约3.74亿元。2012年6月12日,侦查机关在刘某明住所将其直接带走调查。[2]

本案中,被告单位佳某公司、被告人刘某明的辩护人均认为,侦查机关在没有采取强制措施对刘某明询问时,其主动、如实地供述自己的犯罪事实,应当视为自动投案,单位和个人均具有自首情节。但法院认为,辩护人上述理由不成立,本案不成立自首,主要理由为:首先,侦查机关在立案前,已经调取了被告人刘某明使用的电子邮箱中与员工之间往来电子邮件,发现佳某公司在代理进口冷冻产品过程中存在倒换货柜、伪报品名进口、偷逃国家巨额税款的行为。其次,侦查机关于2012年6月12日在刘某明的住所将其抓获,虽然当时刘某明未被侦查机关采取拘传、拘留等强制措施,但人身自由已经被侦查人员实际控制,丧失了投案的主动性、自愿性,不符合自动投案的法律规定,不能认定为自首。同时,佳某公司也不能认定自首。

笔者认为,法院认定刘某明不构成自首是合理的。从走私犯罪司法实践看,本案被告人刘某明的归案过程具有一定普遍性,侦查机关已经确定相关人员有犯罪嫌疑的情况下,主动出击直接将其抓获归案,但抓获当时没有出具任何手续。从程序上看,这一做法存在一定瑕疵,导致自首认定上容易引起争议。建议侦查机关应当完善

---

〔1〕 参见福建省高级人民法院刑事判决书,(2018)闽刑终183号。
〔2〕 参见天津市第二中级人民法院刑事判决书,(2013)二中刑初字第150号。

相关执法程序,尽量从程序和事实方面减少自首认定上的争议。

三、走私案件“如实供述”的认定问题

根据法律规定,如实供述是指供述主要犯罪事实。具体到走私案件中,当事人常常会对案件事实提出一定辩解,对于是否属于如实供述主要犯罪事实容易产生分歧。对此,可以从“如实供述”的司法价值方面来分析。如前所述,自首的价值在于节约司法成本、降低嫌疑人人身危险性,具体到作为自首要件之一的“如实供述”,其价值在于节约定案的司法成本,体现嫌疑人、被告人认罪悔罪的真诚性、彻底性。从这一法律价值出发,嫌疑人、被告人主动到案后,其所作的辩解或否认如果从一开始就可能严重误导案件侦办,或者足以影响办案机关对案件整体定性的判断、足以影响不同法定量刑情节的认定,应当认定为当事人没有供述主要犯罪事实。具体而言,若要区分不同情形,可以从以下几方面进行评判。

(一)关于如实供述的时间条件

就如实供述的时间条件而言,行为人至少在第一次投案接受讯问时就如实供述主要犯罪事实,方能体现出投案之初的主动性、自愿性。从节约司法成本看,如果第一次讯问时没有如实供述,司法机关要么容易被误导侦查取证方向,要么需要额外的时间、精力强化取证,难以起到节约司法成本的作用。从投案自愿性看,犯罪嫌疑人既然是投案,立法本意要求其向司法机关如实陈述自己的犯罪事实,将自己置身于司法机关有效控制下、自愿接受制裁,如果第一次没有如实供述,按照其辩解的内容很可能就不需要对其采取强制措施,换言之,也仅仅是到案说明情况,而不能称之为“投案”。以宋某露等走私国家禁止进出口的货物案为例。

【案情简介】2015 年 5 月以来,被告人宋某露为牟取非法利益,受他人委托,伙同被告人刘某俊等人,从宁波口岸走私出口 57 个集装箱 1200 余吨木炭至韩国。案发后,被告人宋某露、刘某俊经民警电话通知,均主动到案。但刘某俊在公安机关对其第一次讯问时并未供述本案的犯罪事实。其二人在庭审中对起诉书指控事实均没有异议。法院认定,被告人宋某露构成自首,而被告人刘某俊不构成自首,但可认定为具有坦白情节。[1]

本案中,被告人刘某俊虽主动到公安机关投案,但其在公安机关对其第一次讯问时并未供述本案的犯罪事实,体现不出投案当时的主动性、有效性,不能认定有自首情节。当然,判断行为人投案后第一次是否如实供述,对于如实供述的程度要求可以

---

〔1〕 参见浙江省宁波市中级人民法院刑事判决书,(2016)浙 02 刑初 64 号。

较低,即只要行为人供述基本犯罪事实,且没有对关键环节予以否认的,一般应当认定为如实供述。尤其在走私等经济犯罪案件中,不能因为嫌疑人在到案之初没有完整供述走私全部事实、全部数额,而直接否定如实供述。这是因为司法实践中,不少嫌疑人在异地投案,接待民警不可能过于详细讯问;即使在办案机关投案,侦查员第一次讯问也可能比较简略,只要其没有否认核心事实,就属于如实供述。当然,除第一次和一审判决之前如实供述外,行为人在其他阶段的供述情况、是否反复等情节,可以作为最后判刑从宽幅度的重要依据。

当然,强调嫌疑人需要在第一次主动到案时如实供述才能构成自首,前提也是基于侦查机关已经确定其为犯罪嫌疑人。如果直到行为人本人如实供述之前无法确定其有犯罪嫌疑的,其仍然有可能构成自首。

(二)对行为的辩解与案件性质的判断

就案件性质而言,即使行为人认可案件发生的基本过程,但如果其对案件事实的辩解能够对罪与非罪、重罪与轻罪的判断产生实质性影响的,则属于没有如实供述。以何某业走私普通货物案为例。

> 【案情简介】陈某信(另案处理)因从事走私柴油入境,为逃避司法机关打击,事前谋划指使被告人何某业在其油船出事时,去边防部门为其顶罪。2016年9月至12月,陈某信组织船舶走私柴油入境39个航次1万余吨,偷逃应缴税额2300余万元,其中最后一次在码头靠泊卸油时边防派出所当场查获。案发后,何某业于2017年1月1日以投案名义到边防派出所,谎称其系走私油货主。到案后,何某业在相当长的羁押期间,供述反复,后又称陈某信与其均是股东,并且其还称仅是在油船被查扣后,应陈某信的要求而去顶罪,而没有涉嫌其他事宜。庭审中,其对起诉书描述的基本事实经过无异议。其辩护人提出,何某业有自首情节。法院认定,何某业不构成自首。[1]

本案中,被告人何某业主动到案是为了给陈某信顶罪,而且到边防派出所后也未如实供述,而是谎称自己系油船老板,所有柴油走私行为均是其指使所为。一方面,说明何某业到案是为走私分子顶罪,同时属于其与他人事前预谋后的犯罪实施行为,并非“自动投案”;另一方面,包括第一次供述在内的很长时间里,其供述的内容虽然也涉嫌犯罪,但与最终查明的事实有实质性出入,涉及罪之轻重、涉及案件后续基本侦查方向,影响到对其本人主要罪责的判断,同时其隐匿了重要同案犯,误导了调查取证方向,对查明案情产生根本性影响,因此不宜认定为如实供述。

---

〔1〕 参见浙江省温州市中级人民法院刑事判决书,(2017)浙03刑初152号。

实践当中最常见的是行为人对主观故意的辩解从而可能影响到案件性质。例如,行为人常常辩解不知道是走私何种物品。如果行为人承认主观上明知在走私,但只是对走私对象提出一定辩解,由于一般不影响整体定性,不应就此否定如实供述。如果对进出口货物所作的辩解,足以影响是否构成走私犯罪的认定,比如出口木炭但辩解不知道是木炭,则属于没有如实供述。当然,如果只是对违法性认识的辩解,一般不应就此直接否定如实供述。[1]

(三)对行为的辩解与法定情节的判断

就法定情节而言,如果行为人所辩解或否认的事实不会对法定情节的判断产生影响,则一般属于如实供述。相反,如果其所辩解的内容足以影响法定情节的判断,例如,足以影响主从犯的认定、足以影响正当防卫或防卫过当的判断,则属于没如实供述。以谢某洋等人走私普通货物案为例。

【案情简介】2017 年 11 月,被告人谢某洋租赁“海捷 15”油船,雇佣被告人傅某敏担任船长。之后,二人又分别招揽多名船员。同年 12 月 24 日,谢某洋将相关接油信息、联络手机等提供给傅某敏,指使傅某敏率船员驾驶“海捷 15”油船出海运油。同月 28 日,傅某敏等人驾驶加完油后的“海捷 15”油船直接走私入境,驶经舟山海域附近时被海警抓获,776 吨走私柴油被查获,偷逃应缴税额 152 万余元。次日,被告人谢某洋到海警投案。到案后及庭审中,被告人谢某洋供述了走私的基本过程,但辩解其是受他人指使运输走私油,不知道具体指使人员的信息,其不应承担主犯责任。法院认定,被告人谢某洋虽然有投案行为,但其归案后仅供认侦查机关已经掌握和可以通过其他侦查方式掌握的基本事实,其对涉案柴油所有人信息、运输目的地、与供油方的联络方式和内容、油款支付方式,以及其如何指使傅某敏实施具体走私行为等多个关键事实均未供述,且其归案前销毁涉案联络手机,并指使傅某敏销毁联络手机,故其行为不符合自首关于如实供述主要犯罪事实的要求,依法不能认定其自首。[2]

本案中,谢某洋虽然供述走私柴油的基本过程,但在是否受他人指使这一关键问题上,其一方面辩解有其他货主,另一方面却又提供不出可靠的证据。结合本案的具体情况,其上述辩解既不符合本案证据事实,也影响到本人罪责情况。具体而言,本案中不但走私船舶系谢某洋所租赁,而且雇佣船员、提供海上接油信息等关键环节也都是谢某洋所实施,其所实施的各种行为通常符合走私起意者、策划者的角色。然

---

[1] 《最高人民法院关于被告人对行为性质的辩解是否影响自首成立问题的批复》中规定,“犯罪以后自动投案,如实供述自己的罪行的,是自首。被告人对行为性质的辩解不影响自首的成立”。

[2] 参见浙江省宁波市中级人民法院刑事判决书,(2018)浙 02 刑初 60 号。

而,谢某洋辩解自己在2017年11月租赁油船后,受他人雇佣代为运油,却又无法提供雇佣者的有效信息,也无法提供其与雇佣者之间存在合作关系的可信证据。由于海上油品运输涉及大宗货物交易、较高的自然风险和法律风险,其辩解显然不符合商业惯例。谢某洋的上述辩解反映出要么是推卸自己主要责任,要么是刻意隐匿幕后指使者。前者说明其供述的内容足以影响自身责任,后者说明其没有如实供述共同犯罪中同案犯的犯罪事实,足以影响司法机关查清完整的走私过程,也足以实质性地影响到裁判者对谢某洋本人或者其他同案犯刑事责任轻重的判断。因此,判决书最后认定谢某洋虽然主动到案,但没有如实供述主要犯罪事实,不构成自首。

此外,就数额犯而言,如果行为人供认了大部分犯罪数额,应当属于如实供述;相反,其故意隐瞒的数额大于其所供认的数额,或者二者数额相当的,则属于没有如实供述。

四、"两法"衔接走私案件自首的认定问题

(一)"两法"衔接走私案件中判断自首的时间节点

走私犯罪是典型的行政犯,实践中大量走私案件基于行政执法而案发,涉及"两法"衔接的情况很常见。例如,行为人违法携带物品出入境时被海关查获,或者海关稽查部门对企业行政调查,调查一段时间后再移交缉私部门刑事立案。由于刑事立案前存在行政执法阶段,当事人往往存在两次"到案经过",首先是行政执法阶段到案经过,其次是刑事侦查阶段到案经过,这比一开始就直接启动刑事程序的案件更为复杂。如何把握判断自动投案的时间节点,以行政阶段到案过程为准,还是以刑事阶段到案过程为准,二者如何协调?以刘某某等人走私普通货物案为例。

> 【案情简介】2013年12月中旬,被告人刘某某在法国采购大量名牌服饰、箱包等货物,欲带入国内销售牟利。同月18日,刘某某及其同行人员朱某携带采购的货物乘坐机返回国内,在宁波栎社国际机场通过海关入境时,选走无申报通道,朱某未遇抽查而先行离开,刘某某携带部分货物被当场查获。后案件移交缉私部门调查,刘某某如实供述其他已经由朱某携带入境的货物,配合调查后回家等待处理结果。经调查发现,刘某某走私货物偷逃应缴税额已经超过刑事立案标准,缉私部门于同月20日刑事立案,后经电话通知,刘某某于同月24日到缉私部门,被采取取保候审强制措施,如实供述犯罪事实。经侦查,刘某某走私货物偷逃应缴税额12万余元。[1]

---

〔1〕 参见浙江省宁波市中级人民法院刑事判决书,(2015)浙甬刑一初字第28号。

本案中,被告人刘某某的辩护人认为,刘某某入境遇海关人员排查时,随身携带的货物涉税金额尚未达到刑事立案标准,但刘某某主动交代并配合海关缉私人员追回走私货物,海关于同月 20 日才立案侦查,故被告人刘某某有自首情节。法院认为,刘某某系在机场入境时被当场查获,不属于自动投案,不构成自首。我们认为,法院的认定是合理的,主要理由如下。

1. 以行政执法阶段到案经过为标准判断“两法”衔接案件自首问题,体现法秩序统一性原理

从权力性质看,行政权与司法权属于两种不同公权力,由不同国家机关分别行使。然而,行政执法与刑事司法都是针对行为人的违法行为,虽然行为违法程度有所区别,但都是基于行为人挑战国家权威、破坏法律秩序而启动的程序,从当事人由于自己违法行为接受国家调查、处理的角度来说,行政执法与刑事司法是前后相通的。况且,“两法”衔接案件中,“行政执法机关调查发现有犯罪事实并能确定行为人时案件才有必要被移送刑事侦查机关立案侦查,那么行政执法机关实际享有了部分行政犯罪的调查权,行政执法机关实际是侦查权实现的重要协助机关,行政执法实际是刑事司法中立案侦查前不可或缺的重要一环”〔1〕。站在国家角度来说,行政执法与刑事司法都存在是否自首的判断问题,而且关于自首认定条件及其法律后果也基本相同;〔2〕站在行为人角度来说,行为人在实施违法犯罪后,无论是首先被行政执法机关发现查处,还是首先被司法机关(公安)发现查处,尽管后续处理程序有一定差异,但因被查处而接受调查、制裁二者没有本质区别。

针对同一违法行为,如果行政调查阶段不符合自首条件,而进入后续刑事调查阶段却构成自首,或者情况相反,既会造成《行政法》与《刑法》的制度冲突,也超越普通民众对公权力处理违法行为的一般认识。因此,从法秩序统一性角度来讲,行政执法与刑事司法息息相关,两类权力的行使具有连贯性,在自首的认定上应当保持延续性。

2. 以行政执法阶段到案经过为标准判断“两法”衔接案件自首问题,符合相关法律、司法解释有关自首规定的立法原意

司法解释规定,罪行未被有关部门、司法机关发觉,仅因形迹可疑被盘问、教育

---

〔1〕 王志:《行政犯自动投案问题分析》,载《中国检察官》2019 年第 4 期。

〔2〕 《治安管理处罚法》第 19 条规定,“违反治安管理有下列情形之一的,减轻处罚或者不予处罚:……(四)主动投案,向公安机关如实陈述自己的违法行为的”。这是行政法有关自首制度的典型规定。《刑法》第 67 条第 1 款规定:“犯罪以后自动投案,如实供述自己的罪行的,是自首。对于自首的犯罪分子,可以从轻或者减轻处罚。其中,犯罪较轻的,可以免除处罚。”虽然表述方式有所区别,但无论是自首本身的构成条件,还是自首对实际处罚/量刑的影响,二者没有本质区别。

后,主动交代犯罪事实的,应当视为自动投案。[1] 可见,从法律规定看,对当事人自首情况的判断,并不仅仅局限于司法机关侦查/调查阶段当事人是如何归案的,也包括其他有关部门对案件事实及其违法行为人的发现过程。对此,司法解释对职务犯罪案件有更加明确的规定。在国家监察体制改革前,大量职务犯罪的案发过程,往往是纪检监察部门先行调查,当发现可能涉嫌犯罪时再移送检察机关立案侦查。针对该类案件,司法解释从正反两方面规定侦查机关以外的办案机关对案件的发现过程直接影响自首的判断:从正面看,主动向办案机关或其所在单位等办案机关以外的单位、组织或者有关负责人员投案的,应当视为自动投案;从反面看,没有自动投案,在办案机关调查谈话、讯问、采取调查措施或者强制措施期间,犯罪分子如实交代办案机关掌握的线索所针对的事实的,不能认定为自首。[2]

从本质上讲,经由纪检监察部门先行调查后移送检察机关立案侦查的案件,也属于"两法"衔接案件,只不过这是纪检监察规章制度与刑法之间的衔接问题。尽管国家监察体制改革后,这种"两法"衔接已经不存在,但其所体现的原理仍然有适用空间,基于同样情况同样处理的法律原则,对于涉及行政法与刑法衔接的案件,也应当以案发初始阶段相关机关介入时当事人到案经过作为判断自首的基本依据。

3. 以行政执法阶段到案经过为标准判断"两法"衔接案件自首问题,有助于实现自首的制度功能

自首之所以作为法定从宽处理情节,主要有两方面功能:从国家角度看,自首有利于节约办案成本、提高办案效率,这主要体现自首的程序法价值;从行为人角度看,自首反映行为人较好的认罪悔罪态度,降低人身危险性,从而相应减少个别预防的必要性,从整体上促进社会秩序良性发展,这主要体现自首的实体法价值。"两法"衔接案件中,以行政执法阶段到案经过作为判断自首的基本依据,有助于实现自首的上述两方面功能。对于国家来说,是否节约办案成本,并不仅仅限于司法机关办案成本,当然也包括有执法权的行政机关就同一事实的办案成本,尤其是行政执法阶段当事人到案情况、配合情况,对案件侦破往往有实质性影响;对于行为人而言,在行政调查阶段,是否主动到案、是否认罪悔罪配合调查,也实质性地反映其人身危险性。

如果行政阶段当事人被动归案或者归案后拒不配合,行政机关经过艰苦努力后发现犯罪事实,在即将移交司法机关时或者已经移交后,当事人主动到司法机关投案,其所谓"主动到案"既无助于国家整体上节约执法成本,也很难体现其本人在最关

---

[1] 根据最高人民法院《关于处理自首和立功具体应用法律若干问题的解释》第1条的规定,罪行尚未被司法机关发觉,仅因形迹可疑,被有关组织或者司法机关盘问、教育后,主动交代自己的罪行的,应当视为自动投案。

[2] 参见《最高人民法院、最高人民检察院关于办理职务犯罪案件认定自首、立功等量刑情节若干问题的意见》第1条。

键调查时刻有认罪悔罪的表现;反之,在行政调查阶段主动到案、配合调查,既节约执法成本,也降低人身危险性。

当然,司法解释规定,犯罪嫌疑人尚未受到讯问、未被采取强制措施时,主动、直接向公安机关、人民检察院或者人民法院投案的,属于自动投案。"两法"衔接案件中,先行启动行政程序时,由于行政机关没有限制人身自由的强制措施,或者有些案件调查时间较长,难以长时间采取限制人身自由的措施,从形式上看,当事人尚有机会向司法机关"自动投案"。然而,在已经启动行政调查程序且当事人也归案的情况下,行政机关代表了国家执法权威,尽管因为法律的规定而无法采取限制人身自由的强制措施,但当事人有继续接受执法调查的义务,后续随传随到配合调查(侦查)已经不属于自动投案,至于由行政机关继续调查还是移交司法机关调查,只是基于行为违法严重程度与国家内部分工不同而已。正如有观点指出,"投案'自动'性应从行为人是否有履行接受国家执法权威调查义务的现实性角度判断。犯罪的人只有接受调查的义务,无逃跑的权利,在直面国家执法权威时犯罪的人即有履行接受调查义务的现实性,只有无这种现实性时,犯罪的人自行投案行为才能被认定为刑法意义上的自动投案"[1]。

综上,对于从行政程序转为刑事程序案件的自首认定问题,原则上应当以行政执法阶段(初始案发)到案经过为准。具体到走私案件,总体上分为两种情况:

第一,如果初始案发时,当事人在海关行政执法过程中被当场查获并抓获归案的,即便其后来被采取刑事强制措施时表面上是"主动到案",也不属于《刑法》上的自动投案。例如,上述刘某某走私普通货物案中,其在入境时被当场查获,法院也没有认定其自首。当然,在当事人被动归案时,如果根据行政执法阶段调查的证据,相关违法行为无法查证属实,后当事人主动向缉私部门投案并如实供述的,仍然属于自动投案;或者行政机关调查后,已经终止行政程序,也没有移送缉私部门,或者在法定期限内没有予以处理,视为行政程序已经终结,行政程序与刑事程序没有前后衔接,后续如果当事人主动向缉私部门投案的,属于自动投案。

第二,如果初始案发时,海关在行政执法调查阶段当事人到案过程符合自动投案条件,但由于行政机关没有及时将案件移送缉私部门,而是缉私部门从其他渠道获悉当事人违法犯罪事实,就同一事实主动介入后抓获当事人的,仍然可以认定为《刑法》意义上的自动投案。当然,缉私部门刑事立案后当事人因逃跑等拒不配合情形而被动归案的,则不属于自动投案。

---

[1] 王志:《行政犯自动投案问题分析》,载《中国检察官》2019年第4期。

（二）“两法”衔接案件中形迹可疑型自动投案的判断

自动投案包括典型的自动投案和视为自动投案两种情形，尽管“两法”衔接案件以行政执法阶段归案经过为判断标准，仍然可以分为上述两种情形。基于“两法”衔接模式下走私案件案发过程的特殊性，典型自动投案一般均指经海关行政部门或侦查部门电话通知后自己至海关接受调查，而未经通知主动、直接投案的极为少见。[1]不过，更为复杂的是视为自动投案的认定问题，尤其是形迹可疑型自动投案，也就是海关在启动行政调（检）查或者排查，如何判断行为人属于犯罪嫌疑还是形迹可疑。具体需要区分虚假申报型走私案件与和夹带瞒报型走私案件分别讨论。

1.“两法”衔接中虚假申报型走私案件

司法实践中，许多走私案件通常是海关发现行为人有低报价格等违法违规相关线索后，至有关单位开展行政调查时，发现相关证据材料。调查一段时间后，确认已经涉嫌犯罪，再移送缉私部门立案侦查。对此，需要分两个步骤判断当事人是否属于自动投案。

第一，区分海关前往调查前当事人属于形迹可疑还是犯罪嫌疑。在海关下厂稽（调）查而案发的案件中，海关接到相关人员明确举报且能提供指向性线索的，海关再前往核查的，被调查对象就属于有犯罪嫌疑（包括违法嫌疑），后续调查就不属于一般性排查。此时，除非当事人符合典型自首的条件，否则不构成自首。如果海关只是通过价格监控、比对等途径发现低价申报线索，但又没有明确证据的，行为人则尚处于形迹可疑状态，后续调查就属于一般性排查。[2]

第二，在海关进行一般性排查时，当事人是否主动交代犯罪事实。如果当事人主动供认，或者提供真实发票、账册等据以认定走私行为（或走私犯罪）的证据，属于主动交代犯罪事实，应视为自动投案。

【案情简介】2010年2月，被告人吴某明在厦门成立开某公司，经营檀香木制品的进口和加工、销售等业务，并担任开某公司的总经理，负责公司的全面经营。在开某公司经营过程中，开某公司从境外购买檀香木制品，以大幅低报货物成交价格的方式，自行或委托厦门佛权进出口有限公司、厦门仙道进出口有限公司，向厦门海关申报进口檀香木制品，尔后在境内进行销售。截至2016年9月，被告单位开某公司以上述方式走私进口共79票檀香木制品，偷逃税款人民币1074万

[1] 参见项谷：《走私普通货物、物品案件自首的认定及适用——以实证研究为切入》，载《政治与法律》2015年第4期。

[2] 参见项谷：《走私普通货物、物品案件自首的认定及适用——以实证研究为切入》，载《政治与法律》2015年第4期。

余元。2016 年 12 月 27 日，厦门海关在对开某公司进行行政执法排查时，被告人吴某明主动提供开某公司低报价格走私檀香木制品的账册和单证等记载真实成交价格的罪证并如实供述了上述走私事实。次日，厦门海关缉私局对本案立案侦查，并对开某公司电脑硬盘、仓库内部分檀香木制品等物予以扣押，对吴某明刑事拘留。[1]

本案中，法院认为，被告人吴某明在厦门海关对开某公司进行行政执法排查时，主动交出罪证，如实供述犯罪事实，具有自首情节；被告人吴某明的行为代表单位的意志，故被告单位开某公司亦具有自首情节。法院正是立足于行政执法阶段，当事人主动交出罪证并如实供述犯罪事实这一归案过程认定其属于自动投案。

与之相反，在海关进行一般性排查时，当事人在接受调查时拒不配合，或者表面配合实质转移、销毁证据的，不属于主动交代犯罪事实，不能视为自动投案。以杭州某贸易公司走私普通货物案为例。

【案情简介】2012 年 7 月至 2016 年 9 月，杭州某贸易公司采用低报价格的方式进口扑克牌 22 票，偷逃应缴税款共计人民币 90.8 万元。同年 12 月，宁波海关稽查科接到线索后，到该公司办公地稽查，其间，公司负责人赖某趁稽查人员不注意，登录邮箱将涉及真实合同的邮件予以删除。宁波海关经调查，发现本案涉嫌刑事犯罪，移送缉私部门刑事立案，后赖某应要求主动到宁波海关接受讯问，如实供述了走私犯罪事实。法院认定，被告单位杭州某贸易公司和被告人赖某犯走私普通货物罪，但都未认定自首。[2]

本案中，尽管刑事立案后赖某主动到案，然而在最初行政调查阶段，赖某实施销毁、隐匿证据的行为，没有主动交代犯罪事实，体现其较严重的人身危险性，况且其删除证据的行为对侦查造成巨大影响，从最终认定结果看，虽然走私的事实可以认定，但其中 14 票货物因真实价格资料缺失最终无法认定，不符合自首所要求的如实供述的条件。

2. “两法”衔接中夹带瞒报型走私案件

在夹带瞒报型“两法”衔接走私案件中，通常表现为行为人随身携带违规、违禁物品入境时未如实申报，因被海关等执法部门发现而案发。对此，如何区分犯罪嫌疑与形迹可疑存在一定争议。以曲某走私珍贵动物制品案和彭某走私珍贵动物制品案为例，不同法院对同样的情况作出不同认定。

---

〔1〕 参见福建省厦门市中级人民法院刑事判决书，(2017)闽 02 刑初 117 号。

〔2〕 参见浙江省宁波市中级人民法院刑事判决书，(2019)浙 02 刑初 3 号。

【案情简介】被告人曲某从机场入境时,海关人员对其托运的行李箱进行X光机检查时发现内有象牙制品,于是让他打开行李检查,海关人员问他里面是什么东西,他回答说一些食品和象牙制品。随后,海关人员在其行李箱中查处426件象牙制品,价值42万余元。法院认为,曲某的行为已构成走私珍贵动物制品罪,曲某不构成自首,但鉴于其到案后能如实供述犯罪事实,当庭自愿认罪,且预缴全部罚金,可对其从轻处罚。[1]

【案情简介】2013年,被告人彭某在南非购买大量象牙及象牙制品,准备回国后赠送亲友。同年10月11日18时20分,彭某乘飞机抵达长沙黄花国际机场入境时,选择走无申报通道,在其携带的行李箱通过X光机检查时,海关旅检关员发现该行李箱中有异常阴影图像,怀疑为象牙制品,遂示意彭某接受海关检查,彭某称其确实携带象牙及象牙制品,并在旅检关员的要求下拿出其夹藏在行李中的27包疑似象牙及象牙制品36件,价值24万余元。公诉机关认为彭某有坦白情节。法院认定,彭某犯走私珍贵动物制品罪,有自首情节。[2]

上述两起案例中,行为人案发过程完全一样,但法院对于是否构成自首作出不同结论。最高人民法院《关于处理自首和立功若干具体问题的意见》中规定,"罪行未被有关部门、司法机关发觉,仅因形迹可疑被盘问、教育后,主动交代了犯罪事实的,应当视为自动投案,但有关部门、司法机关在其身上、随身携带的物品、驾乘的交通工具等处发现与犯罪有关的物品的,不能认定为自动投案"。上述两起案例关键要区分行为人主动交代时属于因形迹可疑被盘问,还是已经被当场发现与犯罪有关的物品。笔者认为,在海关要求正式开箱前,虽然行为人已经承认自己携带象牙制品,但前提是海关通过X光机锁定涉案人员有携带象牙制品嫌疑的情况下,将其拦截进行重点盘查,其本人及其物品完全处于海关监管人员控制之下,是否主动交代对于海关破案不具有实质性影响;如果其不交代,海关打开后可以明确涉案违禁品,如果其交代,只能反映其本人有较好认罪悔罪态度。因此,在通过X光机锁定涉案行李内可能有违禁品时,行为人已经属于有犯罪嫌疑的人员,而后在其配合下执法部门当场打开其行李箱,属于有关部门在其随身携带的物品发现与犯罪有关的物品,不能认定为自动投案。

五、取保候审期间再行走私时自首的认定问题

司法实践中,行为人在自动投案后,于取保候审期间再犯罪甚至再走私的情况也

---

〔1〕 参见北京市第四中级人民法院刑事判决书,(2015)四中刑初字第27号。

〔2〕 参见湖南省长沙市中级人民法院刑事判决书,(2014)长中刑二初字第00001号。

时有发生,此种情况下能否认定为自首,存在一定争议。以黄某某走私案为例。

【案情简介】2018 年 6 月,被告人黄某某购买“广源 8”船,后雇佣人员多次驾驶该船到境外海域非法过驳白糖、肉类冻品等货物走私入境。同年 7 月 27 日,黄某某第 5 次组织人员驾驶该船走私 210 吨肉类冻品入境时被查获。同年 10 月 29 日,黄某某主动到侦查机关投案,因身体原因于 11 月 1 日被取保候审。同年 12 月,黄某某又先后 3 次为苏某海上绕关走私白糖、肉类冻品提供卸货服务从中非法牟利。2019 年 1 月 3 日,“CHANGQING”船从韩国走私白糖到浙江海域时,黄某某再次组织人员,将该船引航至其联系的宁海县强蛟镇磨盘山码头卸货时被警方查获,缴获白糖 1185 吨,偷逃应缴税额 322 万余元。法院认定,黄某某不构成自首,且系主犯,犯走私普通货物罪,判处有期徒刑 10 年,罚金 400 万元;犯走私国家禁止进出口的货物罪,判处有期徒刑 5 年,罚金 30 万元,决定执行有期徒刑 13 年,罚金 430 万元。[1]

本案中,被告人黄某某因海上走私案发后自动投案,取保候审期间因再次犯罪而案发。诉讼中,黄某某及其辩护人认为,黄某某参与第一节走私犯罪属于自首。法院认为,走私冻品案发后,黄某某虽主动到案,如实供述犯罪事实,但其在因该节犯罪被取保候审尚未审判前,再犯走私普通货物罪,主观恶性大,证明其在被采取强制措施期间,不服从司法机关管教,对该行为不做自首认定。我们认为,法院的判决是合理的。如前所述,法律设定自首制度有两方面目的,一方面有利于节约司法资源,另一方面也因其认罪、悔罪而降低人身危险性。但是,行为人自动投案后仍然不思悔改,继续实施犯罪的,反映其行为不符合自动投案和如实供述罪行并认罪、悔罪的立法本意。

第二节　间接走私若干问题研究

一、间接走私概述

根据《刑法》第 155 条的规定,直接向走私人非法收购国家禁止进口物品的,或者直接向走私人非法收购走私进口的其他货物、物品,数额较大的,以走私罪论处。这在刑法理论上称之为间接走私(又称一手购私)。结合《走私案件解释》第 20 条的规定,间接走私应当按走私货物、物品的种类,分别依照《刑法》第 151 条、第 152 条、第 153 条、第 347 条、第 350 条的规定定罪处罚。

对于收购走私货物按照走私罪处理的情形,必须同时符合两个条件:一是客观上销售方必须是直接走私货物的人,包括实施直接走私的行为人,以及按照直接走私共犯处

---

〔1〕 参见浙江省宁波市中级人民法院刑事判决书,(2019)浙 02 刑初第 159 号。

理的人;二是主观上收购者应当明知收购的是走私货物、明知收购方是直接走私人。

首先,客观上销售方必须是直接走私人,包括实施直接走私的行为人,以及按照直接走私共犯处理的人。一般情况下,直接走私人容易判断。比如,直接走私人A销售走私货物给B时,A当然属于直接走私人。但如果在直接走私人与收购人之间介入第三方中间人时,如何判断直接走私人就比较复杂。此时,如果第三人与买卖双方有依附关系,比如第三人受卖家雇佣走私货物、销售货物,或者卖家与第三人共同出资等其他形式合伙走私,那么对于买家而言,卖家与第三人整体上属于直接走私人,买家无论是直接联系卖方还是直接联系第三人收购货物,都属于间接走私。当然,如果直接走私人将货物销售给第三人,其他人B再向第三人购买走私货物,通常情况下B已经不属于间接走私。

其次,行为人主观上明知是直接走私入境的货物。这一主观明知内容可以进一步细化为两点:一方面明知收购的是走私货物,另一方面明知销售方是直接走私人员。相反,如果行为人主观上并不知道收购的是走私货物,或者不知道对方是直接走私人,即便是从直接走私人处收购,也不符合主客观相一致原则,不能以走私罪论处。

通过前面分析可以看出,针对收购走私货物的行为,按间接走私处理(以走私罪论处)的必须符合主客观两个条件:客观上从直接走私人处收购,主观上明知是他人直接走私入境的货物。当然,实践中还存在收购人员与直接走私分子通谋的情形,此时按直接走私共犯处理还是按间接走私处理,实践中各地做法差异较大。以下面两起案件为例。

【案情简介】吴某城、张某萍二人于2016年年底合谋,由张某萍预付40万元,吴某城在境外收购黄缘闭壳龟、黄喉拟水龟负责偷运入境,销售给张某萍。后被告人蒋某胜受雇佣将吴某城订购的黄缘闭壳龟运输入境,在码头卸货时被当场抓获。法院认定,其三人属于直接走私共同犯罪,且吴、张二人系主犯。[1]

【案情简介】2015年5月初,阮某取与陈某霞密谋,由陈某霞向阮某取出售越南走私进口的象牙,并由阮某取预付货款。同月13日,阮某取支付55万元货款。当晚,陈某霞等人从越南将象牙运至广西北海银滩附近海边,过驳给接应的越野车时被当场查扣。法院依《刑法》第155条第1项认定阮某取系间接走私,且属于走私未遂。[2]

上述两案中,收购人与直接走私人的合作模式基本相同,收购人都是事前与直接

---

〔1〕 参见福建省高级人民法院刑事判决书,(2018)闽刑终183号。
〔2〕 参见广西壮族自治区防城港市中级人民法院刑事判决书,(2016)桂06刑初67号。

走私人合谋并预付一定购货款，走私人再组织货物走私入境后交予收购人，然而二者法律适用有较大差别：对于前者，法院认定收购人张某萍与吴某城属于直接走私共犯；对于后者，法院对收购人阮某取按间接走私处理。

二、直接走私共犯与间接走私的区分

（一）准确区分直接走私共犯与间接走私的必要性

对于向直接走私人收购走私货物的，无论认定直接走私共犯还是间接走私，最终都按走私罪定罪处罚。表面上看，除法条适用差异外，认定罪名没有本质区别。然而，不同法律适用会对后续行为定性、量刑产生多方面影响。

第一，当货物已经走私入境但买家尚未收到货物时，会直接影响到买家既未遂的认定。例如，在前述吴某城、张某萍走私案中，法院认定买家张某萍与直接走私人系共同犯罪，尽管张某萍还没有收到货物便案发，但由于货物在码头卸货时被查获，已经走私入境，从直接走私的角度看属于犯罪既遂，因此作为直接走私共犯的收购人张某萍也属于犯罪既遂。前述阮某取走私案则相反，同样的情形，尽管直接走私已经既遂，但由于阮某取尚未收到货物，法院认定属于犯罪未遂。

第二，对主从犯认定的影响。如果双方属于共同犯罪，根据在共同犯罪中各自的地位与作用，买家就有可能被认定为从犯。如果对买家按间接走私处理，由于双方系上下游独立犯罪，不属于共同犯罪，就完全排除适用从犯的可能性。例如，在罗某康、左某雨走私珍贵动物制品案中，罗、左二人通过网络相识后，左某雨向罗某康订购采购自日本的象牙制品，罗某康让其父亲罗某在日本采购后邮寄入境销售给左某雨，其二人系上下游买卖关系，但由于左某雨事前订购、预付款项、提供虚假收货地址等，法院认定双方属于共同走私犯罪，且买家左某雨作用较小，属于从犯。[1]

第三，当买家收到货物后再次销售给其他人时，直接影响到其他收购者的行为定性。如果买家与走私人构成直接走私共犯，那么买家也属于直接走私人，其他人向其收购货物则属于直接向走私人收购走私货物，其他买家构成走私罪（间接走私）。如果买家与走私人不构成直接走私共犯，而是按间接走私处理，则当其将货物再次销售时，其他买家不构成走私罪。

（二）直接走私共犯与间接走私的区分标准

1. 区分直接走私共犯与间接走私的基本标准

对于向走私分子收购走私货物、物品的买家，区分直接走私共犯与间接走私有重

---

〔1〕 参见天津市高级人民法院刑事附带民事裁定书，（2017）津刑终50号。

大意义。对于走私货物的收购者与直接走私人有事前通谋的，应当认定为直接走私共犯，主要有两点理由：

第一，直接向走私人收购走私货物的行为，本质上属于掩饰隐瞒犯罪所得行为，与直接走私系上下游犯罪。[1] 参照相关司法解释，行为人事前与上游犯罪分子通谋，掩饰、隐瞒犯罪所得及其产生收益的，以上游犯罪共犯论处。[2]

第二，根据《刑法》第156条的规定，与走私罪犯通谋，为其提供贷款、资金、账号、发票、证明，或者为其提供运输、保管、邮寄或者其他方便的，以走私罪的共犯论处。上述几类行为之所以按走私罪共犯处理，主要是因为这些行为与走私结果之间具有物理的因果性或者心理的因果性。[3] 在收购走私货物中，如果收购人员事先与直接走私人合谋订购货物后再走私，走私人要么直接获得资金支持（买家预付资金），要么获得走私的动力并得以减少风险（买家的事先订购使得卖家走私后可以直接处理货物，迅速回收利益并降低被查处的风险）。可见，收购者的通谋行为无疑为走私分子实施走私提供物理上或心理上各种支持，对其按照走私共犯处理更合理。

2. 认定购私人员与直接走私人"事前通谋"的基本思路

判断收购人与走私人是否属于"事前通谋"，是否构成直接走私共犯，应从主、客观两方面来考量。

第一，从客观方面看，在行为人正式实施走私前或者走私过程中但尚未得逞（走私既遂前），收购人与走私人进行了预谋，这种预谋行为既可以体现为事前单纯的订购协商，也可以体现为为收购货物预付定金或部分货款、自行或者指派人员到境外选货、从走私人提供的货样中进行选购或者事先约定境内交货地点、交货方式等。

第二，从主观方面看，收购人应当意识到自己是与走私人进行事先通谋并订购的，才构成直接走私共犯；反之，如果收购人不知道自己是在对方走私之前或者走私过程中实施订购等具体行为，其本身缺少走私的故意，则不属于事前通谋。例如，在白某、李某等人走私案中，白某从我国香港特别行政区走私犀牛入境后直接销售给李某。入境前一日双方约定好等白某入境后在西安机场附近某酒店交货，次日李某亦按约定到上述酒店等候交货，但因白某入境时在机场被抓获而案发。该案中，在白某

---

〔1〕《刑法》第312条规定的掩饰隐瞒犯罪所得、犯罪所得收益罪，是指明知是犯罪所得及其产生的收益而予以窝藏、转移、收购、代为销售或者以其他方法掩饰隐瞒的行为。可见，收购行为是掩饰、隐瞒犯罪所得及其收益的行为方式之一。

〔2〕《最高人民法院关于审理掩饰、隐瞒犯罪所得、犯罪所得收益刑事案件适用法律若干问题的解释》第5条规定，"事前与盗窃、抢劫、诈骗、抢夺等犯罪分子通谋，掩饰、隐瞒犯罪所得及其产生的收益的，以盗窃、抢劫、诈骗、抢夺等犯罪的共犯论处"。

〔3〕张明楷老师认为，只要认定成立共同犯罪，就要将法益侵害结果归属各参与者的行为，要求参与者的行为与犯罪结果之间具有物理的因果性或心理的因果性。参见张明楷：《刑法学》，法律出版社2016年版，第381页。

走私过程中李某便与其通谋,等待对方入境后即刻在入境口岸附近交货,且明知白某尚未走私入境,李某应当属于直接走私共犯。[1] 在莫某走私案中,其向“四哥”购买4只穿山甲,次日“四哥”派人从越南走私穿山甲入境交付给莫某。虽然莫某知道“四哥”系从越南走私穿山甲,但无证据显示其订购时明知货物走私入境,因此属于间接走私。[2]

司法实践中,还存在一种购私人长期、反复向同一直接走私人收购走私货物的情形,在以成品油为代表的海上走私中这种情形更为常见。对此,还可以从整体操作方式来判断属于事前通谋。作为上下游犯罪,如果双方长期反复默契配合,事实上已经不仅是单纯的上游与下游关系,二者在某种程度上已经形成一定利益共同体,具备共同犯罪的特征。正如张明楷老师指出:“电信网络诈骗犯罪中,反复帮助特定同一电信诈骗正犯者套现、取款的行为人,即使表面上没有语言、文字的事前通谋,但在事实上形成心理默契的情况下,后面的取款行为应当成立诈骗罪的共犯。”[3] 海上走私中,直接收赃者的行为方式与电信网络诈骗犯罪中取款人的操作方式高度相似。具体而言,境内下家通常在一段时间内数次甚至数十次反复向同一直接走私者收购走私油,每次行为模式基本相同。在此情形下,直接走私者与购私者在长期合作中已经实质上达成一种默契,即对于直接走私者而言,只要其意图走私成品油,便会在走私前或走私过程中通知相对固定的购私者收购甚至直接派车接货;对于购私者而言,只要某一直接走私者能够找到货源,其便会收购对方即将走私入境的成品油。可见,双方事实上已经通过具体行为形成一种相对固定、相互配合的模式,形成利益共同体。因此,从整体上分析,此类案件中购私者与直接走私者更加符合事前通谋的特征,多数情况下可以认定为共同犯罪。

三、间接走私条款的立法悖论与完善建议

(一)间接走私的立法悖论

根据目前司法解释规定,间接走私定罪量刑标准与直接走私行为的标准完全一致。然而,这种立法模式会导致许多矛盾,给实际处理造成诸多困惑。

1. 两类人员量刑失衡

从通常情节对比分析,购私行为的社会危害性有别于直接走私行为。走私犯罪侵犯的是国家对外贸易管制制度,直接走私人员的行为直接侵犯这一客体。购私行

---

[1] 参见陕西省高级人民法院刑事裁定书,(2019)陕刑终192号。
[2] 参见广东省高级人民法院刑事判决书,(2020)粤刑终274号。
[3] 张明楷:《电信诈骗取款人的刑事责任》,载《政治与法律》2019年第3期。

为并没有直接侵犯国家对外贸易管制制度,本质上并不属于走私行为,而只是基于法律拟制才成为走私犯罪,其社会危害性有别于直接走私。根据刑法理论,购私行为是一种典型的连累犯,[1]"它与先前的走私犯罪是性质不同的两种犯罪。先前的走私罪侵害的是国家的外贸和海关监管秩序,而其后的连累犯罪行为是在我国境内实施,并不存在逃避海关监管的问题,只是由于这种行为为走私入境的货物、物品提供进入我国流通领域和进一步扩散的渠道,对走私犯罪的目的和走私犯罪的最终完成起到了非常重要的作用,其侵害的客体主要是社会管理秩序,社会危害性也小于相应的走私罪"。[2] 从实际行为过程看,直接走私人员往往大量走私货物,分别销售给不同购私人员,购私者在数量上也明显区别于直接走私者。

可见,购私行为的社会危害性一般要远小于直接走私行为,而完全一致的量刑标准很容易导致量刑不平衡,尤其当购私人员涉案税额超过 250 万元(单位犯罪超过 500 万元)时,这一矛盾更为突出。

2. 行为危害性与实际量刑倒挂

从逻辑上对比分析,按现有标准对购私人员进行处理,容易形成量刑倒挂的不合理现象。如果直接走私人员与购私人员明确有事前预谋,由前者组织人员负责走私货物入境后销售给后者,此时直接走私人员与购私人员构成共同犯罪。正如前面所分析,购私行为危害性远小于直接走私,在此情况下对购私人员一般可以按从犯处理,从而可能降格量刑。反之,如果直接走私人员与购私人员明确没有事前预谋,而是在货物走私入境后再寻找买家收购,此时二者不构成共同犯罪,也就无法区分主从犯,从而无法对购私人员降格量刑。

可见,在同样犯罪金额的情况下,明确参与事前预谋的购私者本应情节重于未参与事前预谋的购私者,然而由于前者构成共犯从而可能得到降格量刑,后者却因为不符合共犯条件反而量刑更重,从而形成量刑倒挂的不合理现象。尤其当个人犯罪涉案税额超过 250 万元时,这种量刑倒挂的矛盾就特别突出,即参与事前通谋的购私人员可以在 10 年以下量刑,没有参与事前通谋的人员若无其他法定减轻情节则只能在 10 年以上量刑。

3. 同类犯罪量刑悬殊

立足于刑法整体分析,对购私行为的量刑也与其他同类犯罪行为明显不协调,有违立法协调性。从行为性质看,购私行为属于连累犯,而最典型的连累犯则是掩饰、

---

〔1〕 连累犯是指事前与他人没有通谋,在他人犯罪以后,明知他人的犯罪情况,而故意以各种形式予以帮助,依法应受处罚的行为。参见陈兴良:《共同犯罪论》,中国人民大学出版社 2006 年版,第 426 页。

〔2〕 张大春:《走私罪研究》,中国海关出版社 2013 年版,第 489 页。

隐瞒犯罪所得罪。立法上对购私行为按走私罪处理,与掩饰、隐瞒犯罪所得罪是特殊法与一般法的关系。然而,二者的刑罚设置却差别非常大。掩饰、隐瞒犯罪所得罪最高刑为 7 年,而按走私普通货物罪处理的购私行为,最高一档量刑起点为 10 年,最高刑为无期徒刑。[1] 此外,洗钱罪以及窝藏、转移、隐瞒毒品、毒赃罪等也属于典型连累犯,虽然对其处罚力度略高于掩饰隐瞒犯罪所得罪,但这两个罪名的最高刑为 10 年,远远低于按走私罪处理的购私行为的法定刑。可见,上述几类行为本质上都是掩饰、隐瞒犯罪所得行为,都属于连累犯,然而购私行为与其他几类行为在量刑上显然差距过大,违背罪刑相适应原则,也破坏立法的协调性。

也正是因为这种差异,导致司法实践中辩护方针对同样性质的行为,在不同类型案件中采用一种截然不同的辩护策略:对于普通掩饰、隐瞒犯罪所得行为,辩方极力辩解与上游犯罪并不构成共同犯罪,从而争取按掩饰、隐瞒犯罪所得罪定性以取得从轻处理;而对于直接购私这一掩饰、隐瞒犯罪所得行为,辩方则极力辩解与直接走私行为这一上游犯罪构成共同犯罪,进而争取认定从犯获得减轻处理。这种反常现象,也从侧面反映出现行购私行为量刑标准的悖论。

(二)完善直接收购走私货物行为定罪量刑标准的思考

通过前述分析,现行购私行为定罪量刑标准既存在立法上的悖论,实践中也容易造成罪刑不均衡。司法上从共同犯罪角度来分析处理,可以在一定程度上缓解这一矛盾。然而,实践中仍然有大量不符合共同犯罪的购私行为,对其合理处理需要立法上的进一步完善。

1. 购私行为的罪名与主刑设计

购私行为本质上属于掩饰、隐瞒犯罪所得行为。因此有必要从整体上考察《刑法》关于掩饰、隐瞒犯罪所得行为的立法情况,以促进立法协调性。

我国《刑法》中关于掩饰、隐瞒犯罪所得行为的条款主要有四条(详见表 7-1)。从法条关系看,掩饰、隐瞒犯罪所得、犯罪所得收益罪与另外三个条款系一般法与特殊法的关系。从刑罚设置标准看,掩饰、隐瞒犯罪所得、犯罪所得收益罪、洗钱罪和窝藏、转移、隐瞒毒品、毒赃罪这三个罪名均是两个量刑档次,其中后两个罪名的最高刑均为 10 年,略高于前者,这种刑罚设置既能在整体上保持刑法协调性,又突出对特定行为从重处罚的刑事政策。然而,购私行为所对应的刑罚设置与前述三个罪名却完全不协调,量刑标准也完全不同,且对应最高刑为 15 年或无期徒刑,罚金刑也普遍高于另外三个罪名。笔者建议借鉴洗钱罪的相关规定,对购私行为设置"收购走私货物、物品罪",分为 5 年以下和 5 年以上两个量刑档次,并根据犯罪数额或其他情节设

---

[1] 按其他走私罪处理的购私行为,最高刑为 15 年或无期徒刑。

定相应量刑标准。[1]

表 7－1　掩饰、隐瞒犯罪所得行为相关罪名刑罚设置对比

<table>
<tr><th>罪名/行为</th><th>《刑法》条文</th><th>刑罚档次</th><th>最高刑</th><th>罚金标准</th></tr>
<tr><td rowspan="2">掩饰隐瞒犯罪所得、犯罪所得收益罪</td><td rowspan="2">第 312 条</td><td>3 年以下</td><td rowspan="2">7 年</td><td rowspan="2">有规定罚金，但无标准</td></tr>
<tr><td>3—7 年</td></tr>
<tr><td rowspan="2">窝藏、转移、隐瞒毒品、毒赃罪</td><td rowspan="2">第 349 条</td><td>3 年以下</td><td rowspan="2">10 年</td><td rowspan="2">无规定罚金</td></tr>
<tr><td>3—10 年</td></tr>
<tr><td rowspan="2">洗钱罪</td><td rowspan="2">第 191 条</td><td>5 年以下</td><td rowspan="2">10 年</td><td rowspan="2">无标准</td></tr>
<tr><td>5—10 年</td></tr>
<tr><td>购私行为，依对象确定具体走私罪名</td><td>第 155 条等</td><td>有些三档、有些两档</td><td>15 年或无期徒刑</td><td>走私普通货物罪按税额 1—5 倍，其他罪名有罚金，但无标准</td></tr>
</table>

2. 购私行为的罚金刑设计

根据现有规定，对于构成走私普通货物罪的购私人员，应当按照偷逃应缴税额 1 倍以上 5 倍以下标准判处罚金。这一标准明显不合理：首先，购私行为与直接走私行为针对的是同一对象，在直接走私行为人已经按照偷逃税额 1 倍以上 5 倍以下标准判处罚金的情况下，对于作为下游犯罪的购私人员如若仍然按照上述标准判处，显然过高，也有重复评价之嫌。[2] 其次，这一标准缺少考量购私行为的犯罪情节、罚金的可执行性等因素。判处罚金时，既要根据犯罪情节决定罚金数额，也要考虑犯罪人现有支付能力、潜在经济能力。[3] 对于购私人员来说，除了货物数额外，实际获利也是重要犯罪情节，在判处罚金时应当予以考量。实践中购私人员实际获利远远小于相关货物对应的税额，而且在涉案税额动辄几百万元、上千万元的情况下，按上述标准判处罚金绝大多数没有实际执行的可能性，长此以往，也有损刑事判决权威性。建议可以按照货物价值或者偷逃税额一定百分比，或者按照违法所得，对购私人员处以相应罚金。因为一方面判处相应罚金所依托的犯罪金额在上游犯罪中已作出评判，在下游犯罪中可以从轻评判；另一方面购私行为人通常只是在上游犯罪的末端，获取少量收益，按一定百分比设置相应罚金，也能实现罚当其罪。

---

〔1〕 例如，有观点建议就购私行为单独设立"收购走私物品罪"，并根据犯罪数额分别设置 5 年以下和 5 年以上 10 年以下两个量刑档次。参见张大春：《走私罪研究》，中国海关出版社 2013 年版，第 489 页。

〔2〕《走私案件意见》第 22 条中规定："审理共同走私犯罪案件时，对各共同犯罪人判处罚金的总额应掌握在共同走私行为偷逃应缴税额的一倍以上五倍以下。"事实上，也是考虑到如果对不同共犯人均按一倍以上五倍以下标准处罚，显然过高，从而规定将共犯的罚金总额控制在一倍以上五倍以下。

〔3〕 参见张明楷：《刑法学》，法律出版社 2016 年版，第 536～537 页。

购私行为的入罪,最早可以追溯到 1988 年全国人民代表大会常务委员会《关于惩治走私罪的补充规定》,1997 年《刑法》予以进一步完善。在改革开放初期,由于走私活动较为猖獗,对普通走私和购私行为一并予以严惩,有其特殊历史背景。但是在后来司法实践中,对购私行为处理的案件比较少见,而且涉案货物通常不多、涉案税款也不高,法定刑普遍在 10 年以下,实际量刑基本能够罪刑相适应。然而,随着近年来海上走私案件迅速增长,由于海上走私通常涉及货物体量非常大、货物税率又很高,作为下游的直接收购人员,其涉案货物税款很容易超过 250 万元(单位犯罪 500 万元),而在司法实践中法定刑超过 10 年的购私人员不断增加。在此情形下,购私人员量刑失衡问题就日渐突出,也暴露出原有规范的不足。

第三节　涉税走私违法所得问题研究

一、涉税走私违法所得争议焦点

涉税走私对应我国《刑法》上的罪名为走私普通货物、物品罪。关于涉税走私的违法所得应当如何界定,理论及实践都有很大争议。目前主要有三种截然不同的观点。

第一种观点为取得说,即违法所得系通过走私行为直接、间接产生、获得的任何财产,无须扣除生产、销售成本。其主要理由在于《刑法》第 64 条规定,犯罪分子违法所得的一切财物应当予以追缴或者责令退赔,而走私取得的货物(包括物品,下同)就属于违法所得的财物。例如,《走私案件意见》第 24 条规定,"在办理走私普通货物、物品犯罪案件中,对于走私货物、物品因流入国内市场或者投入使用,致使走私货物、物品无法扣押或者不便扣押的,应当按照走私货物、物品的进出口完税价格认定违法所得予以追缴;走私货物、物品实际销售价格高于进出口完税价格的,应当按照实际销售价格认定违法所得予以追缴"。

第二种观点为利润说,即违法所得系收入扣除成本后获得的实际收益。主要理由为司法解释普遍规定违法所得系扣除成本之后的利润。例如,最高人民法院研究室《关于非法经营罪中的"违法所得"认定问题的研究意见》中规定,非法经营罪中的"违法所得"应是获利数额,即以行为人违法生产、销售商品或者提供服务所获得的全部收入,扣除其直接用于经营活动的合理支出部分后剩余的数额。涉税走私作为典型的经济犯罪,也应当按上述思路来认定违法所得。

第三种观点为逃税说,即违法所得系因走私而偷逃的应缴税款。其主要理由在于涉税走私与非涉税走私犯罪对象和社会危害性不同,违法所得认定思路也有所区别。非涉税走私对象是国家禁止或限制进出口货物,这些货物不可能通过合法途径得到,只能通过走私行为而获取,因此走私的货物就是违法所得。与之不同,涉税走私对象是普通货物,这些货物本身允许进口,《刑法》对该行为的惩罚是因为其偷逃应缴税费而不是其他。[1]

上述有关涉税走私中违法所得的不同观点,分别体现了广义违法所得和狭义违法所得,主要区别在于是否扣除违法犯罪成本。具体而言,取得说属于广义犯罪所得范畴,即基于违法犯罪行为所取得的一切财物,不扣除成本;利润说和逃税说则属于狭义违法所得范畴,也就是扣除犯罪成本后获得的利益,其中利润说针对的是积极利益(增长的价值),逃税说针对的是消极利益(减少的支出)。

客观而言,关于广义违法所得和狭义违法所得的争论,不仅在涉税走私中存在,在其他违法犯罪中也存在,只是相对而言涉税走私中分歧更大。对此,有观点提出应区分不同层面来界定和认定"违法所得"概念。"从法律条文关于'违法所得'表述的功能分析,大致可以区分以下三个层面:一是规定'违法所得'旨在为罚金刑提供判罚基数;二是规定'违法所得'旨在提供定罪处罚标准;三是规定'违法所得'旨在明确没收财产的范围。"[2]借鉴这种根据不同功能来界定违法所得的基本思路,在涉税走私中,也可以区分不同功能来理解和把握违法所得。具体而言,应区分作为洗钱犯罪层面的涉税走私违法所得和作为没收追缴层面的涉税走私违法所得。

二、洗钱犯罪层面涉税走私违法所得的界定

(一)作为洗钱罪对象的犯罪所得不应扣除犯罪成本

根据《刑法》第191条的规定,洗钱罪针对的是走私犯罪等七类上游犯罪所得及其收益。作为洗钱罪的犯罪对象,采用广义违法(犯罪)所得概念更为合理,即凡是通过上游犯罪直接或间接产生的任何财产,包括投入成本后基于犯罪行为而转化为其他形态的财产,都属于洗钱罪犯罪对象。主要理由如下:

首先,为实施上游犯罪而投入的成本不具有合法性,法律上应予以否定性评价。从过程角度来说,一定的犯罪成本投入是行为人启动犯罪、顺利实施犯罪的必要条件。从结果角度来说,当犯罪成本通过犯罪行为转化为其他财物后,对行为人而言这些财物作为整体具有独立价值,整体利益的延续是确保其犯罪目的最终得逞的重要条件。基于任何人不能从违法犯罪中获得利益的基本原理,对这部分财产理应由司法机关予以追缴。然而,由于行为人实施洗钱行为,掩饰、隐瞒这些财产的来源和性质,妨害了正常司法活动,破坏了金融管理秩序,其社会危害性显而易见,有必要将其

---

〔1〕 参见赵拥军:《直接销售走私犯罪之"物"的"自洗钱"行为及其罪数认定》,载《中国检察官》2021年第9期。

〔2〕 刘晓虎、赵靓:《"违法所得"概念的界定和司法认定》,载《人民法院报》2018年7月4日,第6版。

纳入洗钱罪犯罪对象予以打击。

其次，将体现犯罪成本在内的所得财物纳入洗钱罪犯罪对象，更能实现洗钱罪的立法初衷。洗钱是毒品、走私、恐怖活动等各类上游犯罪得以存续的重要土壤，特别是通过洗钱使资金流转更加畅通，加速上述各类犯罪的完成，降低犯罪被揭露的风险，保证犯罪收益。相反，通过打击洗钱犯罪，形成较为阻塞的资金流转，将会减缓各类犯罪的完成，增加犯罪暴露的风险，延缓犯罪收益的取得。上游犯罪的资金流转，不仅仅限于上游犯罪增值部分的利益，自然还应包括为实施上游犯罪投入成本之后转化的各种后续财产，这些财产理应成为洗钱罪的打击对象。否则，如果仅仅将洗钱罪对象限定于增值部分的利益，那么作为成本的资金仍然可以在持续不断的犯罪中循环流转，显然无法实现设立洗钱罪切断上游犯罪的立法初衷。

（二）作为洗钱罪犯罪对象的涉税走私违法所得

在涉税走私中，将体现犯罪成本在内的所得财物（包括销售款）纳入洗钱罪犯罪对象更有其必要性，既符合司法实际，也符合人们的一般认识。反之，如果仅仅将偷逃税额或者实际获利作为涉税走私中洗钱罪的对象，不符合客观实际，也将很难惩治涉税走私中的洗钱犯罪。

首先，偷逃应缴税款的特性决定其无法作为洗钱罪的对象被掩饰、隐瞒。偷逃应缴税款是一种消极利益，税款系行为人进出口货物中本来应承担的纳税义务，只是因走私违法犯罪而减少的支出（或避免的损失），但这种消极利益是一种无法特定化的财产。洗钱犯罪针对的只能是具有确定性、能够特定化的财产，而偷逃应缴税款显然不可能被掩饰、隐瞒，如果将其作为洗钱罪对象，那么在涉税走私中就可能不存在洗钱罪的适用空间。

其次，涉税走私中实际获利的特性也会影响洗钱罪的适用范围。从司法实践看，实际获利难以查清的情况比较常见，在涉税走私中更为普遍。对于走私分子而言，实际获利与投入成本通常混杂于同一批货物、资金中，二者之间界限模糊，甚至大量情况下可能“亏本”，整体利益并没有实际增值。例如，行为人投入合法财产 100 万元用于走私进口普通货物，但受市场因素影响亏本销售，通过公司账户仅回收 80 万元。在此情况下，如果将公司账户回收的这 80 万元走私货物销售款进行掩饰、隐瞒，是否意味着也不构成洗钱罪呢？

事实上，从洗钱行为人角度看，其主观上通常是基于认识到哪一批货物或资金系通过某一走私犯罪行为获得、转化而来，从而对其进行掩饰、隐瞒，但不可能将行为人实际获利与投入成本予以区分再实施上述洗钱行为。在上述案例中，即便行为人亏本销售 80 万元，但这 80 万元已经完全有别于走私之前的合法财产，而是通过走私行为，经由资金投入、走私进口、货物销售、资金回收多道程序转化而来，将销售走私货物回收的这 80 万元作为违法所得，符合普通人一般观念。从司法实践看，对于掩饰、隐瞒销售走私货物（包括普通涉税货物）所得款来源和性质的，也普遍被认定为洗钱罪。

综上，作为洗钱犯罪对象，涉税走私采纳广义违法所得概念更为合理，具体体现为走私的货物（仅限于进口走私）及其销售款（资金）。当然，在低报价格走私中，由于存在已经缴纳部分税款的情形，“相对偷逃部分而言，缴纳部分是合法的，其相应投入的货物成本也应视为合法，而非犯罪成本，不应作为违法所得的私货处理”[1]。因此，只有偷逃应缴税款所对应的货物及其销售款才是违法所得。

三、没收追缴层面涉税走私违法所得的界定

（一）现行涉税走私违法所得没收标准的评析

针对涉税走私，无论是行政处罚还是刑事处罚，都涉及没收、追缴违法所得的问题。根据《海关行政处罚实施条例》第 9 条第 1 款、第 56 条规定，对于涉税走私，应当依法没收走私货物、物品及其违法所得，有关货物无法或不便没收的，应当追缴该货物的等值价款。根据《走私案件意见》第 23 条、第 24 条规定，对涉税走私的货物及其违法所得应当及时追缴，走私货物无法扣押或者不便扣押的，按完税价格认定违法所得予以追缴，实际售价更高的，按实际售价认定违法所得予以追缴。

由此可见，行政法和刑法关于涉税走私的没收标准基本一致，总体上采用广义违法所得概念，即能扣押走私货物的，直接予以没收，否则按完税价格（或等值价款）予以追缴。依此标准没收违法所得，意味着当事人为进口货物曾经支付的所有货款都予以没收。货款体现为当事人为实施走私所投入的违法成本及其利润，从法理上讲没收违法犯罪成本有一定合理性。但是，违法成本并不等于所有货款。货款往往体现为资金的循环支付，通常是行为人在走私之初组织一部分资金投入其中，待走私成功后，销售货物、回收货款，再行投入下一批次走私犯罪中，如此循环往复。当走私次数越多，所形成的货款数额（相当于营业数额）也越大，而且呈几何倍增长，虽然偷逃应缴税款相应增加，但是其犯罪成本还是以走私之初投入的资金为主。案发后，如果按照资金滚动支付而形成的营业数额没收相应财产，不仅远远超出当事人的实际获利，也大大超出为走私所投入的实际资金（初始成本），需要没收的财产数额非常巨大。[2] 从理论角度讲，这其实是对同一价值的货款因循环支付而予以重复评价，突破

---

〔1〕 杨义林、闫丽勤：《论走私犯罪所得及其产生的收益》，载《中国检察官》2021 年第 22 期。

〔2〕 例如，初次走私时行为人投入 50 万元，每次偷逃税款 8 万元。如果走私、销售循环 10 次，实际货款为 500 万元，偷逃税款 80 万元，但其投入购货成本仍然为 50 万元，其取得的利益为 130 万元左右（最后一次价值 50 万元的货物 + 偷逃 80 万元的税款）。

没收违法所得所依据的任何人不能从自己的违法行为中获益的基本原理,也大大超出普通民众的一般认识;从实践角度讲,按上述标准没收,将会导致罪责刑不相适应,造成大量涉税走私的企业不堪重负甚至破产,或者因数额巨大执行难,判决成为一纸空文,有损司法严肃性。[1]

此外,在非涉税走私中,也普遍存在走私货物无法扣押的情形,行为人也会因反复走私禁止或限制进出口货物而滚动支付资金所形成的巨大营业数额。但是,《走私案件意见》仅仅针对涉税走私规定按货物完税价格(与货值、营业数额大体相当)没收违法所得,却没有针对非涉税走私规定同样的没收标准。事实上,在司法实践中,对非涉税走私也从来没有按总货值来没收违法所得。

(二)涉税走私中没收财物的具体思路

无论是刑法还是行政法,对涉税走私一律按货物完税价格(或等值价款)追缴违法所得不尽合理。正因如此,司法实践中的涉税走私案件,除少部分刑事判决书仍然按照走私货物所对应的完税价格没收违法所得外,大量判决书并没有执行上述标准,而是采取其他方式作出判决。目前主要有以下三种:一是按当事人实际获利(利润)认定违法所得予以追缴。例如,在郑某走私案中,郑某伪报品名走私出口货物,偷逃应缴税额2293万余元,直接获利200万元,法院判决追缴200万元违法所得。[2] 二是按偷逃税额认定违法所得予以追缴。例如,在贝宏公司走私案中,该公司低报价格走私进口干果117吨,偷逃应缴税款45.3万余元,法院判决追缴犯罪所得45.3万元。[3] 三是对追缴违法所得不予评判,或者只笼统描述追缴走私货物及所得,对金额不予明确。例如,在周某走私案中,其通过"水客"多次走私进口服饰2800余件,价值260余万元,偷逃税款88万余元,法院判决没收走私货物及所得,但未明确具体金额。[4]

针对司法实践中不同做法,我们认为有必要合理区分违法所得和供犯罪使用的本人财物,合理区分直接查扣的货物和无法查扣的货物,进一步完善涉税走私案件中没收、追缴相关财物的标准。对于检察机关作出相对不起诉后移交行政处罚的,也应依此把握违法所得的没收、追缴标准,以保持法秩序的统一性。具体而言,分以下三种情况处理。

首先,对于涉税走私中偷逃应缴税额以及走私完成后销售货物所形成的利润,应予以没收。这部分财产是行为人通过走私犯罪直接减少的损失(偷逃的应缴税额),

---

〔1〕 参见陈增宝:《经济犯罪疑难问题司法认定与要案判解》,法律出版社2019年版,第138页。

〔2〕 参见徐州市泉山区人民法院刑事判决书,(2014)泉刑初字第11号。

〔3〕 参见浙江省宁波市中级人民法院刑事判决书,(2017)浙02刑初6号。

〔4〕 参见浙江省温州市中级人民法院刑事判决书,(2013)浙温刑初字第152号。

或者直接增加的利益(利润),属于狭义违法所得范畴,也是最为典型的违法所得,均应予以没收。从司法实践看,偷逃应缴税额最容易确定,依此没收也最具有可操作性。对于销售利润,能查清楚的,也应依法予以没收。

其次,对于涉税走私中被现场查扣的货物,应予以没收。在出口走私中,尽管这些货物并非走私违法所得,但行为人旨在通过走私这些货物获取非法利益,属于《刑法》第64条规定的"供犯罪所用的本人财物"。在进口走私中,现场被扣押的货物系行为人因进口走私而实际获得的财物,属于《刑法》第64条规定的"犯罪分子违法所得的一切财物"。因此,无论是进口走私还是出口走私,对现场查扣的货物应予以没收。当然,鉴于低报价格走私的特殊性,应当按照低报价格比例对应的货值确定没收货物的范围。

最后,对于多次走私中客观上已经不存在的走私货物,一般是通过销售后回收货款,作为成本投入下一轮走私中。这部分货款在循环支付中,要么转化为最后案发时被实际查扣的货物,要么犯罪嫌疑人(单位)将最终回收的货款及其收益用于其他开支或转化为其他财产。对于前者,可以直接没收实际查扣的货物;对于后者,能够查明转化为其他财产的,可以追缴这部分财产,但如前所述,不宜按走私货物相应的完税价格直接没收、追缴。

行政处罚和刑事处理中,都涉及没收追缴与罚金(或罚款)。虽然都属于对财产的处置,但没收追缴与罚金(或罚款)所针对的财产有很大区别。没收违法所得的基本法理在于任何人不能从自己的违法行为中获得利益,因此没收所针对的是行为人因违法行为实际获得或者实际增加的利益。在多次走私中货款因循环往复的支付而成倍增长,然而,在案发时这些成倍增长所形成的总货款并没有增加行为人的利益,不宜简单地将其全部作为没收对象,需要区别对待。罚金(罚款)则不同,它是在剥夺行为人上述违法利益之外,剥夺行为人部分合法财产,以达到额外惩罚的效果。因此,实际处理中,对直接查扣的货物和无法查扣的货物的没收情况作适当区分,一律按照走私货物对应的完税价格追缴所谓"违法所得",会导致处理不公平。在具体案件中,仍然可以根据实际情况,通过不同幅度的罚金(偷逃税款1倍至5倍)、罚款(偷逃税款3倍以下)等形式剥夺合法财产,以达到惩治的效果。[1]

四、综合分析

前文分别从洗钱犯罪层面和没收追缴层面探讨涉税走私违法所得的界定问题,而且二者有较大区别。总体而言,洗钱犯罪视角下,涉税走私违法所得范围更广,界

---

〔1〕 例如,有实际货物扣押的,因为已经直接没收货物,可以降低判处罚金、罚款的金额;没有实际货物扣押或者扣押较少的,也无法追查到走私货物所转化的具体财产,可以提高判处罚金、罚款的金额。

定标准更宽;没收追缴视角下,涉税走私违法所得范围更小,界定标准更严。二者并不矛盾,这是由打击洗钱犯罪与没收追缴财物的不同功能所决定的。

就洗钱犯罪而言,合理界定上游犯罪违法所得,其主要目的在于通过对洗钱行为人定罪处罚,及时切断上游犯罪资金链,减缓上游犯罪的完成,增加犯罪暴露的风险,尽量剥夺再犯的可能性。此外,强化打击洗钱犯罪,某种程度上也是履行国际公约的要求。适度放宽洗钱罪犯罪对象的认定标准,也正契合了国际公约的精神。有学者研究认为,“根据国际公约的规定,犯罪所得是指通过实施犯罪而直接或间接产生或者获得的任何财产,这就使‘犯罪所得’的范围十分宽泛”[1]。

就涉税走私而言,只有采用不扣除成本的广义违法所得作为洗钱罪对象,才能有力打击该领域的洗钱犯罪;否则,如果仅仅将偷逃税款或实际利润作为洗钱罪对象,洗钱罪的适用空间就很窄。从司法实践看,大量案件也正是从广义违法所得的视角来把握涉税走私案件中洗钱罪的法律适用。

就没收追缴而言(包括刑事和行政),合理界定违法所得,其目的在于剥夺行为人从违法犯罪中实际获得的利益。从中立角度讲,走私是一种国际贸易,而贸易的显著特征是货物与资金之间循环往复。实践中,一个团伙、一起案件的走私犯罪,通常由数次、数十次甚至数百上千次具体走私行为集合而成。每一次走私行为的完成,意味着资金与货物之间的一次循环,意味着行为人获得一批新的货物或者回收一次资金。在这一过程中,就可以区分为阶段性违法所得和终局性违法所得。前者是指在最终案发之前,某一阶段甚至每一次走私犯罪所获得的利益;后者是指案发之时,行为人通过走私最终实际获得的利益(包括实际利润、偷逃的税款总额等)。显然,终局性违法所得通常要小于阶段性违法所得之和。鉴于打击洗钱犯罪的目的在于及时切断上游犯罪资金链,因此有必要从阶段性违法所得的角度来认定洗钱罪的犯罪对象,才能更准确、更及时地以洗钱罪定罪处罚;没收追缴所针对的是最终实际获益,这就不能将循环走私中价值重复的那部分利益计算在内,否则就会导致重复评价,也与最终实际获益不相符。因此,从没收追缴的角度看,应当对涉税走私违法所得作更加严格的限制,在准确区分不法财产与合法财产的基础上,分别适用没收追缴、罚金罚款等措施。

第四节 走私案件中洗钱犯罪问题研究

一、走私犯罪独特性及其对洗钱罪认定的启示

洗钱罪的上游犯罪有七大类,分别是毒品犯罪、黑社会性质组织犯罪、走私犯罪、恐怖活动犯罪、贪污贿赂犯罪、破坏金融管理秩序犯罪和金融诈骗犯罪。在这七类犯

---

〔1〕 何萍:《自洗钱入罪后的法律适用》,载《人民检察》2021 年第 16 期。

罪中,走私罪有其自身独特性,这些特征会对下游洗钱罪的认定产生重要影响。

(一)走私犯罪的跨境特征

走私是指违反海关法规,逃避海关监管,非法携带、运输、邮寄国家禁止、限制进出口的货物、物品进出境,或者非法携带、运输、邮寄其他货物、物品进出境,偷逃国家应缴税款的行为。简言之,走私意味着货物的非法跨境转移。从本质上讲,走私是一种非法国际贸易活动,而国际贸易离不开资金流动,在货物的跨境转移中,也离不开资金的跨境转移。走私过程中,由于货物的跨境转移是非法的,服务于货物的资金跨境转移也必然是非法的,或者以合法形式掩盖非法目的,这体现了走私犯罪的跨境特征。

洗钱犯罪的行为模式之一就是跨境转移资产,这种模式与走私犯罪过程中非法跨境转移资金的表现方式高度重合。因此,走私犯罪天然伴随着各种各样的洗钱行为。换言之,走私与洗钱天生是一对孪生兄弟。当然,洗钱罪的对象是走私犯罪所得及其收益,这通常意味着洗钱犯罪行为发生在走私犯罪既遂之后;而走私过程中的洗钱行为,可能本身服务于走私,也可能发生在走私犯罪既遂之后。可见,走私中的洗钱行为与洗钱罪既密切相关,又不完全等同。

(二)走私犯罪的双向特征

进口走私与出口走私是走私犯罪的基本行为模式。对于当事人而言,走私最终目的一般在于获取一定经济利益,主要体现为通过走私获得财产性(款项、报酬等)回报。但是,不同走私模式中,通过走私直接获得的财产却有很大区别。在出口走私中,行为人通过出口销售货物换取的对价通常是货款(主要体现为资金),犯罪行为直接获得的是资金;在进口走私中,行为人通过支付对价换取实物,犯罪行为直接获得的是货物。因此,走私犯罪中,基于进口走私与出口走私的区别,行为人直接获得的财物既可能是资金,也可能是实物,这体现了走私犯罪的双向特征。

实践中,由于进口走私所占比例更高,走私犯罪行为人直接获得的财物更多情况下表现为实物,而实物本身又是走私犯罪对象。与之不同的是洗钱罪的其他六类上游犯罪中,犯罪所得尽管也有实物,但大多数情况下表现为资金,作为洗钱罪的犯罪对象相对容易判断。因此,针对上游犯罪为走私罪的,走私货物能否作为洗钱罪的犯罪对象,买卖走私货物与洗钱罪有何关系,都值得深入探讨。

(三)走私犯罪的循环特征

从中立角度讲,走私是一种国际贸易,而贸易的显著特征是货物与资金之间循环往复。进口走私中,行为人通过初期支付货款,取得从境外走私入境的货物,之后在境内销售货物回收货款;出口走私中,行为人通过初期投入资金从境内购买(或生产)货物,而后将货物走私出境回收货款。通过上述两种不同方式回收资金,之后再投入下一轮贸易中,从而在货物与资金之间、在购买与销售之间、在出境与入境之间循环往复,走私次数越多,累积的货物量越大,形成的总货款也越多,涉税走私中偷逃应缴税额也越高,这体现了走私犯罪的循环特征。

实践中,一个团伙、一起案件的走私犯罪,通常由数次、数十次,甚至数百上千次具体走私行为集合而成。每一次走私行为的完成,意味着资金与货物之间的一次循环,意味着行为人获得一批新的货物或者回收一次资金,同时往往伴随着一次洗钱行为的完成。对于当次走私而言,在不正当的资金流转中完成了一次洗钱行为;但对于整个走私犯罪而言,一次洗钱行为的完成又往往意味着下一次走私的开始。我们一般观念中所理解的洗钱罪,是指通过各种手法"漂白"资金使其合法化,单次走私中的洗钱行为许多情况下是服务于下一次走私,这种洗钱行为是否构成洗钱罪,问题也就更加复杂。

二、资金视角:资金交易与洗钱罪的认定问题

(一)洗钱行为方式的理解与把握

上一节已经分析,作为洗钱罪对象的犯罪所得,采用不扣除成本的广义犯罪所得概念更合理,符合司法实际和人们的一般认识。当然,"'犯罪所得及其产生的收益'中的'犯罪'应是已经既遂或者虽然未遂但已经终结的犯罪"。[1] 正因如此,行为人在走私既遂之后以资金形式收回的犯罪所得,他人以各种方式掩饰、隐瞒上述资金来源、性质的,构成洗钱罪;在《刑法修正案(十一)》将自洗钱行为入罪的情况下,走私人自己实施上述行为的,也构成洗钱罪。

从司法实践看,比较容易成为争议焦点的是如何把握洗钱行为方式,如何判断某一行为是否属于洗钱行为。无论是《刑法》本身还是《洗钱案件解释》,都采用"列举+兜底"的方式规定具体洗钱行为方式。《刑法》第191条第1款在列举四种具体洗钱行为方式的同时,规定"以其他方法掩饰、隐瞒犯罪所得及其收益的来源和性质的";[2] 而《洗钱案件解释》第2条在进一步细化6种具体洗钱行为方式的同时,规定了"通过前述规定以外的方式协助转移、转换犯罪所得及其收益的"。[3] 上述规定对

---

〔1〕 张明楷:《刑法学》,法律出版社2016年版,第1100页。

〔2〕 《刑法》第191条第1款规定以下5种洗钱行为方式:一是提供资金账户的;二是将财产转换为现金、金融票据、有价证券的;三是通过转账或者其他支付结算方式转移资金的;四是跨境转移资产的;五是以其他方法掩饰、隐瞒犯罪所得及其收益的来源和性质的。

〔3〕 《洗钱案件解释》第2条规定以下7种洗钱行为方式:一是通过典当、租赁、买卖、投资等方式,协助转移、转换犯罪所得及其收益的;二是通过与商场、饭店、娱乐场所等现金密集型场所的经营收入相混合的方式,协助转移、转换犯罪所得及其收益的;三是通过虚构交易、虚设债权债务、虚假担保、虚报收入等方式,协助将犯罪所得及其收益转换为"合法"财物的;四是通过买卖彩票、奖券等方式,协助转换犯罪所得及其收益的;五是通过赌博方式,协助将犯罪所得及其收益转换为赌博收益的;六是协助将犯罪所得及其收益携带、运输或者邮寄出入境的;七是通过前述规定以外的方式协助转移、转换犯罪所得及其收益的。

判断洗钱行为方式提供重要指引，但从法律规定看，仍然无法穷尽所有洗钱行为方式。那么，该如何把握实践中各种层出不穷的新型洗钱行为，特别是在2020年《刑法修正案（十一）》将自洗钱行为入罪的背景下，2009年《洗钱案件解释》针对他洗钱行为所规定的各类行为方式，是否当然适用于自洗钱行为？例如，《洗钱案件解释》第2条第1项规定，通过典当、租赁、买卖、投资等方式，协助转移、转换犯罪所得及其收益的，属于洗钱行为。那么，当上游犯罪行为人以自己的名义将犯罪所得用于购买房产，是否属于洗钱行为？

要准确把握洗钱行为方式，应当从犯罪所得构成要素和洗钱罪的本质入手。洗钱罪的对象是犯罪所得及其收益。正如王新教授指出，“所谓‘犯罪所得’，是指通过犯罪直接获取的资产或财产性利益，俗称‘第一桶黑金’；至于‘犯罪产生的收益’，是指对犯罪所得进行处置后获取的任何资产或财产性利益，俗称‘第二桶乃至N桶黑金’”。[1] 围绕犯罪所得的上述内涵，我们可以将犯罪所得分为特定犯罪、特定人员、特定形式这三个要素。所谓特定犯罪，是指犯罪所得直接来源于行为人所实施的7类特定上游犯罪，二者有直接因果关系。所谓特定人员，是指犯罪所得依附于具体的上游犯罪行为人。所谓特定形式，是指犯罪所得直接来源于上游犯罪时存在的状态，包括资金、现金或其他财物等。

洗钱的本质在于掩饰、隐瞒犯罪所得来源、性质，而要达到这一效果，实质上就是从犯罪所得上述三个要素入手，使其中一个或多个要素发生改变，从而使犯罪所得与上游犯罪产生一定切割分离，达到“漂白”的效果。具体如下：（1）针对特定犯罪，洗钱行为主要表现为将犯罪所得掩盖成并非来源于特定上游犯罪，例如，伪装成来源于虚假债务、虚假交易，或者伪装成来源于赌博、彩票或其他合法收入等，让普通人看起来与特定犯罪无关联，从而掩饰、隐瞒犯罪所得来源、性质。此类洗钱行为属于掩盖混淆型洗钱。（2）针对特定人员，洗钱行为主要表现为借用他人名义收支、持有、转移犯罪所得，例如，将犯罪所得通过他人账户进行流转，或者借用他人名义将犯罪所得用于购买房产、汽车等，让普通人看起来与特定上游犯罪行为人无关联，从而掩饰、隐瞒犯罪所得来源、性质。此类洗钱行为属于借名顶替型洗钱。（3）针对特定形式，洗钱行为主要表现为改变犯罪所得直接来源于上游犯罪时存在的状态，例如，将账户资金转换成现金，或者将现金转换成账户资金，或者将账户资金、现金等犯罪所得置换成金银首饰、房产等有形财物，或者投资于生产经营等，使犯罪所得已经不是它产生时存在的状态，从而掩饰、隐瞒犯罪所得来源、性质。此类洗钱行为属于投资置换型洗钱。

---

[1] 王新：《洗钱罪的司法认定难点》，载《国家检察官学院学报》2022年第6期。

如果某一行为同时改变犯罪所得上述三个要素,这是最彻底的洗钱行为,也是认定洗钱罪最理想的状态。但洗钱不仅是一种结果,也是一种过程,从“黑钱”到完全洗白有一个渐变的过程。在渐变过程中,只要对这三个要素其中一个要素进行改变,能够与原来的“黑钱”作一定程度的切割,从而起到掩饰、隐瞒犯罪所得来源、性质的效果,就可以认定为洗钱罪。例如,司法实践中,走私犯罪行为人以现金形式取得巨额犯罪所得后,将现金化整为零分散存入自己账户,或者以自己名义去购买房产,尽管资金仍然在上游犯罪行为人自己名下,但这种行为已经改变犯罪所得形式,与上游犯罪发生一定分离,属于投资置换型洗钱行为,应当认定为(自)洗钱罪。

(二)走私案件中两种特殊资金交易行为与洗钱罪的认定

典型的洗钱行为与上游犯罪有明显的阶段性,也就是行为人先实施上游犯罪,再取得犯罪所得,然后对犯罪所得进行处置、转移时才可能构成洗钱罪。值得进一步探讨的是,当走私犯罪既遂之后,行为人为了获得犯罪所得,使用他人账户(或者以其他具有掩饰、隐瞒犯罪所得来源、性质的方式)收回所得款,这一过程是否存在洗钱罪的适用空间?例如,行为人将走私进口的货物予以销售,借用他人账户回收走私销售款,或者行为人受人委托为走私分子代理报关、运输,借用他人账户接收因帮助走私而应得的报酬,此时行为人能否构成洗钱罪?

洗钱罪所针对的不同上游犯罪所得有各自特征。根据犯罪所得与犯罪对象的不同关系,可以将犯罪所得分为取得型所得、交易型所得和劳务型所得。在取得型所得中,资金既是犯罪对象也是犯罪所得,如受贿、集资诈骗,取得违法所得的过程与上游犯罪的过程合一,借用他人账户收取违法所得就是上游犯罪不可缺少的一环,不宜另行认定为洗钱罪,否则违反禁止重复评价原则。在交易型所得中,犯罪对象是物品,作为物品的对价才是犯罪所得,比如出口走私、贩卖毒品中,出口货物、毒品是犯罪对象,收取的相应价款是犯罪所得。而在劳务型所得中,行为人以提供特定劳务行为参与犯罪,换取相应的工资、报酬才是犯罪所得,例如,走私中的货代、贩毒中毒品运输人。在交易型所得与劳务型所得中,取得违法所得与犯罪既遂或完成犯罪相对分开,例如,走私、贩毒中交付货物或毒品就完成了犯罪,受雇者实施了具体走私、运输等劳务行为也完成了犯罪,足以认定为某一上游犯罪成立。至于犯罪所得的收取并非上游犯罪的必备要件,而是一个相对独立的行为。此时,行为人如果采用掩饰、隐瞒犯罪所得来源、性质的方式(如使用他人账户)回收犯罪所得款,将该行为单独评价为洗钱罪,一般不违反禁止重复评价原则。

前面只是基于单次走私既遂的情况来分析。然而,单次犯罪行为既遂并不等于整个犯罪全部完成。实践中,行为人常常在一段时间内持续、反复实施同样犯罪,一个团伙、一起案件的走私犯罪,通常由数次、数十次,甚至更多具体走私行为集合而成。每完成一次走私,行为人直接获得货款,或者销售走私货物后回收货款,同时意味着资金与货物之间完成一次循环,这一过程中就会阶段性地形成相应的犯罪所得。那么,在上游犯罪持续期间帮助转移犯罪所得的,是否可能构成洗钱罪?笔者认为,在每一次走私既遂后,掩饰、隐瞒犯罪所得及收益,符合《刑法》第191条规定的,即使转移之后相关所得及收益又被投入下一轮走私过程中,仍然有可能构成洗钱罪。因为“洗钱并不意味着非得把黑钱洗白(合法化)”,[1]例如,司法解释规定,通过赌博方式协助将犯罪所得及其收益转换为赌博收益的,属于洗钱罪行为方式之一,[2]而该方式只是把七类上游犯罪所得转变为赌博这一违法行为所得,并没有完全“洗白”。

其实,洗钱罪本质是通过各种手段掩饰、隐瞒犯罪所得及收益的来源和性质,相关行为在一定程度上切断犯罪所得及其收益与原犯罪行为之间关联性,人为制造二者之间模糊性。至于是否再次被投入下一轮走私中,属于掩饰、隐瞒犯罪所得来源和性质之后对财产的再行处置,不影响洗钱罪的认定。以黄某锐洗钱案为例,1999年年初至2004年8月,黄某等15人绕关走私大量品牌香烟和柴油进入广西北海市,在境内销售牟利,偷逃应缴税额6.5亿元。2003年5月至2004年8月,黄某锐明知系黄某走私香烟、柴油所得,仍提供其实际控制的多张银行账户转入巨额走私款,并提取现款人民币1.1亿元交给他人转往黄某等人指定的香港特别行政区账户。法院以洗钱罪判处黄某锐有期徒刑5年。[3] 本案中,黄某锐持续1年多的洗钱行为发生于走私犯罪存续期间。对黄某等人而言,其往境外汇款,很大一部分是用于再次走私香烟时支付的货款;但对黄某锐而言,其通过提供银行账户收取货款、提现、向境外转移等方式,掩盖该货款系走私犯罪所得性质,符合《刑法》第191条的规定,构成洗钱罪。

三、货物视角:货物交易与洗钱罪的认定问题

(一)买卖走私货物可以构成洗钱罪

洗钱罪的犯罪对象是犯罪所获取的财产性利益,[4]通过走私犯罪所得的资金自然可以作为洗钱罪的对象,但这种财产性利益是否仅限于资金,司法实践中有一定争议。具体到走私犯罪,这种争议主要体现为走私货物是否属于犯罪所得,能否作为洗

---

[1] 刘为波:《〈关于审理洗钱等刑事案件具体应用法律若干问题的解释〉的理解与适用》,载《人民司法》2009年第23期。

[2] 参见《洗钱案件解释》第2条第5项。

[3] 案例素材来源于“搜狐网”和“新浪网”两篇新闻报道:(1)《广西犯罪团伙15个月洗钱1.1亿元 获利百万赃款》,载搜狐网2006年12月20日,https://www.sohu.com/a/285422432_120078003;(2)《打击洗钱犯罪8大典型案》,载新浪网,http://news.sina.com.cn/c/2006-12-20/093010818672s.shtml。

[4] 参见宋路明:《洗钱罪核心价值之回归》,载《河南司法警官职业学院学报》2021年第1期。

钱犯罪对象。主要有三种不同观点：第一种是否定说，即走私货物是犯罪对象，但不属于洗钱罪中的犯罪所得。第二种是肯定说，即走私货物可以作为洗钱罪犯罪对象，收购走私货物有可能构成洗钱罪。第三种为折衷说，即在非涉税走私中，走私货物是犯罪所得；但在涉税走私（走私普通货物、物品罪）中，犯罪所得是偷逃应缴税额等税费而不是普通货物。[1] 对此，笔者赞同第二种观点，即无论涉税走私还是非涉税走私，走私货物都可以作为洗钱罪的犯罪对象，主要有以下几点理由：

首先，从法律规定看，洗钱罪的犯罪对象包括资金以外的财产。《刑法》第 191 条规定了洗钱罪的五种行为模式，其中第二种为将财产转换为现金，第四种为跨境转移资产，无论财产还是资产，都包括有形财物。事实上，在受贿犯罪中，犯罪所得除受贿款外，也包括汽车、房产、珠宝等其他财物。具体到走私犯罪中，走私货物通常系行为人支付一定对价交易所得，具有一定财产属性，可以理解为犯罪所得。

其次，从洗钱罪侵害的法益看，走私货物可以作为洗钱罪犯罪对象。尽管洗钱罪位于"破坏金融管理秩序"一章之下，然而，"洗钱行为所侵害的法益并非仅限于国家金融管理秩序，其掩饰、隐瞒犯罪所得及其收益的来源和性质的行为，势必妨害司法机关对上游犯罪的追查"[2]。从实践看，利用非金融系统实施转换、转移、掩饰、隐瞒犯罪所得的行为也很常见。走私货物具有一定财产属性，以走私货物为对象实施上述各种洗钱行为，会切断走私货物与上游犯罪的联系，足以达到掩饰、隐瞒犯罪所得性质的效果。

最后，涉税走私中的货物也属于洗钱罪意义上的犯罪所得。涉税走私中，尽管货物本身允许进口，但由于行为人是通过违法手段走私入境，货物的取得不具有合法性，属于通过上游犯罪直接产生的财产，系广义犯罪所得范畴。从司法实践看，当行为人对销售走私的普通货物所得货款进行掩饰、隐瞒时，通常构成洗钱罪，既然这种货款属于犯罪所得，那么作为货款源头的货物（走私入境后的货物）就更有理由作为犯罪所得。

犯罪所得的基本含义是犯罪既遂后获得的财物。如前所述，走私犯罪具有进口与出口双向特征，不同走私中货物有不同寓意。进口走私类似于受贿犯罪，作为犯罪对象的财物不仅存在于犯罪过程，而且在犯罪既遂后由行为人获得，均属于犯罪所得；出口走私类似于行贿犯罪，作为犯罪对象的财物只存在于犯罪过程，并且行为人伴随着犯罪既遂而失去财物，因此在出口走私和行贿犯罪中，财物均不是犯罪所得。

---

〔1〕 参见赵拥军：《直接销售走私犯罪之"物"的"自洗钱"行为及其罪数认定》，载《中国检察官》2021 年第 9 期。

〔2〕 安汇玉、汪明亮：《自我洗钱行为当罚性分析》，载《苏州大学学报（法学版）》2020 年第 3 期。

在走私货物可以作为洗钱犯罪对象的基础上，买卖走私货物的行为定性值得进一步探讨。通说认为，掩饰、隐瞒犯罪所得罪与洗钱罪是一般法与特殊法的关系，两罪最大区别在于上游犯罪范围不同。但是法条对两者行为方式的具体规定有一定差异，《刑法》明确“收购、代为销售”属于掩饰、隐瞒犯罪所得行为方式之一，但在洗钱罪中并没有明确这两种行为方式。然而，“无论洗钱行为方式如何发展，其实质脉络和中心点都是围绕犯罪所得和收益的来源和性质，进行掩饰、隐瞒”[1]。可见，洗钱罪的本质在于掩饰、隐瞒犯罪所得及其收益的来源和性质，我们也应当围绕洗钱罪这一本质来把握买卖走私货物的行为性质。

实践中，掩饰、隐瞒犯罪所得性质和来源的行为方式多种多样，不同行为方式在掩饰、隐瞒的程度上有大小之分，有些行为掩饰、隐瞒的程度深，有些则较浅。但其共性在于造成上游犯罪与所得财物之间的信息无痕，通过资产、资金转换、转移过程中所造成的信息缺失、信息隐蔽、信息不完整、信息不真实、信息复杂等情形，司法机关无法追查相关财产来龙去脉。[2] 走私入境的货物属于犯罪所得，通过买卖走私货物，将实物转化为资金，使承载上游犯罪所得这一财产性利益的载体发生实质性变化，造成所得财物与走私犯罪之间信息缺失，模糊二者的关联性，在一定程度上达到掩饰、隐瞒犯罪所得来源和性质的效果。正因如此，根据《刑法》第 191 条的规定，将财产转化为现金、有价证券的，属于洗钱罪行为方式之一。无论是销售、代为销售走私货物还是购买走私货物，都可以理解为将财产转化为资金，从而此类行为可以构成洗钱罪。例如，在马某山洗钱案中，陈某爱走私成品油入境后销售给马某辉，马某山则帮助马某辉销售走私的成品油，销售时还虚开进项增值税专用发票，掩盖犯罪所得来源、性质，法院以洗钱罪对其定罪处罚。[3]

（二）走私人销售走私货物的罪数问题

在《刑法修正案（十一）》将自洗钱行为入罪之后，走私人销售走私货物、物品的，同时构成走私罪和洗钱罪（自洗钱），但并不意味着一定要数罪并罚。自洗钱行为与上游犯罪有密切牵连关系，传统理论认为自洗钱属于事后不可罚行为，不需要单独定罪处罚。然而，晚近观点认为，大量自洗钱行为不能为上游犯罪侵犯的法益所包容，它往往还侵犯了其他法益，有将自洗钱行为单独定罪的必要。实践中，由于具体的自洗钱行为方式各不相同，是否侵犯其他法益、是否属于事后不可罚行为，仍然有一定差异。具体到个案中，如果某一自洗钱行为属于单纯的事后不可罚行为，只按上游犯

---

〔1〕 王新：《总体国家安全观下我国反洗钱的刑事法律规制》，载《法学家》2021 年第 3 期。

〔2〕 参见蒋佳芸：《洗钱罪与掩饰、隐瞒犯罪所得、犯罪所得收益罪的区分》，载《人民司法》2020 年第 2 期。

〔3〕 参见宁波市北仑区人民法院刑事判决书，(2021)浙 0206 刑初 28 号。

罪一罪处理即可。

理论一般认为，事后不可罚行为是指犯罪完成后在伴随该犯罪的违法状态继续的状态中所实施的行为，此时根据该犯罪构成要件已完成评价，不构成其他犯罪。[1]具体到走私罪，以实践中最典型的走私普通货物罪为例，《海关法》对货物、物品予以严格区分，货物是以销售牟利为目的，而物品则不以出售、出租为目的，仅供本人自用或馈赠亲友，在认定犯罪数额时，货物的税率远高于物品税率。可见，当某一走私行为被评价为走私普通货物罪（而不是走私普通物品罪）时，意味着法律上已经完全将走私既遂之后的销售行为评价其中，销售行为已经包含到走私普通货物罪的犯罪构成要件中，从而无须对事后销售走私货物这一自洗钱行为单独定罪处罚。基于同样理由，对于走私国家禁止进出口的货物既遂之后销售的行为，也只需按走私罪一罪处罚。

当然，如果行为人构成走私普通物品罪（或走私国家禁止进出口的物品罪）时，意味着法律只是将走私对象评价为自用或馈赠亲友的物品，也是按更低的物品税率计算犯罪数额，并没有将销售行为评价在内。因此，走私物品后再销售的，系另起犯意，单独构成洗钱罪，应当按走私罪与洗钱罪数罪并罚。[2]

（三）收购走私货物与洗钱罪的认定

根据《刑法》第 155 条第 1 款规定，直接向走私人非法收购国家禁止进口物品的，或者直接向走私人非法收购走私进口的其他货物、物品，数额较大的，以走私罪论处。这在刑法理论上称为间接走私（又称一手购私）。收购走私货物本质上也是掩饰、隐瞒犯罪所得的行为，同时可能构成洗钱罪。但基于法律特别规定，对于一手购私应当按走私罪定罪处罚，不再以洗钱罪处理。

当行为人从间接走私人（一手购私者）处收购走私货物时，行为人系二手购私者。由于一手购私者构成走私罪，故该货物仍然属于走私犯罪所得，二手购私者如果主观上明知系走私货物，应当以洗钱罪定罪处罚。如果二手购私者再行销售走私货物，对于后续三手购私者而言，该货物变成洗钱犯罪所得。由于洗钱犯罪本身系破坏金融管理秩序罪，也属于洗钱罪的上游犯罪，如果行为人主观上明知，对三手购私者也应以洗钱罪定罪处罚。[3]

---

〔1〕 参见马克昌：《比较刑法原理》，武汉大学出版社 2002 年版，第 783 页。

〔2〕 本小节为论述走私人自洗钱行为的罪数问题，区分《海关法》意义上货物和物品不同的内涵，而本节其他地方为叙述方便，不对货物、物品作明显区分，统一使用“走私货物”一词。

〔3〕 张明楷教授指出，“由于我国刑法对掩饰、隐瞒犯罪所得罪的上游犯罪没有限定，因此本罪（引者注：掩饰、隐瞒犯罪所得、犯罪所得收益罪）也能成为上游犯罪”。参见张明楷：《刑法学》，法律出版社 2016 年版，第 1099 页。基于同样理由，洗钱罪也可以是洗钱罪的上游犯罪。

当然,收购人主观上可能会发生认识错误。如果在同一犯罪构成要件内出现具体认识错误,仍构成洗钱罪;如果发生抽象认识错误,则构成掩饰、隐瞒犯罪所得罪。正因如此,《非设关地走私纪要》第1条第2款中规定,向非直接走私人购买走私成品油的,根据其主观故意,分别依照《刑法》第191条规定的洗钱罪或者第312条规定的掩饰、隐瞒犯罪所得、犯罪所得收益罪定罪处罚。

第五节 走私案件管辖若干问题研究

一、走私犯罪侦查管辖的历史变迁

自20世纪90年代以来,海上走私犯罪侦查管辖经历几个阶段的变化:

第一阶段是1998年以前。公安部《关于严厉打击走私活动和严格执行缉私规定的通知》第4条前两句规定,"公安机关的海上缉私任务一律由边防部门依法执行;陆上缉私由刑侦部门负责。边防部门未经省、自治区、直辖市公安厅、局批准,不准参加地方部门组织的海上缉私行动"。可见,这一时期地方公安部门和公安边防部门都在一定程度上分别独立行使海上缉私执法权。

第二阶段为1998年至2013年。根据1998年最高人民法院、最高人民检察院、公安局、司法部、海关总署《关于走私犯罪侦查机关办理走私犯罪案件适用刑事诉讼程序若干问题的通知》,由海关总署、公安部组建成立走私犯罪侦查局,纳入公安部编制机构序列,设在海关总署,日常工作以海关总署领导为主。自此,国家成立专门的海关缉私部门,负责涉税走私犯罪案件和发生在海关监管区内非涉税走私案件侦查。结合《公安机关办理刑事案件程序规定》,对于发生在海关监管区域外的非涉税走私由地方公安机关管辖。因此,海上走私以海关缉私部门管辖为主,地方公安机关管辖为辅。但从实际操作看,司法实践中绝大部分海上走私案件由海关缉私部门侦查。这期间,沿海海关缉私部门普遍设立相应的海上缉私内设机构,具体履行海上缉私职能。

第三阶段为2013年至2018年。根据2013年国家机构改革方案,海上执法权统一由海警部门行使,海关缉私部门的海上缉私机构及其职能亦并入海警部门。但在过渡阶段,海警部门机构改革尚未完全到位、法律规定也尚未非常明确,实践中海警部门、公安边防部门查获的海上走私案件,最终基本移交海关缉私部门侦查处理,但海警、公安边防部门查处海上走私的执法力度进一步加大。以N市为例,这五年来检察机关受理海上走私案件中,有51起系因现场查获实物而案发,其中直接由海警、公安边防执法查处而案发的案件分别为38件、7件。

第四阶段为2018年至今。2018年修订后的新《刑事诉讼法》进一步明确海上刑事案件由海警部门管辖,而随着海警机构改革完成,法律规定进一步明确,海警也正式行使包括海上走私在内的海上刑事案件侦查权。以 N 市为例,2019 年该市检察机关共受理海警部门直接移送的海上走私案件 14 件。2020 年 2 月最高人民法院、最高人民检察院、中国海警局联合发布《关于海上刑事案件管辖等有关问题的通知》,进一步明确中国海警局各分局、直属局以及沿海省、自治区、直辖市海警局及其下属海警局管辖问题。

2019 年以来,随着全国公安体制改革推进,海上走私案件管辖又出现一些新动态。一方面,海关缉私部门从以前海关总署领导为主,变成以公安部领导为主,具体业务上,公安部在缉私领域发挥更大作用。另一方面,公安边防队伍从现役部队整体转隶并入公安机关,沿海地区公安机关陆续成立新的海防队伍、海岸警察队伍或打私队伍,积极查处包括海上走私在内的各类涉海违法犯罪。2020 年,《公安机关办理刑事案件程序规定》修正和《公安部刑事案件管辖分工规定》(以下简称《公安案件管辖规定》)的出台,进一步完善了走私案件的管辖权(详见表 7-2)。

表 7-2 当前走私犯罪侦查管辖权限配置情况

侦查主体	侦查走私犯罪案件管辖范围
海关总署缉私局	1. 海关关境内发生的走私普通货物、物品案 2. 海关监管区内发生的走私武器弹药、核材料、假币、文物、贵重金属、珍贵动物或珍贵动物制品、国家禁止进出口的货物物品、淫秽物品、废物、毒品、制毒物品案
经济犯罪侦查局	走私假币案
治安管理局	走私淫秽物品案
刑事侦查局	走私武器弹药、核材料、文物、贵重金属、珍贵动物或珍贵动物制品、国家禁止进出口的货物物品、废物案
禁毒局	走私毒品、制毒物品案
海警部门	海上走私(包括涉税走私与非涉税走私)案

二、走私犯罪侦查管辖的现状及其存在的问题

通过 20 多年的历史变迁可以看出,我国逐步建立起以罪名和区域双重标准划分走私案件的侦查管辖模式。海关缉私部门对我国关境内的涉税走私案件拥有管辖权,体现了罪名标准;海警部门对海上走私案件(包括涉税走私与非涉税走私)享有管辖权,体现了区域标准;其他公安机关对发生在海关监管区外的非涉税走私案件行使管辖权,则同时体现了罪名标准和区域标准。

单纯从 2018 年实施的《刑事诉讼法》角度看,海上走私案件由海警部门管辖。然

而，海上走私表现为行为人绕开设立海关口岸的地点，通过海上途径非法运输、携带货物、物品进出境，通常情况下，海上走私行为最终需要延续到陆地上。因此，从犯罪结果的角度看，海关缉私部门和其他公安机关对海上走私案件都有一定管辖权，上述三类机关在具体管辖上有一定重合：海关缉私部门与海警部门重合之处体现在对海上涉税走私案件都有一定管辖权，其他公安机关与海警部门重合之处体现在对海上非涉税走私案件都有一定管辖权。

可见，根据现行法律规定，海关缉私部门、海警部门、其他公安机关对海上走私案件的侦查管辖既有分工，又有重合，有利于形成合力打击海上走私的模式。但在实践中也存在一定困境，具体体现在：

第一，按照案件类型区分海上走私管辖权有一定模糊性，不便及时开展侦查。根据现行法律规定，海关缉私部门与其他公安机关分别对涉税海上走私和非涉税海上走私行使侦查管辖权。一般情况下，涉税走私与非涉税走私的区分界限比较明显，也容易区分。然而，随着海上走私多元化，犯罪对象多样化，在具体罪名适用上会有一定争议，从而影响案件管辖的判断。以实践中常见的海上走私冻品为例，传统模式下主要依据是否来自疫区而分别按走私普通货物罪和走私国家禁止进出口的货物罪定罪处罚。然而，司法实践中，按传统思路容易出现两个罪名都难以适用的情形。对此，部分地区按照新思路，对将走私未经检验检疫动物产品入境的行为定性为走私国家禁止进出口的货物罪；但一些地区仍然按照传统思路认定，或者同一地区不同办案机关之间出现争议。在此情形下，就会出现同样是海上走私冻品，有些地区的地方公安机关有管辖权，有些地区的地方公安机关无管辖权，或者在案发之初难以确定是否有管辖权，不便及时开展侦查。

第二，现行海上走私案件侦查管辖分工难以适应迅速增长的海上走私犯罪。从司法实践角度看，当前海上走私犯罪数量激增，而且大部分犯罪对象为成品油、冻品、白糖、香烟等，其中又以走私成品油占比最高。上述货物中，除走私冻品外，其他案件都属于走私普通货物案件。此类案件由海关缉私部门和海警部门管辖。一方面，海警履行海上维权执法职责，包括执行打击海上违法犯罪活动、维护海上治安和安全保卫、海洋资源开发利用、海洋生态环境保护、海洋渔业管理、海上缉私等方面的执法任务，可见海上缉私只是其职责之一；另一方面，从实践看，海警部门主要侦查的案件以海上一线执法当场查获的案件为主，与高发的海上走私犯罪相比，查处概率不高，大量海上走私货物通过沿岸进入陆上，一般由海关缉私部门管辖。海关缉私部门由于垂直管理体制的特殊性，各地缉私力量配备有限，尤其一些海关缉私分局管辖一个地级市区域，一个分局通常只有一二十人，有效日常执法力量更少，难以应对犯罪分子借助漫长海岸线实施的海上走私犯罪。[1] 为有效打击海上走私,实践中常常借助地方公安机关力量开展侦查,最典型的莫过于缉私部门与地方公安合力打击海上走私的“温州模式”。虽然取得一定成效,但不少案件由地方公安机关主导侦查,导致实质上的侦查主体与名义上的侦查主体发生一定脱节,在法律上不无争议,也容易成为庭审焦点。[2] 这种联合执法模式,在短期内有一定作用,但如若长期存在就有必要反思原有分工的合理性。有些案件本来构成走私普通货物罪,为使地方公安机关获得合法侦查权,通过非法经营罪,生产、销售伪劣产品罪,掩饰、隐瞒犯罪所得罪等罪名予以变通定罪处罚。对于完全由海关缉私部门自身侦查的海上走私案件,由于案件数量增长速度远远高于办案力量增长速度,案件质量也有一定下滑,影响打击效果。

第三,不同侦查主体之间管辖移送不够顺畅也影响治理海上走私的效果。当前,大多数海上走私案件属于涉税走私,实践中地方公安机关利用其遍及沿海乡镇的边防派出机构,查处海上走私的概率较大,查处后绝大多数案件需要移送海关缉私部门处理。但由于边防派出机构(地方公安机关)没有管辖权,办案动力不足,取证程度不一,是否移送缉私部门进一步侦查处理就存在分歧,容易出现相似情况不同处理的情形。例如,在孙某等人走私成品油案中,其组织人员走私 5 次。第 4 次走私靠泊码头时被某边防派出所查获,调查后尚未处理完毕也未移送海关缉私部门就将船舶发还,两周后该船舶因再次走私靠泊码头时,被同一地级市下属另一边防派出所查获,方才移送海关缉私部门。后海关缉私部门查实上述 5 次走私犯罪。

三、优化走私犯罪及其关联犯罪侦查管辖权的基本原则

优化海上走私犯罪侦查管辖权旨在通过更好地配置侦查权,实现现有侦查资源最优利用,提高侦查效率,确保证据合法性,有力打击该类犯罪。笔者认为,优化海上走私犯罪侦查管辖权与其他侦查管辖权一样,首先需要遵循一些共性的基本原则,而后根据这些原则、结合实际情况,提出当前较为可行的具体优化路径。

《公安案件管辖规定》对于公安部经侦、刑侦、缉私、移民管理等 14 个部门所管辖的刑事案件作出具体规定。文件第一部分明确了刑事案件管辖分工的三大原则:一是权责一致、分工明确;二是统一管辖、减少交叉;三是结合实际、合理配置。这三大原则也是完善海上走私案件侦查管辖应当遵循的基本原则。当然,基于海上走私犯罪的特殊性、复杂性,在如何理解各个原则的内涵时有不同侧重点。

---

〔1〕 例如,Z 省沿海 T 市、S 市、W 市(均为地级市)海关缉私分局分别为 22 人、18 人、28 人。

〔2〕 例如,在鲍某良走私普通货物、物品案中,由温州海关缉私分局和温州市公安局成立联合专案组侦办。辩方提出,本案的办案主体公安机关,没有侦办走私案件的权限,对其制作的全部谈话笔录均不能作为证据使用。参见浙江省温州市中级人民法院刑事判决书,(2019)浙 03 刑初 39 号。

（一）权责一致、分工明确

根据《公安案件管辖规定》要求，权责一致、分工明确原则是指各业务部门管辖的刑事案件范围与其职责权限、管理职能保持一致，坚持防范和打击并重，做到权责一致、打防结合，提升发现、打击犯罪的效率和能力。具体到海上走私犯罪案件中，要结合海关缉私部门、海警、公安边防各自日常职责，通过合理配置侦查管辖权有利于及时发现海上走私线索、及时侦查取证，更有利于提升打击海上走私的整体效果。

（二）统一管辖、减少交叉

根据《公安案件管辖规定》要求，统一管辖、减少交叉原则是指将同类刑事案件统一划归一个业务部门，取消共同管辖的规定，避免因职责交叉引发争议或者责任不清。一般情况下，一类案件由一个业务部门管辖便于分清责任，也是最理想的状态。然而，基于海上走私特殊性，不同类型走私案件之间的界限有一定的模糊性，走私的不同环节往往涉及不同罪名（包括走私罪与非走私罪）的交叉，不同部门的执法区域有一定交叉性，侦查管辖交叉也就不可避免。比如根据现行规定，海关缉私部门与海警部门在海上走私普通货物（涉税走私）案件上有一定交叉，地方公安机关与海警部门在海上非涉税走私上有一定交叉。可见，减少交叉不等于杜绝交叉，事实上，侦查管辖分工的适度交叉，配以合理的奖惩激励机制，对于打击犯罪有一定的积极引导作用。

（三）结合实际、合理配置

根据《公安案件管辖规定》要求，结合实际、合理配置原则是指统筹考虑发案形势、案件管辖历史沿革、机构职能设置以及各业务部门办案力量等实际情况，合理配置刑事案件管辖范围。具体到海上走私案件中，更需要结合诸多实际情况，合理配置侦查管辖权：一是海上走私犯罪数量激增的现实情况。当下，走私分子利用茫茫大海和漫长海岸线大肆实施海上走私，监管盲区多，取证难度大，这就对执法常态化、侦查时效性提出更高要求。二是目前海上走私专业化、产业化的行为模式。当前，海上走私对象更加复杂，走私链条也更长，犯罪各个环节往往涉及不同罪名，有必要通过合理配置侦查管辖权，便于尽快明确侦查主体，更有效地调动相关部门执法积极性。三是各个涉海执法部门行政执法与刑事侦查职能的有效衔接。纵观《公安案件管辖规定》对公安部各个机构管辖分工看，一个明显的思路是从行政执法职能的角度配置同一类型案件的侦查管辖，更有利于实现“两法”之间无缝衔接。例如，交通肇事案，危险驾驶案由负责交通行政执法的交警部门管辖；非法制造、买卖危险物质案，走私淫秽物品案等，由负责社会治安管理的治安管理部门管辖。再如，此次调整中，将涉及进出境检验检疫的三个罪名划归海关缉私部门管辖，也正是考虑到便于缉私部门与海关之间更好地衔接。四是综合考虑各个涉海执法部门人员配置、机构设置、日常执法机制等因素。

四、优化走私犯罪侦查管辖权的具体思路

随着《公安机关办理刑事案件程序规定》2020修正和《公安案件管辖规定》的出台，海关缉私部门刑事侦查职能得到延伸，在管辖传统涉税走私和监管区内非涉税走私案件外，还管辖逃避商检案、妨害国境卫生检疫案、妨害动植物检疫案。这一调整正是考虑到如何更好地实现此类案件的“两法”衔接问题。为应对实践中激增的走私案件，便于更好地治理海上走私违法犯罪，可以考虑主要依据执法区域标准来配置海上走私案件侦查管辖权。具体而言，海警部门主要是从“海上”执法管理角度对海上走私案件行使侦查管辖权，并入地方公安机关的边防部门则主要从“海岸沿线”执法管理角度对海上走私案件行使侦查管辖权，海关缉私部门主要从“海关关境”执法管理角度对海上走私案件行使侦查管辖权。

通过上述调整，最大变化就是履行传统公安边防职能的沿海地方公安机关对涉税型海上走私案件也具有管辖权。通过这种优化配置，对于完善涉海案件执法机制、明晰侦查管辖主体、提升治理海上走私违法犯罪、筑牢国门安全防护网等都有重要价值。

（一）及时明确侦查主体，提升侦查取证时效性

从犯罪控制的角度看，“管辖的问题解决得越合理，对刑事管辖权的管辖机关越明确，解决管辖争议的渠道越畅通，对犯罪的惩罚越及时，刑事司法控制就越有效。反之，由于程序设计上的问题导致管辖不科学的现象，就有可能贻误惩治犯罪的最佳时机，并且降低诉讼效率，徒然耗费宝贵的司法资源，从而使国家通过刑事诉讼控制犯罪的目的不能实现”[1]。具体到海上走私侦查管辖权，区域标准有助于案发之初及时明确侦查主体，最大限度地提升侦查取证时效性。如前所述，当前海上走私犯罪不但数量激增，而且作案隐蔽性更强，案件处理难度更大，这就对侦查取证的时效性、证据固定的及时性提出更高要求。然而要提升侦查取证的时效性，一个合理的思路就是侦查管辖的区分标准要更加清晰、更便于判断，同时尽量减少不同主体之间案件移转，对于涉嫌犯罪的可以及时启动刑事侦查程序。

前面已经分析，海上走私案件侦查管辖既有罪名标准，也有区域标准。然而，对案件的准确定性通常取决于取证程度，案件的性质往往只有在后续检察环节、审判环节才明晰，案发之初海上走私案件的性质通常比较模糊。更何况不少走私普通货物

---

〔1〕 刘广三：《犯罪控制视野下的刑事诉讼》，中国人民公安大学出版社2007年版，第98页。

案件，其行为延续到内陆，相关人员还可能涉嫌生产销售伪劣产品，洗钱，掩饰、隐瞒犯罪所得，非法经营等犯罪，如果仅仅以是否属于涉税海上走私区分侦查管辖，也容易陷入两难境地。相反，区域标准简单明了，易于判断，尤其是沿海地方公安机关对当场查获发生在其管辖海岸沿线范围内的涉嫌海上走私案件，无论是否属于涉税走私，都可以及时启动侦查程序，有利于最大范围查实、控制涉嫌走私的违法犯罪嫌疑人，提升侦查取证时效性、针对性。

（二）促进"两法"无缝衔接，调动侦查取证积极性

地方公安机关的优势之一在于其遍及沿海各个城市甚至各个乡镇的派出机构，这些派出机构在各自所辖范围内便于及时搜集海上走私违法犯罪线索、便于在一线查获靠岸的走私船只。传统模式下，地方公安机关对于这些查获的走私船只，如果属于非涉税走私，可以直接管辖；如果属于涉税走私，则需要移交其他部门管辖。然而，虽然涉税走私与非涉税走私定罪量刑标准不一，但站在海上走私行为模式的角度看，二者没有本质区别，既然可以管辖非涉税海上走私案件，也没有理由当然排除对涉税走私案件的管辖。更何况对于海上无合法手续运输成品油（涉税商品）等案件，如果无法查实走私，公安边防机构本身可以对其进行行政处罚；如果属于走私，则另行移交其他部门办理。是否将案件定性为走私，更多取决于案件初查时执法的力度、强度，取决于地方公安机关的判断，这种判断主观性较大，如果硬将两者的侦查管辖予以区分，不利于行政执法与刑事司法衔接。

走私犯罪属于典型的行政犯，行政执法与刑事司法衔接是实践中常见现象。针对行政犯罪案件侦查体制，可以区分为"一体制"和"分体制"两种模式。具体而言，针对同一违法事项，如果是行政执法与刑事司法由同一行政机关执行的结构，属于"一体制"；反之，如果行政执法职能与刑事司法职能分别由不同机构或部门行使，则属于"分体制"。"分体制"模式下，不同执法主体各司其职，容易造成有关案件信息交流和案件移送流转成为障碍，甚至部分涉嫌犯罪的案件因利益驱动等原因在行政执法阶段就被不当消解和过滤；而"一体制"模式则是在同一机关内部程序的转换，或者同一机关内部不同部门之间的流转，案件移送和程序转换更加顺畅、更有效率，对于强化检察机关监督、改变"以罚代刑"等现象也有积极意义，总体而言"一体制"模式更具有优势。〔1〕具体到海上走私中，地方公安机关本身具有普通犯罪刑事侦查权，其又履行沿海边防行政管理职责，在海上走私违法犯罪大幅增长的背景下，赋予其海岸沿线相关的海上走私案件侦查权，有利于更好发挥"一体制"侦查模式的优势，最大

---

〔1〕 参见李文军：《"一体制"与"分体制"：行政犯罪案件侦查体制完善之路径选择》，载《贵州警官职业学院学报》2009 年第 3 期。

限度实现同一案件行政执法与刑事司法无缝衔接。

司法实践中,不少沿海地方公安机关已查处大量海上绕关走私入境的成品油、白糖等普通货物案件。对其是否有侦查管辖权,各地做法不一。案发后,有些地方为了继续侦办案件,往往从非涉税走私或者走私以外的其他罪名角度侦查取证,这也容易导致片面侦查的情况。相反,如果明确赋予地方公安机关对管辖区域内的海上走私案件侦查管辖权,可以更加客观公正地侦查取证,更准确地定罪量刑。正如有观点指出,"地方公安机关(包括公安边防部门)在参与缉私工作中查获的涉嫌犯罪的走私案件,本来其是掌握案件事实的'第一手人',因而由其管辖并依《刑事诉讼法》的相关规定继续按照程序完成之后的工作,其效果应当是最佳的(包括侦查的顺利终结及其结论的准确性等)"[1]。

(三)发挥各自部门优势,形成海上缉私合力

通过区域标准优化海上走私案件侦查管辖权配置,有助于最大限度发挥各个涉海部门刑事侦查优势,形成打击海上走私合力,从整体上提升治理海上走私的效果。通过上述调整优化,不同部门对海上走私案件侦查管辖会存在一定交叉。但正如有观点指出,"事实上,案件管辖多元化的益处是多方面的,如可以防止案件管辖'垄断'导致的腐败现象和杜绝案件管辖盲区的出现"。尤其对于海上走私而言,通过区域标准优化侦查管辖权配置,扩大地方公安机关管辖范围,便于海关缉私部门、海警和地方公安机关发挥各自优势,既能在具体执法上体现各自特色,又能最大限度减少海上走私案件管辖盲区。

海上刑事案件因海上环境复杂、海事行为技术性、专业性强等特点,相较陆域案件的查处有较大难度,海警的优势在于强大的海上执法力量以及一线日常执法机制,其在海上活动区域广,对走私分子的海上追缉能力强,便于及时发现、查处正在海上实施的走私犯罪。从司法实践看,其处理的多数是直接被查获的当次走私犯罪、处理对象以海上运输人员及其直接联络人员为主,多数案件的案发有一定偶发性。海关缉私部门成熟的走私案件办理机制、丰富的办案团队经验、畅通的情报渠道等,决定了其在打击重大型、团伙型走私,惩处幕后出资者、组织者以及下游收赃者,全链条打击海上走私违法犯罪等方面仍然有很大优势。海关缉私部门自行启动侦查的海上走私案件,通常涉案人员众多、涉及面广、涉案金额巨大。沿海地方公安机关全覆盖的派出机构、完整的刑事侦查机制、有力的执法办案队伍、强大的整体刑侦能力等,则可以在很大程度上弥补上述两类侦查主体的不足,便于及时高效打击日趋猖獗的海上走私违法犯罪。通过三个部门发挥各自执法优势,分工负责,最大限度减少海上走私

---

[1] 邓崇专、黎仲诚:《走私罪司法认定与执法完善问题研究》,中国法制出版社 2019 年版,第 276 页。

案件侦查管辖盲区。

（四）优化涉外犯罪治理体系，筑牢国门安全防护网

2018 年以来启动的新一轮政府机构改革中，进出境检验检疫职能划归海关，海关的职能得到进一步拓展。近年来，随着外部国际形势的变化，国门安全的重要性也更加凸显。对此，国家层面于 2020 年出台《生物安全法》《出口管制法》等多部涉及国门安全、贸易安全的法律。在此背景下，海关在一线执法维护国门安全的职责也越发重要。从法律规定看，尽管海关监管范围比较广，但其最主要监管场所还是集中于各个口岸、特殊监管区等特定区域，其日常履行维护国门安全职责也主要发生在上述区域。

与海关密切相关的缉私部门，也必然需要在上述特定区域相应跟进，加强监管力度，强化对走私，特别是危害国门安全的各类违法犯罪行为的查处。为进一步强化对上述区域的监管，近年来实践中有观点主张进一步拓展海关缉私部门刑事管辖权，可以将与走私犯罪相关，甚至与货物进出口、人员进出境相关联的违法犯罪由海关缉私部门一并管辖。客观而言，这一主张有一定道理，《公安案件管辖规定》赋予海关缉私部门对逃避商检、妨害国境卫生检疫、妨害动植物检疫三类案件刑事侦查权，正体现了上述思路。

通过进一步优化海上走私犯罪侦查管辖权配置，地方公安机关在查处海上走私（绕关走私）中承担更多职责。从整体上看，在维护国门安全方面可以起到一举两得的效果：一方面，有利于发挥地方公安机关综合优势，强化打击海上绕关走私的力度，进一步在非设关地的海岸沿线筑牢国门安全防护网；另一方面，海关缉私部门也可以卸下一部分查处绕关走私的职责，从而能将更多精力投入查处发生在口岸、特殊监管区的通关走私，以及与海关行政执法密切相关的检验检疫、进出口退税、洗钱、侵犯知识产权等各类违法犯罪中，从而在通关环节守护国门安全。可见，通过优化海上走私犯罪侦查管辖权，还能产生一定的溢出效应，完善涉外犯罪治理体系，从点（口岸、海关特殊监管区等）到面（绕关的沿海）全方位筑牢国门安全防护网。

五、优化走私案件审判管辖的几点思考

根据 1998 年最高人民法院、最高人民检察院、公安部、司法部、海关总署《关于走私犯罪侦查机关办理走私犯罪案件适用刑事诉讼程序若干问题的通知》和 1999 年最高人民检察院《关于走私犯罪侦查机关提请批准逮捕和移送审查起诉的案件由分、州、市级人民检察院受理的通知》的规定，海关缉私部门侦办的走私案件，由海关缉私（分）局向所在地的分、州、市级人民检察院提请批准逮捕和移送审查起诉，检察院经

审查决定起诉的，直接向本地中级人民法院提起公诉。

从司法实践看，由于绝大多数走私案件由海关缉私部门办理，因此事实上形成了走私案件基本由中级人民法院管辖的局面。近年来，随着走私案件侦查部门多元化，海关缉私部门反走私力度强化，案件数量急剧增长，走私案件的审判管辖又出现不少新问题。例如，绕关走私案件大幅增长，尤其是海警、地方公安机关也侦办大量海上走私案件的情况下，大量案件案情比较简单、罪行较轻，地市级检察院和中级人民法院有限的办案力量远远无法适应急剧增长的案件数量，是否有必要所有走私案件仍然都由中级人民法院管辖？又如，海警部门尤其是直属局管辖区域（海域）与所在地法院的管辖范围常常不一致，二者地域管辖上的冲突该如何协调？对此，笔者提出如下几点完善建议：

第一，建议保留通关走私案件由中级人民法院管辖，而包括海上走私在内的绕关走私案件可以由基层人民法院管辖。主要有以下几点理由：首先，区别管辖符合两类走私案件的特征。从案件整体难易程度看，通关走私案件远比绕关走私案件更为复杂，专业性也更强，继续由中级人民法院管辖，有助于更好统一走私案件法律适用问题，便于司法机关与相对应的海关沟通协调。绕关走私案件证据结构、法律适用等问题相对比较单一，绕关走私案件比较容易查处，这也是为何近年来绕关走私案件增长速度远远大于通关走私案件的重要原因之一。其次，区别管辖较好继承了走私案件管辖法律规定的传统。根据传统管辖规定，海关缉私部门侦办的走私案件由中级人民法院管辖，其他部门侦办的走私案件由基层人民法院管辖。只是由于此前其他部门侦办走私案件数量很少，形成事实上基本所有走私案件由中级人民法院管辖的局面。然而，结合笔者前文有关完善走私案件侦查管辖的分析，未来海关缉私部门以办理通关走私及其关联案件为主，而绕关走私由地方公安机关、海警部门侦办为主。如果保留通关走私案件由中级人民法院管辖，绕关走私案件由基层人民法院管辖，也与此前走私案件管辖的法律规定较为接近。当然，由基层人民法院管辖绕关走私案件时，也可以参照目前涉外案件管辖的做法，指定由部分基层人民法院集中管辖。

第二，建议进一步明确只要是海警局在其管辖范围内查获的案件，由海警局所在地检察机关管辖。司法实践中，直属海警局经常在毗连区、专属经济区查获海上走私案件，但该区域又超出直属海警局所在地法院的管辖范围。尽管最高人民法院、最高人民检察院、中国海警局《关于海上刑事案件管辖等有关问题的通知》详细规定了海上刑事案件审判管辖的原则，特别是规定了由船舶最初停泊的中国口岸所在地或者被告人登陆地、入境地的人民法院管辖，但上述案件中行为人尚未登陆就在海上被现场查获，无法确定其最初停泊地、登陆地。那么，能否把海警部门将涉案船舶押运回来靠泊地理解为法律所规定的船舶最初停泊地、登陆地？笔者认为不能这样理解。

法律的规定应当是指船舶正常航行情况下客观上的实际靠泊地或计划靠泊地,而不是案发后办案机关押运之下被动靠泊的地方。否则,只要办案机关在任意海域查获后押运回来,均可理解为初次靠泊地,显然违背人们的一般理解。因此,按目前法律规定,出现上述情况时,由海警部门向所在地检察机关移送审查起诉,受案检察院需要跨区域移送到案发海域对应的检察院管辖。在案件不多的情况下,这一做法有其合理性,但今后此类案件会逐渐增多,过多的移送管辖会带来大量不便。因此,建议进一步明确只要是海警局在其管辖范围内查获的案件,直接由所在地检察机关审查起诉,不再需要跨区域移送管辖。

后　记

我在 2007 年硕士研究生毕业后，直接进入检察系统，有幸与黄敏峰老师同一办公室，那时一年仅有的十来起走私案件都由黄老师个人承担，可谓检察业务专业化的典型。我来后就协助他做一些走私案件的阅卷笔录，也从接触走私案件开始，开启我的公诉生涯。

得益于前辈的指导、引领，14 年来我经手过形形色色的走私案件，也遇到过各种各样的疑难复杂问题。为了解决问题，不得不去研究、去学习、去思考。对走私犯罪的理论思考，最早可以追溯到办理走私木炭案件。2009 年《刑法修正案（七）》确立了走私国家禁止进出口的货物罪。从 2011 年开始，海关总署在全国部署运用该罪名打击走私木炭违法犯罪。我有幸办理了首起木炭走私案，涉案木炭数量 300 多吨，然而当时走私木炭尚无定罪量刑标准，如何认定犯罪情节成为最棘手的问题。当时的分管院领导张利兆副检察长是一位学者型官员（现为浙大宁波理工学院教授），鼓励我们论证走私木炭的法律适用。考虑到国家禁止出口木炭的主要目的在于保护森林资源和生态环境，我斗胆参考了走私废物和非法收购盗伐、滥伐的林木两类案件定罪量刑标准，主张可以将走私木炭 20 吨和 100 吨分别作为入罪和升档处罚的标准，进而提出本案应当认定为情节严重，法定刑为 5 年以上有期徒刑。之后，法院果真采纳我们的意见，判处相关人员有期徒刑 5 年 6 个月。

在张检、黄老师等人的督促下，我一鼓作气撰写《走私木炭刑事案件量刑情节分析》一文，这也是我第一次写走私犯罪的文章，之后有幸发表于《浙江检察》上，自是莫大的鼓励。后来 2014 年“两高”出台的《走私案件解释》中，将走私木炭 10 吨和 50 吨分别作为入罪和升档处罚的标准，比我们当时提出的标准还严格，反衬出当时我们论证的思路有一定合理性，将首起走私木炭案认定为“情节严重”是完全合理的。当初研究木炭走私中所运用的体系解释思维、罪刑均衡思维也一直伴随着我，成为日后思考走私罪法律问题的重要思路。

10 多年来,我办理过各种各样的刑事案件,也陆陆续续写过各类公诉实务文章,但偏偏就对走私案件产生了最浓厚的兴趣。一方面,鉴于走私案件管辖的独特性,所有此类案件都由地市级检察院管辖,案件占比逐年增加,以至近年来在宁波市检察院所有一审案件中走私案件占比过半甚至更多,这种得天独厚的优势,为我的研究积累丰富的素材。另一方面,随着案件数量增多,越发觉得走私案件问题特别多,既有事实、证据方面的问题,也有法律适用方面的问题,而且二者常常相互交织,大量情况下难以绝对分开讨论,更需要在刑事一体化视角下来思考相关问题。

问题的出现,对司法工作者而言是现实迫切的挑战,但一线司法实践积累的问题,也成为我们思考研究的最佳素材。我在这个过程中也找到不少乐趣。常言道,兴趣是最好的老师。日常工作里,开始逐渐有意识地从身边的案件中搜集问题、积累问题,还通过互联网、同行们分享资料等途径,阅读大量走私罪裁判文书,从中挖掘各种问题、了解控辩争议焦点、裁判观点,同时研习走私犯罪领域相关文章、书籍,与全国各地同行们交流。慢慢地,对一些问题有更多心得体会,也有了一些观点,为实务提出一些解决思路。这些观点自然不是非常成熟,许多想法可能也漏洞百出,但经过系统思考,日积月累所形成的问题体系,以及所了解的知识、观点,本身就是最大的收获。在平日的点滴积累中,近两三年来,经过系统整理、扩充、完善,竟也有不少内容,不免有些惊喜。如今将这些内容整理出来,与大家分享,如果对于走私犯罪领域的研究以及司法实务处理走私案件能有一些启发,那是更大的荣幸。

自 2011 年第一次撰写走私犯罪文章以来,按照中国人的纪年法,从辛卯年来到了辛丑年,十大天干刚好经过一个轮回,至今整整十年。本书的呈现,算是十年磨一剑,也是对过去十年的一次总结。这一路走来,跌跌撞撞,需要感恩的人自然太多太多。

黄师傅的领路,自是师恩没齿难忘。还有许许多多同事、同行们,一路支持鼓励,宁波市人民检察院几位检察长,以及我的直接分管院领导张利兆、吴巧森两位副检察长带领有方,王焰明、潘申明、陈永明、周耀凤、王叶、战晓宁、王宏、兰学鑫等,直接的指导、鞭策与协助,让我对走私犯罪的思考能够一路坚持;尤其是本书写作、校对、出版过程中,周耀凤、王叶二位同事付出许多心血。宁波海关系统的刘建标、祝晓峰、王博宇、童天骄、周海军、赵翔、林春雷等,长期以来的支持、信任与合作,我们一路走得稳健而又多彩,也通过你们认识了全国海关缉私系统许多志同道合的朋友们,大大拓展了视野。最高人民检察院第四检察厅王文利、阎丽二位前辈,海关总署缉私局蔺剑处长对晚辈的提携、帮助与鼓励,让我受益匪浅。上海海关学院王永亮老师,提供了大量研究素材;老同学邱晨炜、江家栋,宁波中级人民法院张奇辉、吴旭峰,宁波海事法院吴胜顺，温州市检察院金翔翔，上海市检察院三分院聂文峰，原防城港市检察院陈瑶，福州市检察院王姝娜，广州市检察院郑利伟，日照海关缉私分局吴珂，等等，我们常常在交流探讨中共同进步，本书许多内容得以不断完善；还有许多辩护律师，办案中你们提出的各种观点，让我得以在看似平常无奇的案件中发现许多有价值的问题，引我深入思考。工作繁忙之余，几多闲暇时光都兑换成了本书的文字，自然离不开家人的理解与支持。

特别感谢宁波大学赵微教授、华东政法大学何萍教授，除了日常鼓励外，还为完善书稿提供不少宝贵意见，不吝帮忙推荐，本书得以成功申报宁波市社科联出版资助立项，也感谢市社科联予以资助出版。感谢法律出版社陈妮、王鸿、杨大康、任娜等多位老师，为本书的出版辛勤付出。

得益于前辈们的领路、指引，得益于老师、同行们一路的支持、鼓励，毫不吝啬与我分享资料、探讨问题、交流观点，让我得以对走私犯罪的过去、当下进行比较系统的思考。未来的路，愿我们还有机会在更多交流中擦出思想的火花。作为法律职业共同体，也愿我们能够更精准把握法律精髓，更妥当处理实际案件，既能准确打击走私犯罪、维护国门安全、保障当事人正当权益，也为国家对外开放平稳有序地进行贡献绵薄之力。

陈鹿林

二〇二一年立冬　记于宁波初稿

二〇二三年一月　修改